职业教育“双高计划”建设项目新形态精品教材
新时代新理念职业教育教材 · 机车车辆类

高速动车组辅助系统装调与检修

主编　杜　伟　李秉权　王伟楠
主审　牟　杨

北京交通大学出版社
· 北京 ·

内 容 简 介

本书为满足轨道交通装备制造业、高速铁道运输服务业的技术技能型人才培养目标和要求，遵循“项目引导、任务驱动”的原则，结合我国现有主流高速动车组车型的辅助系统设备设施的特点编写而成。全书共分 6 个项目，具体内容包含动车组辅助电气系统、动车组空调与换气系统、动车组给排水及卫生系统、动车组车门系统、动车组车内主要辅助设备设施、动车组其他辅助设备。

本书既可作为高等职业院校铁道相关专业的教材，也可作为铁路运输企业或轨道装备制造业管理人员、专业技术人员、技能人员岗位培训及业务学习的参考用书。

图书在版编目（CIP）数据

高速动车组辅助系统装调与检修 / 杜伟，李秉权，王伟楠主编. -- 北京 ：北京交通大学出版社，2024. 12. -- ISBN 978-7-5121-5431-5

Ⅰ. U266

中国国家版本馆 CIP 数据核字第 20246680M7 号

高速动车组辅助系统装调与检修
GAOSU DONGCHEZU FUZHU XITONG ZHUANGTIAO YU JIANXIU

策划编辑：张　亮
责任编辑：郭东青
出版发行：北京交通大学出版社　　电话：010-51686414　　http://www.bjtup.com.cn
地　　址：北京市海淀区高梁桥斜街 44 号　　邮编：100044
印 刷 者：北京虎彩文化传播有限公司
经　　销：全国新华书店
开　　本：185 mm×260 mm　　印张：19.75　　字数：506 千字
版 印 次：2024 年 12 月第 1 版　　2024 年 12 月第 1 次印刷
印　　数：1—900 册　　定价：59.00 元

本书如有质量问题，请向北京交通大学出版社质监组反映。对您的意见和批评，我们表示欢迎和感谢。
投诉电话：010-51686043，51686008；传真：010-62225406；E-mail：press@bjtu.edu.cn。

前言

近年来，随着我国高速铁路事业的迅猛发展，高速铁路技术装备正经历着快速更迭升级。在这一进程中，高速动车组的制造生产模式、运用管理形式、作业流程以及作业规范均发生了较大变化，进而对高速铁路制造业、运输服务业领域的技术技能型人才培养在知识体系和技能构成上提出了更为严格和多元化的要求。

本书编者均为有过高速铁路制造及生产运维经历的高职一线教师，有着丰富的现场生产经验和教学经验。编者在实践教学过程中，深刻感受到当下急需一本适合高职学生特点，立足于高速动车组辅助系统技术特点和发展，结合现场实际需求的教材。本书正是为满足高速动车组系统技能人才培养、培训和工作需求而编写的。

本书编写中结合了“高速铁路动车组制造与维护”“动车组检修技术”专业人才培养方案及职业教育现状，涵盖了高速动车组辅助系统设备设施的安装、调试、运维与检修等主要内容。为适应高速铁路技术装备发展及职业教育的需要，本书编写紧随高速铁路行业发展趋势，力求体现当代职业教育新理念，尽量使内容保持一定的知识与技术领先优势，为高铁制造、运营培养坚实可靠的高素质人才提供有力支撑。

本书具有以下主要特点。

1. 立足“新需求”：依托四方、长客系动车组基础车型，以 CR400AF 型动车组为主，以有限的篇幅囊括“新”车型；针对市面上高速动车组装调试知识相关书籍空缺的问题，本书在内容上以“装调＋检修”并重并行，以新需求为导向，知识内容丰富。

2. 践行“产教融合”：拉紧校企合作纽带，邀请铁路动车段技术专家担当本书主审；依托辽宁省职业教育铁道运输类专业协作体，研讨过程中邀请经验丰富的现场技术人员，潜心撰写，紧贴生产实际，知识内容权威。

3. 融入“职业素养”：引入生产一线案例、企业标准作业指导书等内容，突出职业教育的实践能力培养，提升职业素养；书中各项目、任务下设“学习目标”“工具设备”“教学环境”“知识储备”“知识拓展”等模块，知识结构合理。

4. 深化“岗课赛证”：依据职业资格证书等级标准，将新技术、新工艺、新规范、新要求等纳入本书内容；配置操作运用案例，布置实践实训活动及评价环节，篇末布置有思考与练习题，知识内容实用。

5. 创新“教材形态”：立足现代信息技术、融合电子图书、知识库等多种数字资源，本书配套有数字化、智能化线上课程资源，并配套有结构原理仿真动画、装调及检修操作视频等，便于读者深入学习和拓展阅读，知识获取方便。

本书由辽宁铁道职业技术学院杜伟、李秉权和吉林铁道职业技术学院王伟楠担任主编，中国铁路沈阳局集团有限公司沈阳动车段牟杨任主审。参加本书编写工作的有：辽宁铁道职业技术学院杜伟（项目 1 的任务 1.1 和项目 6 的任务 6.4）；吉林铁道职业技术学院王伟楠（项目 1 的任务 1.2）；中国铁路沈阳局集团有限公司沈阳动车段赵铭阳（项目 1 的任务 1.3）；辽宁铁道职业技术学院王彦一（项目 2）；辽宁铁道职业技术学院杜鹏（项目 3）；辽宁铁道职业技术学院纪然（项目 4 的任务 4.1－4.4、任务 4.6）；辽宁铁道职业技术学院李秉权（项目 4 的任务 4.5、项目 5）；辽宁铁道职业技术学院王子（项目 6 的任务 6.1－6.3、任务 6.5）。全书由辽宁铁道职业技术学院李秉权负责体例设计及统稿。

本书在编写过程中，参考了大量高速动车组辅助系统设备设施装调、运维、规章等方面的技术资料，并得到了许多铁路行业专家和同仁的大力支持，在此一并表示衷心感谢。

由于高速铁路动车组正处于快速发展时期，技术装备及管理方式日新月异，各型号动车组也有不尽相同之处，因此，教材内容难以达到全面和最新。再者，由于编者水平有限，教材中有关内容难免存在问题或不足，在此，敬请广大读者见谅，也恳请有关专家或读者提出宝贵的意见和建议，我们将十分感谢！

编　者

2024 年 9 月

目 录

项目 1　动车组辅助电气系统

项目导读

随着我国高速铁路技术的快速发展，动车组已成为铁路旅客运输的主要装备。动车组列车采用电力作为其动力源，为旅客提供运输服务。为了保证运输安全、提高运输服务水平，为旅客打造舒适的旅行环境，动车组列车上除装备牵引供电相关装备外，还装备了较为完善的辅助电气系统。动车组辅助电气系统具有辅助牵引供电的作用，同时还担负着车内乘客安全和乘坐环境调节相关设备的供配电任务。

本项目主要介绍不同车型动车组的辅助电气系统的组成、装调与检修等内容。

知识目标

① 熟悉动车组辅助电气系统的组成。
② 掌握动车组辅助供电系统的供电方式和电源制式。
③ 掌握动车组配电系统的组成及特点。
④ 掌握动车组辅助电源装置的使用与维护方法。
⑤ 熟悉各型动车组辅助电气设备的配置。

技能目标

① 能对动车组配电柜进行常规检查。
② 能对蓄电池进行充放电试验。
③ 能对动车组辅助变流器进行常规检查。
④ 能对辅助电源装置进行常规检查。

素质目标

① 具备安全第一的责任意识。
② 具备乘客至上的服务意识。
③ 具备严格执行作业标准的良好职业道德。

了解任务

① 认识动车组辅助电气系统。
② 认识动车组辅助电气设备。
③ 掌握动车组辅助供电系统装调与检修的方法。

工具设备

动车组单节车辆。

教学环境

理实一体化教室。

任务 1.1 认知动车组辅助电气系统

任务导入

动车组辅助电气系统主要由辅助供电系统、配电系统和辅助电源装置组成，如图 1－1 所示。

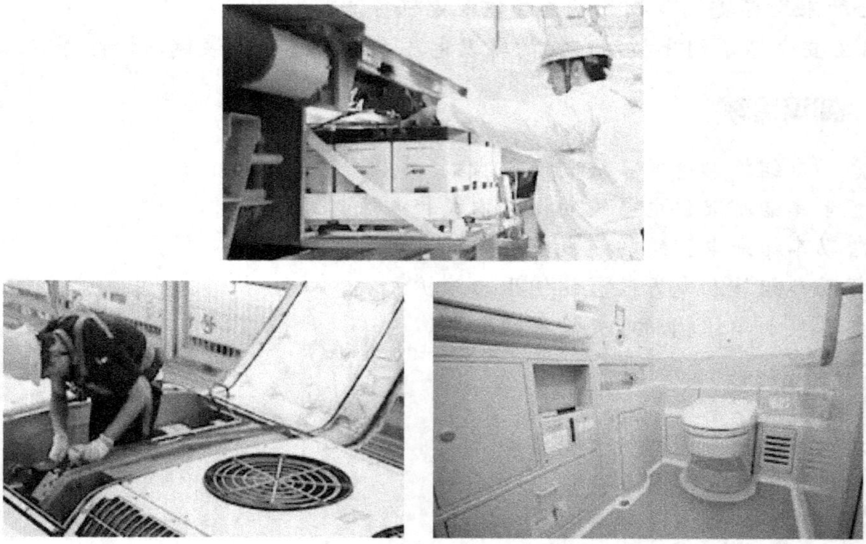

图 1－1 动车组辅助电气系统组成

本节任务将详细介绍动车组辅助供电系统。

知识储备

1.1.1 动车组辅助供电系统

动车组辅助供电系统是指除为牵引动力系统之外的所有需要用电的负载设备提供电能的系统。也就是说，整个动车组上所有用电负载除了牵引电动机定子绕组需要的三相变压变频的交流电是由牵引变流器提供的，其他的用电负载都需要辅助供电系统提供电源。辅助供电系统的电力主要来自牵引供电电网，经列车顶部的受电弓进入牵引变压器原边绕组，牵引变压器的副边绕组专门设有为辅助供电系统供电的辅助绕组，如图 1－2 所示。

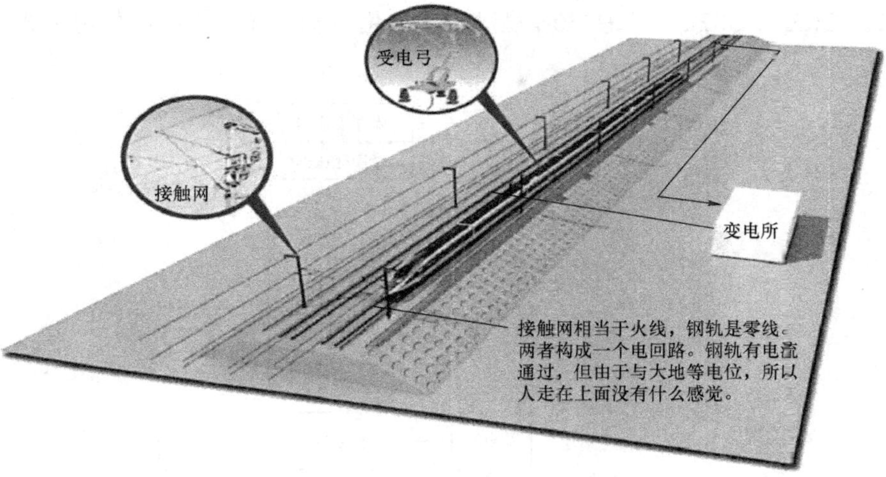

图 1－2　辅助供电系统的电力来源

当电力不能来自牵引供电电网时，采用外接电源或者蓄电池供电，如图 1－3 所示。

图 1－3　蓄电池箱

根据牵引变压器辅助绕组的设置形式不同，目前我国动车组辅助供电系统可分为主辅一体共用绕组供电和主辅分离独立绕组供电两种供电方式。

其中 CRH2、CRH380A 型动车组采用主辅分离的独立绕组供电模式，如图 1－4 所示。

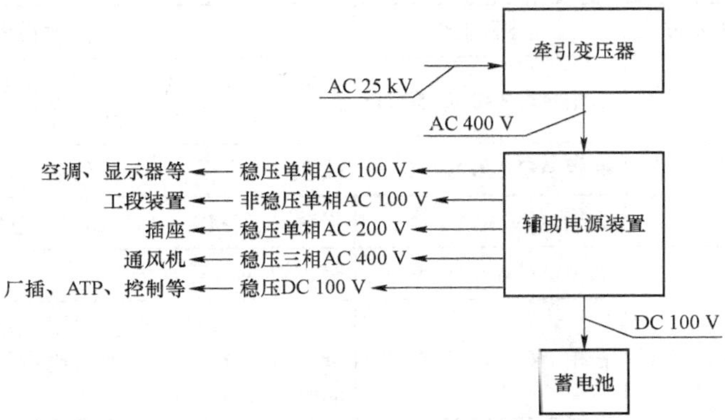

图 1－4　主辅分离的独立绕组供电模式

CRH1、CRH5、CRH3、CRH380B 型动车组采用主辅一体共用绕组供电模式，如图 1－5 所示。

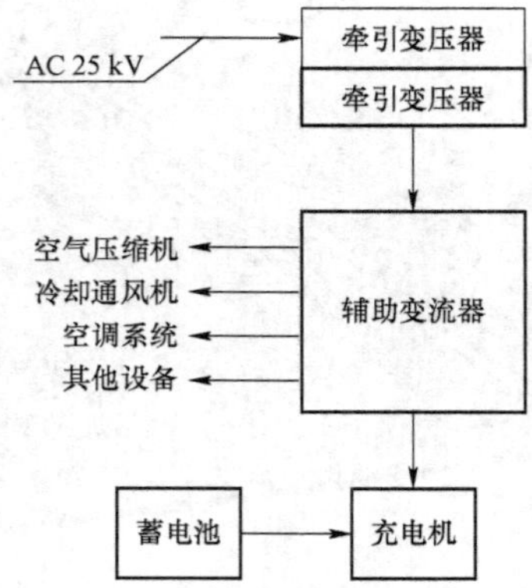

图 1－5　主辅一体共用绕组供电模式

那么，我国动车组辅助供电系统能提供哪些电源呢？

辅助供电系统的结构和具体的电压制式是由负载的特点来决定的，目前我国动车组辅助供电系统的电力输出有交流电（AC）和直流电（DC）两种形式，由此可将辅助供电系统分为交流电源和直流电源两种电源制式。

目前，我国动车组辅助供电系统常用的交流电源制式如下：

（1）三相 AC 380 V，50 Hz；（2）三相 AC 440 V，60 Hz；

（3）单相 AC 400 V，50 Hz；（4）单相 AC 220 V，50 Hz；

（5）单相 AC 230 V，60 Hz；（6）单相 AC 100 V，50 Hz。

我国动车组辅助供电系统常用的直流电源制式如下：

（1）DC 110 V；（2）DC 100 V；（3）DC 24 V。

动车组辅助供电系统的负载主要包括牵引电机风机、牵引变压器风机、牵引变流器冷却水泵（或油泵）及风机、辅助电源装置风机、牵引变压器油泵、空气压缩机、充电机及风机、空调机组及各种电动阀门、车厢照明以及各种服务型电气设备等。各型动车组辅助供电系统的负载见表 1－1。

表 1－1　各型动车组辅助供电系统的负载

车型	供电方式	电源制式	负载设备
CRH1/CRH380D	主辅一体	三相 AC 380 V，50 Hz	空调设备、空气压缩机、牵引电机风机、牵引变压器风机、牵引变流器风机、开水炉、餐车设备
		单相 AC 220 V，50 Hz	插座
		DC 110 V	照明、TCMS、ATP/LKJ、电务车载系统
CRH2/CRH380A	主辅分离	单相 AC 400 V，50 Hz	空调设备、开水炉
		三相 AC 380 V，50 Hz	空气压缩机、牵引电机风机、牵引变压器风机、牵引变流器风机、辅助电源装置风机、牵引变压器油泵、餐车设备
		单相 AC 220 V，50 Hz	客室插座、餐车设备

续表

车型	供电方式	电源制式	负载设备
CRH2/CRH380A	主辅分离	单相 AC 100 V，50 Hz	空调控制设备、目的地显示器、上水系统水泵、电伴热
		DC 110 V	列车无线系统、列车网络系统、ATP/LKJ 电务车载系统
CRH3/CRH380B	主辅一体	三相 AC 440 V，60 Hz	空调设备、空气压缩机、牵引电机风机、牵引变压器风机、牵引变流器风机、牵引变压器油泵、开水炉
		单相 AC 230 V，60 Hz	电伴热餐车设备
		DC 110 V	照明、列车无线系统、网络系统、ATP/LKJ 电务车载系统
CRH5		三相 AC 380 V，50 Hz	空调设备、空气压缩机、牵引电机风机、牵引变压器风机、开水炉
		单相 AC 220 V，50 Hz	电伴热
		DC 24 V	照明、列车无线系统、网络系统、ATP/LKJ 电务车载系统
CR400AF	主辅一体	三相 AC 380 V，50 Hz	变压器冷却系统、牵引变流器冷却风机、牵引电机冷却风机、压缩机、开水炉、空调机组、司机室空调
		单相 AC 220 V，50 Hz	冷藏箱、展示柜、保温箱、微波炉、微波炉散热风机、消毒柜、咖啡机插座、侧面显示器、水箱装置、污物箱装置、驾驶台电压计背灯、前窗玻璃加热器、EGS、加热器、伴加热等
		DC 110 V	自动门装置、空调装置、空调显示设定器、影视系统、照明、ATP 系统、车辆信息显示器、中央监控器、烟火报警系统、牵引变流器控制、终端监控器、显示灯、无线通信系统、制动控制、BP 救援装置、踏面清扫电磁阀、塞拉门、外端门、空调显示灯、厕所使用显示灯、蓄电池充电、车门声音装置、逆变电源、配电柜、接触器盘、乘客信息装置、尾灯、自动广播、刮雨器装置、CIR、应急通风、前照灯、辅助空气压缩机等

那么，动车组配电系统具有哪些作用？

1.1.2　动车组配电系统

动车组配电系统通过车体配线，将供电系统、用电设备以及控制保护设备等连成一个完整的电气系统，用来输送和分配电能，如图 1－6 所示。车体配线分车上和车下两部分，根据用途不同可分为电力配线、影视配线和网络配线等类型，其中电力配线一般采用绝缘导线，影视配线多采用音/视频电缆线，网络配线有列车信息传送线（光纤）和自我诊断信息传送线（多股绞合线）两种。

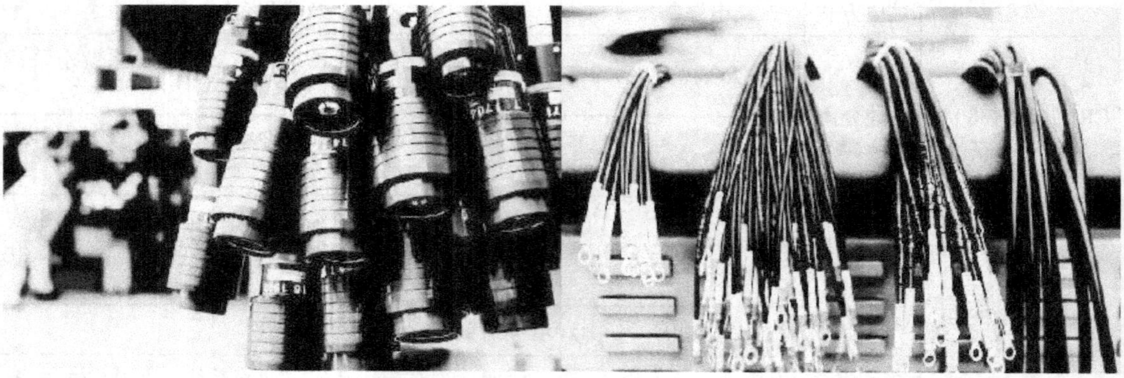

图 1－6　动车组配电系统

车体配线就如同人体的神经一样连接着整个车辆，将供电系统、用电设备以及控制保护设备等连成一个完整的电气系统。车体配线是否存在故障直接关系着行车安全。在日常运营和维护中，需要增强安全意识和岗位责任意识，对车体配线进行全面系统的检查，如图 1－7 所示。

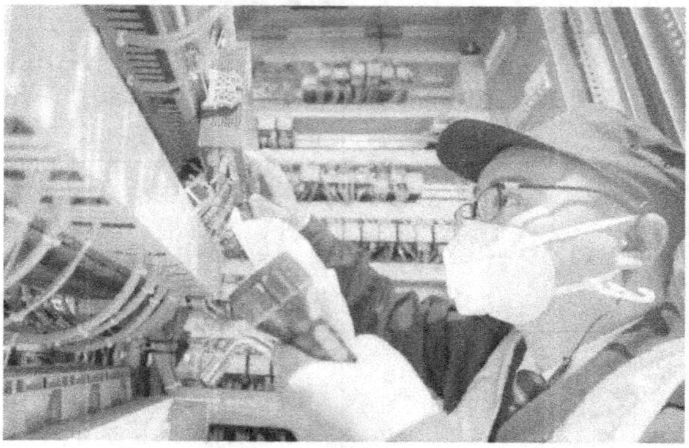

图 1－7　车体配线检查

前文提到当电力不能来自牵引供电电网时，采用外接电源或者蓄电池供电，那么蓄电池又是什么呢？下面通过了解动车组辅助电源装置来了解蓄电池。

1.1.3　动车组辅助电源装置

DC110 V 直流供电是新一代高速动车组的电气控制系统，是动车组的“神经”，关系到列车的安全，动车组辅助电源装置一般采用 DC 110 V 直流供电电源装置，包括蓄电池和充电机。其中，蓄电池和充电机互为冗余，以保证直流供电的稳定性。

1. 蓄电池

蓄电池是将化学能直接转化为电能的一种装置，是按可再充电设计的电池，通过可逆的化学反应实现再充电。

常见的蓄电池有铅酸蓄电池和镍镉蓄电池等类型，动车组多采用镍镉蓄电池。如图 1－8 所示。

图1－8　动车组蓄电池

镍镉蓄电池是一种碱性蓄电池，采用氢氧化钾溶液作为电解液。充电完成后，蓄电池正极板上的活性物质为氢氧化镍，负极板上的活性物质为金属镉；蓄电池放电后，正极板上的活性物质变为氢氧化亚镍，负极板上的活性物质变为氢氧化镉。

镍镉蓄电池的优点是轻便、抗震、可快速充电，其循环使用寿命较长，是铅酸蓄电池的两倍多，充放电可达到2 000多次，但价格为铅酸蓄电池的4～5倍。

在我国，蓄电池的型号采用汉语拼音的大写字母及阿拉伯数字表示，由三段组成。第一段为串联的单体蓄电池数，第二段为蓄电池类型和特征代号，第三段为额定容量。

蓄电池类型和特征代号通常用字母表示，常用字母的含义如表1－2所示。

蓄电池额定容量以阿拉伯数字表示，其单位为安·时（A·h），在型号中单位略去。

表1－2　蓄电池类型和特征代号

代号	含义	代号	含义
A	干式	C	正极材料为钴
F	防酸式	G	负极材料为镍/高放电率
H	湿式/活动盖外壳	M	正极材料为锰/密封式
N	正极材料为镍	T	负极材料为铁
W	免维护	X	负极材料为锌
Y	正极材料为银/圆形密封式	Z	中放电率

2. 充电机

充电机用来将来自动车组辅助供电系统的三相交流电转变为可为蓄电池持续充电的稳压直流电，并为直流母线提供电能，为母线上的直流负载供电，如图1－9所示。

CRH1型动车组的充电机是指蓄电池充电模块（BCM），为一个精致的变流装置，总功率为13 kW。其中直流母线输出功率为8 kW，最大充电功率为5 kW。充电机主要由整流触发单元、直流环节滤波器、IGBT逆变器、高频变压器、输出整流器、蓄电池滤波器、电池充电控制单元BCC/I、冷却风扇及相关传感器等组成，如图1－10所示。

图 1－9　充电机

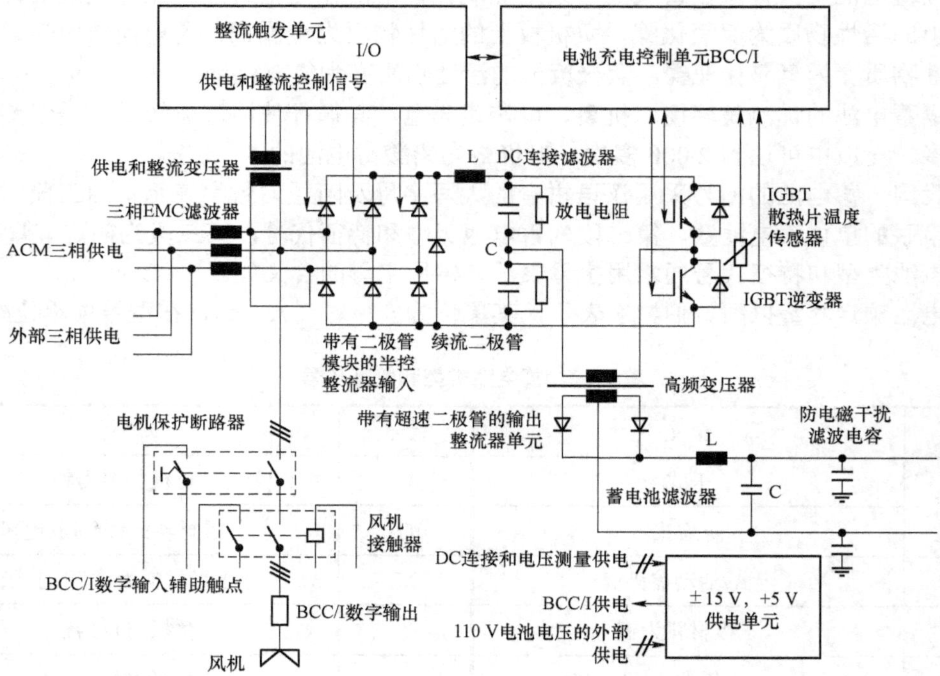

图 1－10　充电机组成

CRH2 型动车组蓄电池通过辅助电源装置 APU 输出的稳压 DC 110 V 电压来充电。

CRH3 型动车组的充电机由 440 V，60 Hz 三相交流车载电源供电，主要由变压器组件、电容器组件、接线板、接触器、蓄电池充电模块等组成。

CRH5 型动车组的充电机由辅助逆变器输出 400 V，50 Hz 三相交流电供电。辅助逆变器主要由功率回路和控制回路组成，如图 1－11 所示。其中，功率回路包括 EMI 输入滤波器、三相整流桥、SAT 信号检测板、功率模块、整流电路、EMI 输出滤波器、接触器等；控制回路包括 ALIM 电源板和 FENICE 调整板。

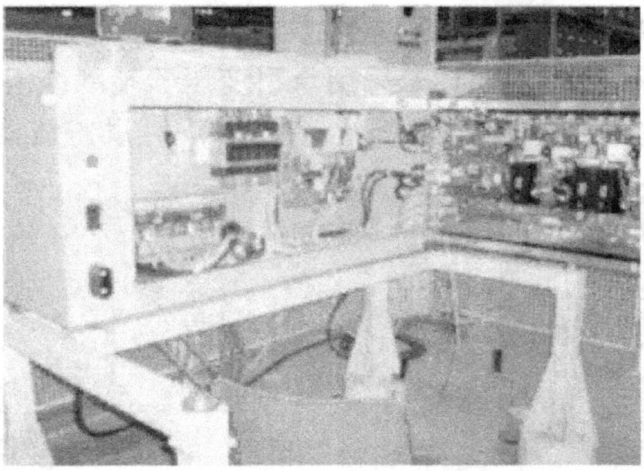

图 1－11　辅助逆变器

任务 1.2　认识动车组辅助电气设备

任务导入

2010 年 9 月 28 日，国产“和谐号”CRH380A 新一代高速动车组，在沪杭高铁试运行。杭州至上海途中，最高时速就达到 416.6 km，再次刷新世界铁路运营试验最高速。之后，CRH380A 型动车组驰骋在祖国广袤的大地上。那么 CRH380A 型动车组的辅助供电系统是如何工作的呢？

本节任务将详细介绍 CRH380A 型动车组的辅助电气设备。

知识储备

1.2.1　CRH380A 型动车组辅助电气设备

1. CRH380A 型动车组概述

CRH380A 型动车组由青岛四方机车车辆股份有限公司生产，是以 CRH2C 型动车组为基础，通过速度提升和优化设计后实现的自主研制车型。列车采用 8 辆车编组，其中 6 辆动车，2 辆拖车，其中两头车为拖车，其余车均为动车。CRH380A 型动车组共有三个独立单元，1、2、3 车为动力单元一，4、5 车为动力单元二，6、7、8 车为动力单元三。CRH380A 型动车组采用干线供电，电源系统贯穿全列车。CRH380A 型动车组列车编组如图 1－12 所示。

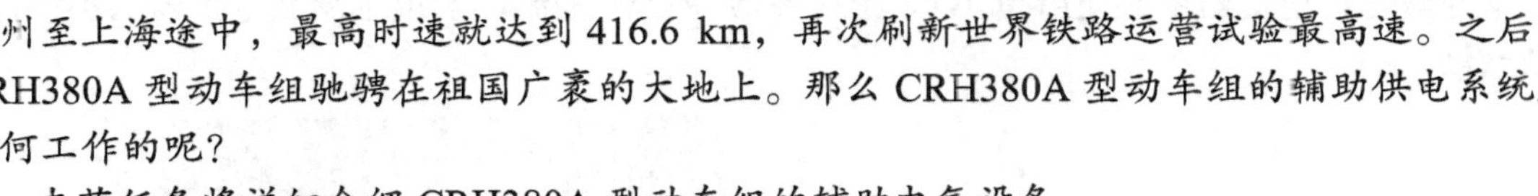

CRH380A型动车组列车编组

T1，T2—拖车；M1，M2，M3，M4，M5，M6—动车。

图 1－12　CRH380A 型动车组列车编组

那么 CRH380A 型动车组辅助供电系统是怎么供电的呢？下面就从 CRH380A 型动车组辅助供电系统组成开始介绍 CRH380A 型动车组辅助供电系统的供电方式。

2. CRH380A 型动车组辅助供电系统组成

CRH380A 型动车组（见图 1-13）采用牵引变压器辅助绕组供电模式，其辅助供电系统包括牵引变压器辅助绕组、辅助电源装置（APU）、辅助整流器和蓄电池等。

图 1-13　CRH380A 型动车组

辅助电源装置由输入辅助整流器、PWM 三相输出逆变器、逆变器输出变压器、辅助变压器等构成，如图 1-14 所示。其中输入辅助整流器部分使用大电流、高电压器件，实现了小型轻量化。逆变器单元使用 IGBT，通过高频 PWM 控制，实现了滤波电抗器的小型化、轻量化。

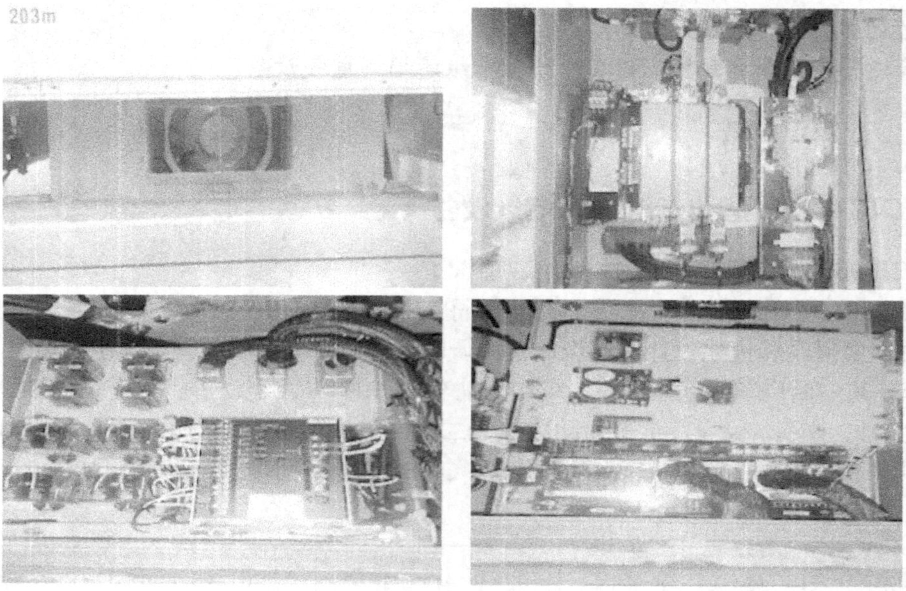

图 1-14　辅助电源装置构成

辅助整流器装置（ARF）采用自冷式，由整流变压器、整流二极管单元、用于补偿输出电压下降特性的电阻等组成，如图 1-15 所示。

CRH380A 型动车组每列车配有 3 台辅助电源装置，分别安装在 1、5、8 号车车下；蓄电池共有 6 组，2、7 车各一组，3、5 车各两组；两台辅助整流器，分别安装在 1、8 号车车下，如图 1-16 所示。

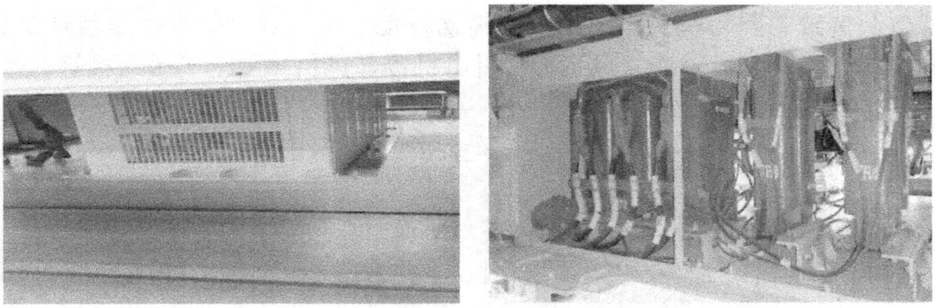

图 1－15　辅助整流器装置构成

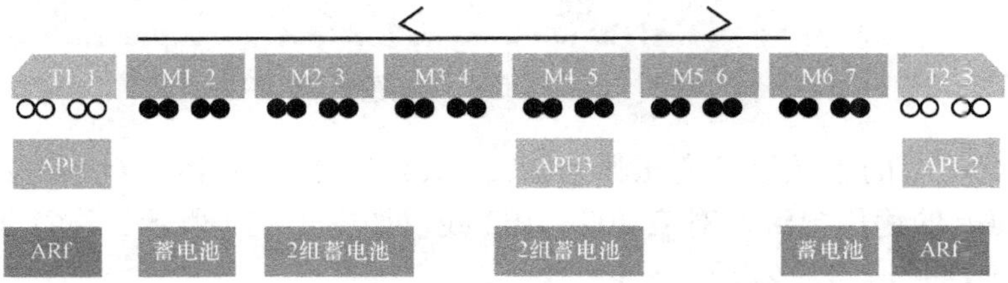

图 1－16　CRH380A 型动车组辅助电源装置分布

其中 1、8 号车的辅助电源装置分别向 1～4 号车和 5～8 号车的牵引变流器风机（除 4、5 号车）、牵引变压器风机（除 4 号车）、电动空气压缩机等负载提供三相交流电源，向列车信息控制装置、制动装置、车门装置、烟火报警装置等负载提供直流电源，并向列车辅助制动装置、给水装置等负载提供单向交流电源。5 号车上的辅助电源装置向 4、5 号车的牵引变流器风机、牵引电机风机、牵引变压器风机（仅 4 号车）提供三相交流电源。

下面具体介绍下 CRH380A 型动车组辅助供电系统的供电方式。

3. CRH380A 型动车组辅助供电系统供电方式

辅助电源装置的输入电源是牵引变压器辅助绕组输出的非稳定的单相 AC 400 V，50 Hz 的电，该交流电通过输入变压器 TR1、IGBT 变频器变换成直流电，该直流电通过 PWM 三相逆变器变换成三相交流电。再通过输出变压器提供三相 AC 400 V，50 Hz 电源向编组内提供电能，对应 771、781、791 线，如图 1－17 所示。

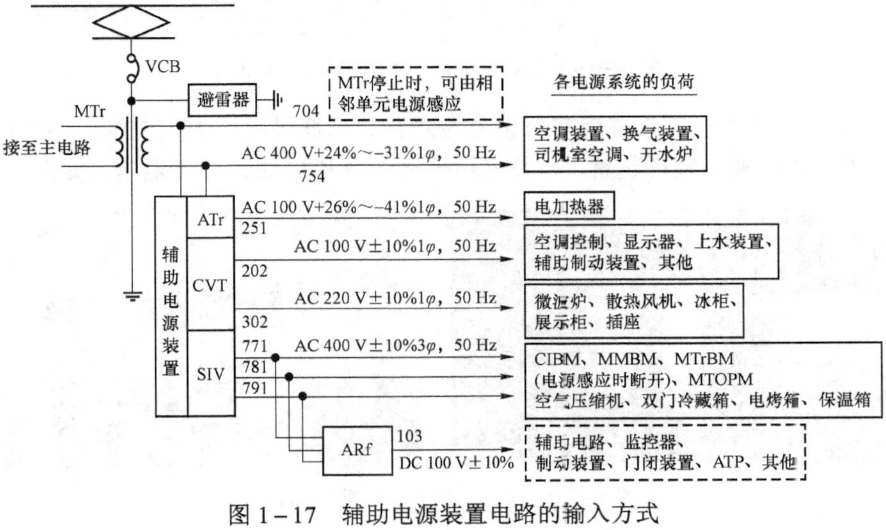

图 1－17　辅助电源装置电路的输入方式

辅助电源装置主要为牵引系统相关的辅助设备供电，包括牵引变压器油泵、牵引变压器冷却风机、牵引变流器冷却风机、牵引电机冷却风机、主空气压缩机等，如图 1－18 所示。

图 1－18　辅助电源装置组成

三相 AC 400 V 的电源经过变压器 TR3、TR4，变换成单相 AC 100 V、50 Hz。单相 AC 220 V、50 Hz 的稳压电源，对应 202、302 线，如图 1－19 所示。注意 TR3、TR4 这两个变压器装在辅助整流器箱内。

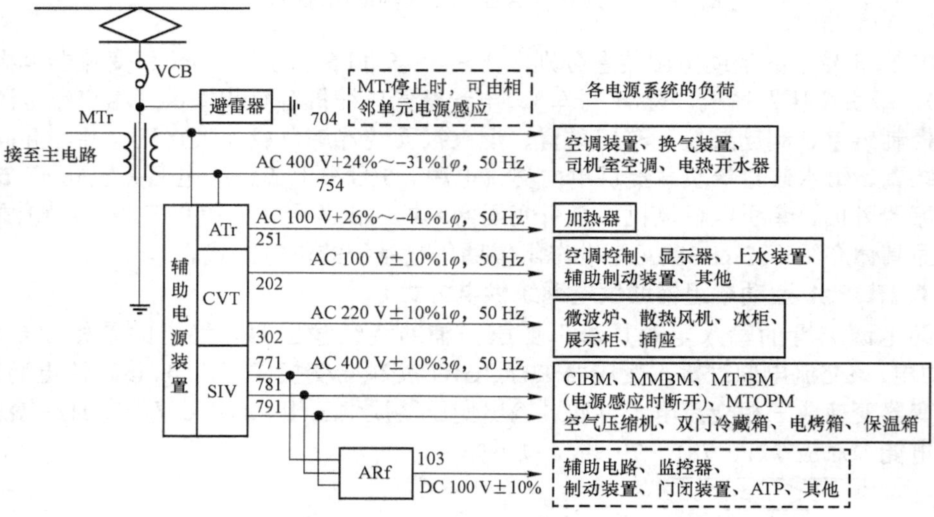

图 1－19　三相 AC 400 V 的电源输入方式

稳定的单相 AC 100 V 系统为部分设备控制和显示器供电，主要包括空调控制、换气装置控制、水箱控制、辅助制动装置、车外车厢号显示器和目的地显示器等，如图 1－20 所示。

图 1－20　采用 AC 100 V 供电的设备

稳定的单相 AC 220 V 系统为客室座椅下方插座和餐车厨房设备供电，主要包括插座、微波炉、展示柜、消毒柜、双门冷藏箱、散热风机等，如图 1－21 所示。

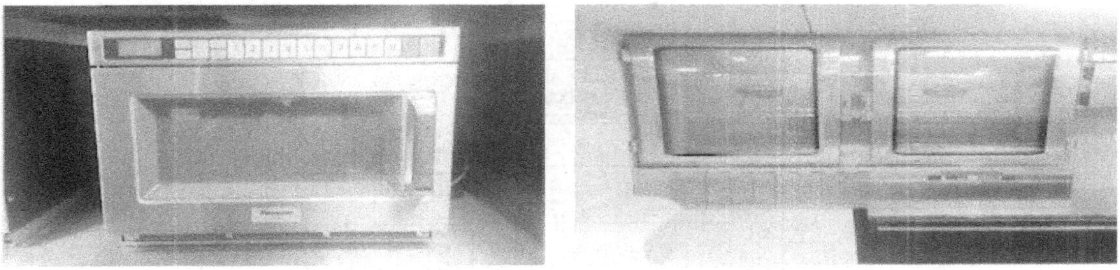

图 1－21　采用单相 AC 220 V 供电的设备

辅助整流器将辅助电源装置输出的稳定的三相 AC 400 V 的电源，通过辅助整流器柜中的整流器变压器 TR2、三相全波整流器，输出 DC 100 V 电，对应 103 线，如图 1－22 所示。

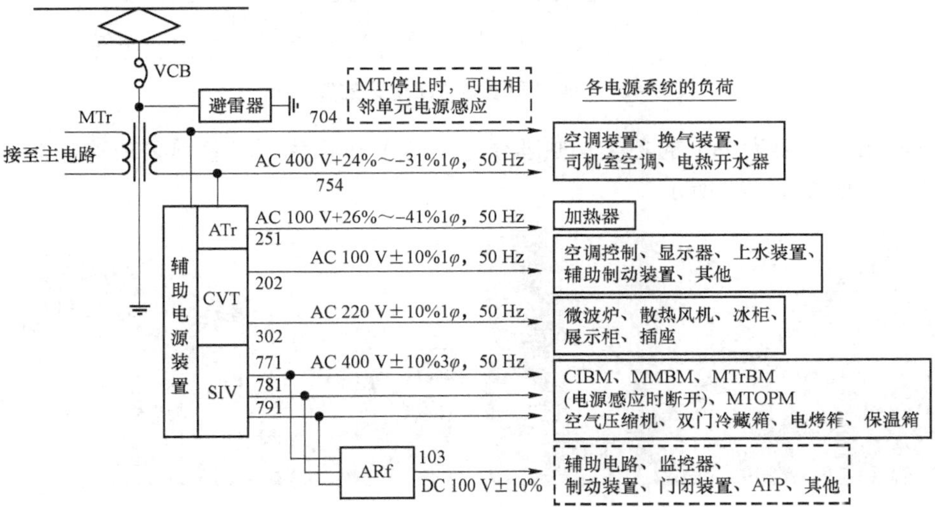

图 1－22　辅助整流器电路的输入方式

该系统为车辆的控制电路、旅客信息系统及绝大多数辅助用电设备供电，包括信息控制装置、制动装置、广播装置、应急通风装置等，如图 1－23 所示。

图 1－23　采用 DC 100 V 供电的设备

辅助电源装置中的辅助变压器 ATr，将牵引变压器辅助绕组输出的 AC 400 V 变换成非稳定的 AC 100 V 的电源，对应 251 线，如图 1－24 所示。

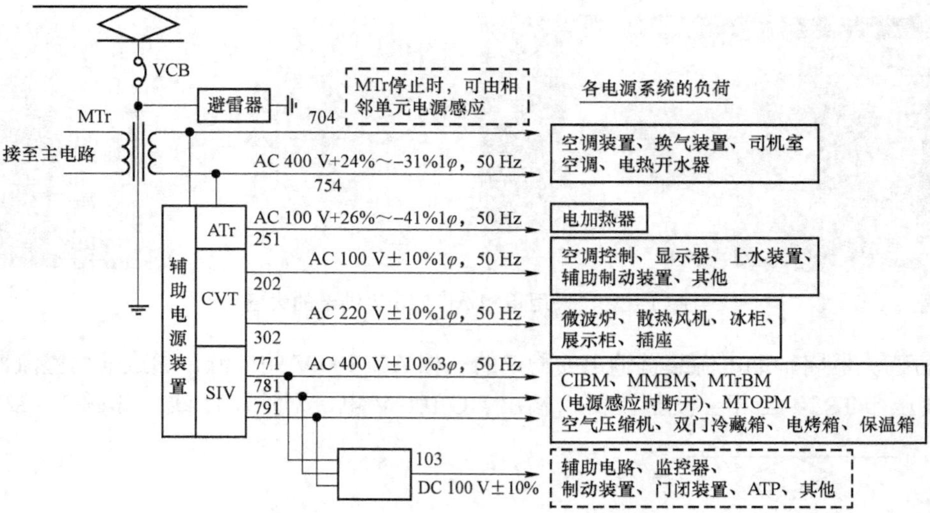

图 1－24　辅助变压器 ATr 电路的输入方式

该电源系统主要为车上的各类加热器供电，主要包括为司机室前窗玻璃加热、为车下水箱加热等，如图 1－25 所示。

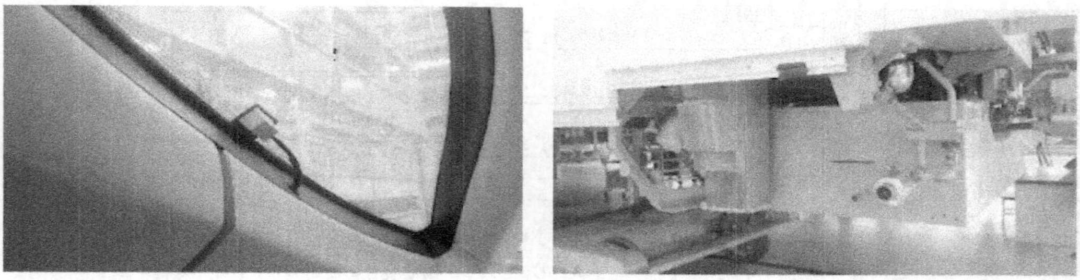

图 1－25　采用 AC 100 V 供电的设备

CRH380A 型动车组全部辅助电气设备配置如表 1－3 所示。

表 1－3　CRH380A 型动车组全部辅助电气设备配置

配线	电压	车号	电气设备
704/754 线	单相 AC 400 V，50 Hz	各车	空调装置、换气装置、电热开水器
771/781/791 线	三相 AC 400 V，50 Hz	M2，M3，M5	变压器油循环泵、变压器风机
		所有动车	牵引变流器风机、牵引电机风机
		M2，M6	空气压缩机
		M4	厨房设备
		T1，T2	辅助整流器

续表

配线	电压	车号	电气设备
302 线	单相 AC 220 V，50 Hz	M4	厨房设备、吧台设备
		各车	插座
202 线	单相 AC 100 V，50 Hz	各车	空调控制装置、显示器
		各车	上水装置
		T1，T2	辅助制动装置
251 线	单相 AC 59～126 V，50 Hz	各车	电加热器，温水器
102 线	DC 90～120 V	T1，T2	运行控制装置
		各车	辅助空气压缩机、蓄电池
103 线	DC 100 V	各车	辅助电路、监控装置、制动装置、开关车门装置
		所有动车	牵引变流器控制装置
		TI，T2	ATP
		T2	列车无线设备、专用蓄电池
103B 线	DC 100 V	各车	广播、预备灯
		各车	污物处理装置
		各车	自动广播
		T1，T2	标志灯、摘挂装置、刮雨器
115 线	DC 100 V	各车	空调控制装置、自动门装置、客室照明、客室空调、送风机
118A 线	DC 100 V	T1，T2	列车无线装置

1.2.2　CRH380B 型动车组辅助电气设备

刚刚了解了 CRH380A 型动车组辅助供电系统的组成、供电方式等内容，那么 CRH380B 型动车组的辅助供电系统和 CRH380A 型动车组的是否一样呢？接下来将详细介绍 CRH380B 型动车组辅助供电系统的相关知识。先来认识一下 CRH380B 型动车组，如图 1－26 所示。

图 1－26　CRH380B 型动车组

1. CRH380B 型动车组概述

CRH380B 型电力动车组是由中车集团唐山轨道客车有限责任公司、长春轨道客车股份有限公司在 CRH3C 型电力动车组基础上自主研发的 CRH 系列高速动车组，源于西门子公司 ICE、Velaro E 动车组平台，借鉴 CRH5 型动车组在各地区的运用经验，结合各地区的气候特征，完全自主创新的产品。也是“中国高速列车自主创新联合行动计划”的重点项目之一。CRH380B 型动车组（短编）为 8 辆编组，4 动 4 拖，采用交—直—交传动方式，由 2 个牵引单元组成。动车组具有良好的气动外形，两端为司机室，列车正常运行时由前端司机室操控。1 号车、2 号车、3 号车、4 号车组成一个牵引单元，5 号车、6 号车、7 号车、8 号车组成另外一个牵引单元。每个牵引单元各有两辆动车和两辆拖车。EC01、EC08 为动车，带有牵引变流器及其冷却系统、牵引电机和齿轮装置。TC02、TC07 为拖车，带有受电弓、主变压器、单辅助变流器、辅助空气压缩机。

IC03、IC06 为动车，带有牵引变流器及其冷却系统、牵引电机和齿轮装置、空气压缩机。

FC04 为拖车，带有制动电阻、充电机、蓄电池、双辅助变流器。BC05 为拖车，带有吧台、制动电阻、充电机、蓄电池、双辅助变流器。

如图 1－27 所示，这是 CRH380B 型动车组的配置，从配置中可以看出辅助供电系统的主要设备在车上的分布情况。下面来了解 CRH380B 型动车组辅助供电系统的组成和辅助供电分配方式。

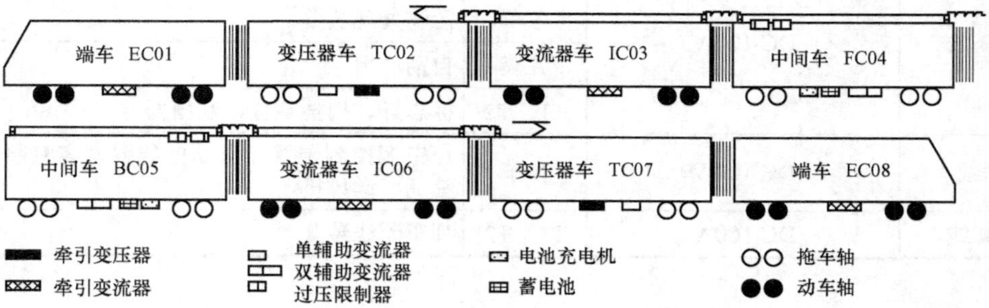

图 1－27 CRH380B 型动车组的配置

2. CRH380B 型动车组辅助供电系统组成

辅助供电系统设备主要包括辅助变流器、蓄电池、充电机、牵引交流器、牵引变压器等电源设备，如图 1－28 所示。

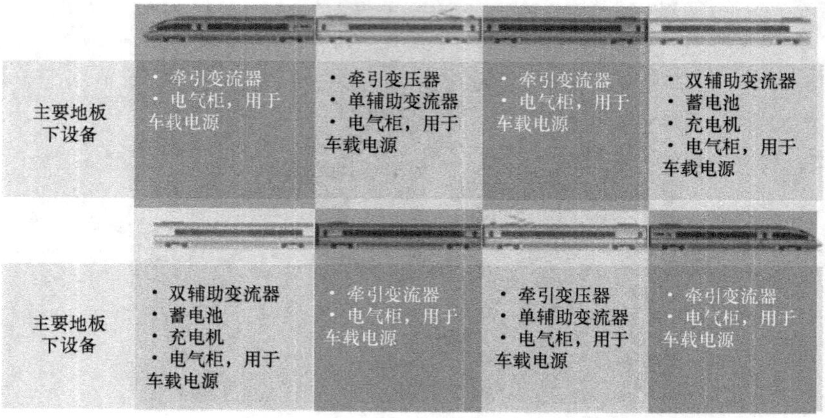

图 1－28 CRH380B 型动车组辅助供电系统组成

1）辅助变流器

辅助变流器为辅助供电系统的核心电源设备，辅助变流器分单辅助变流器（ACU）和双辅助变流器（D－ACU），如图1－29所示，单辅助变流器安装在变压器车（TC07/TC02）的车下，双辅助变流器安装在一等座车和餐车的车下。

图1－29　辅助变流器

2）充电机

充电机（图1－30）功能是把三相交流电转换为车载电源系统的直流电，对蓄电池组进行充电，向所有与充电机并联的低压负载供电。充电机箱分别位于一等座车和餐车的车下。电池充电机由带输入端子的输入电路、风冷充电机模块、电磁兼容滤波器、电池主接触器、电池输出配电保险、冷却风扇等组成。

3）蓄电池

蓄电池（图1－31）的功能是：在系统故障，如缺少接触网电压，牵引变压器或变流器故障，蓄电池充电机故障等情况下，确保向重要负载供电。

图1－30　充电机

图1－31　蓄电池

4）地面电源

为了确保在高压设备接地或列车停车时，设备继续工作，可以使用外接电源为列车总线供电。因此，在双辅助变流器箱体一侧中间位置，设置了外接电源输入插座，如图1－32所示。由于双辅助变流器安装在餐车和一等座车的车下，动车组的外接电源插座布置在动车组的中间位置，每侧一个。

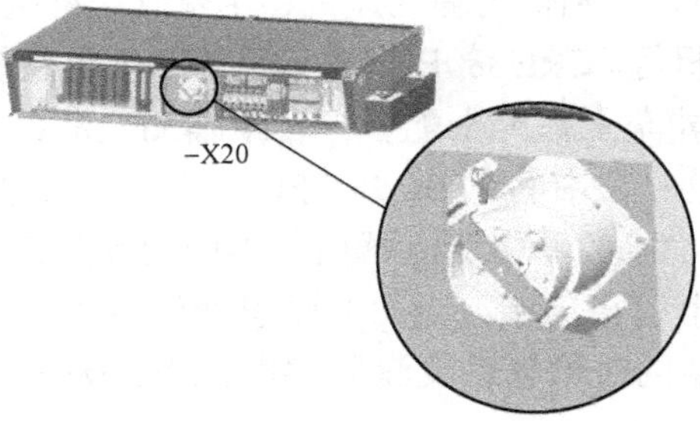

图1－32　地面电源

外接电源供电负载包括充电机、采暖和空调系统、其他 440 V 负载。用外接电源供电，在外界温度－25 ℃时，可以将列车内的温度维持在 5 ℃。

以上就是 CRH380B 型动车组辅助供电系统的组成，那这些设备是怎么协调工作的呢？下面介绍 CRH380B 型动车组辅助供电系统的供电方式。

3. CRH380B 型动车组辅助供电系统供电方式

CRH380B 型动车组辅助供电系统采用列车干线供电方式，通过分散布置在若干车辆上的辅助电源设备向干线供电。交流供电采用三相 AC 440V，60 Hz 制式，直流供电采用 DC 110 V 制式。CRH380B 型动车组辅助供电系统的供电方式如图 1－33 所示。

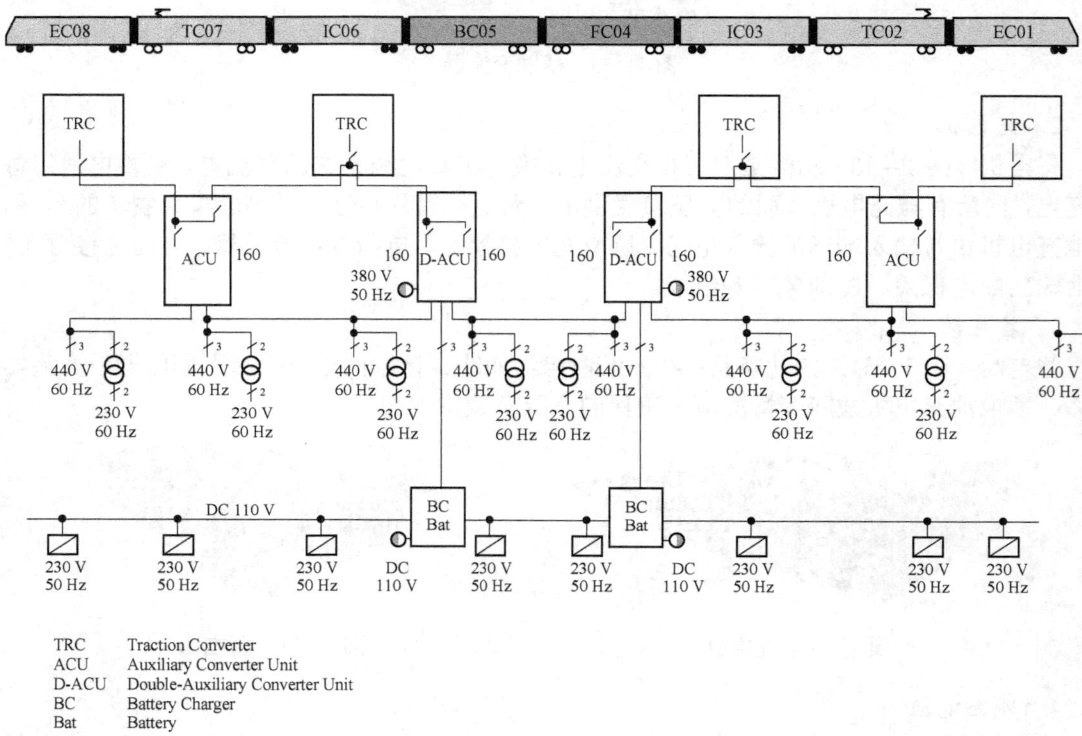

图 1－33 CRH380B 型动车组辅助供电系统供电方式

CRH380B 型动车组每节车上都配有一台牵引变流器，辅助供电系统的输入电压取自牵引变流器的中间直流环节，标称电压为 DC 3 000 V。辅助变流器将 DC 3 000 V 变换成三相 AC 440 V，60 Hz 的交流电，分别供给辅助风机、主空气压缩机、客室空调、司机室空调、前风挡加热、蓄电池、充电机等。CRH380B 型动车组辅助供电系统设备分布如图 1－34 所示。

在 TC02、TC07 变压器车上，分别配备一台单辅助变流器，它们与头车 EC01、EC08 的牵引变流器中间电路相连；在中间车 BC05、FC04 车上，分别配备了一台双辅助变流器，它们分别与中间车 IC03、IC06 的牵引变流器内的中间电路相连。在双辅助变流器和单辅助变流器的输入端都与一根电缆相连接，当两个牵引变流器中的一个失效时，可以实现从另一个持续有效的牵引变流器同时给辅助变流器供电。CRH380B 型动车组辅助供电系统电气通路如图 1－35 所示。

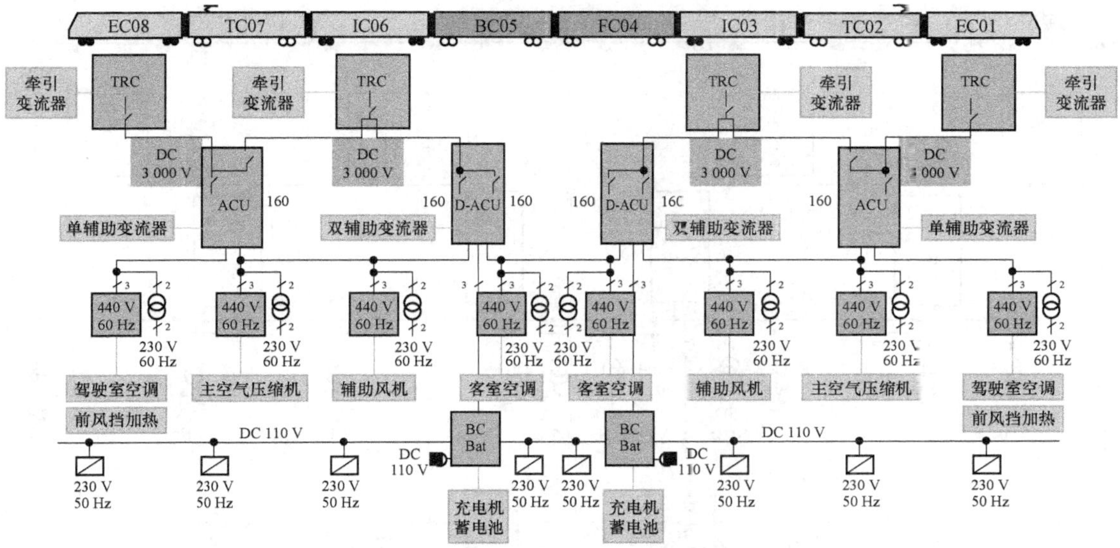

图 1－34　CRH380B 型动车组辅助供电系统设备分布

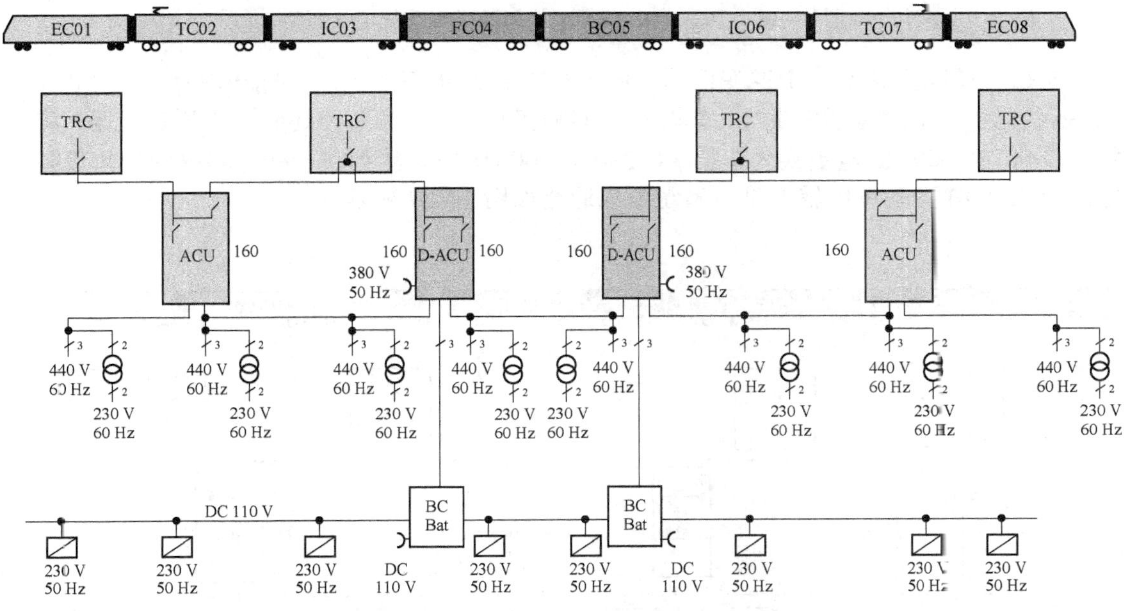

图 1－35　CRH380B 型动车组辅助供电系统电气通路

所有的辅助变流器都通过供电总线排向 8 辆车同时输出三相 AC 440 V，60 Hz 的电流。在正常情况下，列车供电总线贯通整列列车。如果供电总线排出现故障，可以打开辅助变流器中间的连接开关，来隔离单个区间的供电。

在中间车 BC05、FC04，分别配置了一组蓄电池和一个充电机，电池充电机通过三相 AC 440 V，60 Hz 电源总线获得供电，充电机给蓄电池充电，同时给 DC 110 V 系统以及与之相连接的各种负载设备供电。CRH380B 型动车组辅助供电系统电气通路如图 1－36 所示。

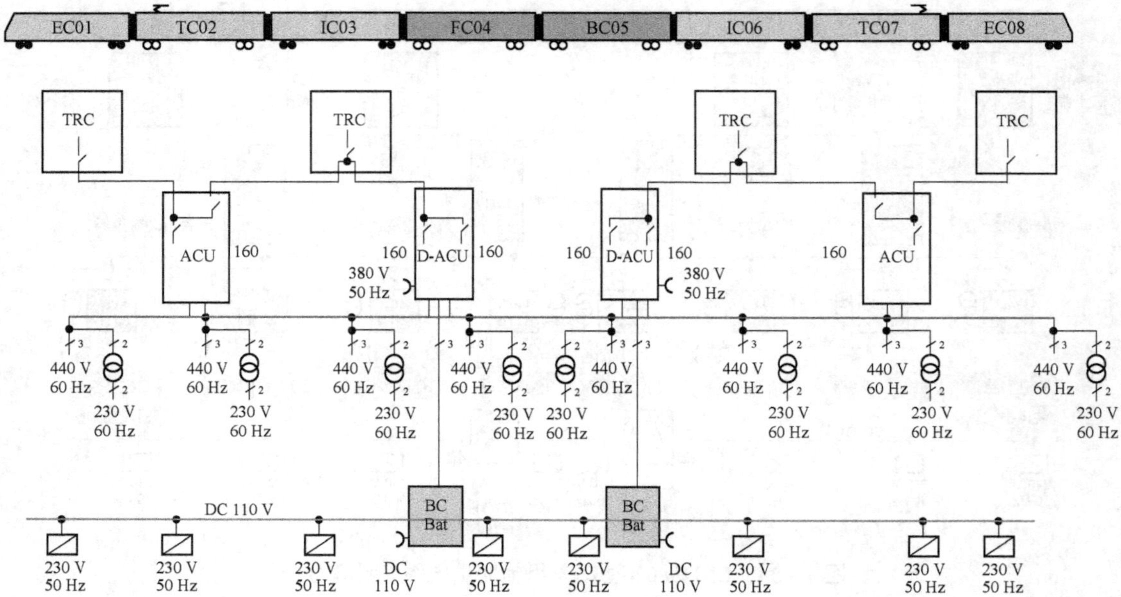

图 1－36　CRH380B 型动车组辅助供电系统电气通路

在每节车厢里各有一个逆变器从 DC 110 V 系统中获取电能，输出单相 AC 230 V，50 Hz 的电流，给旅客插座供电，车与车之间相互独立。电源箱内还装有小型变压器，将三相 AC 440 V，60 Hz 电更换为单相 AC 230 V、60 Hz 电，给列车一些低功率的加热设备供电。CRH380B 型动车组辅助供电系统电气通路如图 1－37 所示。

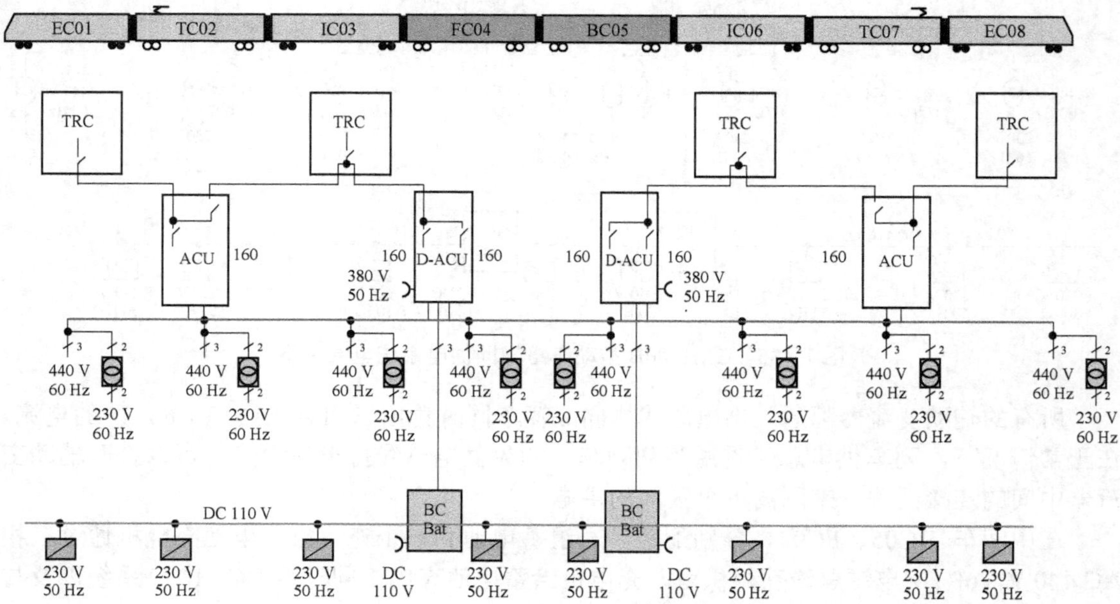

图 1－37　CRH380B 型动车组辅助供电系统电气通路

如图 1－38 所示，在双辅助变流器上还装有一个外接电源插座，库内作业时由外部三相 AC 380 V，50 Hz 的电源为三相 AC 440 V，60 Hz 的干线供电。在每个电池箱内有一个 DC 110 V 外接电源供电插座，列车停放车库时能够通过电池箱内 DC 110 V 外接电源插座提供 DC 110 V 电源。该电源系统主要为牵引系统相关的辅助设备供电，主要包含牵引变压器油泵、牵引变压器冷却风机、牵引变流器冷却风机、牵引电机冷却风机、主空气压缩机等。

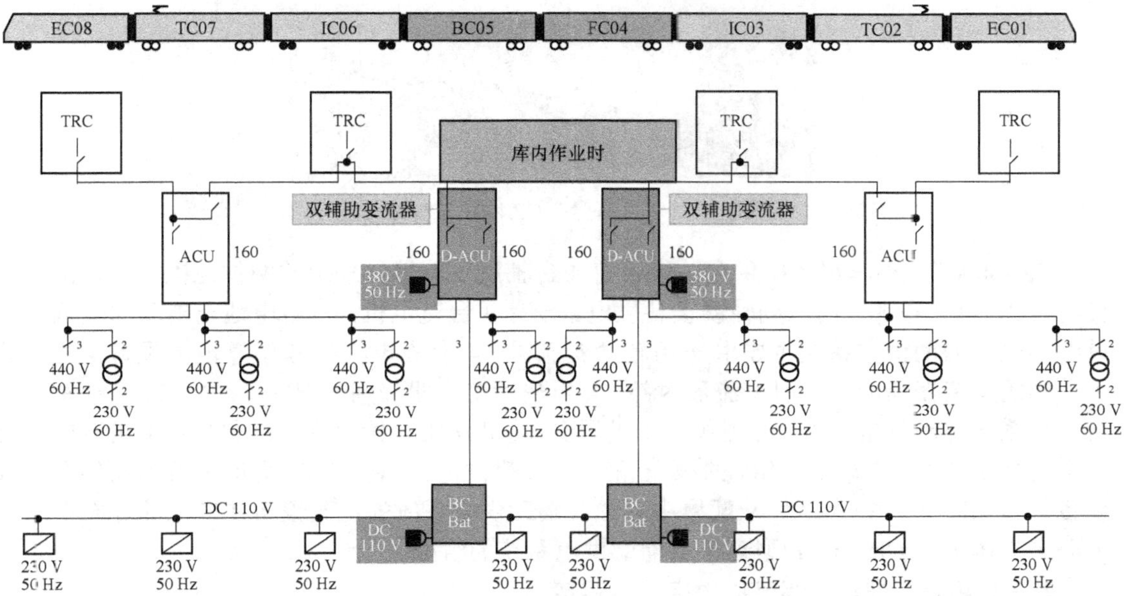

图 1－38　车体配线检查库内作业电气通路

1.2.3　CR400AF 型动车组辅助电气设备

2017 年 6 月 25 日，“复兴号”中国标准动车组正式命名。次日上午 11 点 05 分，两列“复兴号”中国标准动车组——镶着红边的 G123 次列车和镶着金边的 G124 次列车，分别从北京南站和上海虹桥站双向对开。一个形似“飞龙”，一个酷似“金凤”。

“龙凤呈祥”的“复兴号”为中国高铁揭开了新的篇章，中国标准动车组涉及高铁动车组技术标准 254 项，其中 84%是中国标准，部分中国标准更是优于国际标准。将中国标准动车组命名为“复兴号”，代表着中国铁路在新时代坚定跟党走、奋勇当先行的坚强决心，真实记载了中国高铁技术装备走向世界先进行列的发展历程，充分展示了中国铁路服务经济社会发展、创造人民生活新时空的美好愿景，深情寄托着中国铁路人对中华民族伟大复兴的追求和期盼。

动车组辅助电气系统直接关系到每位乘客的乘车体验。“复兴号”动车组列车上配有覆盖全车的 Wi-Fi 系统，座椅上的乘客所对应的始发/终点信息可通过 LED 显示屏来显示。中国标准动车组还首次采用了“钛酸锂电池”供电，供电效率更高，且更节能环保。

接下来将详细介绍复兴号 CR400AF 型动车组辅助供电系统的相关知识。

1. CR400AF 型动车组辅助供电系统概述

CR400AF 型动车组以 CRH380AM 技术平台为基础，采用成熟的主辅一体化结构，继承过分相时辅助系统不断电、救援回送过程发电的技术特点。“复兴号”CR400AF 型动车组如图 1－39 所示。

图 1－39 “复兴号”CR400AF 型动车组

CR400AF 型动车组辅助供电系统设有 4 台辅助变流器，采用并网供电模式，输出三相交流 AC 380 V 电源，向全列辅助设备供电。设有 4 台充电机，对蓄电池充电并向全列直流设备供电。辅助供电系统主要由 4 组辅助变流器、4 台充电机和 4 组蓄电池设备组成，其中，辅助变流器集成于牵引变流器内部。4 组辅助变流器分别设置在 2、4、5、7 动车上，给交流系统并网供电；4 台充电机分别设置在 1、8 车上，给直流系统供电；4 组蓄电池组分别设置在 1、8 拖车上，给控制设备和应急负载供电。CR400AF 型动车组辅助供电系统设备分布如图 1－40 所示。从配置中可知，辅助供电系统的主要设备在车上的分布情况。下面来具体了解 CR400AF 型动车组辅助供电系统的组成。

2. CR400AF 型动车组辅助供电系统组成

CR400AF 型动车组辅助供电系统设备主要包括辅助变流器、充电机、单相逆变电源、蓄电池等设备。

1）辅助变流器

将牵引变流器中间直流环节 DC 3 600 V 逆变为三相交流电，并经辅助变压器转换成三相 AC 380 V 电源，为列车全列辅助设备供电。辅助变流器各参数见表 1－4。

表 1－4 辅助变流器各参数

项点	参数	项点	参数
输入电压/V	DC 3 600	输出频率范围	±2
输出电压/V	三相 AC 380	额定输出容量/（kV·A）	260
输出精度	±5%	输出电压谐波含量	≤5%
输出频率/Hz	50	效率（额定工况下）	≥90%

2）充电机

将三相交流供电母线上的 AC 380 V 转化成 DC 110 V，对蓄电池进行一对一充电，并为全列控制设备、旅客信息系统及旅客娱乐系统等直流负载提供电源。充电机各参数见表 1－5。

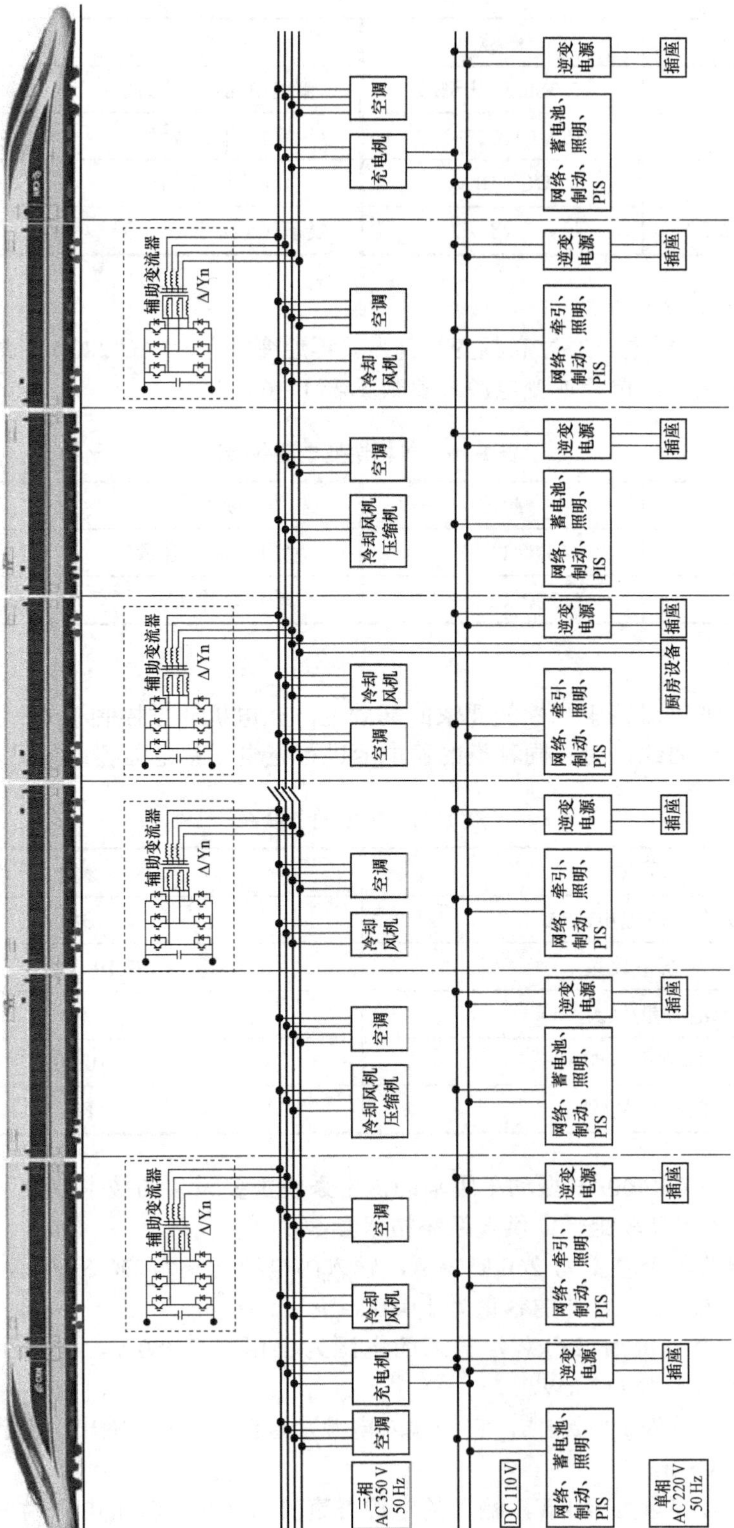

图 1－40　CR400AF 型动车组辅助供电系统设备分布

表 1-5　充电机各参数

项点	参数	项点	参数
输入电压/V	AC 380（1±5%）	输出电压纹波因数	≤5%
输入频率/Hz	50（1±2%）	输出电压精度	±1.5%
输出电压/V	DC 110 V	总输出限流精度	≤±5%
输出功率/kW	28	效率（额定工况下）	≥90%

3）单相逆变电源

将车辆 DC 110 V 电源通过高频变换升压，再逆变为单相 AC 220 V、50 Hz 电源，为车辆客室插座提供电源。单相逆变电源各参数见表 1-6。

表 1-6　单相逆变电源各参数

项点	参数	项点	参数
输入电压/V	DC 110 V	输出总谐波含量	＜10%
输出电压/V	AC 220（1±5%）	输出功率/kW	4

4）蓄电池

在满足技术条件对蓄电池性能要求的基础上，充电机通过控制模式识别功能，调取预先设置的温度补偿曲线，对不同种类的蓄电池进行充电。蓄电池各参数见表 1-7。

表 1-7　蓄电池各参数

项点	参数
标准充放电电流/A	38
电解液比重	1.19～1.25
蓄电池容量/（A·h）	190
标称电压/V	100.8
配组数量/只	84

下面来看一下 CR400AF 型动车组辅助供电系统主要设备的技术参数。

3. CR400AF 型动车组辅助供电系统技术参数

辅助变流器的单个容量为 260 kV·A，输入的电源电压为 DC 3 600 V，输出的电源为三相 AC 380 V、50 Hz，合计的容量为 1 040 kV·A。

充电机的单个容量为 28 kW，输入的电源为三相 AC 380 V、50 Hz，输出的电压为 DC 110 V，合计功率为 112 kW。

蓄电池单个容量为 190 A·h，它的输入电源是直流 110 V，输出电源也是直流 110 V，合计容量为 760 A·h。

单相逆变电源容量为 4 kW，输入的电源是直流 110 V，输出电源为单相 AC 220 V、50 Hz，合计功率为 32 kW，各设备参数见表 1-8。

表 1－8　各设备参数

部件	容量	输入电源	输出电源	合计
辅助变流器	260 kVA	DC 3 600 V	AC 380 V，50 Hz	1 040 kV • A
充电机	28 kW	AC 380 V，50 Hz	DC 110 V	112 kW
蓄电池	190 A • h	DC 110 V	DC 110 V	760 A • h
单相逆变电源	4 kW	DC 110 V	AC 220 V，50 Hz	32 kW

下面来了解一下 CR400AF 型动车组辅助供电系统的功能。

4. CR400AF 型动车组辅助供电系统功能

三相 AC 380 V，50 Hz 可以为空调、冷却风机、空气压缩机、充电机、油泵、水泵电机等负载供电。单相 AC 220 V，50 Hz，可以为厨房设备、电伴热、客室插座等设备供电。DC 110 V 可以为网络、照明、蓄电池、PIS 系统、制动系统、逆变电源等负载供电，各设备供电制式见表 1－9。

表 1－9　各设备供电制式

供电制式	列车负载设备
AC 380 V，50 Hz	空调、冷却风机、空气压缩机、充电机、油泵/水泵电机
AC 220 V，50 Hz	厨房设备、电伴热、客室插座
DC 110 V	网络、照明、蓄电池、PIS 系统、制动系统、逆变电源

最后了解一下辅助供电系统的工作原理。

5. CR400AF 型动车组辅助供电系统工作原理

1）正常供电

CR400AF 型动车组辅助供电系统正常工作时，供电流程与过分相再生发电相同，牵引变流器中间直流环节 DC 3 600 V 转化为三相 AC 1 672 V，并经辅助变压器转换成三相四线 AC 380 V 电源，向全列空调、充电机等设备供电；充电机经过整流、滤波、逆变后输出 DC 110 V 电源，向全列直流设备供电。

2）救援回送发电

CR400AF 型动车组辅助供电系统救援回送发电时，供电流程如图 1－41 所示，将蓄电池电压斩波升压，向变流器中间直流回路充电，进行预励磁控制，然后向牵引电机提供励磁电流，车辆再生发电，给辅助设备供电。

知识拓展

CR400AF 型动车组使用的充电机主要由输入 emi 滤波电路、预充电电路、三相全桥整流电路、lc 滤波电路、高频逆变电路（包含高频变压器）、二次整流电路、输出 emi 滤波电路、输出配电控制电路、传感器检测电路、隔离驱动单元、微机控制单元、应急启动电路、风机单元等组成。

目前采用的充电机主流型号为 bc－28 kW（四方所）和 tgk2 A（时代电气）两种类型，外形尺寸为 1 290 mm × 810 mm × 608 mm，其产品如图 1－42 和图 1－43 所示。

二者的内部结构也略有差异，如图 1－44 和图 1－45 所示分别为两类充电机的内部结构。

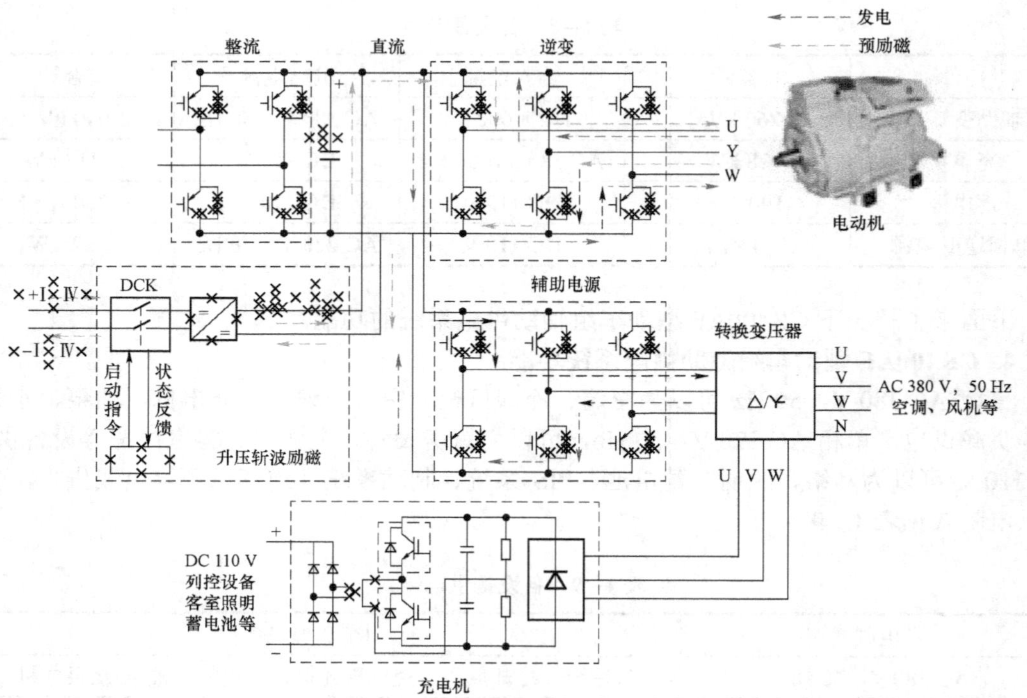

图 1－41　CR400AF 型动车组辅助供电系统救援回送发电

图 1－42　（四方所）充电机外观

图 1－43　（时代电气）充电机外观

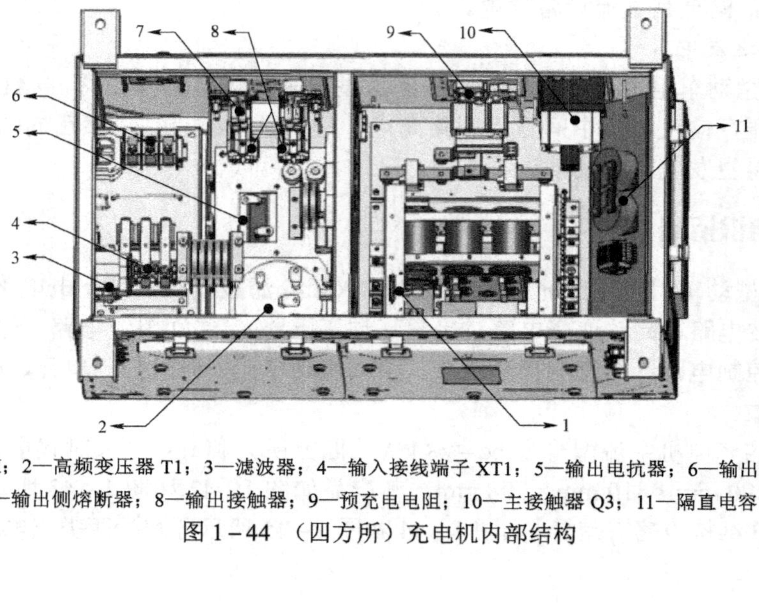

1—功率模块 PM；2—高频变压器 T1；3—滤波器；4—输入接线端子 XT1；5—输出电抗器；6—输出接线端子 XT2；7—输出侧熔断器；8—输出接触器；9—预充电电阻；10—主接触器 Q3；11—隔直电容。

图 1－44　（四方所）充电机内部结构

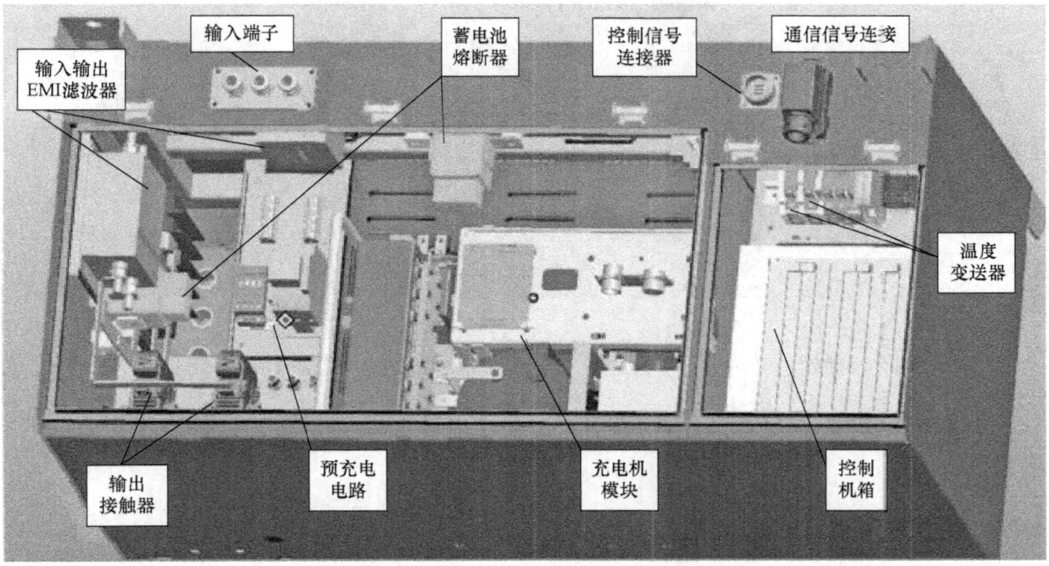

图 1－45　（时代电气）充电机内部结构

任务 1.3　动车组辅助供电系统装调与检修

任务导入

动车组辅助供电系统具有辅助牵引供电的作用，同时还担负着车内乘客安全和环境调节相关设备的供配电任务。那么辅助供电系统怎样进行检修维护呢？本节任务将以CR400AF 型动车组为例来进行介绍。

知识储备

1.3.1　充电机

为使充电机可靠工作，需对充电机进行维护与检修。在打开充电机的箱体门进行维护、检修之前，须按照安全操作守则进行断电。同时充电机须至少放电 5 min，以免充电机的残留电压对维修人员造成伤害。

开、关箱体门的操作应使用专业工具四角钥匙，如图 1－46 所示。

门锁的开闭状态如图 1－47 所示，锁芯上的指示点指向外圈的红点对应关闭状态，锁芯上的指示点指向外圈的绿点则对应开启状态。

维护与检修要求对充电机进行日常检查与定期检查，具体的检查项目如下。

（1）功率元件。用万用表检查各端子间的阻值，判断三相输入和直流输出无短路现象。

（2）电容器、滤波电感、高频变压器。目视电容器是否有漏液、膨胀、突出等现象；滤波电感、高频变压器是否有变色、焦黑等现象。

（3）充电机内部连线。目视连线是否有灰尘堆积、外皮破损等现象。

（4）充电机内部固定螺丝。目视固定螺丝的放松标记，查看螺丝是否有松动。

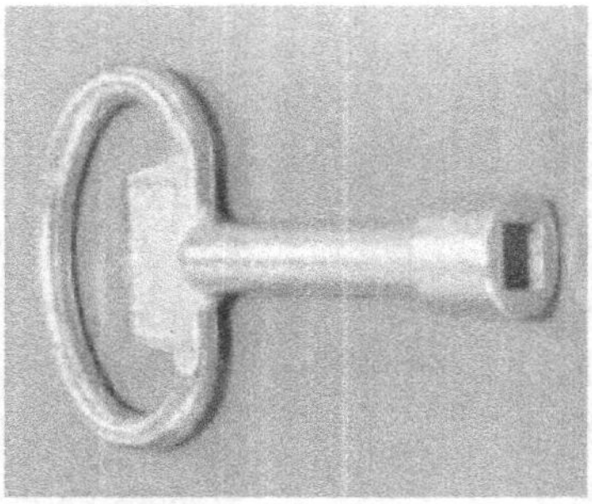

图 1－46　四角钥匙

(a) 开　　(b) 闭

图 1－47　门锁的开闭状态

（5）印制电路板。目视印制电路板是否有导电性金属堆积，元器件有无过热变色、焦黑等现象。

1.3.2　蓄电池（碱性电池）

1. 工具和材料准备

1）测试工具及材料

万用表、温度计、计时器、充电机（带电流表）、螺丝刀、毛刷（或干布）、铁质汽油桶及清水等。

2）防护用品

安全帽、护目镜、橡胶手套等。

2. 实施步骤

1）时间间隔：3 个月，检修项目及基准见表 1－10。

表 1－10　检修项目及基准

3 月检			
项目	内容	基准	处置
蓄电池箱体损伤及安装状态	目视箱体有无损坏（包括漆面损坏）和安装松懈情况	不准存在损坏（包括漆面损坏）或松懈现象	如果出现损坏（包括漆面损坏）现象，要进行修补或替换；如果出现松懈现象，要再次进行紧固。 如果能看箱内，请点检电解液面
通风帽、过滤网	使用气枪清除通风帽过滤网上积聚的灰尘	灰尘不得阻塞过滤网	

2）时间间隔：1 年，检修项目及基准见表 1－11。

表 1－11　检修项目及基准

1 年检			
项目	内容	基准	处置
清洁电池组	用湿布清洁电池表面及跨接板，清洁后用压缩空气进行吹干	无积尘、无白渍	（1）清洁时不得打开电池液口栓盖。 （2）不得使用干布

续表

项目	内容	基准	处置
箱体、连接线等的损坏、腐蚀、松懈及漏液等	（1）进行对箱体有无损坏（包括漆面损坏）、安装松懈的点检。 （2）进行连接线、端子损坏，腐蚀等的点检。 （3）有无漏液现象	不准存在损坏（包括漆面损坏）、松懈、腐蚀，泄漏等状态	（1）如果出现损坏（包括漆面损坏）情况，要进行修补或替换；如果出现松懈现象，要再次进行紧固。 （2）连接线的导电部分出现异常时给予更换或修理。 （3）出现漏液现象时及时进行清扫，长时间出现漏液时请查找原因，当电槽或是盖口出现裂纹时，请更换电池
检查电解液面	确认电槽内电液面是否在标准范围	浮动充电状态时在最高、最低液面线范围内	在低于最低液面线（LOWER LEVEL）的情况下，将精制水添加到（UPPER LEVEL）的液面线
蓄电池组开路电压	用直流电压计测量蓄电池组的开路电压（端子电压）。测量前必须保证电池组未经放电	开路电源要在106.68～131.88 V 的范围内	电压有出入时，请查看外电路是否断开、浮充电玉是否异常、电池是否长时间未充电、电池间的连接是否正常，并进行相应调整。如果上述检查未发现异常，请测量每只电池电压，并替换电压明显异常的电池

3）时间间隔：3 年，检修项目及基准见表 1－12。

表 1－12　检修项目及基准

3 年检			
项目	内容	基准	处置
清洁从机车上拆下的电池	用湿布清洁电池表面及跨接板，清洁后用压缩空气进行吹干	无积尘、无白渍	（1）清洁时不得打开电池液口栓盖。 （2）不得使用干布
箱体、连接线等的损坏、腐蚀、松懈及漏液等	（1）进行对箱体有无损坏、变形、安装松懈的点检。 （2）进行连接线、端子损坏、腐蚀等的点检。 （3）有无漏液现象。 （4）油漆涂层破损时，应重新进行喷涂	不准存在损坏、变形、松懈、腐蚀、泄漏、油漆涂层破损等现象	（1）如果出现损坏、变形情况要进行修补或替换。如果出现松懈情况，请再次进行紧固。 （2）当连接线的导电部分出现异常时，须给予更换。 （3）当出现漏液现象时，应及时进行清扫。当长时间出现漏液时请查找原因，如果电槽或者盖口出现裂纹，应更换电池。 （4）当油漆涂层破损时，应重新进行喷涂
蓄电池单体电压	用直流电压计测量蓄电池的开路电压	单体电压在 1.2～1.35 V 范围内	电压异常电池在容量测试时予以重点关注

续表

项目	内容	基准	处置
电池容量测试	（1）使电池以 15～64 A 的额定电流放电至平均值为 1.0 V/节。 （2）放置 1 h。 （3）使用额定值为 15～64 A 的恒定电流为电池进行 8 h 充电。 （4）放置 1 h。 （5）使电池以 15～64 A 的额定电流放电至平均值为 1.0 V/节	电池放电时间应大于 4 h	（1）容量测试前应调整电解液面至适当位置，防止充电过程中电解液冒溢。 （2）如果在容量试验中确定容量不足，则应重复进行容量试验，直至容量不再有任何增长。 （3）对容量确实不足的电池予以更换
补充电解液	（1）将电池以 15～64 A 的恒定电流进行 8 h 充电。 （2）放置 8 h。 （3）补充电解液至最高液面线	满电状态时，液面达到最高液面线范围内	

1.3.3 配电柜

配电柜如图 1－48 所示。

图 1－48 配电柜

1）检修工具

动车组检修基本工具一套，棘轮扳手、毛刷（或干布）等。

2）防护用品

安全帽、手套。

3）实施步骤

① 确认动车组断电完成。

② 打开配电柜门锁，确认配电柜门锁动作良好，外观应无破损、变形。

③ 用毛刷清扫配电柜内各部件，清扫时应注意避免碰触线盘、开关等。

④ 进行无电检查。

⑤ 检查完所有列车配电柜后，恢复通电，检查各车故障指示灯显示是否正确，并检查蓄电池电压表读数是否正常。

⑥ 锁闭配电柜柜门，用手按压确认柜门无松动。

⑦ 填写作业单据，对作业中出现异常的部位作好记录。填写后的作业记录单据应统一保管，做到一车一档。

1.3.4　辅助变流器

1. 工具准备

吸尘器、电动扳手、棘轮扳手、力矩扳手、软毛刷、17 mm 套头、13 mm 套头、排线、风管、记号笔、螺丝刀、干净白布、硅润滑油、化油器清洗剂、压缩空气等。

2. 防护用品

安全帽、安全护目镜、橡胶手套、口罩、头灯、工作服等。

3. 实施步骤

（1）打开裙板，拆卸中压端子板外侧盖板。

（2）拆卸底板，然后拆卸辅助变流器底部盖板。

（3）检查接地开关上下口电气接线是否牢固，检查接线有无破损或烧蚀等现象，检查接地开关红色位置箭头是否指向“OFF”位置。

（4）检查空气开关安装是否牢固，开关是否处于闭合状态，检查各电气线缆有无老化、破损或烧蚀现象。

（5）检查接触器安装是否牢固，检查接触器动作触头的塑料保护罩安装是否良好，检查各电气线缆有无老化、破损或烧蚀现象。

（6）检查继电器安装是否牢固，检查其外部塑料保护罩安装是否良好，检查各电气接线有无松动、接触不良、老化、破损或烧蚀现象。

（7）检查低压控制电气电路连接插头连接是否良好，检查电路线缆有无松脱、磨损或扎带断裂等现象。

（8）检查高频变压器安装是否牢固，检查其电气接线有无虚接、老化、破损或烧蚀现象。

（9）检查斩波电感器和单向滤波电感器的吊装螺栓是否牢固，检查电感器表面有无破损、裂纹和烧蚀痕迹，检查电气接线有无松脱、破损，检查温度探针安装是否良好。

（10）检查侧盖板、辅助变流器底部盖板的橡胶衬垫有无老化、破损，如果需更换衬垫，应先用硅润滑脂对衬垫进行润滑密封。

（11）清洁辅助变流器中压端子板、高频变压器、电感器及箱体内部的灰尘、异物等。

（12）安装辅助变流器底部盖板，安装底板及中压端子板处侧板，并锁闭裙板。

（13）作业完毕清理现场，清点工具并存放设备，填写作业记录单。

1.3.5 辅助电源装置

1. 工具准备

棘轮扳手、小棘轮扳手、力矩扳手、六角套筒、高压风管、主控钥匙、毛刷（或干布）、地垫等。

2. 防护用品

安全帽、手套、头灯。

3. 实施步骤

（1）确认动车组断电完毕。

（2）用棘轮扳手、六角套筒逐个逆时针旋转拆除辅助电源箱的底板螺栓，拆下底板。

（3）用棘轮扳手、六角套筒逐个逆时针旋转拆除辅助电源箱的裙板螺栓，拆下裙板。

（4）检查箱体外观及安装状态是否良好，悬挂部件是否稳固，检查固定螺栓防松标记是否清晰可见。

（5）清洁滤网及柜门。拆下辅助电源装置滤网及各柜门，用毛刷清理上面的灰尘。

（6）检查辅助电源线外观是否有磨损、烧蚀，密封泥有无脱落。

（7）用高压风枪清洁散热器风道内的灰尘、异物，清理完成后用手电检查散热器片内是否清洁，如果有残留灰尘、异物，则继续清洁直至彻底清除。

（8）检查辅助电源装置柜门，检查柜门是否有变形、密封胶条有无脱落、老化，检查完成后安装好滤网和柜门。

（9）安装辅助电源装置的底板和裙板。

（10）恢复通电，检查各设备指示灯是否正常，检查散热风机运转是否正常。

（11）作业完毕清理现场，清点工具并存放设备，填写作业记录单。

知识拓展

CR400AF 型动车组蓄电池故障处理如下。

（1）蓄电池异常情况的处理。

蓄电池异常情况处理见表 1－13。

表 1－13　蓄电池异常情况处理

警告	（1）出现电解液泄漏，电槽、盖子有被破坏的情况时，请与销售公司联系，进行更换，漏电是造成火灾和触电的原因。 （2）蓄电池在发热的情况下，请不要继续使用，与销售公司联系。 若出现连接部分的覆层损坏，或冒烟雾，出异味等不正常的情况，请马上停止充电，切断电源并与销售公司联系。 如果继续使用，会引起火灾或触电事故。 （3）连接导线上芯线露出或出现断线等情况时，请进行更换，以免造成火灾和触电事故。 （4）蓄电池引发火灾的情况下，请不要用水灭火。 灭火时请使用粉末（ABC）灭火器，用水灭火会造成更大火灾
注意	（5）电解液撒漏时请用硼酸中和，或用水冲洗

（2）蓄电池箱及电气组件故障的处理。

蓄电池箱及电气组件故障处理见表 1－14。

表 1－14　蓄电池箱及电气组件故障处理

故障	可能原因	解决方法
电池台车推拉滞涩	轴承卡住 轴承磨损严重	清除导轨阻塞物并更换轴承
箱门处漏水 箱门锁紧不严密	密封胶条失效 门锁锁紧力度不够	更换密封胶条 调节门锁的锁紧距离　试验到合适力度
合上 DC 110 V 连接器 无电压显示	外部电压显示回路故障 蓄电池组内部接线断开 电路接线故障	检查电压，显示回路 检查蓄电池组 检查电路接线
温度显示异常	热敏电阻故障电路接线故障	更换热敏电阻 检查电路接线

思考与练习

一、填空题

1. 动车组辅助电气系统由____________、____________和_________组成。

2. 辅助供电系统所需的电力主要由__________提供，经列车顶部的受电弓进入列车主变压器的__________。

3. 根据牵引变压器辅助绕组的设置形式，动车组辅助供电系统可分为__________共用绕组供电和__________绕组供电两种供电方式。

4. 常见的蓄电池有____________和____________等类型，动车组主要采用__________。

5. CRH3 型动车组设有_________台辅助变流器、_________台充电机和_________组蓄电池组。

二、选择题

1. 主辅一体式辅助供电系统中，牵引变流器中间直流环节输出的 DC 3 000 V 直流电，经辅助变流器后变为三相（　　）的交流电。

A. AC 440 V，60 Hz　　B. AC 400 V，50 Hz
C. AC 380 V，50 Hz　　D. AC 220 V，50 Hz

2. CRH380B 型动车组的空调设备采用（　　）交流电源。

A. 三相 380 V，50 Hz　　B. 单相 400 V，50 Hz
C. 三相 440 V，60 Hz　　D. 单相 220 V，50 Hz

3. CRH5 型动车组的照明设备采用（　　）电源。

A. AC 220 V　　B. DC 110 V　　C. DC 100 V　　D. DC 24 V

4. CRH1 型动车组的受电弓安装在（　　）车上。

A. Mcl，Mc2　　B.Tb　　C. Tpl，Tp2　　D.M1，M2

5. CRH5 型动车组的空气压缩机安装在（　　）车上。

A. Mcl，Mc2　　B. Mh，M2s　　C. T2，M2　　D.Tp，Tpb

三、简答题

1. 简述动车组辅助电气系统的组成。

2. 简述 CRH380A 型动车组辅助电气设备的配置情况。

项目2 动车组空调与换气系统

项目导读

近年来，空调被广泛应用于我国的工农业生产和人们的日常生活中，对我国国民经济发展和人民物质文化生活水平提高具有重要意义。目前，它已被大量应用在铁路客车车辆上，车辆客室内的空气调节已经成为车辆舒适乘坐环境的标志。动车组成为人们出行的首选，不仅因为其高速安全，更因为其环境舒适，夏天凉爽冬天温暖，这是因为动车组有属于它自己的空调系统。

本项目主要介绍动车组空调与换气系统的结构、工作原理、设备装调与检修等内容。

知识目标

① 熟悉动车组对车内空气参数的要求及参数的标准。
② 了解动车组空调系统的功能、组成及特点。
③ 掌握动车组空调系统随车检查的范围和要求。

技能目标

① 能在现场对动车组空调进行认识和操作。
② 能对空调系统进行随车检查。

素质目标

① 具备安全第一的责任意识。
② 具备乘客至上的服务意识。
③ 具备严格执行作业标准的良好职业道德。

了解任务

① 熟悉动车组对车内空气参数的要求及参数的标准。
② 熟悉动车组空调系统各组成部位的分布情况。
③ 了解动车组空调系统的功能、组成及特点。
④ 掌握动车组空调系统随车检查的范围和要求。

工具设备

动车组单节车辆或空调系统总成。

教学环境

理实一体化教室。

任务 2.1 车内环境控制概述

任务导入

动车组车内环境是以车厢维护结构为边界的一切与乘客相关的环境因素的总称，属于典型的人工环境，是人们按照自己的意志所创造出的受控室内环境，它既由人为因素干预和控制，也受到自然环境的影响。

知识储备

2.1.1 车内环境概述

动车组车内环境如图 2－1 所示，主要由车内空气环境、车内光环境、车内声环境等组成。

1. 车内空气环境

车内空气环境主要包括车内空气温度、空气湿度和空气质量等因素，其中空气质量可通过新鲜空气量或空气的洁净度来判定，如图 2－2 所示。

图 2－1 动车组车内环境

图 2－2 车内空气环境

1）车内空气环境

（1）影响车内旅客舒适度的空气参数。对于空调客车，要求车内创造既卫生又舒适的条件，以保证旅客的身体健康，减少旅途中的疲劳。在正常的气象条件下，健康的人只要能够使身体内所产生的热量与散发到外界的热量保持平衡，就会感到舒适。

相对于车内空气而言，车外空气是新鲜的，因此，必须不断更换车内的空气，使车内空气保持一定的新鲜程度。当然，外界空气中也有灰尘和其他有害气体，这就要求对吸入的外界空气进行净化。同时，对列车运行及空气调节系统工作所产生的噪声也应尽可能地降低或消除。

根据人们的生活实践和人体卫生的要求以及车内的特点，可以得出影响车内人体卫生和舒适度的主要因素有车内空气的温度、相对湿度、流动速度、洁净度和车内壁面的表面温度。

（2）车内空气环境系统（动车组空调系统）的功能。车内空气环境系统是列车的呼吸器官，它的作用是列车在任何气候和条件下行驶，通过强迫通风、人工制冷和供暖的方法，调节车内的温度、湿度、气流速度等指标，为旅客提供舒适的乘车环境，如图 2－3 所示。

动车组车内空气环境控制系统的功能是将一定量的车外新鲜空气和车内再循环空气混合，经过过滤、冷却或加热、减湿或加湿等处理后，以一定的流速送入车内，并将车内一定量的污浊空气排出车外，从而控制客室内温度、湿度、风速、清洁度及噪声，并使之达到规定标准，以提高车内的舒适性，改善乘车环境。

那么车内空气环境系统是如何实现这些功能的呢？下面来了解车内空气环境系统（动车组空调系统）的组成。

2）车内空气环境控制系统（动车组空调系统）的组成

车内空气环境系统主要由通风系统、制冷系统、加热系统、加湿系统和自动控制系统五大部分组成，如图 2－4 所示。

图 2－3　动车组车内空气环境控制系统的功能

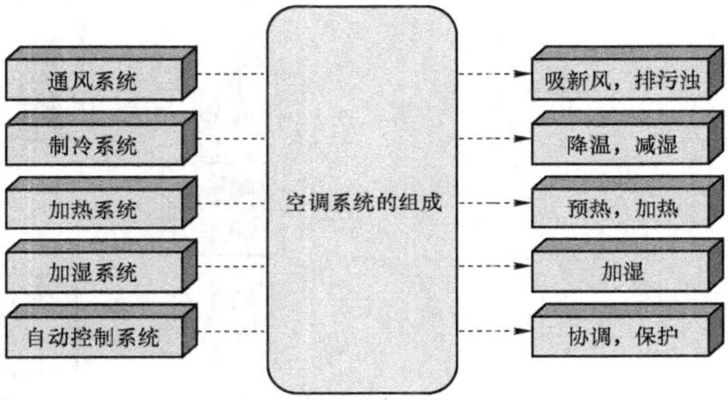

图 2－4　车内空气环境控制系统（动车组空调系统）的组成

（1）通风系统。通风系统的作用是将车外新鲜空气吸入并与车内再循环空气混合，在滤清灰尘和杂质后，再压缩分配到车内，同时排出车内多余的污浊空气，以保证车内空气的洁净度以及合理的流动速度和气流组织，如图 2－5 所示。通风系统一般由通风机组、空气过滤器、新风口、送风道、回风口、回风道以及排废气口等组成。

（2）制冷系统。制冷系统的作用是对车内的空气进行降温、减湿处理，使车内空气的温度与相对湿度保持在规定的范围内。制冷系统工作时，蒸发器将要送入车内的空气冷却，由于蒸发器表面的温度低于空气的露点温度，空气中的部分水蒸气就会凝结成水滴，形成通常所说的“空调水”。因此，空气在通过蒸发器冷却的同时也得到了减湿处理。为保证制冷系统安全、有效地工作，制冷系统除压缩机、蒸发器、冷凝器、节流装置四大件外，还配有储液器、干燥过滤器、气液分离器等辅助设备。制冷循环框图如图 2－6 所示。

（3）加热系统。加热系统的作用是在低温时对进入车内的空气进行预热和对车内的空气进行加热，以保证车内空气的温度在规定的范围内。在空气温度较低时，通风系统向车内送风的过程中，由预热器对空气进行加热，然后再送入车内。由车内地面式加热器对车内空气再加热，以补偿车体和门窗的热损失。空气加热系统通常包括空气预热器和地面空气加热器两部分，如图 2－7 所示。

（4）加湿系统。加湿系统的作用是在车内空气相对湿度较低时，对空气进行加湿处理，以保证车内空气的相对湿度在规定的范围内，如图 2－8 所示。加湿最简单的方法是采用电极式加湿器。

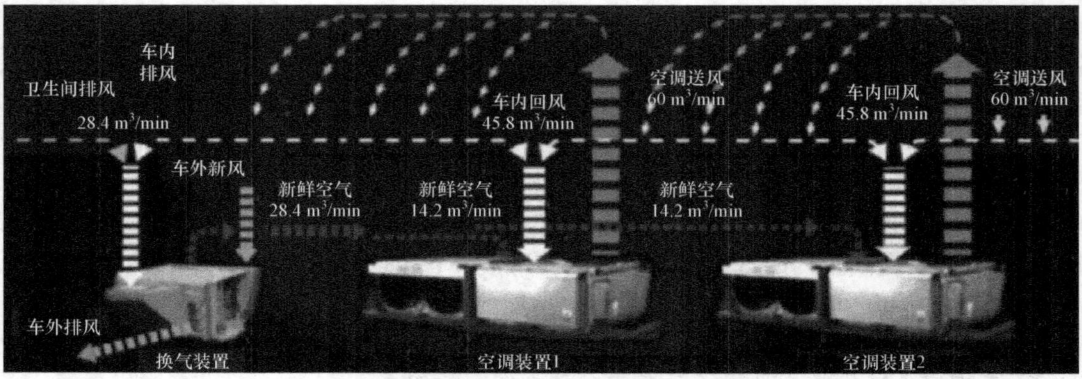

图 2-5 通风系统

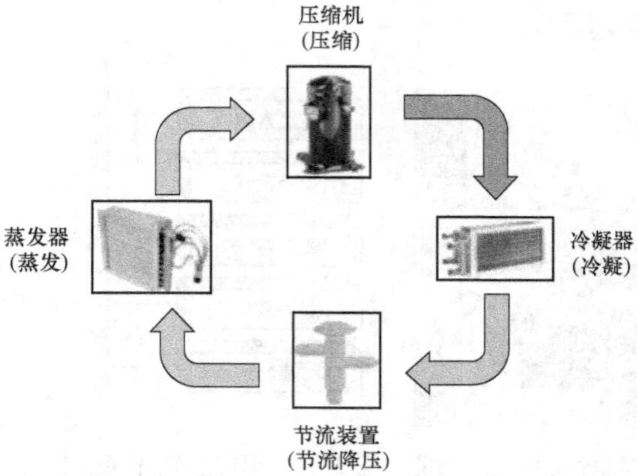

图 2-6 制冷循环框图

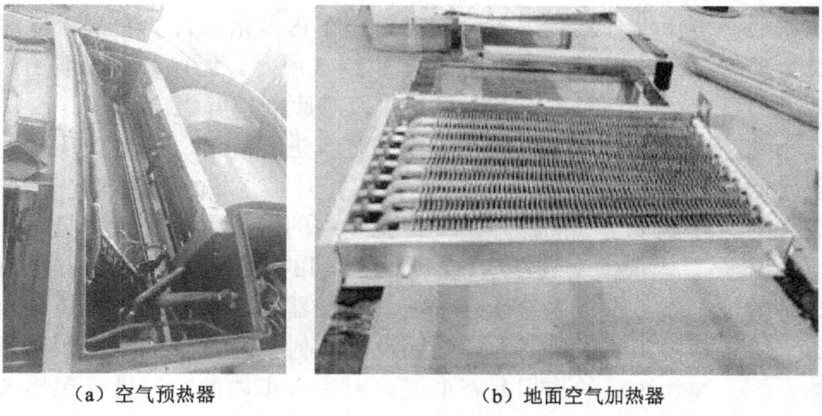

（a）空气预热器　（b）地面空气加热器

图 2-7 空气预热器和地面空气加热器

（5）自动控制系统。自动控制系统（图 2-9）的作用是控制各功能系统按给定的方案协调、有序地工作，以使车内的空气参数控制在规定的范围内，并同时对空调与制冷装置起自动保护作用。电气控制系统一般由各设备的控制电器、保护元件，以及相关仪表和电路等组成。

图 2－8 加湿

图 2－9 自动控制系统

2. 车内光环境

车内光环境是指由日光、灯光照射在车内空间所形成的光照环境，通过车为各种照明方式，满足旅客物理、生理（视觉）、心理、人体功效学及美学等多方面的要求。如图 2－10 所示。

3. 车内声环境

车内声环境包括所有车内环境里的各种声波，其中有人们所需的用来传递信息的声波；还有人们不需要的、影响人休息甚至危害人体健康的噪声。动车组在高速运行时所产生的各种噪声通过车体传至车内，这些噪声主要有轮轨噪声、受电弓与接触网导线的摩擦声、空气与车体的摩擦声、动车组进出隧道产生的压缩波和反射波等。如图 2－11 所示。

图 2－10 车内光环境

图 2－11 车内声环境

车内环境控制系统是使车内环境达到预期要求的所有设备的集合体。它的基本功能是满足车内的照明和噪声要求，并维持车厢中规定的空气温度、相对湿度、洁净度和压力。

与常规列车相比，动车组车厢在列车运行时几乎是一个密闭的空间，仅有空调新风口和废气排风口与外界相通。所以动车组车内环境主要具有以下特点。

（1）动车组列车内的人员密度大，二氧化碳及异味排放量大。

（2）车厢空间相对狭小，加上车内设施布置紧密，因此不利于空气流通，难以达到合理的气流组织。

（3）各种健康状况的人员在相对较长时间内保持近距离接触，易于发生病菌传播。

（4）列车单位空间的外表面积大，与外界的热交换量大。

（5）车窗所占比例相对较大，易受阳光直射，由辐射热引起的空调负荷较大。

在三个车内环境影响因素中，车内空气环境系统最为重要。它如同列车的呼吸器官，调节车内的温度、湿度、气流速度等指标，维持车内外压力的平衡，从而为旅客提供舒适的乘车环境。车内空气环境系统是否存在故障直接关系着旅客行车安全和乘坐质量。

在日常运营和维护中，需要增强安全意识和岗位责任意识，对车内空气环境系统进行全面系统的检查。

2.1.2 动车组空调制冷系统

炎炎夏日，人们出行乘坐动车组时却可以感觉到丝丝凉意，倍感舒适，这是为什么呢？因为动车组空调开启了制冷模式。那么动车组空调（图 2－12）制冷系统由哪几部分组成，它又是如何工作的呢？

图 2－12　动车组空调

这就要从中学时学过的几个概念说起。

1. 汽化与冷凝

大家都知道，在自然界中物质的一般情况下，物质都有“三态”，如水的“三态”为冰、水、水蒸气（图 2－13），对应固体、液体和气体。物质的“三态”变化主要表现为分子间距的变化，如图 2－14 所示。

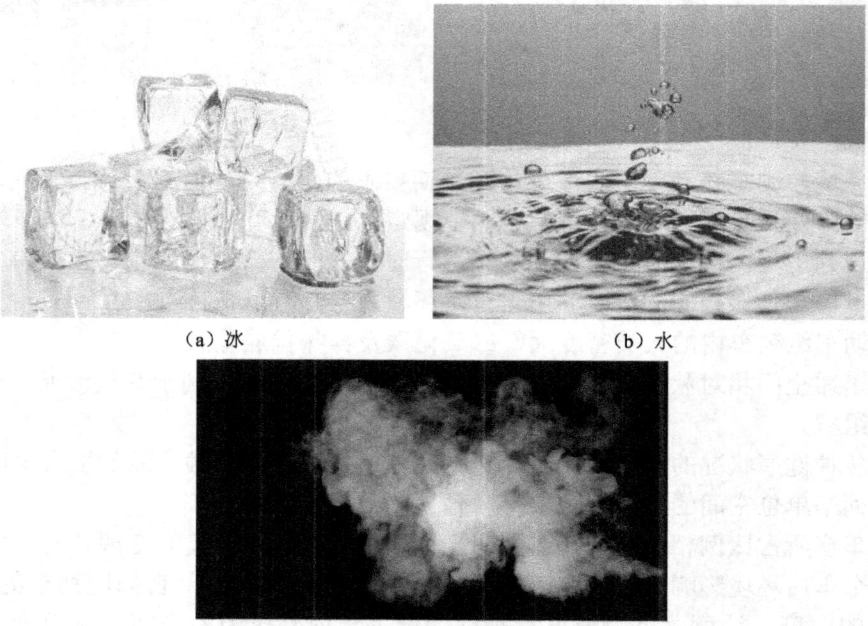

（a）冰　（b）水　（c）水蒸气

图 2－13　水的三态

物质由液态转变为气态的过程，称为气化。气化的方式有两种：蒸发和沸腾。无论是蒸发还是沸腾，都是吸热过程，吸收的热量称为气化潜热。液体的沸点（即饱和温度）与所受的压力是一一对应的。

物质由气态转变为液态的过程，称为冷凝（也称液化）。冷凝是气化的相反过程。同一物质的冷凝温度与冷凝压力也是一一对应的，如图 2－15 所示。

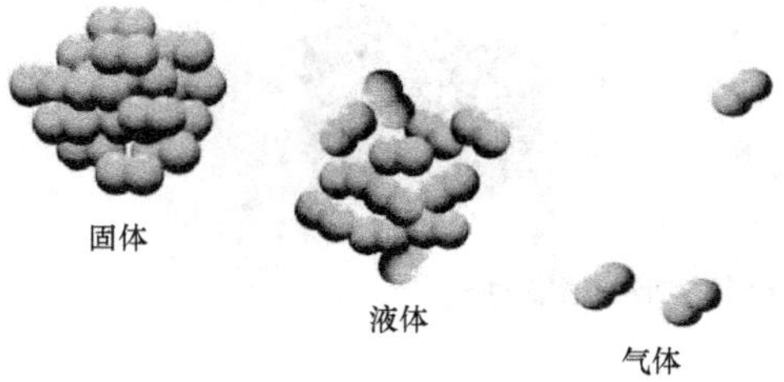

图 2－14　物质的“三态”

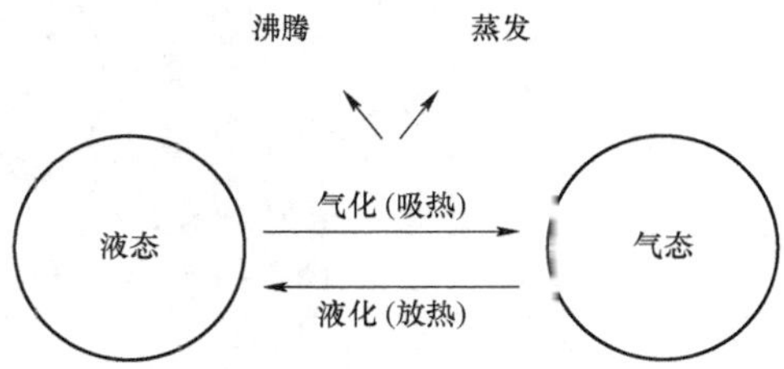

图 2－15　物态变化

空调工作就是利用这两个物态变化过程。空调并不是在室内产生了冷，开空调让你觉得凉爽是因为空调吸收了室内的热，这样室内热量少了温度自然也就降低了，而空调制冷这个过程其实就像传送带搬运货物一样，先在室内装货也就是吸收热量，然后再到室外卸货，也就是把之前吸收的热量放出来，即蒸发吸热、液化放热。空调制冷原理如图 2－16 所示。

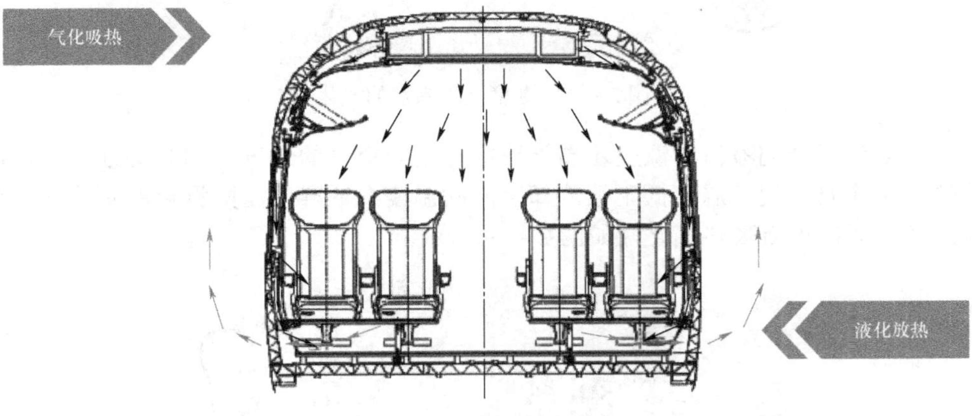

图 2－16　空调制冷原理

举个例子，水沸腾蒸发时吸收外界的热量，由液体转化为水蒸气，反过来水蒸气冷凝液化成水则会向外界放出热量，但由于水的沸点太高常温难以沸腾，在空调中一般使用一些沸点在常温附近的物质，叫制冷剂。例如 R12 在一个大气压下的饱和温度是－29.8 ℃，所以若将装有 R12 液体的容器敞开口，放在密闭的被冷却空间内，由于被冷却空间内空气的温度高于 R12 的沸点，所以 R12 液体将吸收热量而气化，使被冷却空间内空气温度逐渐下降，这个降温过程直到容器内的 R12 液体汽化完为止。不同种类制冷剂的制冷效果对比如图 2－17 所示。

为了将气化的 R12 蒸汽回收使用，需将它再冷凝成液体，若用环境介质（如大气或水）来冷凝，蒸汽的冷凝温度就要比环境介质温度稍高一些。压力较高的蒸汽，其冷凝温度也比较高，因此只要将 R12 蒸汽用压缩机压缩到所需的冷凝温度相对应的饱和压力，就能用环境介质来冷凝它，使在被冷却空间吸热气化的 R12 蒸汽重新冷凝成液体，如图 2－18 所示。

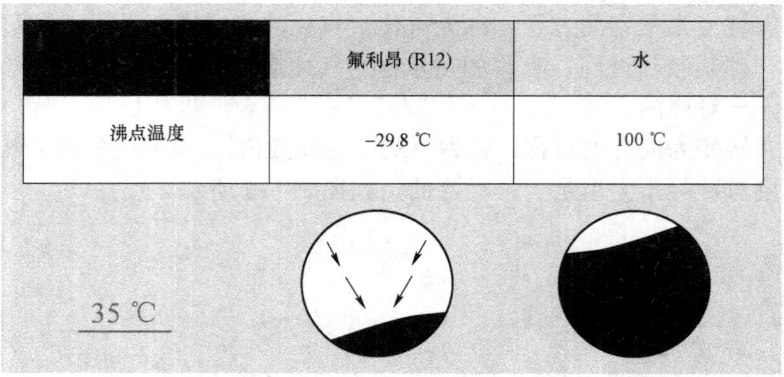

图 2－17　不同种类制冷剂的制冷效果对比

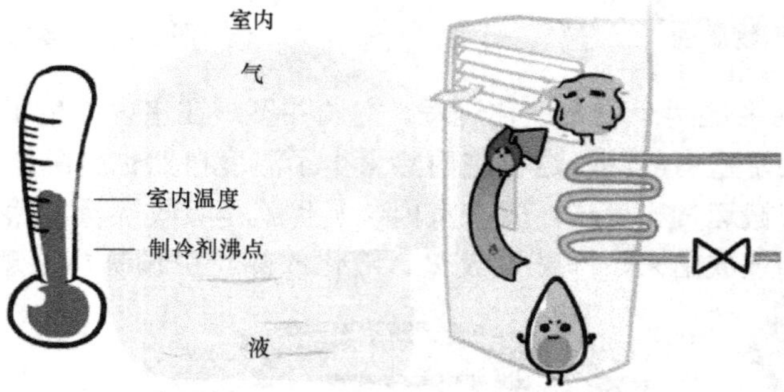

图 2－18　温度高于沸点的汽化

由于冷凝后制冷剂液体的温度还高于被冷却空间空气的温度，因此必须让冷凝后的制冷剂液体降压降温，使其温度低于被冷却空间的温度，这样降压降温后的制冷剂液体就可以在被冷却空间内重新吸热汽化，如图 2－19 所示。

图 2－19　温度低于沸点的液化

制冷剂在一个封闭的系统中反复地实现制冷剂由液体变成蒸汽，再由蒸汽变成液体的物态变化。并通过这种相变将低温处的热量转移到高温处。这就是蒸汽压缩式制冷原理。动车组就采用这种制冷的方式。

2. 蒸汽压缩式制冷系统各部件的主要用途

蒸汽压缩式制冷系统主要由制冷压缩机、冷凝器、节流装置和蒸发器四个部件组成，并用管道连接成一个封闭的循环系统，如图 2－20 所示。

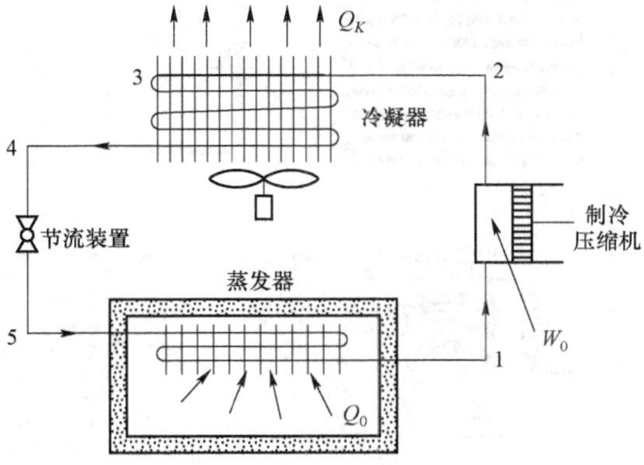

图 2-20　蒸汽压缩式制冷系统组成

1）制冷压缩机

制冷压缩机是制冷循环的动力，它由原动机（如电动机）拖动而工作，它除了可以及时抽出蒸发器内的蒸汽，维持低温低压，还可以通过压缩作用提高制冷剂蒸汽的压力和温度，创造将制冷剂蒸汽的热量向外界环境介质转移的条件，即将低温低压制冷剂蒸汽压缩至高温高压状态，以便能用常温的空气或水作冷却介质来冷凝制冷剂蒸汽。

2）冷凝器

冷凝器是一个热交换设备，其作用是利用环境冷却介质如空气或水，将来自制冷压缩机的高温高压制冷剂蒸汽的热量带走，使高温高压制冷剂蒸汽冷却、冷凝成高压常温的制冷剂液体。冷凝器向冷却介质散发热量的多少，与冷凝器的面积大小成正比，与制冷剂蒸汽温度和冷却介质温度之间的温度差成正比。所以，要散发一定的热量，就需要足够大的冷凝器面积，也需要一定的换热温度差。

3）节流装置

高压常温的制冷剂液体不能直接送入低温低压的蒸发器。根据饱和压力与饱和温度一一对应原理，降低制冷剂液体的压力，从而降低制冷剂液体的温度。将高压常温的制冷剂液体通过降压装置——节流装置，得到低温低压制冷剂，再送入蒸发器吸热汽化。目前，蒸汽压缩式制冷系统中常用的节流元件有膨胀阀和毛细管。

4）蒸发器

蒸发器也是一种热交换设备。节流后的低温、低压制冷剂液体在其内蒸发（沸腾）变为蒸汽，吸收被冷却介质的热量，使被冷却介质温度下降，达到制冷的目的。蒸发器吸收热量的多少与蒸发器的面积大小成正比，与制冷剂的蒸发温度和被冷却介质温度之间的温度差成正比，当然，也与蒸发器内液体制冷剂的多少有关。所以，蒸发器要吸收一定的热量，就需要与之相匹配的蒸发器面积，也需要一定的换热温度差，还需要供给蒸发器适量的液体制冷剂。

制冷剂蒸汽经过压缩机压缩后进入冷凝器冷却成液体，经过储液罐存储多余制冷剂后在干燥过滤器中过滤掉制冷剂中的水和杂质，通过视液镜和电磁阀后进入膨胀阀降压和降温，并进入蒸发器中汽化成蒸汽状态返回到制冷压缩机中，如图 2-21 所示。

蒸汽压缩式制冷系统的组成、各部分作用及工作过程如图 2-22 所示。

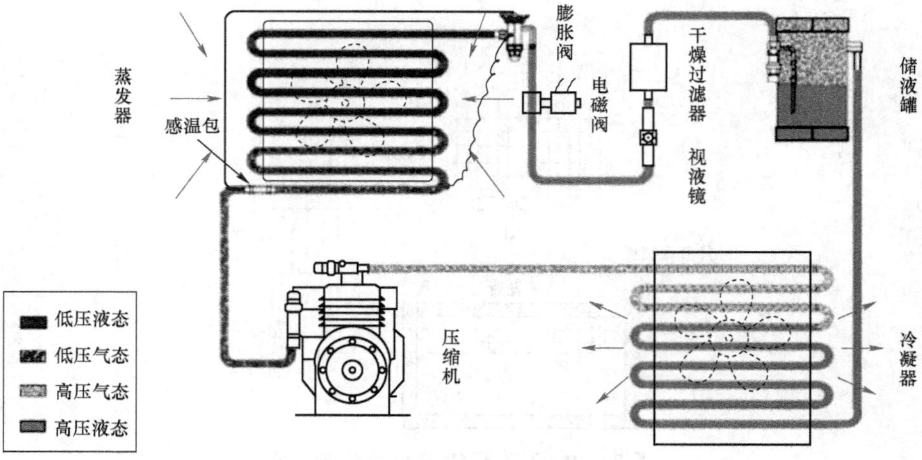

图 2－21　蒸汽压缩式制冷系统的工作过程

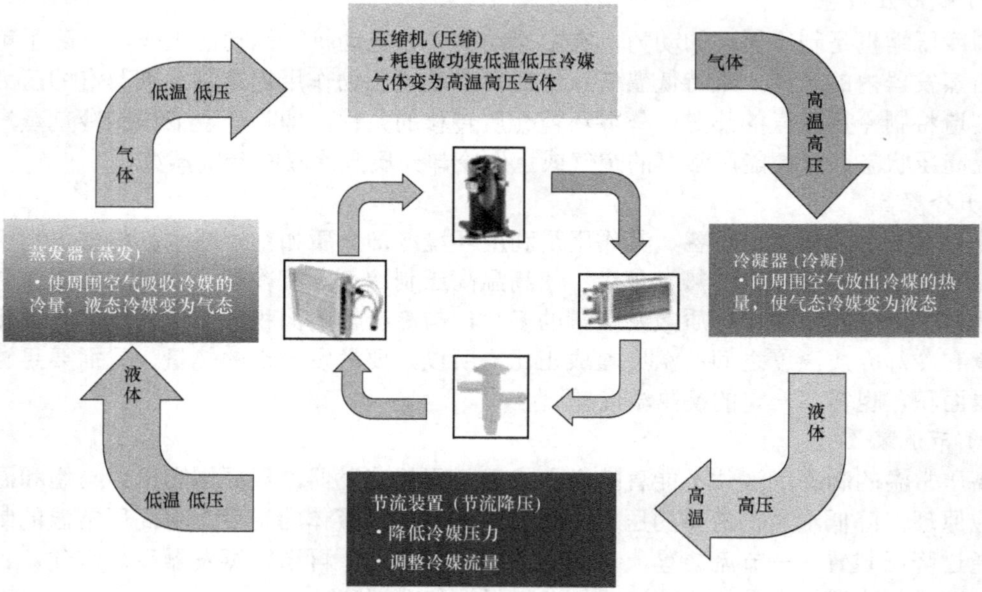

图 2－22　蒸汽压缩式制冷系统的组成、各部分作用及工作过程

2.1.3　动车组空调通风系统

为了获得符合旅客舒适要求的空气参数，就应该采取必要的技术措施，客车空调系统就是主要的措施。空气调节就是把经过一定处理之后的空气，以一定方式送入车内，使车内空气的温度、湿度、洁净度和气流速度控制在适当范围内的技术，为此客车空调装置均包含通风系统。

什么是动车组空调通风系统呢？

1. 空调通风系统概述

空调通风系统是空调装置的重要组成部分，它的作用是将经过处理的空气输送和分配到客室并获得合理的气流组织，同时还将客室内污浊的空气排出室外，使室内的空气参数满足设计的要求。

列车的空调通风系统除了可以给乘客提供新鲜空气，还可以保证车厢内具有适当的气压，即当车外气压发生明显变化时，空调通风系统会将车厢内的气压维持在一个让人们感到舒适的水平。

下面来看通风系统的特点和分类。

空调通风系统的特点是：它是客车空调装置中唯一不分季节而长期运转的系统，因此，它的质量状态将直接影响旅客的舒适性和空调装置的经济性。

按照工作动力来区分，空调通风系统可分为自然通风系统和强迫通风系统。动车组空调调节装置最常用的是强迫通风系统。

那么，动车组空调通风系统由哪几部分组成呢？

2. 空调通风系统的组成

动车组空调通风系统主要由通风机组、风道、风口、空气过滤器等组成。

首先来了解通风机组。

1）通风机组

通风机组是通风系统的动力装置，由离心式通风机（图 2－23）和电动机组成。通风机组一般安装在车辆端部平顶板上部空间，也可以安装在车下部，其安装位置主要取决于空气处理设备的位置。

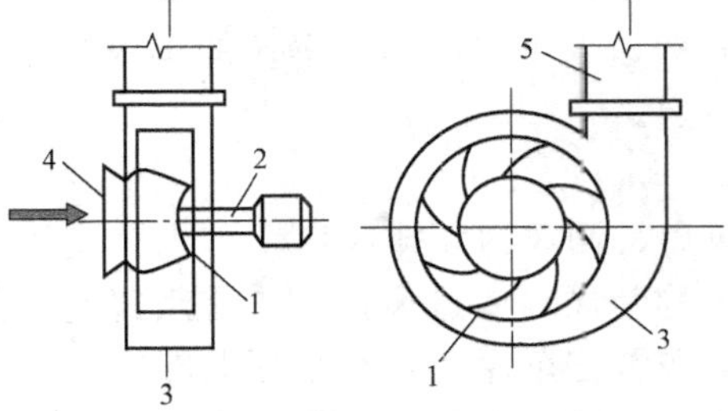

1—叶轮；2—电动机；3—机壳；4—吸风口；5—出风口。

图 2－23　离心式通风机结构

通风机组是通风系统的动力装置，作用是吸入车外的新风和室内回风，并将处理后的混合空气加压，通过主风道等送入客室。

2）风道

风道（图 2－24）的作用是输导空气。在送风系统里，依靠它，把处理好的新鲜空气输送到客车车厢内；在排风系统里，依靠它，把需要排出的污浊空气输送至车外。风道主要包括主风道、回风道和排风道。

图 2－24　风道

（1）主风道。主风道（图 2－25）的作用是将经过空气冷却器或预热器处理后的空气输送至客室内，在主风道中常装有调风机构用于调节通过风道的风量，达到向每个送风口均匀送风的目的。

（2）回风道。回风道（图 2－26）是车厢与通风机之间用于传输再循环空气的通道，回风道一端和回风口相连接，另一端与通风机相连。

图 2－25　主风道

图 2－26　回风道

（3）排风道。排风道用来排除车内污浊空气，所以其一端连接在排风口，而另一端与排风扇相连或与自然通风器连接。

由于外界新鲜空气不断被送入车内，与其等量的车内污浊空气就由排风口和排风道排出车外，以保持车内压力恒定。

3）风口

风口包括吸风口、送风口、回风口和排风口。

（1）吸风口。吸风口也称新风口或进风口，它是新鲜空气的吸入口，一般布置在装有通风机端的车门上部，也可布置在车端上部和车顶上部。

吸风口装有百叶窗和网格，用以防止杂物及风雪进入车内，吸风口内侧装有调节机构，用来调节新风量和通风机停止运转时来关闭吸风口，如图 2－27 所示。

（2）送风口。送风口（图 2－28）的作用是给车厢分配空气；送风口大多装有送风器，它不但可以使送风均匀，还可以使室内气流分布合理和温度均匀，而且可以调节送风量的大小。

集中送风的通风系统，其送风口一般都沿车顶棚或侧壁均匀布置。

图 2－27　吸风口

图 2－28　送风口

（3）回风口。回风口是室内再循环空气的吸入口。一般设在内端墙两侧下部或小走廊平顶板的检查门上，外表面设有格栅，如图2－29所示。

（4）排风口。排风口（图2－30）是排除车内污浊空气的出口。由于外界新鲜空气不断送入车内，为保持车内压力恒定，需将与其等量的车内污浊空气通过排风口排出车外。

通常由自然通风器或排风扇来完成。

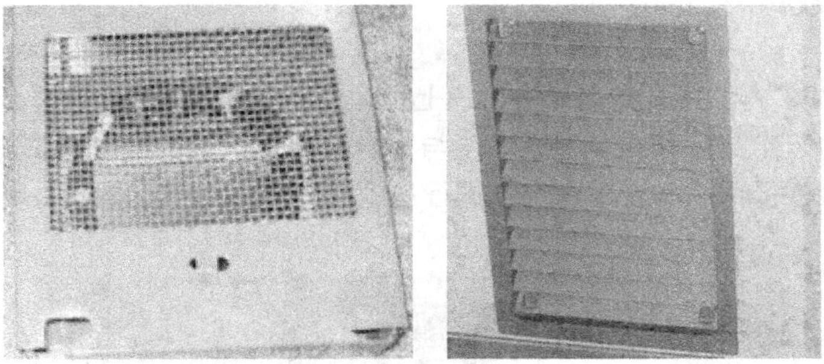

图2－29　回风口

图2－30　排风口

除了通风机、风道、风口，还需要空气过滤器。

4）空气过滤器

空气中总是不同程度地含有各种灰尘和杂质。过多的灰尘进入车内不仅会影响旅客的舒适和健康，也不利于空气处理设备的正常工作。因此通风系统中设有空气过滤器。

以上就是通风系统的组成，那么各组成部分是如何协调配合实现通风工作的呢？

3. 通风系统的工作过程

在通风机组的作用下，室外新鲜空气经吸风口吸入车内，经空气过滤器过滤并与回风混合后送入空气处理室，经过蒸发器冷却或者由电预热器预热后送入主风道，再由各送风口均匀地送入车内。

车内空气的一部分经回风口、回风道被通风机吸入，作为再循环空气重复使用；另一部分则经由排风口和排风扇排出车外，如图2－31所示。

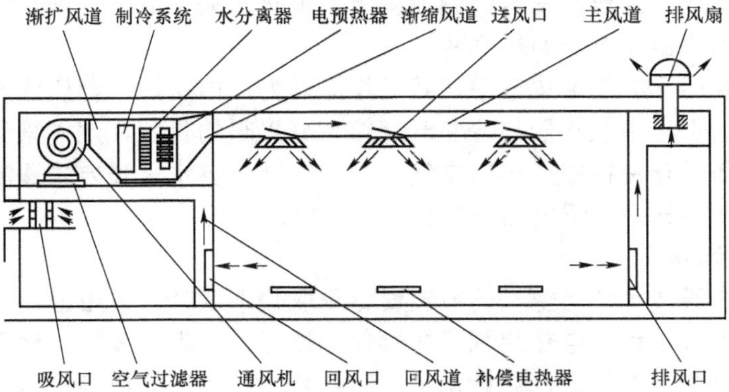

图2－31　通风系统工作过程

2.1.4　动车组空调供热及加湿系统

冬季，车外环境温度比较低，为保证送入客室的空气温度，外界新鲜空气在送入车内之前，必须进行预热。在北方地区或南方寒冷时节，由于车内外温差很大，经车体隔热壁的热损失较多，车内旅客的热量不足以抵偿车体热损失。若要保持车内达到规定的温度，需进一步加大车厢内的热量。同时，由于大多数动车组都采用车顶送风，其上下温度相差较大，使车内温度很不均匀，因而在车内两侧地板面上还需设置加热设备来补偿车体的热风采暖。

为了保证车内温度、湿度满足旅客需求，就需要提供动车组供热系统及加湿系统，下面介绍动车组空调的加热、加湿系统。

1. 供热系统概述

为了使客车在寒冷的季节运用时车内保持一定的温度，车上必须安装有供热系统。动车组基本上都采用车顶送风，为保持车内一定温度和减少送风温度与室内温度差，动车组空调供热系统有两个作用：对送入车内的空气进行预热和对车内空气进行补偿加热，如图 2－32 所示。

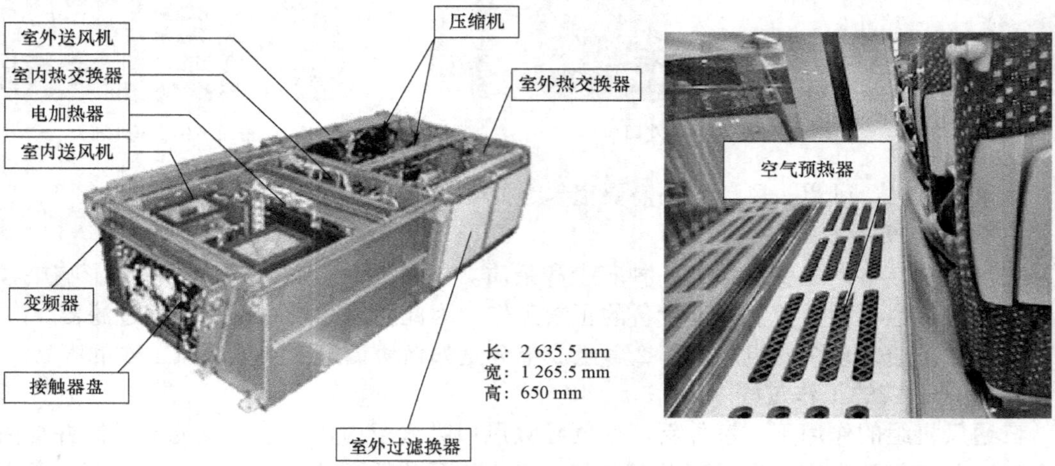

图 2－32　电加热器及空气预热器的布置情况

空气的预热是使空调机组空气处理室内的空气流过空气预热器来实现的。根据热媒不同，空气预热器可分为温水空气预热器和电热空气预热器两种。

空气的补偿加热，由设在车内两侧地板上的加热器来完成。根据热媒的不同，地面加热器也分为温水加热器和电热加热器两种。

温水采暖主要用于早期绿皮车中，其工作原理为：由锅炉（燃煤或燃油）将水加热，然后通过被加热的水经由散热器与冷空气交换达到采暖的目的，此种采暖方式结构较为复杂，安装困难。而后随着铁路客车向电气化方向发展，温水采暖方式逐渐被空调采暖和电采暖方式替代。下面分别介绍电热空气预热器和电加热器。

1）电热空气预热器

电热空气预热器装置是当空气调节装置冬季取暖不足时，采用电热元件在客车内部补充加热量的一种采暖装置。电热空气预热器使电流通过电阻丝发热，然后把热量传给流过的空气。它具有表面温度均匀，热量稳定，结构紧凑，控制方便等特点。目前客车空调上应用的有管状电热元件和电热板的电热空气预热器。

电热空气预热器由电热元件和框架组成，在使用时与通风机实现电气联锁，与制冷机实现电气互锁。电热元件一般分成两组，通过空调温度控制器根据室内空气温度自动控制其一组工作、两组工作或停止工作。与电热空气预热器相接的风道，应采用不易燃烧的耐热保温材料。

为了防止电热空气预热器在缺风时工作而导致表面温度过高，特设有两道缺风保险：温度超过 70 ℃，继电器跳开；温度超过 139 ℃，熔断器熔断，从而切断控制电路和主回路，使电热空气预热器停止工作，如图 2－33 所示。

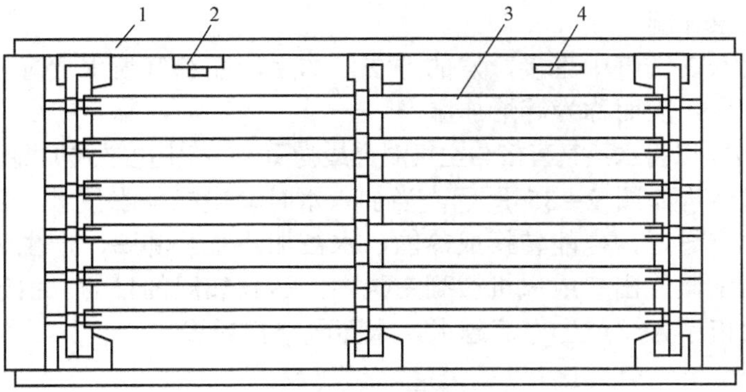

(a) 空气预热器结构

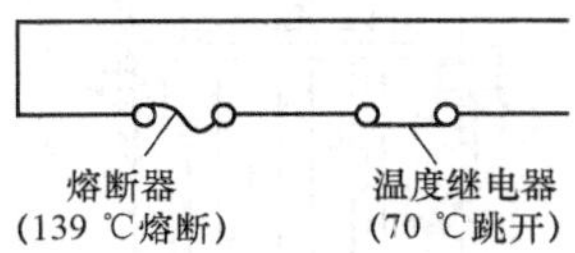

(b) 保护电路

1—柜架；2—熔断器；3—绕片式电热元件；4—温度继电器。

图 2－33　电热空气预热器

2）电加热器

电加热器是地面加热器的一种，用以补偿车体的热损失，电加热器运行要求与通风机连锁，而与制冷机互锁。

电加热器的结构简单，主要由电加热器体、电热管或电热板、熔断保护器、接线板、防水盒、耐高温连接导线和罩板组成，如图 2－34 所示。应用时一般除车种不同暖气功率有所区别，其结构变化不大。

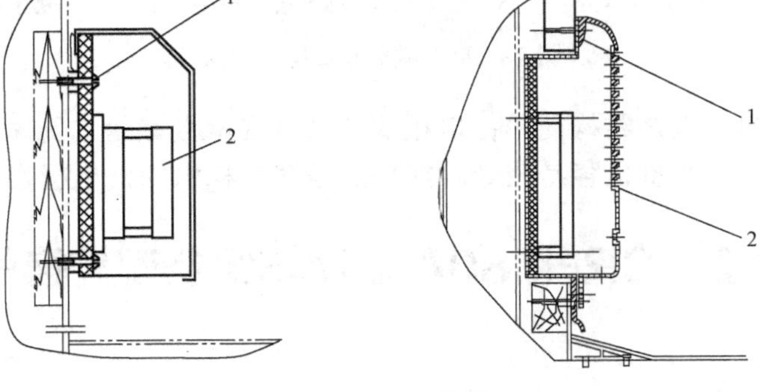

1—木螺钉；2—电热器。

图 2－34　电加热器

冬季，车外气温较低，经加热后送入车内的空气，有可能使车内相对湿度过低，而不能满足舒适性的要求。为此，可采用加湿的方法，以适当提高车内空气的相对湿度。接下来介绍加湿系统。

2. 加湿系统概述

空气加湿的方法可分为两类。

一类是直接将水蒸气喷入空气中混合的方法，可近似地认为加湿过程中空气状态沿等温线变化，称为等温加湿。

另一类是利用水在空气中直接蒸发的方法，如用压缩空气喷水加湿，可近似地认为加湿前后空气比焓不变，因而称为等焓加湿。

对于动车组来说，以将水蒸气直接与空气混合最为简便，其中电极式加湿器应用得较为广泛。

电极式加湿器结构如图 2－35 所示。当加入水时，电极与水接触，自来水中一般都有一定的电导率使电路导通，电能转换成热能，水被加热直至沸腾，产生大量水蒸气；经过一根橡胶软管送到水蒸气出口或风机散到空气中，达到加湿的目的。由于水位高低不同，电极片与水接触面积越大，产生电流越大，水蒸气输出越多。

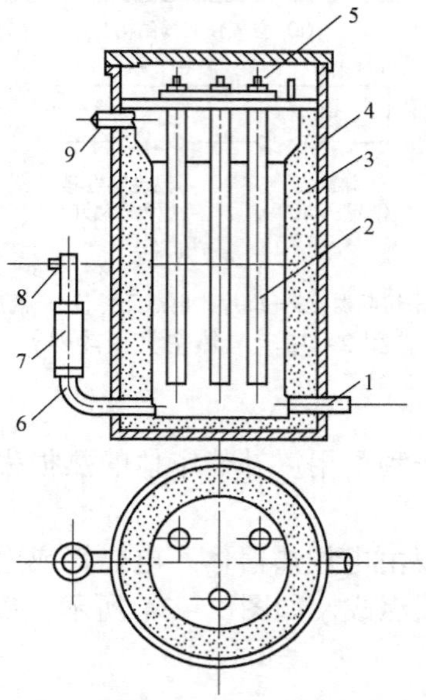

1—进水管；2—电极；3—保温层；4—外壳；5—接线柱；6—溢水管；7—橡胶软管；8—溢水口；9—水蒸气出口。

图 2－35　电极式加湿器结构

电极式加湿器的优点是结构简单；电极式加湿器在橡胶软管内无水时，电流也就不通了，因此是安全的，加湿量也容易控制。其缺点是容易积水垢，电极也易腐蚀。

任务 2.2　CRH380A 型动车组空调与换气系统

任务导入

CRH380A 型动车组空调与换气系统集空气冷却、空气再加热、通风、自动控制等功能于一身，通过自动控制调节车内温度和湿度，同时过滤循环空气，为旅客以及司乘人员提供安全、卫生、舒适的车内环境。

本任务将详细介绍 CRH380A 型动车组空调与换气系统相关知识。

知识储备

2.2.1　系统概况

CRH380A 型动车组空调与换气系统主要具有以下特点。

（1）系统主要设备（如空调机组、换气装置）采用车下安装方式。

（2）供暖方式完全采用内置于空调机组的电加热装置，客室内不另外布置电加热器。

（3）空调机组采用变频控制模式。

（4）空调机组内冷凝水采用排水泵经排水管排出。

（5）采用集新风、废气排送于一身的换气装置，一般采用空调机组提供新风，并设置废气排风机。

（6）换气装置采用主动式压力波保护装置，可实现玉力波保护和持续共新风。

以上就是 CRH380A 型动车组空调与换气系统概况，那么它由哪几部分组成呢？

2.2.2　系统组成

CRH380A 型动车组空调与换气系统主要由制冷系统、供暖系统、通风系统、应急通风系统以及车内空气压力波保护系统组成，分为通风、制冷、强制制冷、制热、强制制热 5 种运行工况。每节中间车厢车下设备舱内安装有 2 个客室空调机组、1 台换气装置，通过连接风道与设置在车内的风道相连接。

1. 制冷系统

空调制冷系统主要由空气压缩机、冷凝器、干燥器、毛细管、蒸发器、气液分离器、进气过滤器、制冷剂及配管等组成，各设备及配管经焊接连接而成一个完全密闭的空间，内部充入制冷剂。

CRH380A 型动车组空调制冷系统的工作原理如图 2－36 所示。制冷压缩机吸入低温低

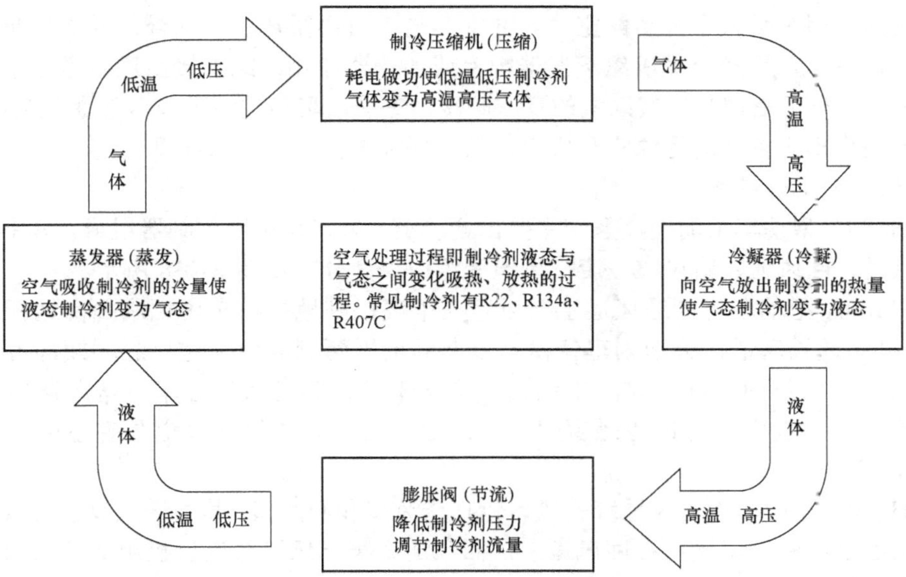

图 2－36　CRH380A 型动车组空调制冷系统的工作原理

压的气态制冷剂，将其压缩为高温高压的气态制冷剂，然后送入冷凝器；高温高压的气态制冷剂经冷凝器散热、冷凝，变为低温高压的液态制冷剂；液态制冷剂经膨胀阀进入蒸发器，在容积变大的情况下快速蒸发，变为低温低压的气态制冷剂，在此过程中经蒸发器不断从外界吸热，从而降低流过蒸发器的空气的温度，而经过降温后的制冷空气则由通风系统送入车内，达到制冷目的。从蒸发器流出的低温低压气态制冷剂再次进入制冷压缩机，进入下一次的制冷循环，如此循环往复，保证了制冷系统持续运行。

2. 供暖系统

动车组列车供暖系统通常由在空调机组内设置的预热电加热器和在客室内设置的电加热器共同实现。另外，风道内也可布置辅助电加热器，个别列车可采用锅炉加暖气管道等方式实现供暖。

CRH380A 型动车组客室供暖全部由集成于客室空调机组内的电加热器实现；司机室供暖由客室空调机组和司机室操纵台下的暖风机完成，如图 2－37 所示。

图 2－37　司机室操纵台下的暖风机

3. 通风系统

通风系统用来吸入车外新鲜空气，并将其与车内再循环空气混合，经滤清灰尘和杂质后压送进通风道，再经空调机组蒸发器制冷或加热器加热，或直接由通风道分配到车内各区域，完成动车组空调与换气系统的夏季制冷、冬季供暖和过渡季节自然通风功能；同时，通风系统还将车内多余的污浊空气排出，从而保证车内空气的洁净度。

1）通风系统的组成

CRH380A 型动车组的通风系统主要由通风道、风口和温度控制器组成，其中通风道主要由送风道、回风道、新风道、废排风道等组成，其分布如图 2－38 所示。

CRH380A 型动车组的通风道主要设置在车底铝制地板与车内铝制蜂窝地板之间，包括 5 条纵向通长风道，分别为车体横向方向靠地板两侧的两个送风道，横向方向地板中间的新风道，以及两个回风道。空调机组位于车下，其送风口经车下送风道与地板中的送风道相连，地板中的送风道经窗间复合风道、窗上玻璃钢送风道与客室两侧顶通长送风道相连。

CRH380A 型动车组通风系统的风口包括送风口和回风口，其中送风口设在客室两侧顶通长送风道上；回风口设置在回风道上，回风道经车下风道与空调机组的回风口相连。温度控制器安装在送风口和回风口处。

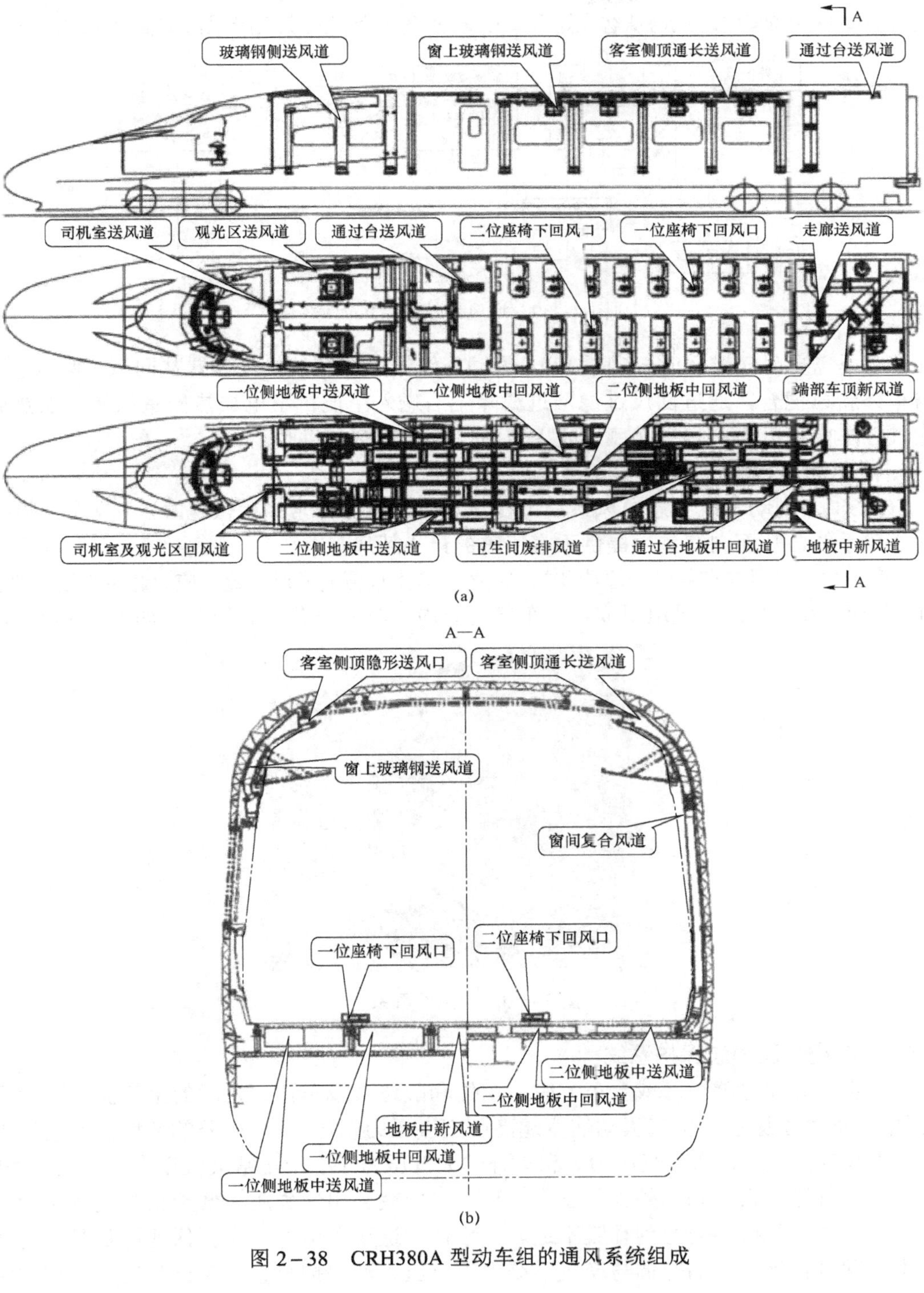

图 2－38　CRH380A 型动车组的通风系统组成

2）通风系统的送风流程

在夏季需要制冷送风时，CRH380A 型动车组通风系统的换气装置通过新风道送入车外新风，在混合风道与从回风道送来的客室内循环空气混合；混合空气经设置在空调机组回风口处的回风过滤网过滤除尘，然后进入空调机组车内换热器内与蒸发器进行热交换，经蒸发器冷却成为冷空气，冷空气经车内送风道从客室送风口吹入客室，为客室空气降温，如图 2－39 所示。

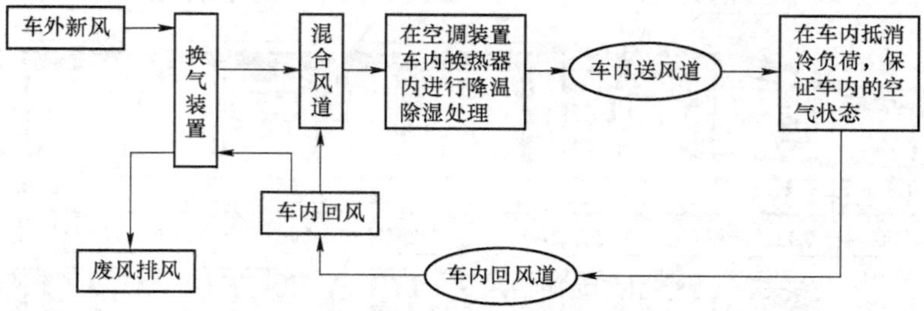

图 2－39　通风系统的送风流程

在冬季需要供暖送风时，CRH380A 型动车组通风系统的换气装置从回风道吸入空气，再与车外新风混合，通过回风过滤网过滤除尘后送入空调机组电加热器室加热；加热后的热空气经车内送风道从客室送风口吹入客室，为客室空气供暖。

4. 应急通风系统

CRH380A 型动车组应急通风系统可在正常交流电源异常停止供电时，由列车司机手动启动通风系统，从而向客室内提供乘客所需的最小新风量。

应急通风系统是在车体的一位端及二位端外端墙上设置的通风装置。应急通风系统主要由通风机、气密阀及其管路、风道组成，头车气密舱内与车内压开发阀结合，如图 2－40 所示。

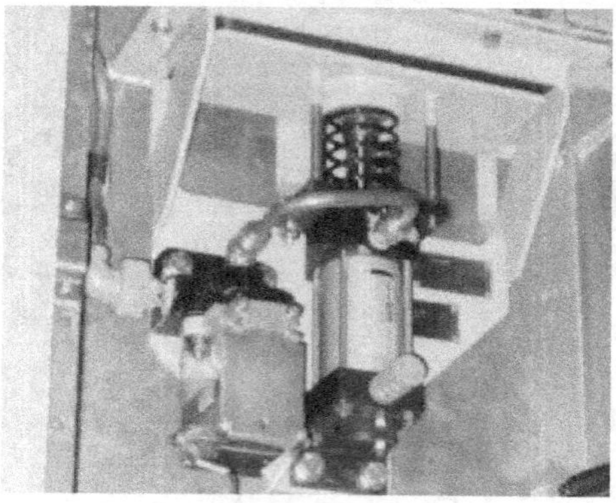

图 2－40　应急通风系统

5. 车内空气压力波保护系统

动车组高速通过隧道（或会车）时，车体和隧道（或车体）之间的空气流动速度很高（根据空气动力学原理，空气流动速度越高则空气压力越低），车内外的环境条件会发生变化，车内大气压力（正常大气压力）和车外的大气压力（小于正常大气压力）存在压力差，如果车内大气压力很快和车外大气压力一致，车内就会出现失压（低于正常大气压力）环境状态，车内人员可能会感到耳膜不适。在设计制造动车组时首先要保证达到必要的气密性要求，同时在动车组的空调与换气系统中设有压力波保护装置。在日常运营和维护中，需要增强安全意识和岗位责任意识，对压力波保护系统进行全面系统的检查。

在动车组上的空气压力波保护系统，一般可分为以下两种。

（1）主动式压力波保护系统。使用合适的风机来输送外部空气，进行空气交换，并抵消空气压力波动。

（2）被动式压力波保护系统。将列车内部空间的气压与外部环境气压相隔离，此时压力波阀门将会关闭与外部空间交换空气的通风口。

CRH380A 型动车组采用换气装置实现车内新风与废气的交换，即采用了主动式压力波保护系统。

2.2.3　系统设备布局

CRH380A 型动车组空调与换气系统主要设备的布置如图 2－41 所示。

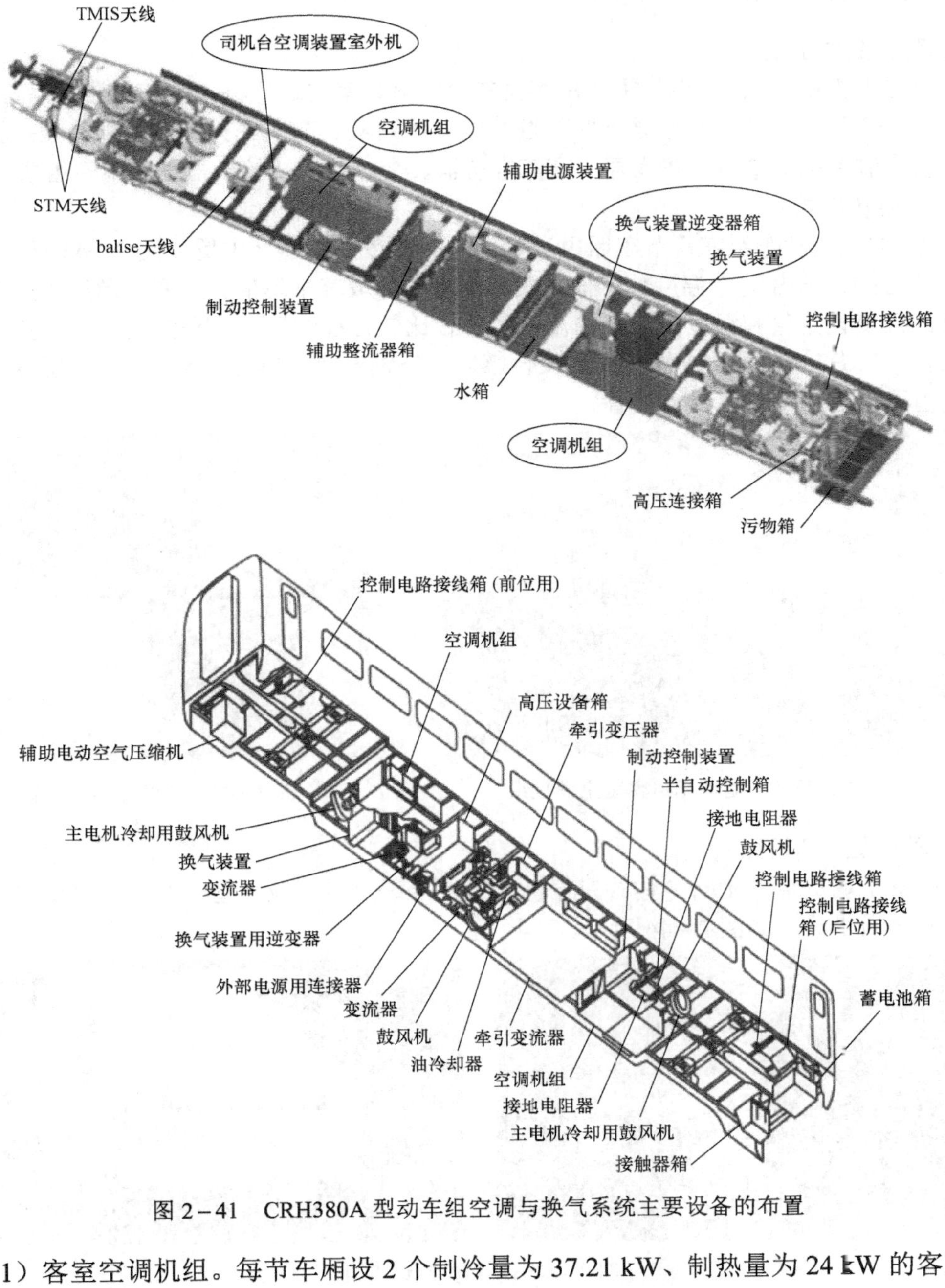

图 2－41　CRH380A 型动车组空调与换气系统主要设备的布置

（1）客室空调机组。每节车厢设 2 个制冷量为 37.21 kW、制热量为 24 kW 的客室空调机组；每节车厢设 1 台显示设定器，安装在服务配电柜内。

（2）换气装置（含逆变器）。每节车厢设 1 台换气装置，新风量为 1 700 m^3/h。

（3）司机室空调机组。司机室设 1 套分体式空调，制冷量为 4.86 kW，无独立新风口，所需新风从客室新风道引入。

（4）司机室暖风机。司机室设 2 台制热量为 2 kW 的暖风机。

下面分别介绍各设备。

2.2.4 系统主要设备

1. 客室空调机组

客室空调机组（图 2－42）主要由客室热交换器、室内送风机、电加热器及温控开关、节流装置、直流电抗器、排水泵、空气过滤网、压缩机、高压开关、客室外热交换器、室外送风机、制冷剂储液器、干燥器、交流电抗器、变频装置、接触器盘等部件组成。

2. 温度传感器

CRH380A 型动车组在每节车厢内配置了 4 个温度传感器（位置如图 2－43 所示），每个空调机组接收车内 2 个温度传感器采集的温度值并取其平均值。逆变器通过将来自显示设定器的温度设定值和温度传感器的温度值进行比较，控制压缩机和室内风机、室外送风机的运行。CRH380A 型动车组车内温度传感器均布置于回风口处。各个温度传感器所采集的温度值可以在显示设定器上查看。

图 2－42　CRH380A 型动车组客室空调机组

图 2－43　温度传感器位置

3. 司机室空调机组

司机室空调机组由 1 台分体式空调机组和 2 台暖风机组成，室内新风由客室空调机组通过独立风道供给，如图 2－44 所示。

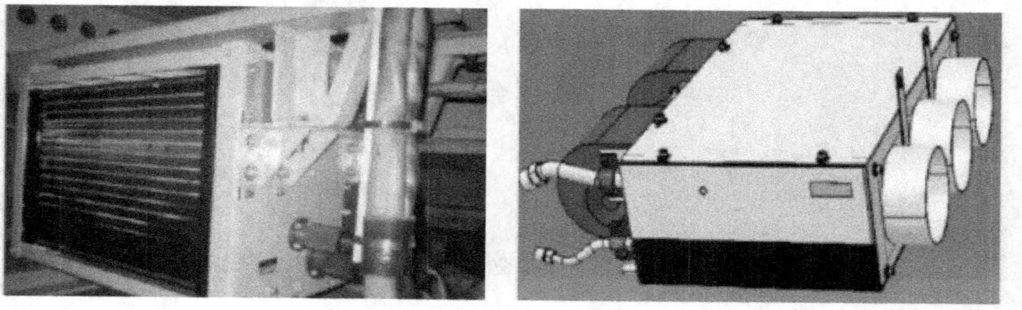

图 2－44　司机室空调机组

司机室电源箱和变压器（图 2－45）安装在司机室气密舱内，是空调与换气系统的逆变和控制部分。控制电源把从车辆输入的 AC 400 V，50 Hz 电源逆变成三相 AC 440 V，60 Hz 和 DC 24 V 后供给空调压缩机和室内风机、室外风机，并按空调要求控制空调与换气系统的正常工作，完成通风、制冷过程。

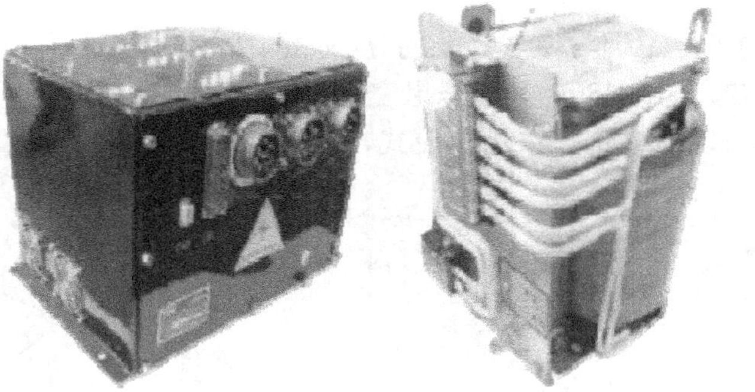

图 2－45　司机室电源箱和变压器

4. 换气装置

CRH380A 型动车组换气装置具有提供新风及排出废气的功能，主要由送风机、电机、变频器、连接风道、换气装置本体、变频器箱等部分组成，如图 2－46 所示。

图 2－46　CRH380A 型动车组换气装置

车外新风经过装有风量调节板的给风侧，被高压送风风机吸入，分别送到两个空调机组中，车内客室内回风被高压排风风机吸入，进入装有电机的换气装置内部，在经冷却风机电机后从装有调节板的出风口排出车外。正常运行时，从室内排出的风量与吸入新风量相同，保证实现车内客室内空气压力变化率满足舒适性要求。

任务 2.3　CRH380B 型动车组空调与换气系统

任务导入

CRH380A 型动车组与 CRH380B 型动车组都是时速 350 km 级别的动车组，它们在神州大地上奔流不息，它们外形不同，辅助供电系统不同，那么它们的空调系统又有什么区别呢？

本任务将详细介绍 CRH380B 型动车组空调与换气系统的相关知识。

知识储备

2.3.1 系统概况

CRH380B 型动车组空调与换气系统的分布如图 2－47 所示。

由图 2－47 可知，CRH380B 型动车组空调系统按调节空间的不同，可分为客室空调系统和司机室空调系统。客室空调采用单元式，司机室空调采用分体式。

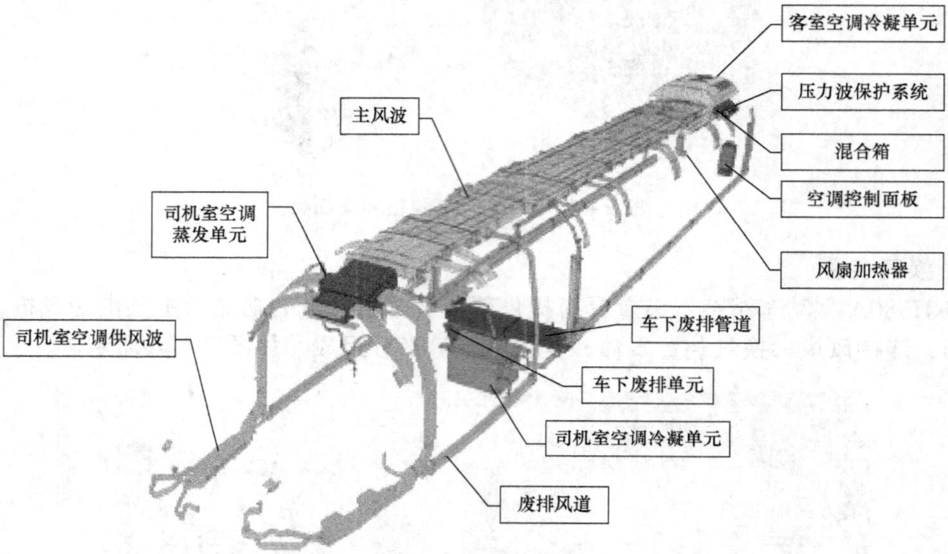

图 2－47　CRH380B 型动车组空调与换气系统的分布

CRH380B 型动车组客室空调与 CRH380A 型动车组相比，虽然同为单元式空调机组，但是 CRH380A 型动车组客室空调安装在车下，CRH380B 型动车组客室空调安装在车顶端。打开车顶外壳就可以看到空调机组的重要部件。

客室空调机组两侧设新风回风混合箱，供风风道布置在车顶板下和两侧侧墙，废排风道布置在车体两侧下部，废排风箱布置在车下。

CRH380B 型动车组的空调与换气系统主要具有以下功能。

（1）供给新风和排放废气。

（2）实现客室和司机室的供暖和制冷。

（3）进行风量的输送和分配。

（4）对新风混合空气进行过滤。

（5）实现对新风和废排气的压力波保护。

（6）具有应急通风功能。

在正常情况下，CRH380B 型动车组司机室空调和客室空调是独立运行的，各车客室空调机组模块结构相同；2 个端车的司机室蒸发单元模块结构相同；2 个端车的底架废排风道模块结构相同，各中间车底架废排风道模块的结构也相同。

以上就是 CRH380B 型动车组空调与换气系统概况，那么它由哪几部分组成呢？

2.3.2　系统组成

1. 司机室空调与换气系统

CRH380B 型动车组端车司机室空调与换气系统采用分体式空调机组，其中蒸发单元安装在司机室后侧的中顶板区域，重量较大的冷凝单元则安装在车下，可降低车厢重心并节省车体顶部空间，两个单元之间由制冷剂管道连接，如图 2－48 所示。

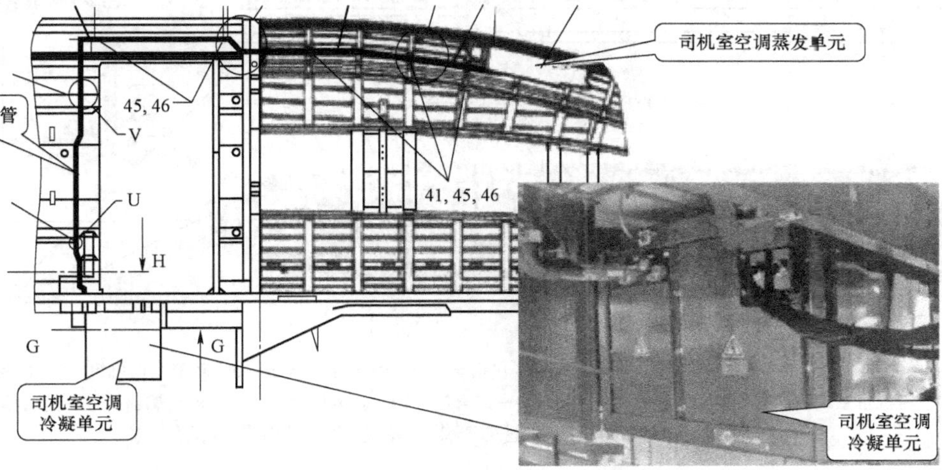

图 2－48　CRH380B 型动车组司机室空调与换气系统

在正常情况下，司机室空调是独立的，与客室空调系统没有联系。新风来自客室空调左侧混合箱中单独分离出的气室，其新风格栅控制电磁阀由司机室单元独立打开和关闭。司机室空调控制系统出故障时，电控送风旁通阀打开，可由客室空调系统维持司机室内的供风。如果司机室空调出故障，送风旁通阀未自动打开，则可用四角钥匙手动操作打开。

司机室设置了排风管路，各电子设备通过电器带风口的柜门散热。在车下的废排单元中，有司机室单独的排风扇。如果司机室的废排装置出故障，可以通过打开废排旁通阀由客室废排风机来代替排风，如图 2－49 所示。

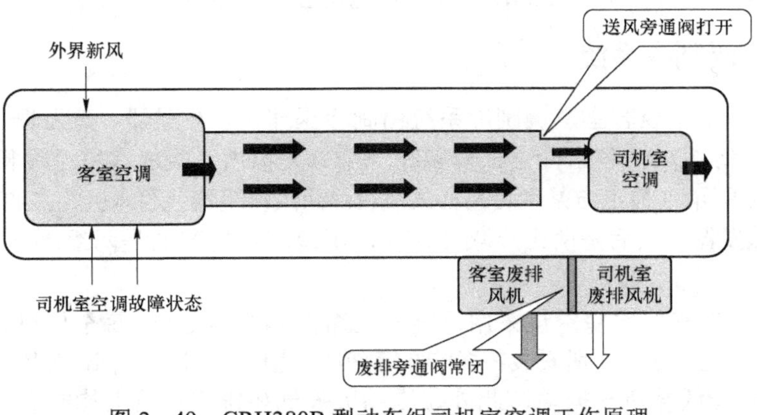

图 2－49　CRH380B 型动车组司机室空调工作原理

2. 客室空调与换气系统

CRH380B 型动车组客室空调与换气系统采用单元式空调机组，主要由制冷循环回路

（制冷系统）、空气加热循环回路（供暖系统）两个独立回路，以及一套连接空调机组以及沿车体分布的风道（通风系统）组成，具体如图 2－50 所示。

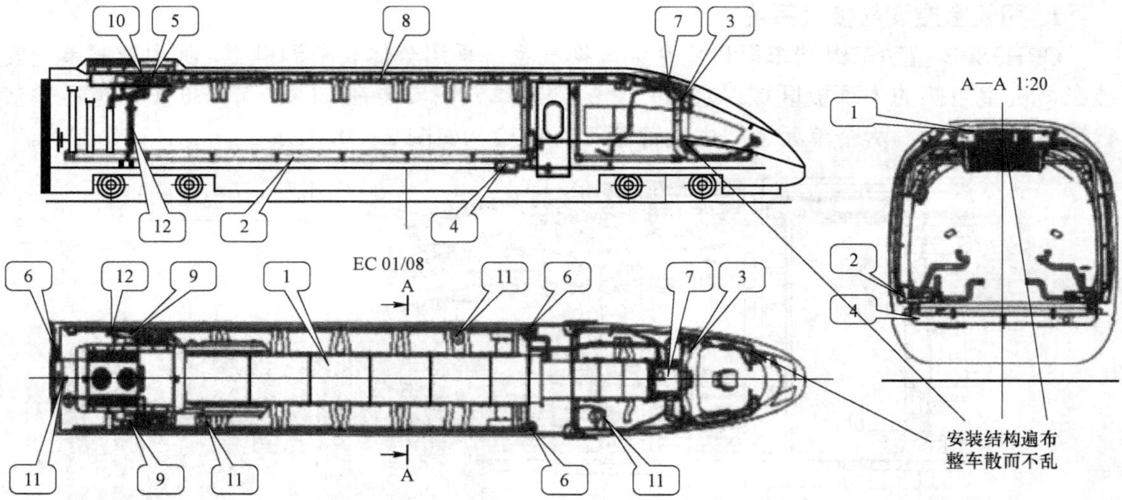

1—送风风道；2—废排风道；3—司机室风道（仅端车）；4—底架废排风道；5—客室空调机组；6—加热器；7—司机室空调机组（仅端车）；8—中顶孔板；9—混合箱；10—新风格栅；11—温度传感器；12—空调排水管。

图 2－50　CRH380B 型动车组客室空调与换气系统的组成

CRH380B 型动车组客室空调机组安装在各车车顶，两侧设有新风和回风混合箱。在制冷模式下，空调机组通过蒸发器前的离心风机将来自混合箱的气体吸入，经降温后通过送风道送入客室。送风道设置在车顶板下和两侧侧墙上，废排风道则设置在车体的两侧下部，与车下的废排风箱连接；回风口设置在空调机组下部的顶板上，直接与混合箱连接，故空调与换气系统无须设置回风道。

在制热模式下，来自混合箱的气体通过蒸发器后面的电加热器加热，然后通过送风道送入客室。

了解了 CRH380B 型动车组空调与换气系统的组成，下面从制冷、通风、制热、自动控制等方面更加细致地介绍 CRH380B 型动车组客室空调的结构。

2.3.3　客室空调制冷系统

CRH380B 型动车组客室空调制冷系统由制冷压缩机、冷凝器、蒸发器、膨胀阀、制冷剂压力控制部件等组成，各组件全部安装在一个单元箱内，组成客室空调机组。

如图 2－51 所示，最上方是两台离心式风机、两组冷凝器、通风机、主加热片；与加热片平行布置的是蒸发器，然后是两组冷凝器，在两组冷凝器之间的是两组制冷压缩机。

1. 压缩机

CRH380B 型动车组客室空调采用涡旋式压缩机（图 2－52），每个机组安装有两台制冷压缩机，两台制冷压缩机分别安装在各自的底座框架上，通过 4 个减振垫固定在冷凝框架上。减振垫用来降低噪声和振动，此外在压缩机吸气和排气管路上均配有软管避振管，从而最大限度地降低压缩机运行时造成的磨损、振动和噪声。每台制冷压缩机均配有一台 45 W 的曲轴加热器，加热器在制冷压缩机关闭时或空调除制冷模式外的其他工作模式下均处于开启状态，用以保持油温，减少曲轴油箱对制冷剂的吸收。

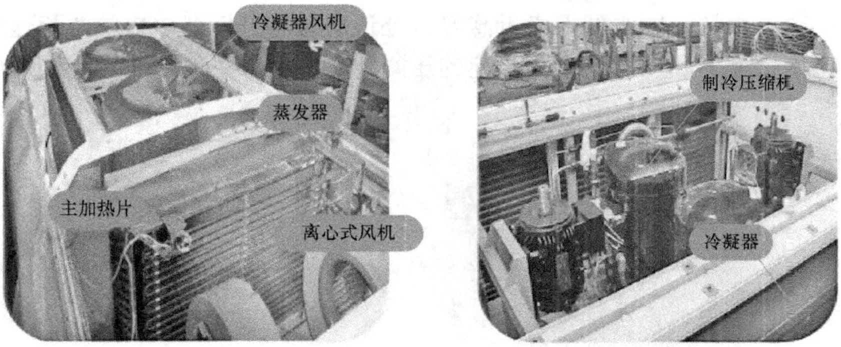

图 2－51　CRH380B 型动车组客室空调制冷系统

2. 冷凝器

来自压缩机的高温高压气态制冷剂通过冷凝器放热，从而冷凝液化。为了提高冷凝器的冷凝效果，在冷凝器旁设有两台冷凝器风机，从而使外部空气强制通过冷凝器表面。冷凝器风机由一套 9 叶轴流风扇和一台异步驱动电机组成，如图 2－53 所示。在每台冷凝器风机导流罩上均安装有一个防冻温控器，用以检测风扇叶片工作的环境温度，并在温度低于 0 ℃时停止风扇运行，以防止扇叶因结冰而损坏。

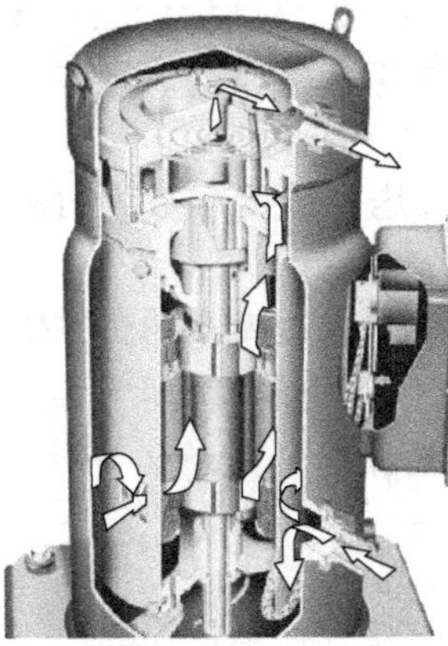

图 2－52　涡旋式压缩机

图 2－53　冷凝器

3. 蒸发器

蒸发器由铜管和铝翅片组成，如图 2－54 所示，用来使制冷剂液体吸热后变成制冷剂气体，气体通过铜管和铝翅片冷却后进入客室，达到制冷目的。蒸发器分成相互交织的两个系统，每个系统各配有一个膨胀阀，制冷剂通过蒸发器蛇形管侧的液体分配器上的小孔来分配。

4. 膨胀阀

膨胀阀位于冷凝器后，由一个与毛细管连接的感温包及与其相连的阀体组成，如图 2－55 所示。感温包固定在蒸发器出口的压缩机吸气管路上，用于检测蒸发器出口制冷剂的温度；阀体安装在制冷剂液体管路上。

膨胀阀具有节流功能，可使液态制冷剂在蒸发器内充分蒸发；还可调节进入蒸发器的制冷剂流量，避免过多的制冷剂液体进入蒸发器而无法完全蒸发，从而使制冷剂液体进入制冷压缩机而致其损坏。膨胀阀在靠近感温包处还配有与蒸发器出口管路相连的压力平衡管，用来补偿由分配器和蒸发器表面引起的压降，保证制冷系统低压侧和高压侧之间具备足够的压力差。

图 2－54　蒸发器

图 2－55　膨胀阀

5. 制冷剂压力控制部件（略）

2.3.4　客室空调供热系统

CRH380B 型动车组空调供热系统采用电加热的供热形式，包括安装于空调机组内部的主加热器、在外门及风挡内门附近设有带风扇的辅助加热器和风道加热器。

1. 主加热器

冬季，外界温度比较低，为保证送入客室的空气温度（送风温度一般为 18～25 ℃），外界新鲜空气在送入客室之前必须经过主加热器（图 2－56）进行加热。

主加热器由两组组成，采用 440 V，60 Hz 三相交流电源，总功率为 35 kW。设置两级温度保护开关，当温度达到 90 ℃时，一级温度保护开关动作；当温度降到 69 ℃以下时，温度保护开关自动复位；当温度上升到 165 ℃时，二级温度保护开关动作，且二级温度保护开关只能手动复位。

2. 辅助加热器

除了安装于空调机组内的主加热器起到预热作用，外门及风挡内门附近还设有带风扇的辅助加热器（图 2－57），以弥补热损失，阻止外界冷空气进入客室。

图 2－56　主加热器

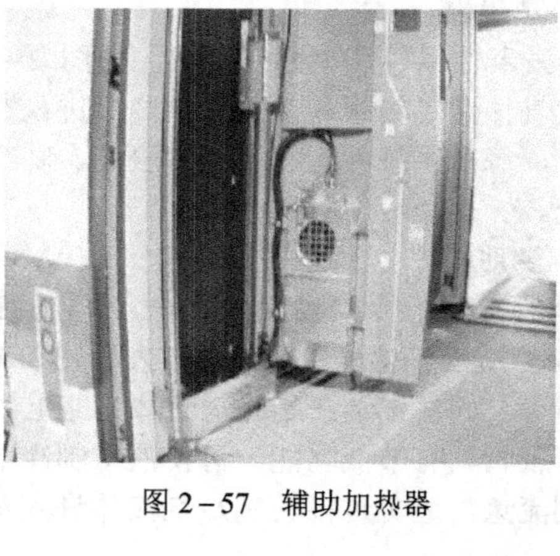

图 2－57　辅助加热器

辅助加热器体积小，加热量大，加热功率为 1 kW。加热电阻产生的热量由设备自带的风扇强制吹出。加热器采用 90 ℃可复位、150 ℃不可复位温度保护器。风扇电机设置 35 ℃温度保护开关（当温度高于 35 ℃时，通风机不启动）。

3. 风道加热器

此外，在消声风道内和头车 VIP 区风道另外设置了加热器（图 2－58），减轻了暖风传递过程中的热量损失。加热功率根据各区域需求选定。加热器采用 90 ℃断开后 65 ℃自动复位的一级温度保护装置，109 ℃断开后手动复位的二级温度保护装置。

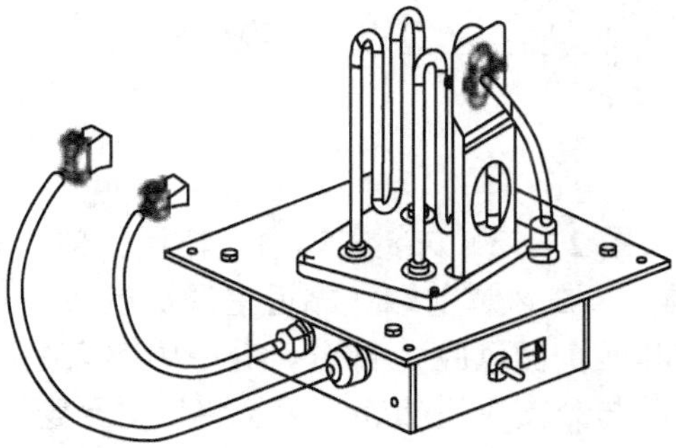

图 2－58　风道加热器

2.3.5　客室空调通风系统

客室空调通风系统主要包括混合箱、格栅、送风道、回风道、废排系统等，如图 2－59 所示。

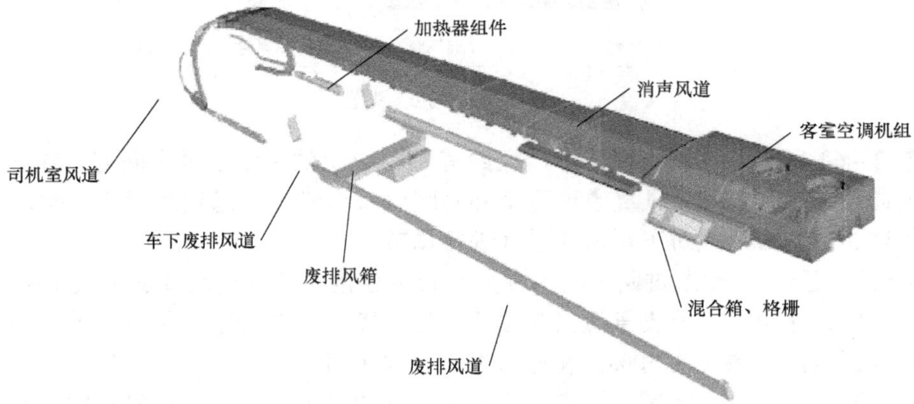

图 2－59　CRH380B 型动车组客室空调通风系统组成

1. 混合箱

CRH380B 型动车组每节车厢的客室空调均包含两个混合箱（图 2－60），安装在单元式空调机组的进风口处。混合箱用来将回风和新风按一定的比例调控，并将调控好的混合空气送入空调机组。每个混合箱设有一个电动风门，可用于调节新风风量。风门连杆由伺服电机驱动，并设有防止反转的控制装置和过载保护装置。

2. 格栅

新风可通过格栅（图 2－61）进入混合箱；当列车通过隧道时，气阀控制格栅关闭，以避免由于压力变化给旅客带来的不舒适感。

图 2－60 混合箱

图 2－61 格栅

3. 送风道

客室空调的主送风道（图 2－62）安装在车顶天花板上部，与空调机组相连。为了降低冷风/暖风通过风道时的噪声，在风道前端（靠近空调机组部分）设有消声器。送风道在横截面上分为一个中间风腔和两个侧风腔 3 部分，其中中间风腔用于将风通过多孔天花板通道送入客室内；两个侧风腔与分支风道相连，用于将风送至窗口和座椅区域。

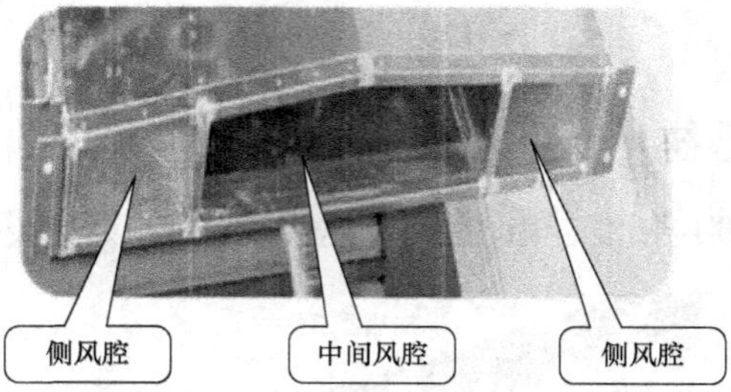

图 2－62 主送风道

如图 2－63 所示，在制冷模式下，大约有 75%以上的风量通过中间管道输送，通过多孔天花板通道排出，25%的风量通过两个外侧暖气管道输送，通过地板出口排出和窗口处排出。通过这种分布形式对车厢内的温度进行调节。

在采暖模式下，主要通过两个与单独分支管道连接的外侧暖风管道供风（约 80%），其他从车顶板风道送出，且分支管道又与位于侧墙的窗口位置的管道相连。通过这些管道，暖风被输送到地板区域（约 70%）和窗口下方（约 30%）。

供风管道延伸到座椅区域，管道终止于司机室的空调单元。在司机室发生制冷失败的情况下，可以通过与车厢相连的控制阀使空气进入司机室。

4. 回风道

CRH380B 型动车组除 BC05 车（便餐车）外，其余各车的客室回风均通过客室混合箱附近的多孔天花板（图 2－64）回收，然后通过混合箱进入空调单元，不需要附加回风管道。BC05 车由于存在吧台区，不利于回风直接进入混合箱。因此该车吧台端（二位端）的回风通过管道送入混合箱，而一位端回风则通过多孔天花板直接送入混合箱。

5. 废排系统

废排风道设置在车内两侧墙下部，可直接将客室内的污浊空气排出。卫生间、PIS 柜和厨房，通过软管道与两侧的废排风道相连。废排系统的排风量与引入混合箱的新风量相同，以维持循环压力平衡。安装于车下的废排单元将来自废排风道的空气排出车外，每个单元都设有排气风扇和用于压力波保护的关闭风门，各自带有独立的应急通风逆变器，如图 2-65 所示。

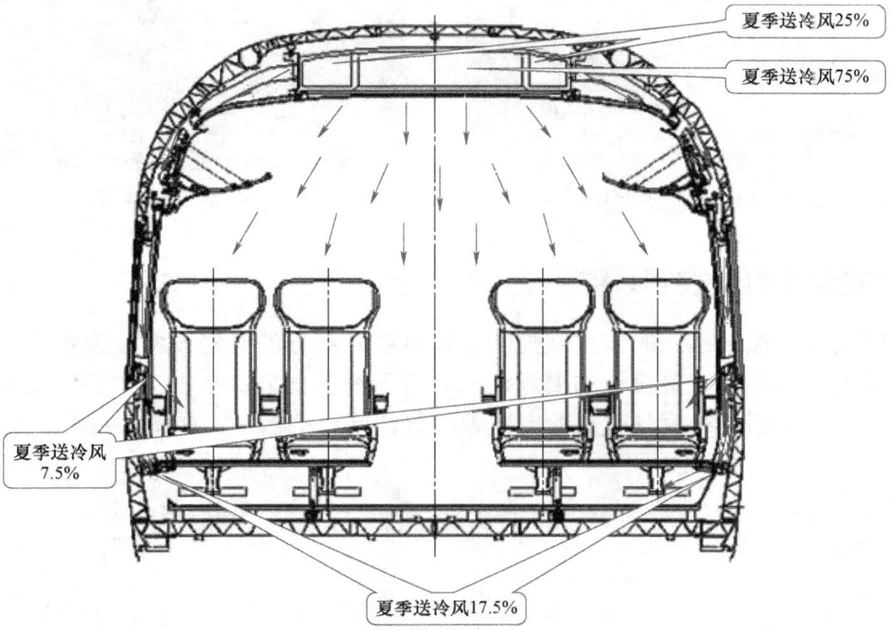

(a) 夏季工况（制冷模式）

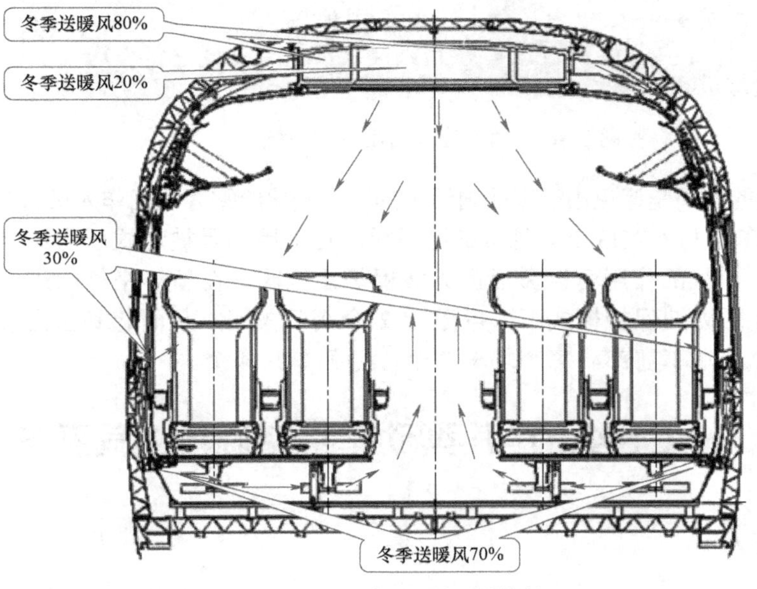

(b) 冬季工况（采暖模式）

图 2-63　制冷模式和采暖模式下风量占比

图 2-64　多孔天花板

图 2-65　废排系统

2.3.6　客室空调自动控制系统

客室空调自动控制系统的作用是控制空调系统各部分的电器设备按给定的方案协调地工作，使车内空气参数满足设计的要求，同时对系统各部分进行自动调节以及危急情况下的自动保护。主控制电路板与控制继电器等组装在同一机柜中，如图 2-66 所示。

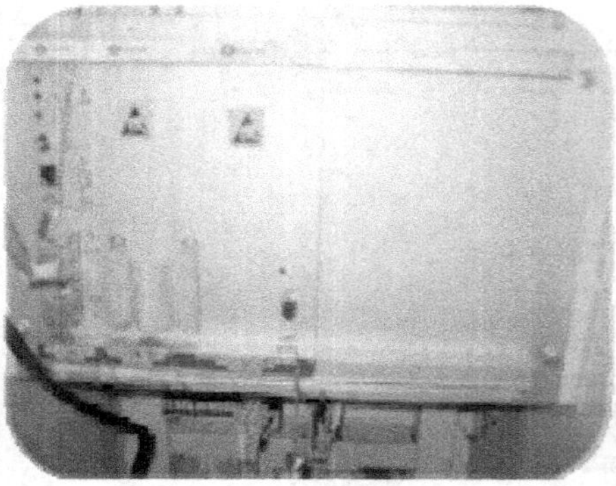

图 2-66　客室空调自动控制系统

压力波保护系统的作用是避免由于车厢内压力的强烈变化给乘客和工作人员带来不适。

CRH380B 型动车组与 CRH380A 型动车组不同，它采用的是被动式压力波保护系统。当压力出现波动时，空气的作用可以激活压力波保护系统阀。在新鲜空气的进风口和废排风口安装有阀门，在压力波保护模式下，可激活 2 个阀门关闭，从而起到压力波保护的作用。压力波传感器位于端车前部，每个端车 2 个，每列车共 4 个。

任务 2.4　CR400AF 型动车组空调与换气系统

任务导入

CR400AF 型动车组与 CRH380B 型动车组所采用的空调与换气系统具有较大相似性，但系统更加突出技术先进性和智能化，那么该系统结构如何？它们的功能又如何呢？与其他车型具有哪些差异呢？

本任务将详细介绍 CR400AF 型动车组空调系统的相关知识。

知识储备

2.4.1　CR400AF 型动车组空调系统构成

CR400AF 型动车组空调系统主要由客室空调机组、控制柜、废排装置、压力波保护系统、司机室空调机组、司机室暖风机以及风道系统等部分组成，各部分主要功能如下。

（1）客室空调机组。具有制冷、制热、提供新风及送/回风等功能。

（2）废排装置。向车外排出废气。

（3）压力波保护系统。实现车内压力波动平缓，达到压力波保护的目的。

（4）司机室空调机组。实现司机室内的制冷及通风。

（5）司机室暖风机。实现司机室内的制热及通风。

（6）风道。实现车内各区域送风、回风。

2.4.2　CR400AF 型动车组空调系统概述

（1）采用车顶单元式空调机组、端部嵌入式安装，外形与车体轮廓相同。

（2）采用侧顶隐形送风、分散式回风。

（3）司机室设分体式空调加暖风机。

（4）车下设废排装置，通过废排风道将车辆废气排出车外。

（5）采用被动式压力波保护系统。

设备布置如图 2－67 所示。

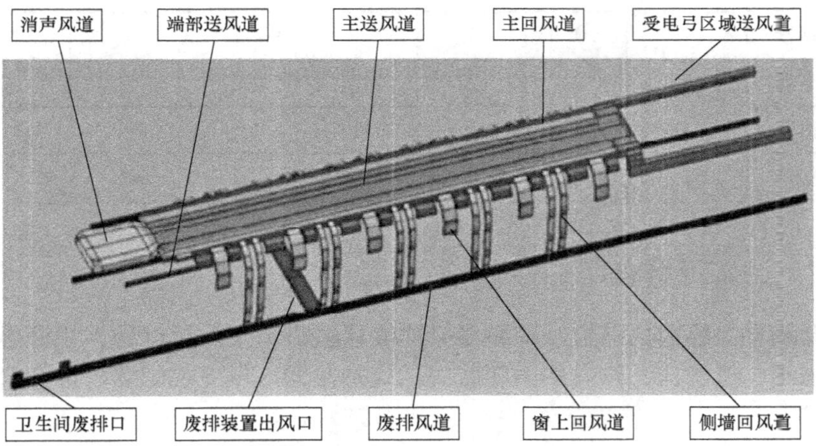

图 2－67　设备布置

2.4.3　CR400AF 型动车组空调系统配置

每节车厢端部车顶设置 1 台空调装置、车下设备舱设置 1 台废排装置、空调控制柜设置在空调机组下方。空调通风系统通过送风道、回风道、废排风道调节车厢各部位对送风量、回风量和新风量的需求，达到控制车厢内环境的目的。客室空调机组内、消声风道以及通过台设电加热器，为冬季采暖提供必要的热量。

客室内靠近客室两端一位侧和二位侧设 2 个客室温度传感器，每个通过台设置 1 个风扇温度传感器，在消声风道内设置 1 个送风温度传感器，在新风口（右混合箱）处设置 1 个新风温度传感器，通过以上传感器控制车内温度舒适性。

头尾车设分体式司机室空调机组以及暖风机，司机室空调室内机安装在司机室前舱，室外机安装在车下设备舱内，司机室暖风机安装在操纵台前端以及司机座椅后方配电柜位置，以保证司机室的舒适性。头尾车分别设置一个压力波检测和控制装置，用于控制车内压力波动。

空调通风系统配置清单见表 2－1。

表 2－1　空调通风系统配置清单

车辆名称	数量							
	TC01	M02	TP03	MH04	MB05	TP06	M07	TC08
客室空调装置	1	1	1	1	1	1	1	1
废气排放装置	1	1	1	1	1	1	1	1
风道系统	1	1	1	1	1	1	1	1
空调控制柜	1	1	1	1	1		1	1
风道电加热	1	4	4	4	3	4	4	1
司机室空调装置	1							1
司机室暖风机	2							2
压力波控制装置								1
新风温度传感器	1	1	1	1	1		1	1
客室温度传感器	2	2	2	2	2	2	2	2
送风温度传感器	1	1	1	1	1	1	1	1
风扇温度传感器	1	2	2	2	2	2	2	1

2.4.4　客室空调装置组成

客室空调装置主要由压缩机、冷凝器、冷凝器风机、干燥过滤器、视液镜、液管电磁阀、旁通电磁阀、蒸发器、蒸发热力膨胀阀、电加热器、压差控制器、混合风滤网、混合箱等部件构成。

1）压缩机

压缩机（图 2－68）吸入来自蒸发器的低压低温气体并对其进行压缩，从而将其转化为高温高压气体，进入冷凝器开始制冷循环。

客室空调装置所采用的是谷轮全封闭卧式涡旋压缩机，它们的震动和声级较低，可耐受制冷系统中常见的液态淤渣、带液启动和碎屑引起的应力。

2 台压缩机均安装在一个压缩机托盘上，通过 4 个减震器与框架相连。

2）冷凝器

每个制冷回路有一套冷凝器（图 2－69），高温高压气体从压缩机出来后，到达冷凝器。

由于该气体温度大大高于环境温度，在其通过冷凝器时热量遂散发到空气中，该气体温度降低以冷凝。

图 2－68 压缩机

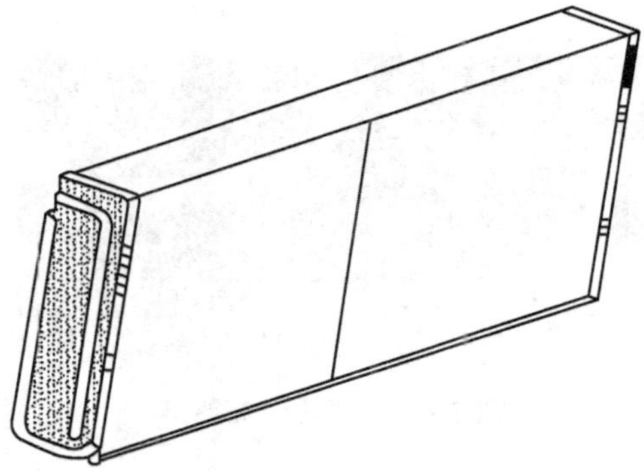

图 2－69 冷凝器

3）冷凝器风机

为获得换热器热交换表面更好的分配，来自外部的空气由两台风扇经冷凝器导入。

冷凝器风机上安装有防冻温控器，温控器检测到达到可使冷凝器风扇叶片上结冰的温度时，向控制器发送一个数字信号，以阻止风扇在低于 0 ℃的外部温度下运行。冷凝器风机结构如图 2－70 所示。

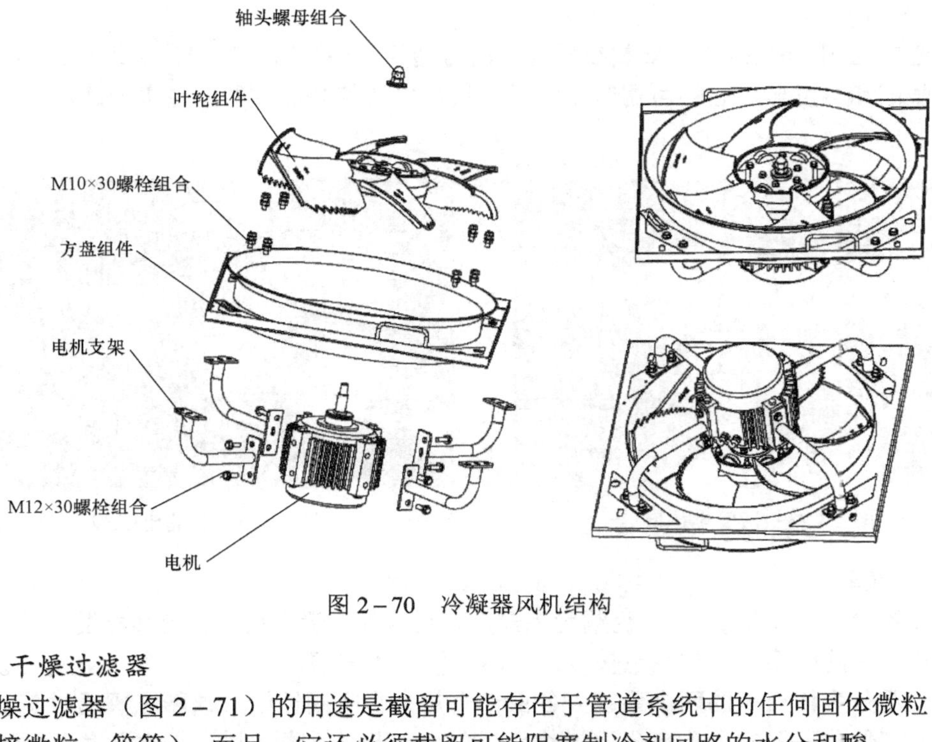

图 2－70 冷凝器风机结构

4）干燥过滤器

干燥过滤器（图 2－71）的用途是截留可能存在于管道系统中的任何固体微粒（污垢、锈或焊接微粒，等等），而且，它还必须截留可能阻塞制冷剂回路的水分和酸。

空调机组的各制冷回路均在冷凝器出口处的液体管路上安装有一个干燥过滤器。该过滤器由一个用分子筛和活性氧化铝制造的实心脱水滤筒和一个金属过滤器组成。

5）视液镜

视液镜（图 2－72）位于液管上干燥过滤器出口下游，具有以下两个基本功能。

图 2－71　干燥过滤器

图 2－72　视液镜

通过对水分变化敏感的变色元件显示系统中的湿度水平。当系统中没有水分时，颜色显示为绿色；当系统中水分含量增加时，其颜色变成黄色。

当指示器显示深黄色时，即意味着系统中水分过量，需要更换过滤器。

允许通过视液镜清晰地观察制冷剂流，以便观测是否出现泡沫。泡沫的存在表明出现了异常情况，如制冷剂充注不足、制冷液体冷却不充分、排出压力较低或者制冷液体管路堵塞。

6）液管电磁阀

客室空调机组中包括两个位于膨胀阀上游的液管电磁阀，每个液管电磁阀含有一个线圈，当其通电时即可控制电磁阀体正常闭合和开启，如图 2－73 所示。

7）旁通电磁阀

旁通电磁阀（图 2－74）安装在压缩机的旁通管路中，用于将来自压缩机的热气体注入热力膨胀阀和蒸发器。它们可调节压缩机容量，以使其与蒸发器充注量相适应。

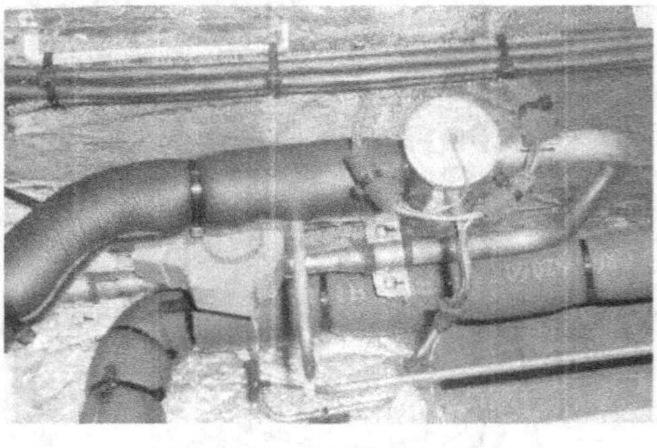

图 2－73　液管电磁阀

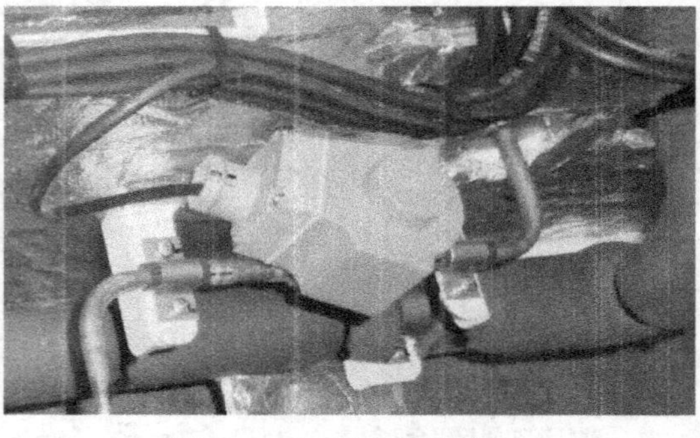

图 2－74　旁通电磁阀

8）蒸发器

蒸发器的型式（图 2－75）为铜管铝翅片，制冷剂在管内循环，当其蒸发时铝片和铜管即被冷却，在此处循环的空气也被冷却，然后被吹入车厢。

蒸发器分为相交织的两个系统，各由一个热力膨胀阀馈给，该膨胀阀通过蒸发器的蛇形管内部液体分配器的小孔来分配制冷剂。由此会出现压降，制冷剂的温度也会降低。

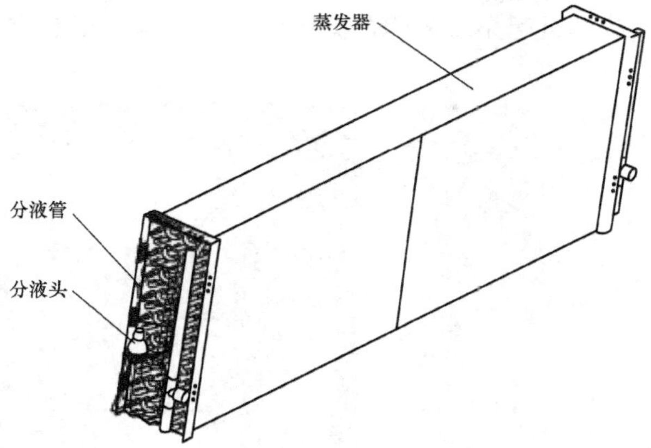

图 2－75　蒸发器的型式

9）热力膨胀阀

热力膨胀阀（图 2－76）的作用是允许液体以适当的量进入蒸发器，以便制冷剂在出口处适当蒸发，同时，它还可确保制冷系统的高压和低压侧保持足够的压差。

10）电加热器

客室空调机组内设有电加热器（图 2－77），安装在蒸发器与蒸发风机之间，可以提供 30 kW（15＋15）加热功率。电加热器设有一级温度保护开关和二级手动复位开关。

图 2－76　热力膨胀阀

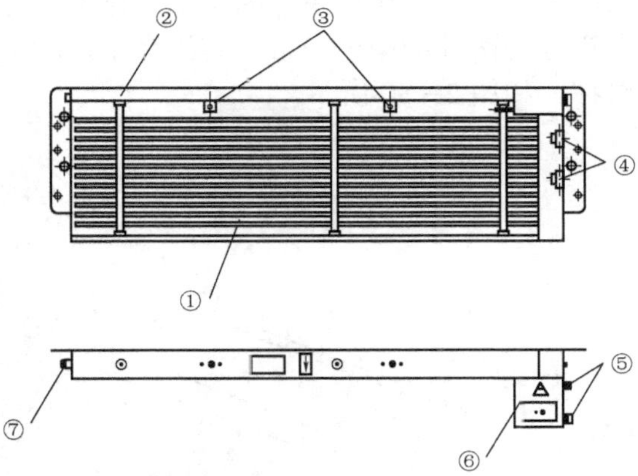

1—电加热管；2—框架；3—一级温度保护开关；4—二级温度保护熔断器；5—电缆旋紧件；6—接线盒；7—接地螺栓。

图 2－77　电加热器

11）压差控制器

压差控制器是监控蒸发器风机差压的安全装置。开关将差压转化成因空气压力差异而变化的模拟信号。模拟信号被发送到微处理器，后者将其收到的信号与内部参照对比。如果模拟信号大于内部参照，则表明蒸发器风机气流速度正确，ACCU 可操纵空调机组。

每台废排装置中配有 1 个相同的压差控制器，如图 2－78 所示。

12）混合风滤网

客室空调机组蒸发器进气口处有 4 个混合风滤网（图 2－79），滤料过滤等级为 G3，主要作用是防止灰尘、污垢或固定微粒（蒸发器和风道的污染物）进入蒸发器，并卡在蒸发器翅片之间，阻碍空气流通，从而引起系统故障，如吸气压力下降、车厢空气调节效率降低等。

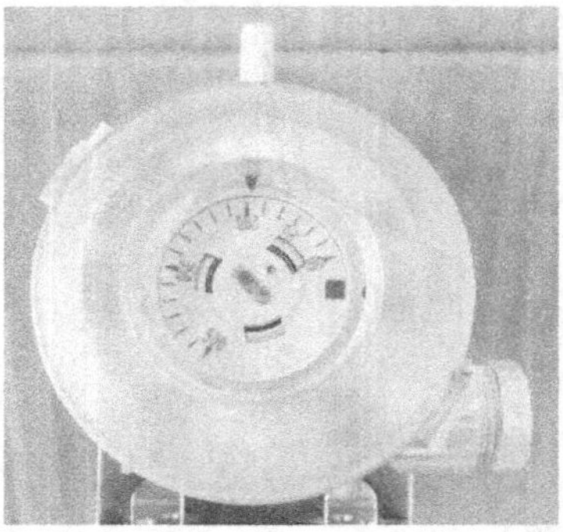

图 2-78　压差控制器

图 2-79　混合风滤网

13）混合箱

每节车厢的空调系统包含两个混合箱，均安装在空调机组的进气口处，通过连接风道与客室空调机组连接。

每个混合箱设有一个压力波保护阀，用于调节新鲜空气流，同时可以避免列车经过隧道时产生的强烈压力变化传入车内，引起乘客不适。

另外，混合箱设有雨水分离器，可以将雨水从新风中分离出来，防止雨水被吹入车厢，分离出来的雨水经过混合箱底部的排水口排出车外。

混合箱分为两种类型——左、右混合箱，除了右混合箱设有新风温度传感器，二者其余结构对称，如图 2-80 所示。

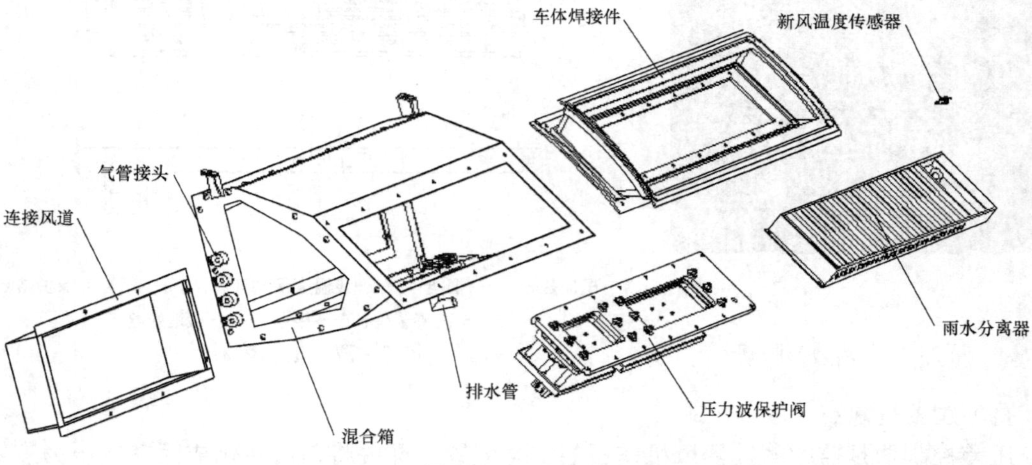

图 2-80　混合箱

知识拓展

1. CR400AF 型动车组空调系统故障处理

空调系统常见故障及处理方式如表 2-2 所示。

表 2－2　空调系统常见故障及处理方式

序号	故障现象	可能原因	处理方式
1	不出风	（1）离心风机的配线断线	
		① 连接器处断线	修理
		② 配线处螺丝松动	拧紧
		（2）电机烧损或断线	更换电机
		（3）控制线路及电器故障	修理或者更换元件
2	风量小	（1）风机反转	调换相序
		（2）滤网脏堵	清除堵塞物或者更换
		（3）蒸发器结霜或结冰	送风运转化冰、化霜
		（4）蒸发器散热片脏堵	清洗
		（5）风道等处泄漏	修理
		（6）风机叶片积垢	修理
3	不制冷	（1）压缩机不转	
		① 电机断线或烧损	更换压缩机
		② 高压压力开关动作	
		③ 低压压力开关动作	
		④ 配线端子安装螺丝松弛	拧紧
		⑤ 控制柜电气件不良	更换元件
		⑥ 继电器动作	修理或者更换元件
		⑦ 接触器、继电器线圈烧损或触头故障	调整供电电压
		⑧ 压缩机故障	修理或更换元件
		（2）压缩机反转	调整压缩机相序
		（3）压缩机不运转	
		① 制冷剂泄漏	修理制冷循环系统
		② 电磁阀误动作	修理制冷循环系统
4	冷量不足	（1）干燥过滤器堵塞	更换
		（2）蒸发器、冷凝器脏	清扫
		（3）蒸发器结冰	送风化冰
4	冷量不足	（4）少量制冷剂泄漏	修理制冷循环系统
		（5）制冷剂充注过多	修理制冷循环系统
		（6）风量不足	

续表

序号	故障现象	可能原因	处理方式
5	高压压力开关动作	（1）冷凝器脏	清扫
		（2）制冷剂充注过多	修理制冷循环系统
		（3）轴流风机反转	调整轴流风机相序
		（4）离心风机不运转	
		① 电机烧损	更换电机
		② 电机轴承损坏	更换轴承
		（5）制冷系统中混入不凝性气体	对制冷系统抽真空后重新冲注制冷剂
6	低压压力开关动作	（1）制冷剂泄漏	修理制冷循环系统
		（2）室外温度过低	
		（3）风量不足	检查通风机
		（4）蒸发器脏	清扫蒸发器
		（5）液管电磁阀未打开	检查点洗发线路并修理
7	噪声大	紧固部位松动	拧紧
8	漏水	（1）冷凝水排水口堵塞	清扫
		（2）密封胶条渗水	进行正确安装
		（3）混合箱排水口堵塞	清扫
		（4）蒸发器脏	清扫

2. CR400AF 型动车组空调系统检修与维护

标准动车组修程分为五级，其中一、二级属于运用维修，以维护保养为主，在动车所完成；三、四、五级属于高级别维修，以恢复基本性能为主，在动车段或主机厂完成。

空调系统维修内容如表 2－3 所示。

表 2－3　空调系统维修内容

序号	组件	维修内容	维护等级
1	连接器	检查紧固是否无松动	一级维修
2	盖板、导流罩	检查紧固是否无松动，外观是否无明显缺陷	一级维修
3	机组运转功能	通电运转，部件启动顺序正常，运转正常	一级维修
4	混合风滤网	视滤网脏堵情况清洗	二级维修
5	排水口	清理排水口，防止堵塞，确保排水口不堵塞	二级维修
6	蒸发器、冷凝器	视灰尘的附着情况定期清扫或者清洗	二级维修
7	混合风滤网	清洗 3～4 次后进行更换	二级维修
8	制冷管路	检查紧固件是否松动。 检查制冷系统是否存在泄漏	二级维修

续表

序号	组件	维修内容	维护等级
9	保温材	检查保温材料是否有老化、破损	二级维修
10	螺纹连接件	检查所有紧固件是否无松动	二级维修
11	通风机、冷凝器风机	检查紧固件、接线是否松动。 检查风机叶轮、蜗壳是否有锈蚀。 检查轴承运行是否平稳。在发现电机有任何磨损的情况下，更换电机，防止可能造成故障。 检查叶片是否有污垢。 检查电机轴、叶片是否无松动。电机不允许有水进入	二级维修
12	风机轴承	检查风机运转时是否有异音	二级维修
13	干燥过滤器、视液镜	检查干燥过滤器前、后管路之间的温度差。如果相差 10 ℃以上，需要更换过滤器。 检查视液镜内显示的颜色，如果为黄色，需要更换干燥过滤器、视液镜	二级维修
14	压差控制器	检查工作是否正常，故障时进行更换	二级维修
15	电加热器	检查紧固件是否松动。 检查加热管表面是否有杂物，并用绝缘毛刷清除表面灰尘。 检查温度保护组件是否生锈、是否可以动作并恢复	二级维修
16	雨水分离器	检查是否有脏堵并清理	二级维修
17	电动风阀	检查紧固件是否松动、接线是否松动	二级维修
18	配线	检查电线是否无老化、破损	二级维修
19	连接器	检查连接器是否无松动	二级维修
20	高低压力开关、高低压力传感器	检查紧固件是否无松动。 检查压力开关动作值是否正确。检查压力传感器读数是否正确	二级维修
21	控制柜	检查电气元件是否松动。检查紧固件是否无松动。清除元件表面的灰尘	二级维修
22	密封胶条	检查机组与车体密封胶条是否老化，如有必要需进行更换	三级维修
23	压缩机	检查紧固件、接线是否无松动。检查减震器是否老化	三级维修
		清理压缩机表面。 空调机组全冷运转，正常供电。压缩机运行出现异常声响、异常振动，电流值偏大。需接入高低压压力表，对压缩机进行全面检查。确定异常后，更换压缩机	
24	电加热器	拆下并检查绝缘阻值是否满足要求	三级维修
25	控制柜	拆下后检查所有部件和连接器外观是否变色。检查接触器内发出的任何噪声，电气连接点和断路器是否温度升高。 配线应无过热变色痕迹和损伤痕迹。 装回所有电气元件后，通电检查工作正常	三级维修
26	电气元件	配线应无过热变色痕迹和损伤。配线符号标记是否脱落。 检查紧固件是否有松动	三级维修

续表

序号	组件	维修内容	维护等级
27	减震器	对压缩机组件减震器进行更换	三级维修
28	蒸发器、冷凝器	清洗换热器	三级维修
29	干燥过滤器、视液镜	更换	三级维修
30	电加热器	进行更换	四级维修
31	风机轴承	进行更换	四级维修
32	蒸发器、冷凝器	进行检查，如有必要进行更换	四级维修
33	绝缘电阻值	检查空调系统的绝缘电阻值是否满足要求	四级维修
34	压缩机	进行更换	五级维修
35	通风机、冷凝风机	进行更换	五级维修
36	蒸发器、冷凝器	进行更换	五级维修

任务 2.5　动车组空调与换气系统装调与检修

任务导入

本任务对接新产业、新业态、新模式下动车组装调师、动车组维修师、动车组机械师等岗位的新要求，探讨动车组空调系统装调的方法。需要注意的是，虽然动车组种类、型号甚多，但各型动车组空调装调与检修的方式基本一致，为简化内容，本任务将以 CR400AF 型动车组为例进行介绍。

知识储备

2.5.1　空调系统安装

1. 安装工具

安装空调零部件需要使用的工具工装包括：起吊工具、升降平台、4 个吊钩、4 个吊环、套筒或扳手、清洁工具等。选择使用附件时必须考虑到空调机组的重量为 50 kg，废排装置重量为 99 kg，混合箱重量为 25 kg。

2. 客室空调装置安装程序

1）机组安装（图 2－81）

（1）检查电源是否已断开。

（2）拆除空调机组前、后导流罩。

（3）清理空调机组的安装部位。

（4）将空调厂家提供的附件胶条粘贴在车体相应的密封槽中。

（5）通过使用空调厂家提供的吊装工装，将吊钩固定在机组的吊环上，将机组水平吊起移至车顶，经定位装置导向，缓缓落下至正确位置，再用紧固件将机组固定。

（6）拆除吊装工装，将机组上安装的吊环拆下，安装密封堵头，恢复安装机组的前后导流罩。

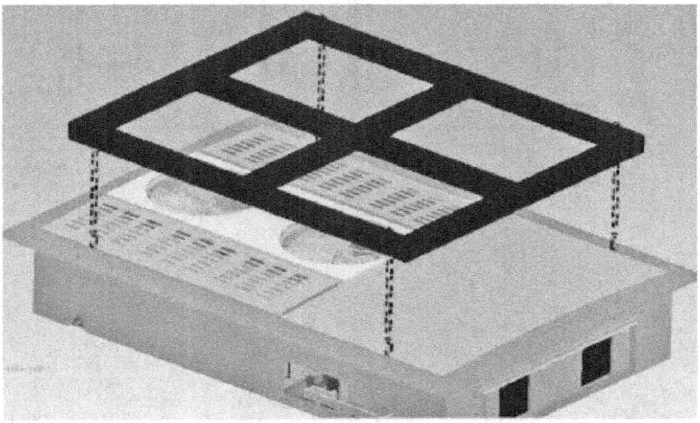

(a) 空调机组吊装示意图

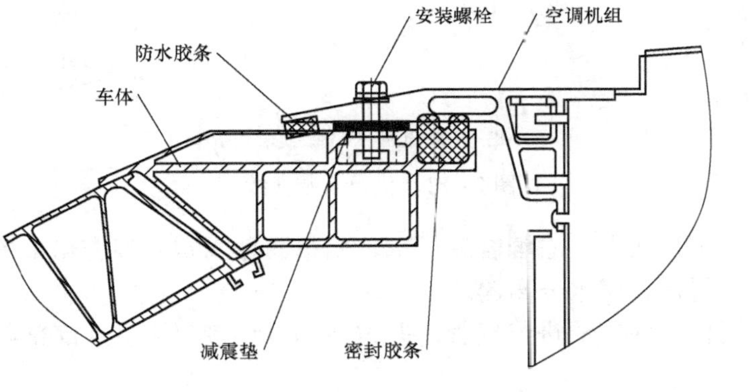

(b) 空调机组左右安装示意图

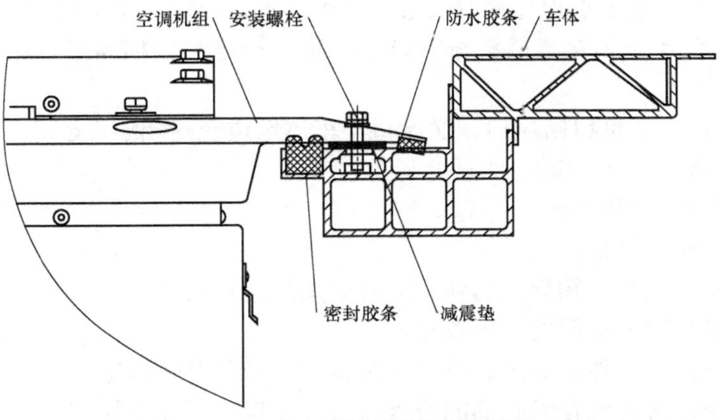

(c) 空调机组前后安装示意图

图2－81 机组安装

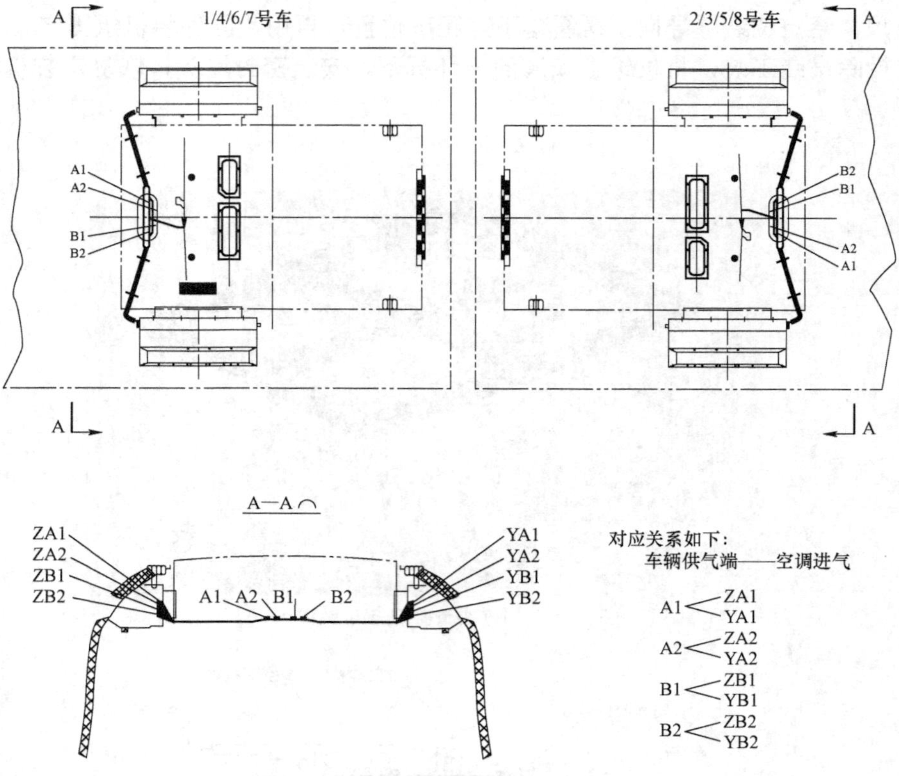

(d) 空调机组底部气管安装示意图

图 2－81　机组安装（续）

（7）从车厢外部进入左、右混合箱内部，用紧固件固定好混合箱中的连接风道、压力波保护阀、车体密封板、雨水分离器。

（8）插好空调机组底部的进气气管，并按照编号连接空调机组底部与混合箱端部的 8 个进气管。

（9）将空调厂家提供的附件温度传感器安装在混合箱相应位置，接好温度传感器连接器。

（10）将车体的 4 根排水管与空调机组的 4 个排水口连接，保证密封。

（11）将车体的 4 个连接器插头与空调机组的 4 个连接器插座固定连接，并接好机组的接地线。

（12）安装后，保证机组回风口、送风口与车体风道密封相连。

2）混合箱安装（图 2－82）

（1）检查确认电源已断开。

（2）清理混合箱安装部位。

（3）检查要安装的混合箱保温材料，如有破损须进行修补。

（4）将混合箱放置在车厢的正确位置。

（5）采用合适的紧固件，通过合适的工具将混合箱与车体固定。

（6）将车体排水管与混合箱底部的排水口进行连接，保证密封。

（7）按照编号连接空调机组底部与混合箱端部的 8 个气管。

（8）安装好混合箱连接器插头，连接好接地电线。

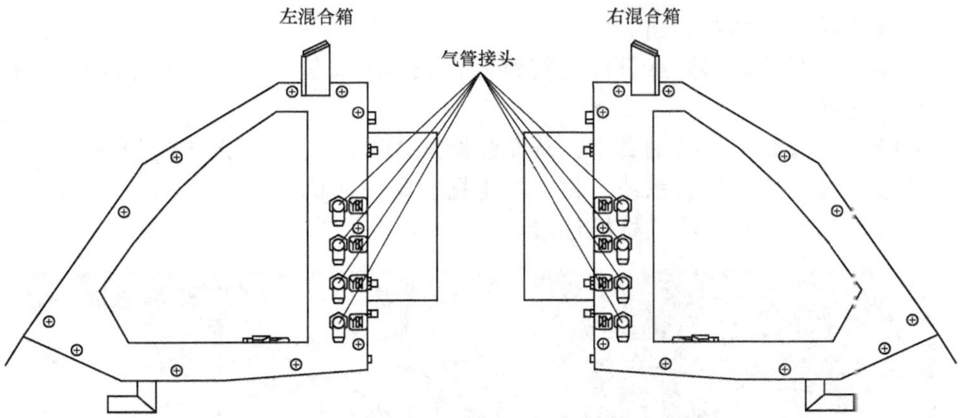

图2－82　混合端部气管安装示意图

3）雨水分离器及压力波保护阀安装（图2－83）

（1）清理安装部位的安装孔。

（2）连接好压力波保护阀与混合箱之间的连接器。

（3）将混合箱内的气管按照编号接到压力波保护阀上的气缸接头上。

（4）用合适的工具将压力波保护阀安装固定。

（5）安装右侧雨水分离器时，需先将压力波保护阀上的温度传感器的接线从雨水分离器上的氯丁橡胶密封板中间穿出。

（6）装上雨水分离器，接上温度传感器的连接器，拧紧雨水分离器上相应的安装螺栓。

（7）固定好最外侧的盖板。

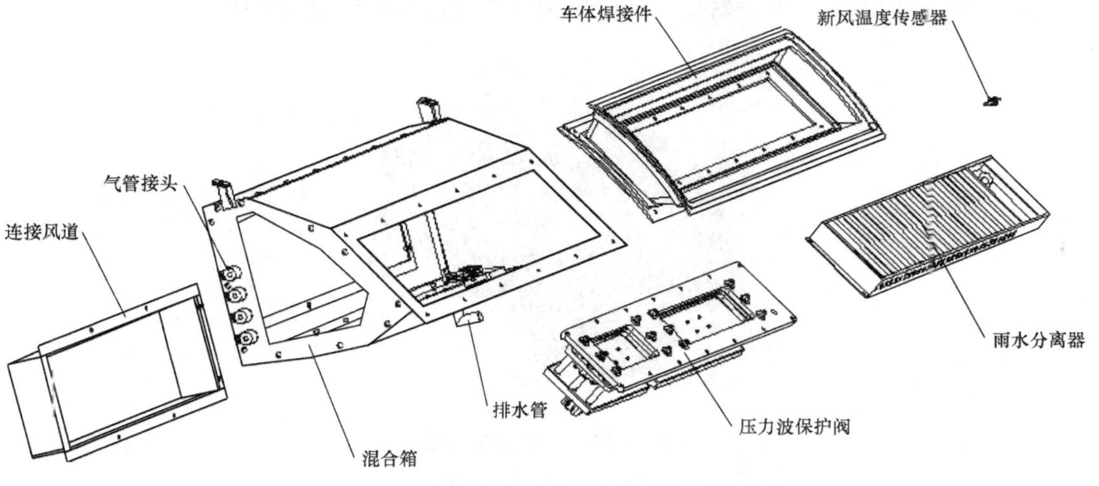

图2－83　雨水分离器以及压力波保护阀安装

4）司机室空调安装程序（图2－84）

（1）检查电源是否已断开。

（2）清理空调机组的安装部位。

（3）分别在司机室内安装室内机，在车下安装室外机。

（4）将随机附件中的排水软管取出，安装在室内机的排水接管上，然后理顺排水塑料软管，使空调凝结水能顺利导出。

（5）连接安装配管。将连接管路及管路附件在车上安装焊接，然后分别与室内机、室外机接口进行连接。

（6）系统进行检漏；系统抽真空；从充注阀加入 R407C 制冷剂 $1.5_{0}^{+0.05}$ kg。

（7）连接冷气格栅和风管系统，将冷气格栅安装在司机室内。

（8）将风管和室内机、冷气格栅连接。

图 2-84　司机室空调安装

5）废排装置安装程序（图 2-85）

（1）将废排装置放置于升降平台上，此时废排装置的安装座在上方。

（2）将废排装置水平托起，缓缓升至车体底部废排装置安装位置，确保废排装置进风口与车底风道位置一致。

（3）用紧固件将废排装置安装座与车体固定好。

（4）将车体端的 4 个连接器插头与废排装置的连接器插座安装紧固。

图 2-85　废排装置安装

6）空调控制柜安装程序（图 2-86）

（1）将空调控制柜用皮带或其他物品缠绕、绑紧，便于从车体顶部落下。

（2）将空调控制柜缓缓降至车内合适的安装位置。

（3）用紧固件将安装座与车体固定好。

（4）将车体端接器插头与控制柜连接器插座安装紧固。

7）压力波保护装置安装程序（图 2-86）

（1）拆除包装箱以及附件纸箱。拆除时注意勿损坏外壳、漆面，勿损坏压力波保护装置附件。

（2）用气管连接压力波保护装置进气口和车辆气源。

（3）用紧固件（用户自备）将压力波保护装置与车体固定好。

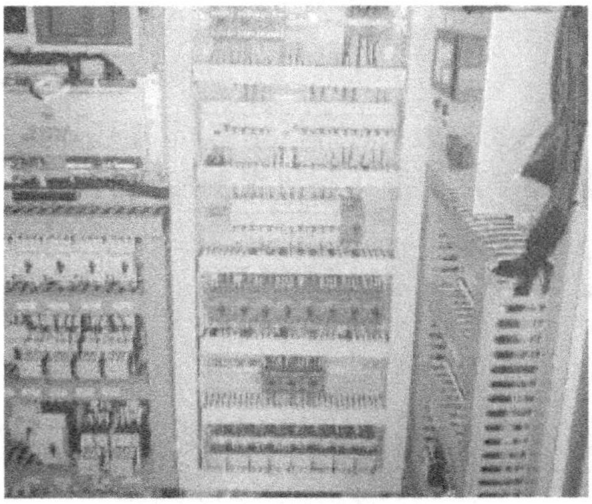

图 2－86　空调控制柜安装

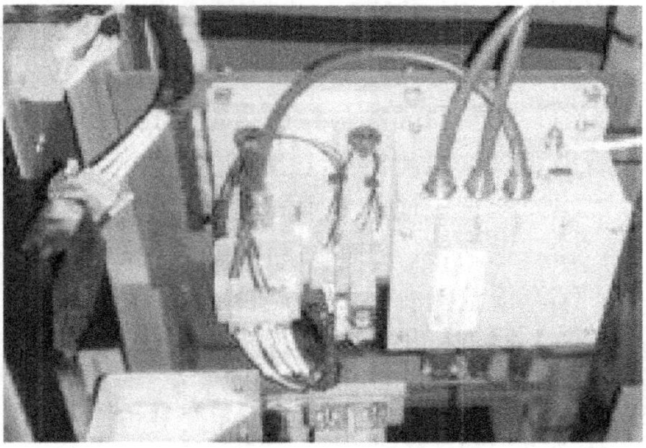

图 2－87　压力波保护装置安装

8）风扇电加热安装程序（图 2－88）

（1）检查电源是否断开。

（2）清洁安装区域。

图 2－88　风扇电加热安装

（3）将风扇电加热放置于固定点上。

（4）安装并紧固全部 4 个紧固螺母 M6，使用有关的紧固件将设备固定到车体上。安全紧固扭力矩＝4.5 N·m。

（5）安装连接器。

（6）固定连接器。

（7）连接电气接头和接地线。

2.5.2　空调系统调试

1. 空调系统的安全操作

空调机组的操作和管理工作，必须由懂得制冷技术和电气技术的人员来担任。开机之前，必须认真检查电气系统的安全性，严格按照电工操作规则进行操作。在进行空调控制柜的检修时，必须切断电源，严禁带电作业。

2. 试运转前的检查

1）客室空调机组

（1）检查配线用的电气连接器是否正确接好。

（2）检查电气回路是否正常。

（3）连接器插头与控制盘端子排接线完毕后，将各线每根对应检查，确定接线无误。然后用相序仪检测电源进线的相序，相序正确，再将连接器的插头与机组侧插座插合。

（4）检查接地是否紧固到位。

（5）主回路、控制回路的绝缘电阻值是否正常。

（6）检查混合风滤网是否脏堵。

（7）检查风机叶轮是否碰风筒壁。

（8）检查系统制冷剂是否泄漏。

（9）检查排水管是否漏水。

（10）检查空调系统的安装紧固是否有松动。

（11）检查电加热管及其周围是否有附着物。

（12）检查确认系统电源是否正常。

2）司机室空调装置

（1）检查配线用的电气连接器是否正确接好。

（2）检查电气回路是否正常。

（3）检查接地是否紧固到位。

（4）主回路、控制回路的绝缘电阻值是否正常。

（5）检查风机叶轮是否碰风筒壁。

（6）检查系统制冷剂是否泄漏。

（7）检查空调系统安装紧固是否有松动。

3）废排装置

废排装置安装完成后，在第一次启动、大修或更换任何主要部件时，需要检查下列几点。

（1）检查配线用的电气连接器是否正确接好。

（2）检查电气回路是否正常。

（3）连接器插头与控制盘端子排接线完毕后，将各线每根对应检查。确定接线无误，然后用相序仪检测电源进线的相序，相序正确，再将连接器的插头与机组侧插座插合。

（4）检查接地是否紧固到位。

（5）主回路、控制回路的绝缘电阻值是否正常。

（6）检查风机叶轮是否碰风筒壁。

（7）检查排水管是否漏水。

（8）检查废排装置的安装紧固是否有松动。

（9）检查确认系统电源是否正常。

4）空调控制柜

空调控制柜安装完成后，在第一次启动、大修或更换任何主要部件时，需要检查下列几点。

（1）检查三相电源是否正常。
（2）检查各连接器是否插到位，紧固无松动，连接器接线是否正确。
（3）检查控制电源是否正常。
（4）控制柜接地是否良好。
（5）检查控制柜安装紧固是否良好。
（6）检查主回路、控制回路的绝缘电阻值是否正常。

5）压力波保护装置

（1）检查压力波保护装置的安装紧固是否良好。
（2）检查各端子接线是否正确。
（3）检查气管是否漏气。

6）风扇电加热器

（1）确保空调系统控制盘运转正常。
（2）确保各风扇温度传感器运转正常。
（3）检查暖风机线路，连接器。
（4）检查所有连接都安全拧紧。
（5）确保控制面板的所有断路器都处于连接（旋转到ON位置）状态。
（6）确保机组的电源和控制电压正确。

3. 试运转

1）客室空调机组

（1）检查通风机、冷凝器风机旋转方向是否正确。
（2）制冷运转时检查出回风温度是否有温差。
（3）检查压缩机运转时是否有异常振动。
（4）检查视液镜，判断制冷回路中是否有水分。
（5）检查压力波保护阀动作是否正确。
（6）测量系统压力。
（7）测量风机、压缩机、电加热器、空调系统的电流值。
（8）检查压力波保护阀动作是否正确。

2）司机室空调

（1）检查离心风机和轴流风机叶轮旋转方向是否正确，与各装置上的箭头方向一致。
（2）全冷运行，吸入和吹出的空气温差应为8～10 ℃。

3）废排装置

（1）检查通风机的旋转方向是否正确。
（2）检查电动风阀动作是否正确。
（3）检查压力波保护阀动作是否正确。
（4）测量风机废排装置的电流值。

设备安装调试中的安全包括设备安装施工中的安全、设备试运行安全和设备自身的安全状况，装调操作涉及的安全风险点多，在实际操作中一定要严格遵守安全生产准则，一定要从安全事故中吸取教训。“前事不忘后事之师”，只有警钟长鸣才能有效防止事故的发生。

任务 2.6 空调系统应急故障处理项目训练

操作运用案例

空调系统应急故障处理

1. 实训项目教师工作活页

实训项目教师工作活页 No.: ______

<table>
<tr><td>实训项目</td><td colspan="3">空调系统应急故障处理</td></tr>
<tr><td>学　　时</td><td colspan="2"></td><td>班　　级</td></tr>
<tr><td>实训场所</td><td colspan="3">理实一体化教室</td></tr>
<tr><td>实训设备</td><td colspan="3">动车组单节车辆或空调系统总成</td></tr>
<tr><td rowspan="3">教学目标</td><td>知识目标</td><td colspan="2">（1）掌握空调系统的布置；
（2）掌握空调系统的结构及功能</td></tr>
<tr><td>技能目标</td><td colspan="2">（1）能综合运用专业知识，通过利用专业书籍、多媒体课件和图片资料获得帮助信息；
（2）能按照空调系统的随车应急故障处理的内容和要求进行检查操作</td></tr>
<tr><td>素质目标</td><td colspan="2">（1）能在实训活动中保持积极向上的态度；
（2）能与小组成员和教师就了解中的问题进行交流和沟通；
（3）能与他人共享资源，具有较好的合作能力和团队协作精神</td></tr>
<tr><td>教学活动</td><td colspan="3"></td></tr>
<tr><td>教学评价</td><td colspan="3">学生活动：以 8～10 人小组为单位开展实训活动，根据本组同学在实训过程中的能力表现及结果进行自评组内互评；根据其他小组同学在成果展示活动中的表现及结果进行互评；
教师活动：教师组织学生开展评价活动和总结；对学生本实训项目单元成绩做出综合评价</td></tr>
<tr><td>教学资料</td><td colspan="3">（1）教材；
（2）学生自查资料；
（3）实训项目学生工作活页</td></tr>
<tr><td>指导教师</td><td></td><td>教学时间</td><td>年　月　日</td></tr>
</table>

2. 实训项目学生工作活页

实训项目学生工作活页　　　　　　**No：_____**

实训项目　空调系统应急故障处理

班级：　　　　　　姓名：　　　　　　学号：　　　　　　时间：

一、实训目标

1. 知识目标

（1）掌握空调系统的布置。

（2）掌握空调系统的结构及功能。

2. 技能目标

（1）能综合运用专业知识，通过利用专业书籍、多媒体课件和图片资料获得帮助信息。

（2）能按照空调系统的随车应急故障处理的内容和要求进行检查操作。

3. 素质目标

（1）能在实训活动中保持积极向上的态度。

（2）能与小组成员和教师就了解中的问题进行交流和沟通。

（3）能与他人共享资源，具有较好的合作能力和团队协作精神。

二、知识总结（理论题）

1. 叙述动车组空调系统的组成及作用。

2. 叙述动车组空调通风系统的组成及作用。

3. 叙述动车组空调制冷系统的组成及作用。

4. 叙述动车组空调供热系统的组成及作用。

5. 叙述动车组空调控制系统的组成及作用。

三、操作运用

1. 空调手动操作流程。

2. 空调通风系统故障应急处理。

3. 司机室空调系统故障应急处理。

续表

4. 客室空调系统故障应急处理。

5. 空调紧急关闭，故障应急处理。

四、实训小结

五、成绩评定

1. 学生评价

评价等级	A—优	B—良	C—中	D—及格	E—不及格
学生自评					
组内互评					
他组互评					

2. 教师评价

评价等级	A—优	B—良	C—中	D—及格	E—不及格
专业能力					
方法能力					
社会能力					
评价结果					

3. 综合评价

评价等级	A—优	B—良	C—中	D—及格	E—不及格
评价结果					

注：按照学生自评占10%、组内互评占10%、他组互评占20%、教师评价占60%的比例计分。其中A—100分，B—85分，C—75分，D—60分，E—50分。

4. 评价量规

等级	行为表现描述
A	能圆满高效地完成实训任务的全部内容
B	能顺利完成实训任务的全部内容
C	能完成实训任务的全部内容，但需要一些帮助和指导
D	自己只能完成实训任务的部分内容，但在现场的指导下，已经能完成全部内容
E	不能完成实训任务的全部内容

思考与练习

一、填空题

1. ____________是通风系统的动力装置，其作用是吸入____________和____________，并将处理后的加压，通过____________送入客室。

2. CRH380B 型动车组客室空调装配____________制冷系统。制冷量为____________kW。制冷剂为____________，充注量为____________kg/制冷系统。工作电源为____________相、____________流、____________V、____________Hz。控制电源为____________流、____________V。

3. CR400AF 型标准动车组客室空调供热系统的____________安装于空调机组内部，制热功率为____________kW/个；辅助（风扇）加热器的功率为____________kW/个，每节车厢有____________个；风道加热器安装于____________风道内和头车 VIP 区风道，功率为____________kW/个。

4. 从膨胀阀出口到压缩机进气阀的这部分回路被称为____________；从压缩机排气阀到膨胀阀进口的这部分回路称为____________侧。

二、判断题

1. 我国空调客车车内空气温度参考值：夏季 22～28 ℃。（ ）
2. 通风机组的作用是疏导空气。（ ）
3. R134a 对大气臭氧层没有破坏作用。（ ）
4. 热力膨胀阀是一种常用节流装置，有内平衡式和外平衡式。（ ）
5. 电热空气预热器与通风机实现电气联锁。（ ）
6. 动车组空调系统由通风系统、制冷系统、供热系统、除湿系统和自动控制系统组成。（ ）
7. 压缩机把制冷剂蒸汽从低压状态压缩到高压状态，创造了制冷剂液体在蒸发器中常温气化制冷和在冷凝器中低温液化的条件。（ ）
8. 毛细管是一种常用的节流装置，通常配有储液器。（ ）
9. CRH380B 型动车组 BC05 车的回风：一位端通过多孔天花板直接回收到混合箱，另一位端通过管道送回到混合箱。（ ）
10. CRH380B 型动车组客室空调采用分体式空调机组。（ ）

三、简答题

1. 试分析热泵系统在制热循环时，四通换向阀的工作原理。
2. 叙述 CR400AF 型动车组空调系统的组成及功能。
3. 简述 CR400AF 型动车组空调系统的安装流程。

项目3　动车组给排水及卫生系统

项目导读

动车组的给排水及卫生系统主要包括供水系统、电热开水器及卫生系统三个组成部分。

供水系统的主要任务是向列车提供各种用水，如冲洗集便器、洗漱用水、电热开水器供水和吧车用水；电热开水器主要用于为乘客提供饮用水；卫生系统为乘客提供舒适的卫生环境，并负责收集主要污物。

本章主要介绍供水系统及卫生系统的检查与维护，主要内容包括：供水系统的组成、供水原理及维护检修；卫生系统的工作原理及检修等相关内容。

学习目标

（1）知识目标

① 了解动车组供水系统的布局情况。

② 理解动车组供水系统的组成结构。

③ 掌握动车组卫生系统的组成结构。

（2）技能目标

① 能够对动车组供水系统进行检查与维护。

② 能够对动车组电热开水器进行检查与维护。

③ 能够对动车组卫生系统进行检查与维护。

（3）素质目标

① 具备安全第一的责任意识。

② 具备乘客至上的服务意识。

③ 具备严格执行作业标准的良好职业道德。

工具设备

动车组由单节车体和供水系统组成。

教学环境

理实一体化教室。

任务 3.1　CRH380A 型动车组给排水卫生系统概述

任务导入

随着中国高速铁路技术的快速发展，CRH380A 型动车组作为中国铁路的主力车型之一，其设计和性能代表了中国高速铁路的先进水平。在动车组的众多系统中，给排水卫生系统是确保旅客舒适度和车辆运行安全的重要组成部分。

本任务旨在概述 CRH380A 型动车组的给排水卫生系统，包括其主要功能、组成结构、工作原理以及维护保养要求。

知识储备

给水系统：每节车厢设置 400 L 车下净水箱，采用水泵供水方式，为卫生间和盥洗室、洁具池、厨房洗池、电热开水器等用水设施供水。

卫生系统：每节车厢设置车下废水污物箱，1、5、8 号车容积 450 L，其余车 600 L，采用中转式真空集便系统收集便器污物和洗盆、电热开水器废水。CRH380A 给水系统组成如图 3－1 所示。

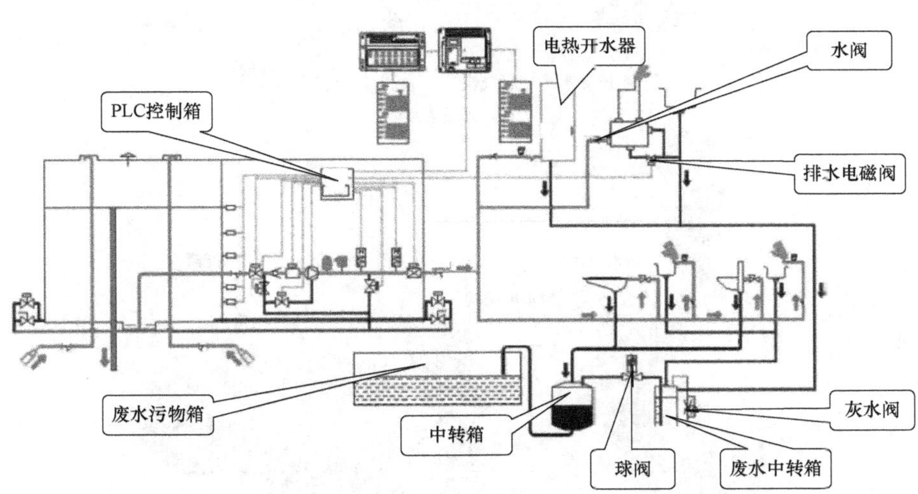

图 3－1　给水系统组成

3.1.1　给排水卫生系统主要部件结构与功能

1. 车下水箱组成

水箱容积 400 L，由箱体、泵水装置、加热装置及温控装置组成。箱体由内箱、外箱、保温层、注水口、清空管、溢流管等组成，其中内箱由不锈钢焊接而成，外包保温材料、铝箔。在泵房内安装有温控装置、水泵、先导式零压差 2 通电磁阀、直动式 2 通电磁阀、管道连接件等，水箱上有摆杆液位开关。车下水箱组成如图 3－2 所示。

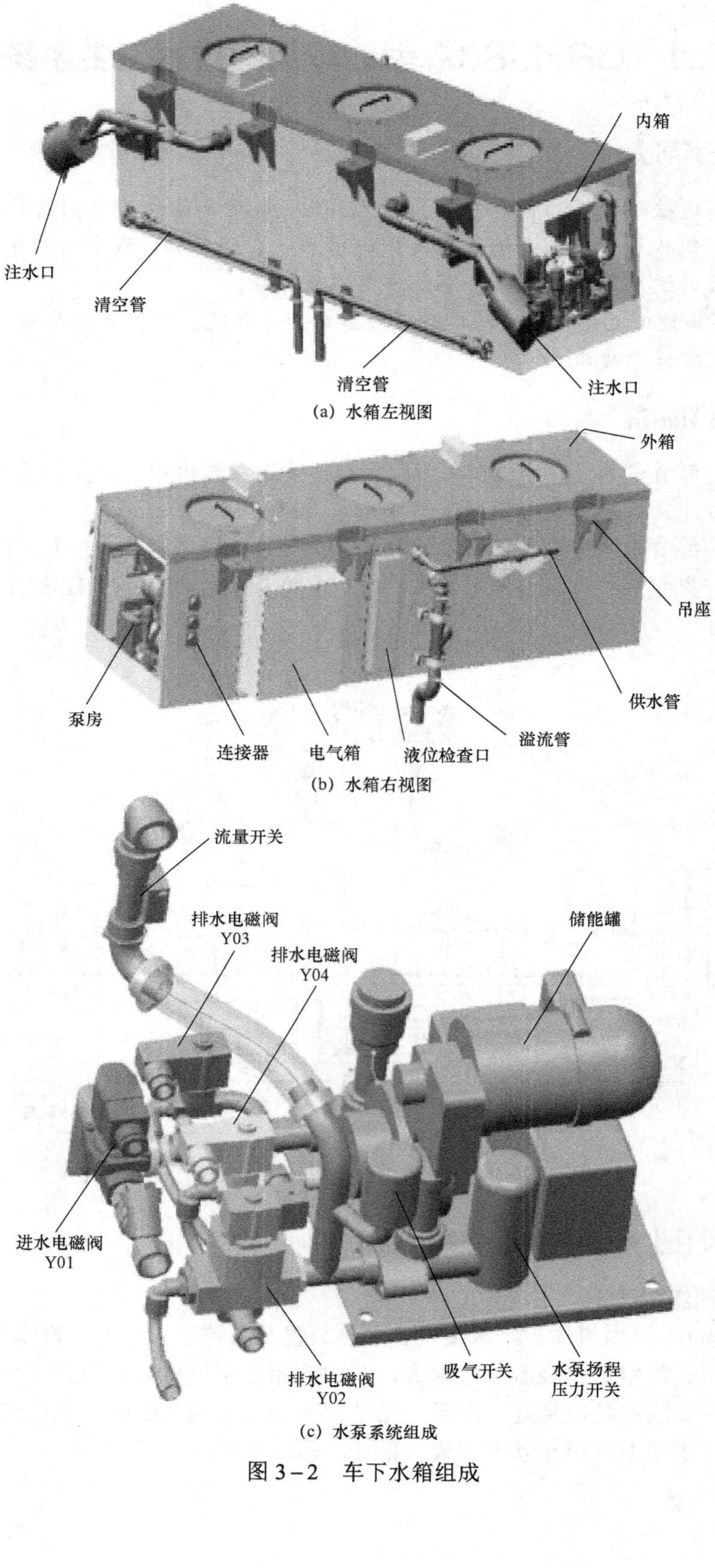

内箱
注水口
清空管
清空管
注水口
(a) 水箱左视图
外箱
吊座
供水管
泵房
连接器
电气箱
液位检查口
溢流管
(b) 水箱右视图
流量开关
排水电磁阀
Y03
排水电磁阀
Y04
储能罐
进水电磁阀
Y01
排水电磁阀
Y02
吸气开关
水泵扬程
压力开关
(c) 水泵系统组成

图 3-2　车下水箱组成

2. 电热开水器

电热开水器采用沸腾翻水式原理、电磁加热方式的柜式整体结构，主要由柜式框架、电控箱、加热元件、加热箱、储水箱、进水电磁阀、过滤器、排水电磁阀、液位传感器等组成。电热开水器具有缺水保护、防干烧保护，开水炉柜门设置集控排水按钮，可电动排空炉体及内部管路存水。电热开水器组成如图 3－3 所示。

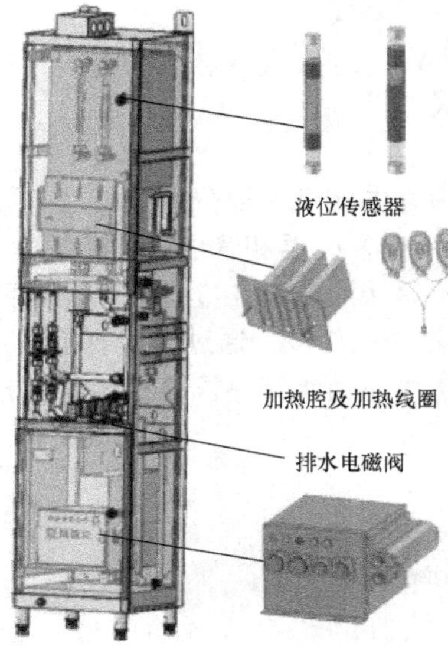

图 3－3　电热开水器组成

3. 卫生间

卫生间分为蹲式、坐式、残疾人专用，为整体玻璃钢结构，设置便器、大理石台面、按压延时水阀、便器冲洗按钮、紧急呼叫按钮、坐垫盒、扶手、镜子、便纸架等。卫生间顶采用顶部送新风，下部设废排的方式，卫生间内气压维持在微负压状态。残疾人卫生间内专门设置了婴儿尿布床、可折叠扶手等设施，如图 3－4 所示。

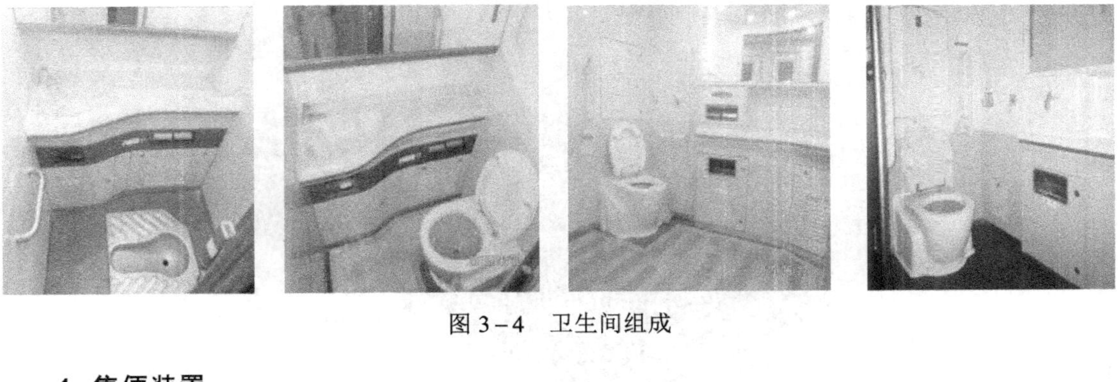

图 3－4　卫生间组成

4. 集便装置

集便装置包括便器（蹲式或坐式）、冲水组件、真空组件、气动装置、控制板等。便盆由不锈钢制造，当按下冲洗按钮后，喷射器动作抽走中转箱内的空气从而产生真空，当中转箱内的真空达到预先设定值时，水增压单元提供压力水通过喷嘴进入便盆来冲洗便盆表面，此后便器排泄阀打开，污物在负压作用下进入中转箱。当中转箱内污物达到设定液位时，中转箱内注入正压空气，污物在正压作用下转移至废水污物箱。集便装置主要技术参数如下。

（1）耗水量：约 0.5 L/次（陶瓷便器约 1.2 L/次）。

（2）压缩空气消耗量：60 NL/次。

（3）压缩空气供应：450～900 kPa。

（4）控制电源制式：DC 24 V。

（5）便器型式：坐式、蹲式。

5. 废水污物箱组成

废水污物箱由箱体主体、污物中转箱（部分餐座合造车取消中转箱，改为重力式收集污水）、废水收集箱、电气箱、真空发生器和管道阀等。

废水污物箱体采用不锈钢板焊接而成，在废水污物箱的两侧设有排空接头。排空接头（位于两侧）用于排空废水污物箱中的污物，通过专用真空吸污设备进行排空。废水污物箱设有冲洗接头用于污物冲洗时连接压力水管路。废水污物箱设有通气管用于与外界相通。废水污物箱组成如图 3－5 所示。

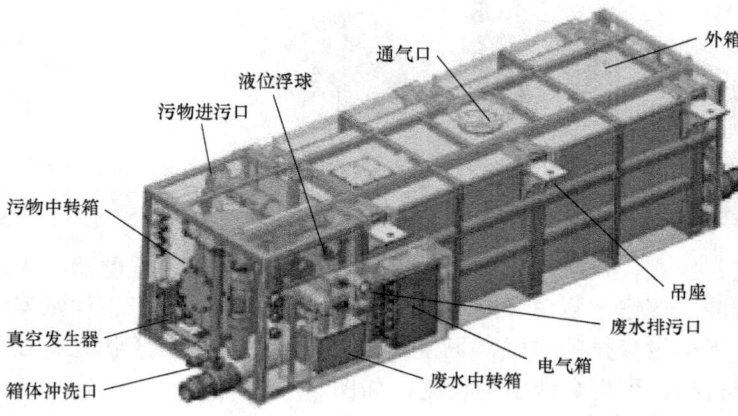

(a) 450 L污物箱

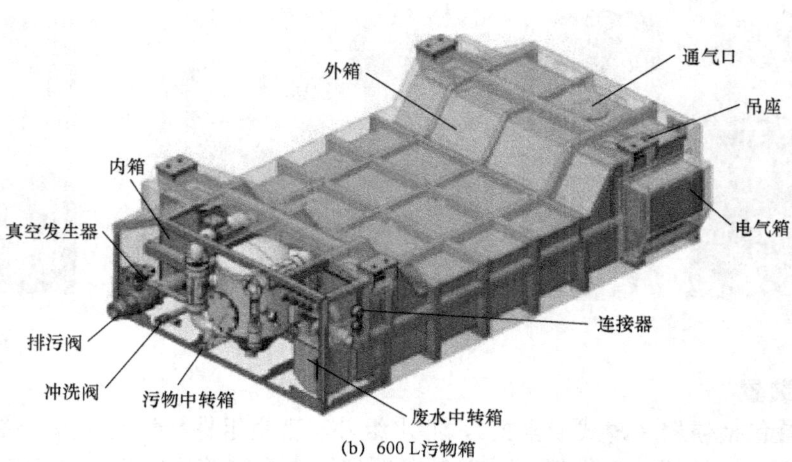

(b) 600 L污物箱

图 3－5　废水污物箱组成

3.1.2　基本使用操作

1. 盥洗室内温水器温度调节

打开盥洗室检查门，可见温水器调温旋钮，根据所示刻度值调节温度。

2. 水箱注水

打开裙板注水口检查门，开启注水口盖板，可给水箱注水。箱体溢水管流出水，表示注满水，可关闭注水口检查门，如图3－6所示。

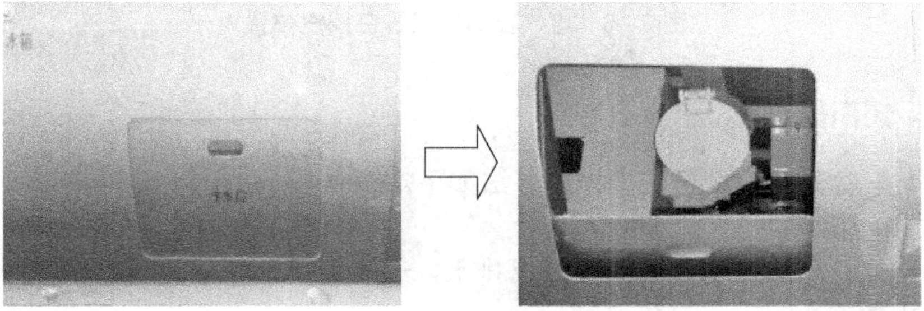

图3－6　水箱的注水组成

3. 废水污物箱排污

打开车辆端部的排污口，可见废水污物箱排污球阀，将抽污设备接口与排污口对接，即可抽污，抽污完成后关闭排污口检查门。

4. 防冻排空

1）整列集控排空

操作5号车配电柜内集控排空旋钮（位置参见图3－7），整列集控排空动作启动。先进行给水系统排空，排空水箱、供水管、盥洗室温水器内的存水。

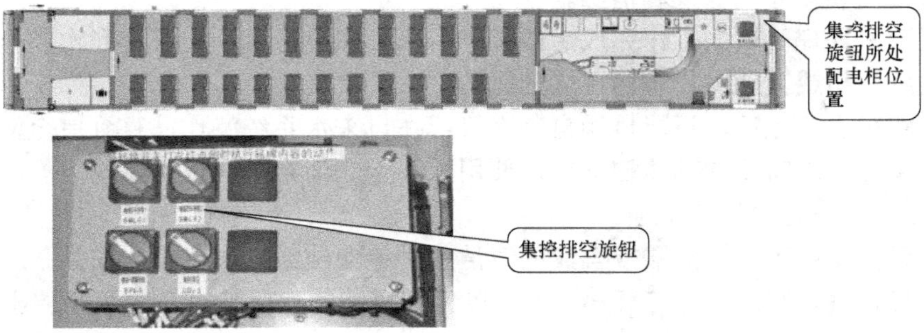

图3－7　集控排空旋钮位置图

5号车厨房内电热开水器不受整列集控排空控制，需单独操作电热开水器上部检查门处的排空按钮排水。

2）单车排空

操作各车电气控制单元排空按钮（位置参见图3－8），单车给水卫生系统排空动作启动，进行给水系统排空，排空水箱、供水管、盥洗室温水器内的存水。

电热开水器单车排空：操作检查门排空按钮，电热开水器内部排水电磁阀打开，可排空炉体内的存水。

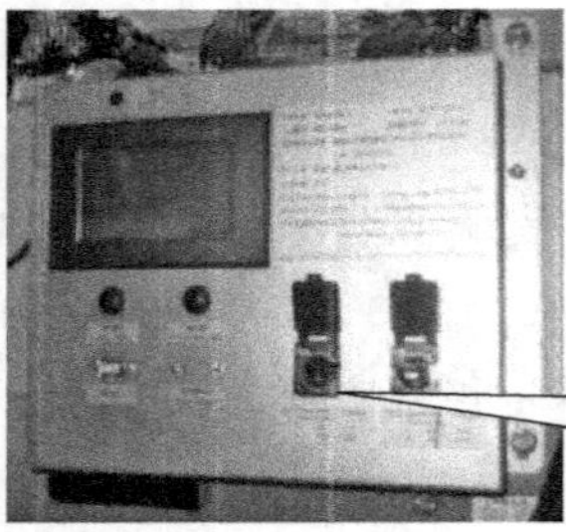

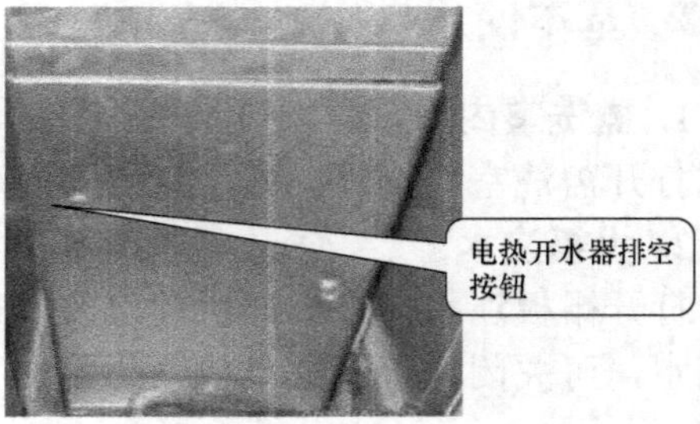

图 3-8　电气控制单元排空按钮位置图

知识拓展

CRH5 型车动车组净水箱防冻排空方法如下。

1）防冻排水流程

第一步：打开防冻排水阀及水泵用以排水，一旦中间水箱中的水位下降至“空”水位，将抽空水泵中的存水。

第二步：打开通气球阀，允许空气吸入管，将有利于排水。

第三步：启动手动清洗装置以便完全地排空水系统。

第四步：拧开控制盘上的冷冻排水开关。在启动一段时间后，集便系统的冷冻排水周期开始执行，供水管道和温水箱中的水被抽空。周期循环量取决于水管管路的长度。

但此时净水箱和废水污物箱将仍然含有水或污物。

2）安全工作及维护注意事项

（1）在工作时的安全注意事项。

① 穿上防护衣，不吃东西、喝酒或抽烟。

② 污染的衣物立刻更换和消毒。

③ 在污水处理区域的工作完成后或接触污水处理设备后，用肥皂和水完全清洁自己。

④ 皮肤划伤或其他的伤害需要立刻医治。

⑤ 在和污水接触后，不能接触自来水管或在自来水系统工作，直到完全清洁自己。

⑥ 流溢的污水需要立刻清扫干净，要用水和无味消毒剂漂洗污染物。

（2）维护工作时的注意事项。

① 不可以使用刺激性的酸或含氯的清洁剂进行清洁或操作真空装配。

② 在打开进入阀之前需打开出口阀，以便把可能的过压从媒介水箱释放出来，避免废弃物溢出。

③ 确保进入阀和出口阀在维护工作时不被手动操作（比如，插头的移除），以避免被伤害。

任务 3.2　CRH380B 型动车组给排水卫生系统概述

任务导入

CRH380B 型动车组是“中国高速列车自主创新联合行动计划”的重点项目之一，不仅在速度上达到了新的高度，而且在乘客舒适度上也做了大量工作。其中，给排水卫生系统是确保乘客舒适体验的关键部分。

本任务旨在概述 CRH380B 型动车组的给排水卫生系统，包括其主要功能、工作原理、组成部件以及在运行中的维护和管理。

知识储备

3.2.1　系统组成描述

CRH380B 型动车组给排水卫生系统主要包括净水箱、净水管路、卫生间模块、集便系统、排污管路、废水污物箱、电开水炉、开水炉排水管路等。CRH380B 型动车组全列设置了 2 个容量为 160 L 的净水箱（头车），5 个容量为 300 L 的净水箱（中间车），餐车设置 1 个容量为 120 L 的车上中间水箱和 700 L 的车下水箱。全列设置 4 对标准－标准卫生间模块，1 对标准－通用卫生间模块，5 个容量为 450 L 的负压废水污物箱（除了餐车和头车），系统采用保持式真空集便。排污管路缠绕热线并包裹防寒材。如图 3－9 所示。

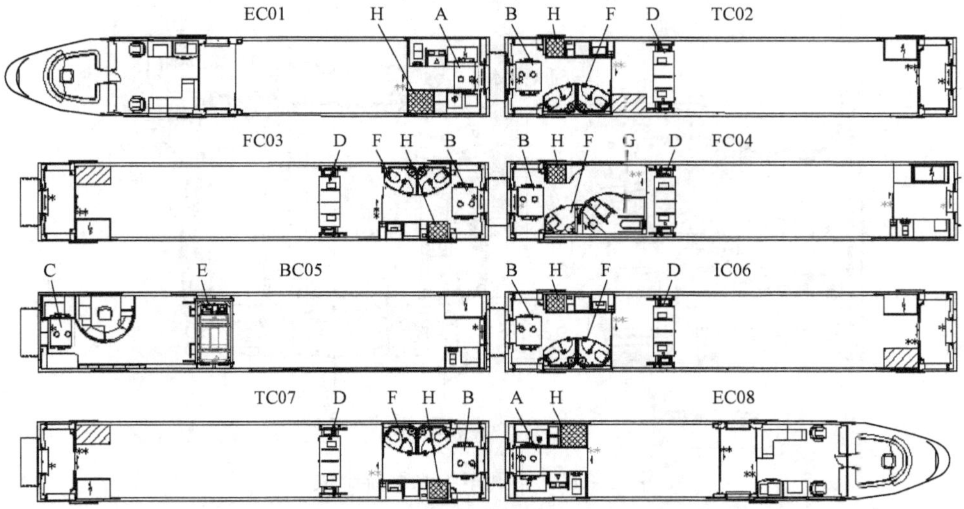

Ⓐ—160 L 净水箱；Ⓑ—300 L 净水箱；Ⓒ—120 L 中间水箱；
Ⓓ—450 L 废水污物箱；Ⓔ—700 L 净水箱模块；Ⓕ—双标准卫生间模块（由左侧标准卫生间和右侧标准卫生间组成）；
Ⓖ—通用卫生间模块组合（由一个右侧标准卫生间和一个通用卫生间组成）；Ⓗ—电开水炉。

图 3－9　CRH380B 型动车组车给水系统组成

1. 给水系统

头车给水系统包括 160 L 净水箱、注水管路、供水管路和排水管路，如图 3－10 所示。

TC02/07、IC06、IC03、FC04 给水系统包括 300 L 净水箱、注水管路、供水管路和排水管路，如图 3－11 所示。

2. 净水箱组成

160 L 和 300 L 净水箱具有相同的结构形式。水箱体采用 2.5 mm 厚不锈钢板焊接而成，箱体两端设注水管路接口，一端设带电磁阀的防冻排气管，另一端设接线箱，箱体底部设供水接口和水位传感器。箱体内部设防波板。箱体底部铺设电热毯，同时整个箱体外部粘贴防寒材，如图 3－12 所示。

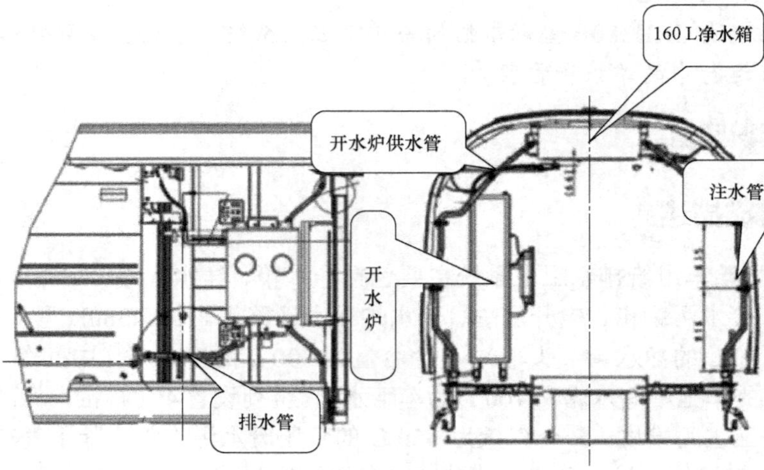

图 3－10　头车给水系统组成

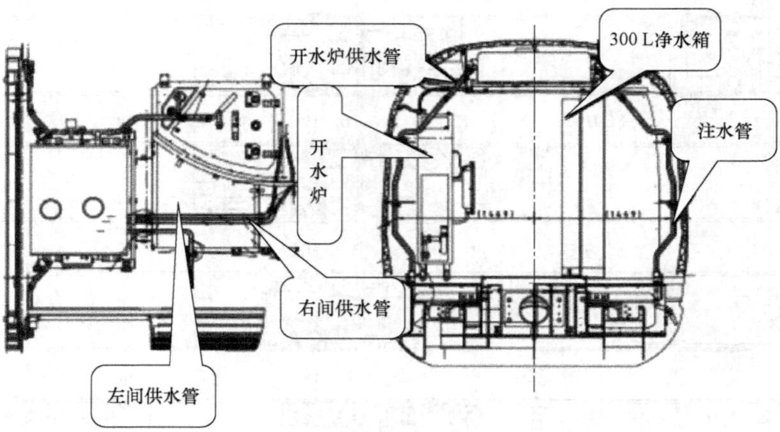

图 3－11　中间车给水系统组成

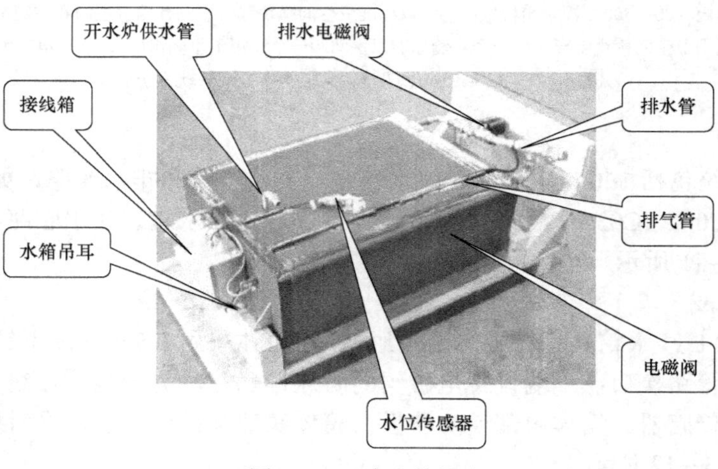

图 3－12　净水箱组成

3. 净水箱安装

160 L 和 300 L 净水箱采用相同的安装方式，通过长螺栓将水箱吊耳与车顶 U 型座内带螺纹孔的滑块相连，同时螺栓紧固时施加 61 N · m 的扭矩，如图 3－13 所示。

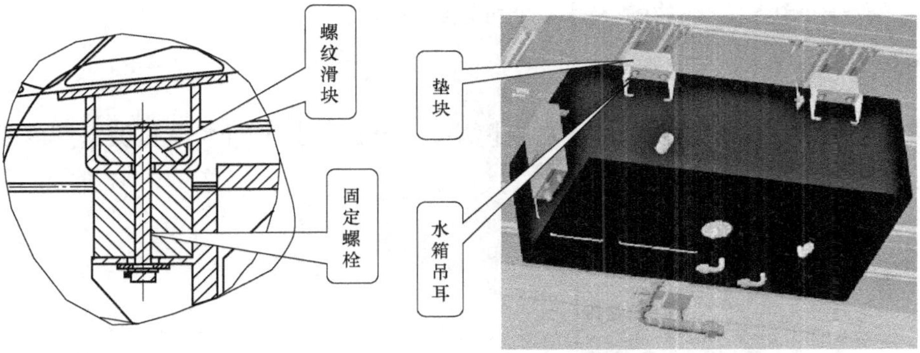

图 3－13　净水箱安装示意图

4. 管路安装

注水管采用 2 mm 厚的薄壁不锈钢立体焊接弯管，弯管一端焊接螺纹管接头，通过金属软管与水箱注水管接口相连，另一端通过管接头与注水口伸向地板上的直管相连。管路穿过车体地板采用螺纹接头连接，既满足了管路固定又有利于车体的密封，如图 3－14 所示。

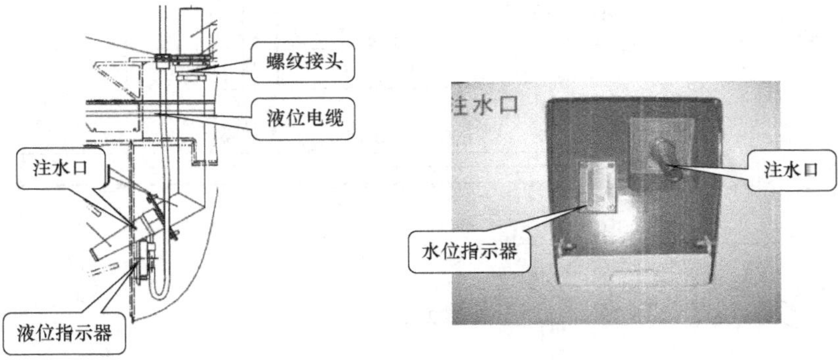

图 3－14　管路安装示意图

（1）供水管路。EC01/08 车净水箱通过供水管向开水炉供水；其余各车（除 BC05 车外）净水箱分别向两个卫生间和开水炉供水。

（2）排水管路/空气管路。水箱设置单独的排水管路，排水管路上设电磁阀（水箱组成的一部分）打开电磁阀对净水箱进行排水；空气管路与排水管路连在一起。

5. 应用

（1）注水。从车体两侧注水口注水。注水过程中，注水口旁边带按钮开关的液位显示器能够准确反映车上水箱的水位；当注满水时，车体另一侧注水口开始有水流出，同时在车上主卫生间内的控制系统有净水箱充满信号。

（注意：绝不允许在车体两侧注水口同时注水，因为另一个注水管路在注水过程中兼起空气管作用。）

（2）供水。水箱通过供水管路向卫生间、开水炉供水。

（3）排水。卫生间模块内的控制系统可以控制水箱排水管上的电磁阀开关，打开电磁阀对净水箱进行排水；在列车无电的情况下，可以通过手动打开电磁阀手动阀柄进行排水。冬季为防止水箱内水结冰，需要开启水箱伴热装置。水箱底部的加热毯有两个单独的加热线圈，万一有一个线圈出现故障，另一个可以继续工作。

3.2.2 餐车给水系统

餐车给水系统主要由 700 L 车下水箱模块、120 L 车上中间水箱和供水管路组成，如图 3－15 所示。

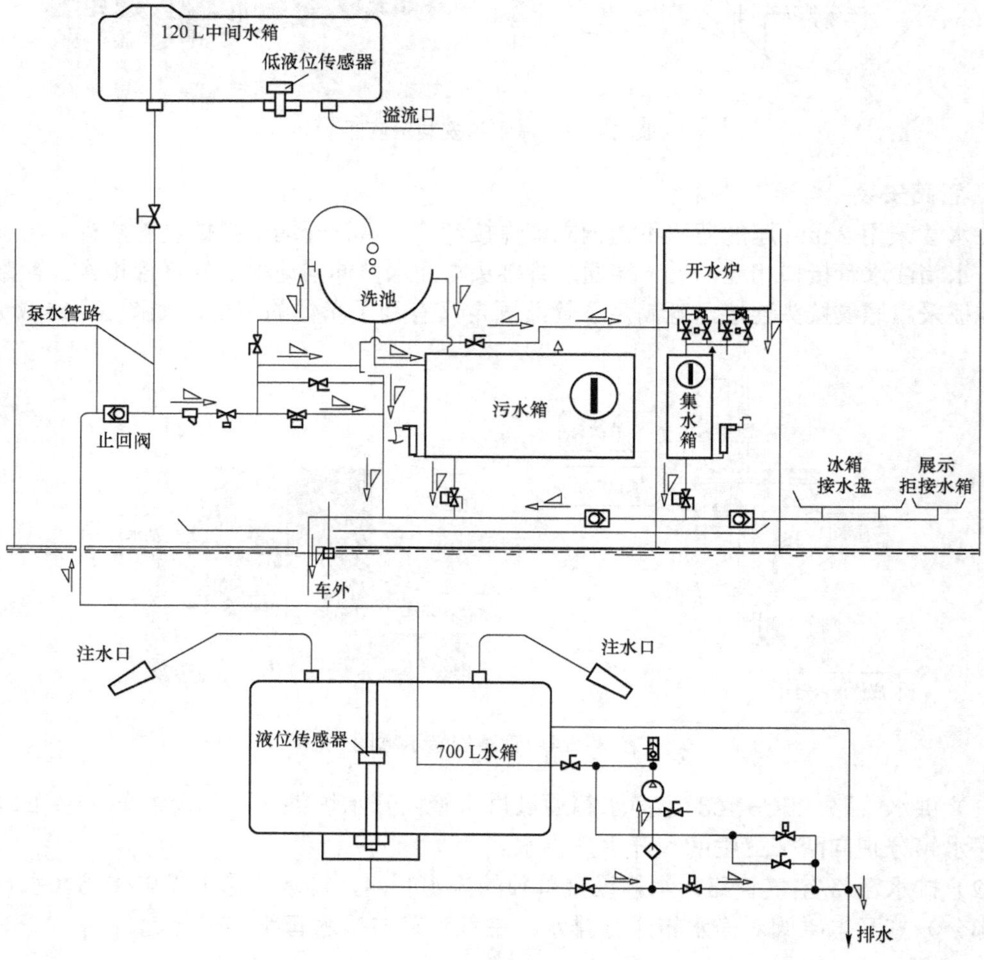

图 3－15　餐车给水系统组成

1. 模块组成

车下水箱模块由 700 L 水箱、支撑框架、泵水单元组成。水箱设两个注水管路，水箱底部装有常浮球开关的液位传感器和可拆卸的加热管。支撑框架用于将水箱安装在车下。泵水管路用于餐车的水循环、防冻排空，如图 3－16 所示。

车下水箱模块通过安装座用 12 个 M20 螺栓吊装在底架边梁上，螺栓紧固时施加 275 N • m 的扭矩 120 L。中间水箱的安装方式与 160 L 水箱相同。

图 3-16　餐车给水模块组成

2. 应用

泵水系统将水从 700 L 车下水箱泵到 120 L 车上中间水箱，中间水箱内的水再通过重力向厨房各用水点供水。当 700 L 水箱达到低液位时，自动关闭泵水系统，但在系统重新注水后，泵水系统可自动恢复到正常工作状态。泵水系统的控制系统安装在厨房的控制柜内，分为自动控制和手动控制两种控制模式，两种控制模式由转换开关进行手动切换。

1）自动控制模式

自动控制模式下，当中间水箱的液位达到低液位时，低液位传感器发出相应的信号启动水泵，向中间水箱供水；水满后水泵停止工作。

2）手动控制模式

处于手动控制模式下，当司乘人员按下“泵水”按钮后，水泵启动，向中间水箱泵水，数秒后水泵停止供水工作，当中间水箱的液位传感器发出低液位感应信号时，厨房内控制单元面板上的声光报警指示设备发出报警指示信号，提示司乘人员中间水箱已经缺水，需要向中间水箱泵水。

3.2.3　卫生系统

1. 标准卫生间

标准卫生间采用模块化设计，卫生间地板、墙板、洗手系统、坐便器等集成为一个模块，减少了卫生间与车上接口，而且接口形式简单，便于安装与调整。标准卫生间分为左右间，右间作为卫生系统的主模块（卫生系统的主控制板安装在此间里），左间作为辅件；左右间外部轮廓和内部设施完全一样，两个模块对称布置在车上，如图 3-17 所示。

1）标准卫生间组成

标准卫生间由地板、墙板、顶板、门、洗手系统、坐便器以及内部的设备组成。当厕所有人使用时，门上有无人标志显示为红色，同时信息屏上显示厕所有人使用。

标准卫生间内设备如图 3-18 所示，标准卫生间顶部组成如图 3-19 所示。

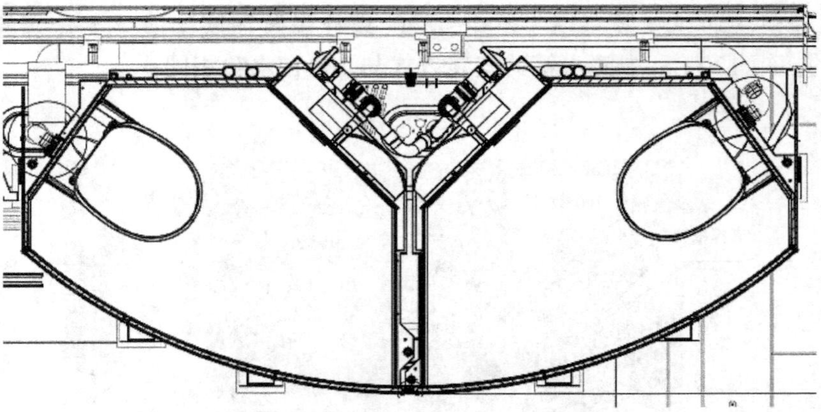

图 3－17　标准卫生间模块组成

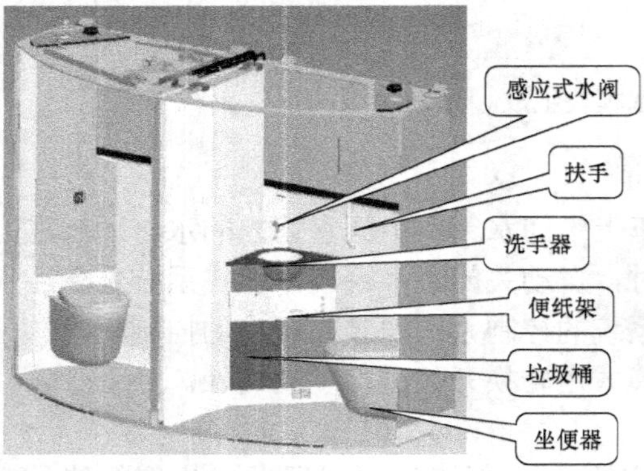

图 3－18　标准卫生间内设备

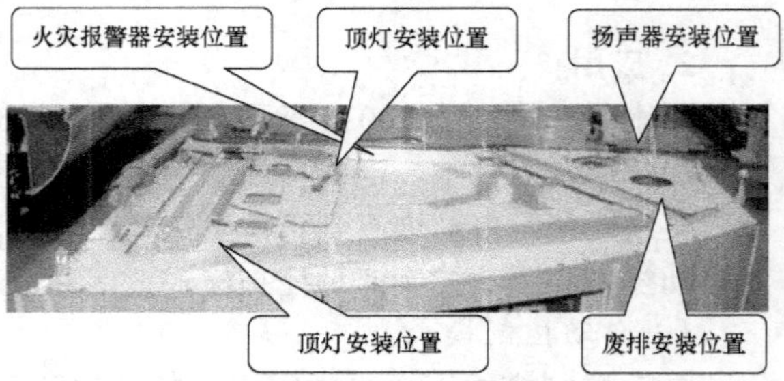

图 3－19　标准卫生间顶部组成

2）灰水单元组成

灰水单元主要由灰水罐、滑阀、通风阀、液位仪、控制板和连接管路组成。

洗手盆下部设置灰水收集单元，当灰水罐内的液位仪被激活或水龙头使用 10 次后，系统会接收到排放灰水罐内灰水的信号。此时滑阀将被打开，灰水罐内的灰水将被排放至废水污物箱内，同时通风阀被关闭，防止废水污物箱臭味窜至卫生间内。滑阀再次关闭（由软件控制），灰水单元完成一次灰水收集及排放过程，如图 3－20 所示。

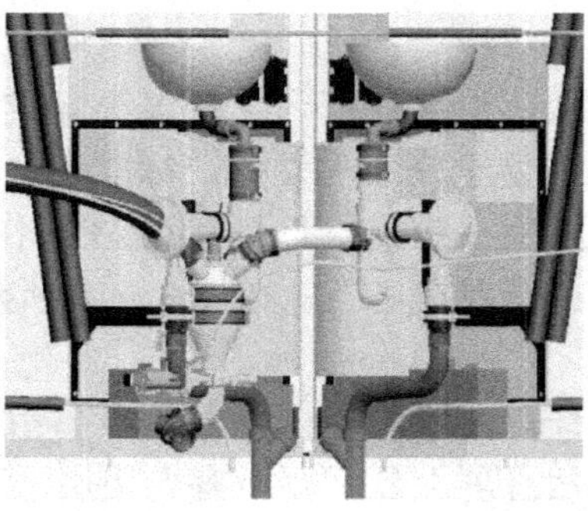

图 3－20　灰水单元组成

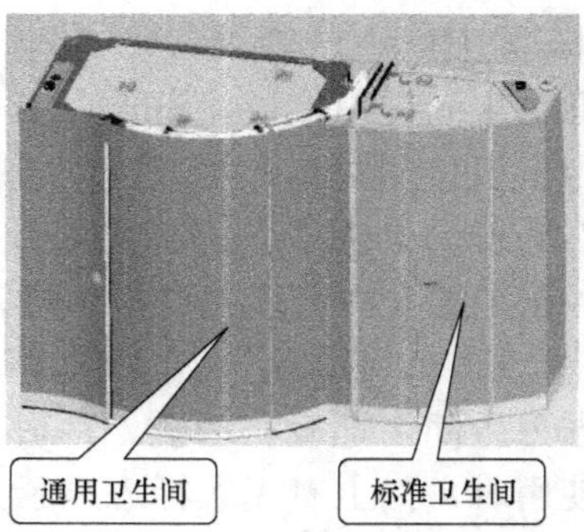

图 3－21　FC04 车卫生间布置

2. 通用卫生间

FC04 车卫生间采用通用卫生间和标准卫生间右间组合形式，如图 3-21 所示。通用卫生间最大的特点是间内空间大，采用按钮控制的电动门，内部设置满足残疾人使用的要求，整个模块的设计更具人性化。

1）通用卫生间组成

通用卫生间组成包括地板、墙板、顶板、门、洗手系统、坐便器以及内部的设备件。

（1）地板。地板的结构和性能与标准卫生间地板相同，其最大的特点是面积大，可以容纳轮椅。

（2）墙板。墙板采用轻量化设计结构，内墙用玻璃纤维增强聚酯制作的功能定型的模制件，表面光滑，外墙用 HPL 板制成。墙板从地板以上直到最高 100 mm 处都能防水。

（3）顶板。顶板在卫生间模块地板以上约 2 040 mm 处，顶板上安装方形锁和拉索，拉索可防止顶板打开后与卫生间内其他设备件或墙板触碰。

（4）门。采用按钮控制的电动门，在门口左侧内墙板上设置“关闭”按钮，在门口左侧外墙板上设置“打开”按钮。门内侧设置手动锁闭按钮。当厕所有人使用时，门上有无人标志显示为红色，同时信息屏上显示厕所有人使用。

通用卫生间的门控器控制门的 3 个开度：10%、90%、100%，当门关闭到开度 10%时，如果检测到门口有物体，门会再次打开；当门开启到开度 90%时，门停止片刻再开到 100%的开度，从而减轻门体与门限位的冲击。

2）集便装置组成

集便装置组成包括两套便器、冲洗按钮、车上排污管及伴热、车下排污管及伴热、车下废水污物箱以及系统控制板（安装在卫生间墙板后）。两套便器工作相对独立，共用一个废水污物箱。

3. 系统控制板

只有主卫生间内的系统控制板与列车上的相关接口对应，辅卫生间的系统控制板与主卫生间内的系统控制板相接。

主控制板的主要作用是作为卫生间与车辆的电气接口；在卫生系统内接收和分配电源；控制卫生间模块内不同子系统的功能，如便器、门、水箱、水系统等等；通过定义的 I/O 接口实现与 TMS（列车管理系统）的通信；作为列车乘务人员、维护保养人员诊断、维修、处理故障的接口。卫生间主控制板组成如图 3-22 所示，卫生间从控制板组成如图 3-23 所示。

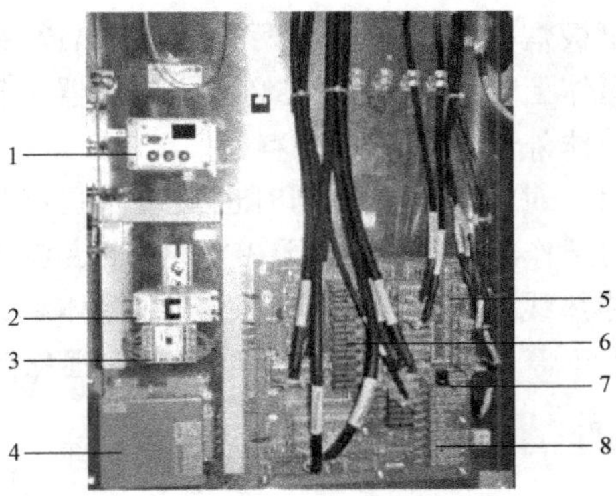

1—RS 控制盒（故障代码显示）；2—断路器（照明供电）；3—接触器（照明控制）；4—直流转换器（DC 110-24V）；
5—印刷电路板；6—继电器（信号转换）；7—防冻排空按钮；8—LED 故障显示灯。

图 3-22 卫生间主控制板组成

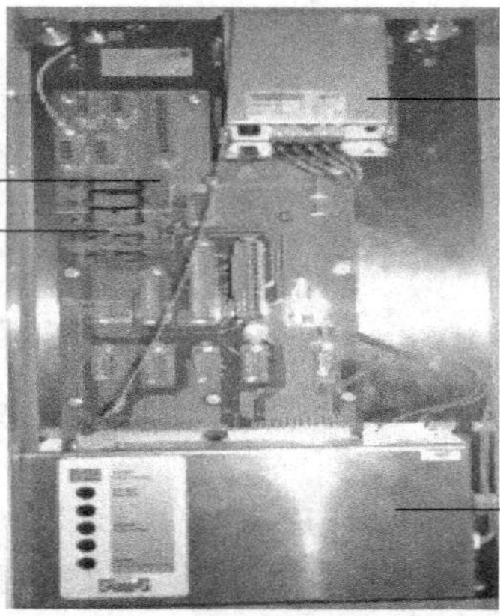

1—印刷电路板（电气连接）；2—继电器（信号转换）；3—直流转换器（110－24 V，150 W）；4—DTC 控制器（门控制）。

图 3－23　卫生间从控制板组成

4. 卫生间控制装置

右侧卫生间模块承担两个相邻卫生间模块同列车控制装置（外部通信）的通信。

1）外部通信

外部通信是指多功能车辆总线 MVB 和右卫生间模块之间的间接数据传输。在右卫生间模块控制装置上采集、处理、存储卫生间模块的诊断信号，通过单芯电缆传送至控制柜 KLIP（最多 9 个输出信号），并且由 KLIP 间接提供给多功能车辆总线。右卫生间模块的控制装置也接收 KLIP 信息。

2）内部通信

内部通信是指右侧和左侧卫生间模块之间的数据传输。将右侧卫生间模块的数据传给左侧卫生间模块和将左侧卫生间模块的数据返回右侧卫生间模块。通过右侧卫生间模块的控制装置，可以进行两个相邻卫生间模块（集便系统、洗手水设备和净水箱）的完全防冻排空和故障排除。

3）自动控制装置

自动控制装置由每个卫生间模块的控制盘组成，安装在卫生间模块维修检查门后面；该装置能通过 LED 或数字代码显示集便系统所有重要故障信息。

5. 废水污物箱组成

废水污物箱采用不锈钢板焊接而成，箱体两端设排水凸轮锁紧接头，两端设冲洗管和空气管并有相应的球阀，箱体上设置 80%和 95%液位传感器，箱体内部设防波板。箱体底部铺设电热毯，同时整个箱体外部粘贴防寒材料。

箱体安装一个加热棒用于对箱体加热，同时也安装一些伴热线用于管路加热。自动温控器控制加热棒和伴热线的工作状态，温度低于 3 ℃时，加热装置开始工作；温度高于 7.5 ℃时，加热装置停止工作。伴热线通过电源接线盒连接到箱体电源盒。只有在列车通电时，加热装置才能工作。如果列车停止供电，箱体必须排空，避免污物冻结损害箱体。

3.2.4　集便系统故障处理

1. 常见故障描述

集便器控制器提供系统即时工作状态并用两位数代码来显示故障信息，见表 3－1。

表 3－1　集便器常见故障代码

故障代码	描述
00	系统正常
01	废水污物箱满
06	集便器检测到无水
11	真空不足
12	滑阀入口阀未关闭
13	滑阀入口阀未打开
87	防冻排空
88	启动初始化/复位
90	与 HT793 连接上，维护系统

2. 应急故障处理

1）无水、无电、有风情况下紧急冲洗

拆卸集便器罩，用手按入口滑阀气缸上的小按钮，在集便器内倒入水，可将集便器内的污物排到车下废水污物箱内。

2）无水、有电、有风情况下紧急冲洗

在集便器内倒入水，按集便器控制器上的“S”按钮，可将集便器内的污物排到车下废水污物箱内。

任务 3.3　CR400AF 型动车组给排水卫生系统概述

任务导入

CR400AF 型动车组作为中国标准动车组的代表之一，其设计和功能体现了现代铁路运输的高效、舒适和环保理念。在 CR400AF 型动车组中，给排水卫生系统是确保旅客舒适度和车辆环境卫生的关键组成部分。

本任务旨在概述 CR400AF 型动车组的给排水卫生系统，包括其主要功能、组成部件、工作原理和维护保养要求。

知识储备

3.3.1　系统概述

CR400AF 型动车组给排水卫生系统由给水系统（水箱、供排水管路等）、卫生系统（废水污物箱/污水箱、集便系统等）及卫生设施（卫生间、盥洗室、电热开水器、温水器等）组成。

给排水卫生系统主要功能如下。

（1）给排水系统。利用水泵式供水原理，采用车下水箱存储净水，并通过供水管路为各用水设施提供水源，为乘客提供饮用水、盥洗用水；收集各设施产生的废水并排往卫生系统。

（2）卫生系统。采用真空中转式集便系统，并设废水收集装置，将各卫生设施收集到的污物、废水等集中储存至车下废水污物箱，防止环境污染。

（3）卫生设施。为乘客提供日常卫生服务，包括如厕设施、盥洗设施等。

CR400AF 型动车组每节车厢均设置 400 L 车下水箱给水系统，采用电动水泵压力、流量控制方式，为卫生间集便器、卫生间和盥洗室水阀、洁具池水阀、厨房洗池、电热开水器等用水设施供水。

每节车厢均设带有废水收集功能的卫生系统，其中头尾车（CR400AF/－C/－G/－Z：1 号车/8 号车；CR400AF－A：1 号车/16 号车；CR400AF－B/－BZ：1 号车/17 号车）设置 450 L 车下废水污物箱，中间车（除餐车外）设置 600 L 车下废水污物箱，用于收集来自集便器的污物与盥洗废水。餐车（CR400AF/－C/－G/－Z：5 号车；CR400AF－A/－B/－BZ：9 号车）设置 450 L 车下污水箱，用于收集厨房的废水。

CR400AF 型动车组除餐车外，各车均设有卫生间、盥洗室等卫生设备。头尾车设有 1 个坐式卫生间、1 个盥洗室、1 个电热开水器；无障碍车（CR400AF/－C/－G/－Z：4 号车；CR400AF－A/－B/－BZ：8 号车）设有 1 个无障碍卫生间、1 个蹲式卫生间、1 个电热开水器；其余车（除餐车外）均设有 1 个坐式卫生间、1 个蹲式卫生间、1 个盥洗室和 1 个电热开水器。部分车设有洁具池，供冲洗拖布使用。

给水卫生设备各部件示意图如图 3－24 所示。

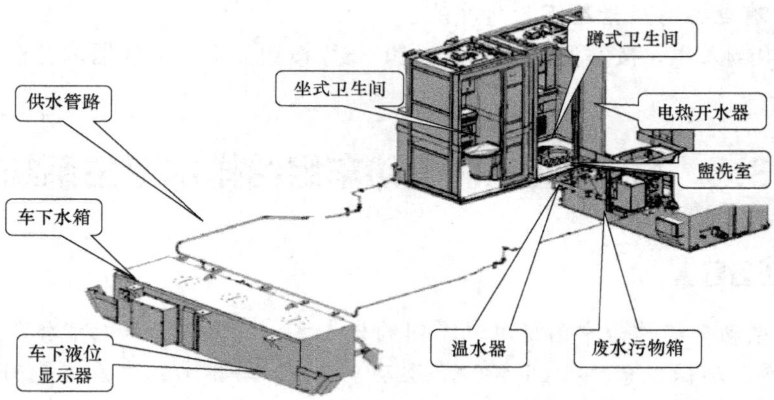

图 3－24　给水卫生设备各部件示意图

1. 设备布置

1）8 辆编组复兴号动车组（CR400AF/－C/－G/－Z）

8 辆编组复兴号动车组（CR400AF/－C/－G/－Z）给排水卫生系统主要设备配置见表 3－2。

表 3－2　8 辆编组复兴号动车组（CR400AF/－C/－G/－Z）给排水卫生系统主要设备配置

序号	部件名称	每节车厢数量								总计
		1 号车	2 号车	3 号车	4 号车	5 号车	6 号车	7 号车	8 号车	
1	坐式卫生间	1	1	1	–	–	1	1	1	6
2	蹲式卫生间	–	1	1	1	–	1	1	–	5

续表

序号	部件名称	每节车厢数量								总计
		1 号车	2 号车	3 号车	4 号车	5 号车	6 号车	7 号车	8 号车	
3	无障碍卫生间	–	–	–	1	–	–	–	–	1
4	盥洗室（温水器）[①]	1	1	1	（1）	–	1	1	1	7/6
5	电热开水器	1	1	1	1	1	1	1	1	8
6	洁具池[②]	–	（1）	（1）	–	–	（1）	（1）	–	2
7	车下水箱（400 L）	1	1	1	1	1	1	1	1	8
8	废水污物箱（450 L）	1	–	–	–	1	–	–	1	3
9	废水污物箱（600 L）	–	1	1	1	–	1	1	–	5

注：1. 未实施无障碍设施优化的 8 辆编组动车组，4 号车设盥洗室，实施优化后未设盥洗室。

2. 未设司机登乘门和设司机登乘门的 8 辆编组动车组，洁具池分别布置在 2、7 号车和 3、6 号车。

2）16 辆编组复兴号动车组（CR400AF－A）

16 辆编组复兴号动车组（CR400AF－A）给排水卫生系统主要设备配置见表 3－3。

表 3－3　16 辆编组复兴号动车组（CR400AF－A）给排水卫生系统主要设备配置

序号	部件名称	每节车厢数量																总计
		1 号车	2 号车	3 号车	4 号车	5 号车	6 号车	7 号车	8 号车	9 号车	10 号车	11 号车	12 号车	13 号车	14 号车	15 号车	16 号车	
1	坐式卫生间	1	1	1	1	1	1	1			1	1	1	1	1	1	1	14
2	蹲式卫生间		1	1	1	1	1	1	1		1	1	1	1	1	1		13
3	无障碍卫生间								1									1
4	盥洗室（温水器）[①]	1	1	1	1	1	1	1	（1）		1	1	1	1	1	1	1	15/14
5	电热开水器	1	1	1	1	1	1	1	1	1	1	1	1	1	1	1	1	16
6	洁具池			1			1					1			1			4
7	车下水箱（400 L）	1	1	1	1	1	1	1	1	1	1	1	1	1	1	1	1	16
8	废水污物箱（450 L）	1								1							1	3
9	废水污物箱（600 L）		1	1	1	1	1	1	1		1	1	1	1	1	1		13

注：1. 未实施无障碍设施优化的 16 辆编组动车组，8 号车设盥洗室，实施优化后未设盥洗室。

3）17 辆编组复兴号动车组（CR400AF－B/－BZ）

17 辆编组复兴号动车组（CR400AF－B/－BZ）给排水卫生系统主要设备配置见表 3－4。

表 3-4　17 辆编组复兴号动车组（CR400AF-B/-BZ）给排水卫生系统配置

序号	部件名称	每节车厢数量																	总计
		1号车	2号车	3号车	4号车	5号车	6号车	7号车	8号车	9号车	10号车	11号车	12号车	13号车	14号车	15号车	16号车	17号车	
1	坐式卫生间	1	1	1	1	1	1	1			1	1	1	1	1	1	1	1	15
2	蹲式卫生间		1	1	1	1	1	1	1		1	1	1	1	1	1	1		14
3	无障碍卫生间								1										1
4	盥洗室（温水器）①	1	1	1	1	1	1	1	（1）		1	1	1	1	1	1	1	1	16/15
5	电热开水器	1	1	1	1	1	1	1	1	1	1	1	1	1	1	1	1	1	17
6	洁具池②		（1）	1			1	（1）			（1）	1			1	（1）			4
7	车下水箱（400 L）	1	1	1	1	1	1	1	1	1	1	1	1	1	1	1	1	1	17
8	废水污物箱（450 L）	1								1								1	3
9	废水污物箱（600 L）		1	1	1	1	1	1	1		1	1	1	1	1	1	1		14

注：1. 未实施无障碍设施优化的 17 辆编组动车组，8 号车设盥洗室，实施优化后未设盥洗室。

2. 未设司机登乘门和设司机登乘门的 17 辆编组动车组，洁具池分别布置在 2、7、10、15 号车和 3、6、11、14 号车。

3.3.2　给排水系统

CR400AF 型动车组给排水系统主要功能：接收来自线路供水系统的供水，在列车运营过程中储水，为车上用水部件供水，为旅客提供饮用水和卫生系统用水，收集各设备产生的废水并排往卫生系统。

各车均设车下水箱压力供水系统，通过水箱自带的泵水系统为车上用水部件供水，系统通过检测管路压力控制水泵启停实现自动供水，具有集控排空、0%及 25%低液位报警、五档液位检测及显示、防冻加热、加热状态及显示、泄漏保护等功能。为保证系统在最低温度环境下能正常使用，箱体管路设有加热装置。水泵、继电器、交流电路端子排等电气元件按 -40 ℃使用环境选型。

车下水箱集成注水口及其防护装置，符合 TB/T 1720 的规定，与线路供水系统相适应，每个车下水箱可储水约 400 L。

CR400AF 型动车组给水系统可在车上及车下显示液位状态，运营过程中指示箱体储水情况，司乘人员可据此安排补水和防冻排空工作。每节车厢设 2 个车下液位显示器，分别设置于车体 2 侧，车上信息显示集成在集便系统电气控制单元（非餐车）及车上给排水控制及显示单元（餐车），该部件设置于车上配电柜内，每节车厢 1 个。

非高寒型复兴号动车组（CR400AF/－A/－B/－C/－Z/－BZ）车下水系统管路采用加工性能好、延展性高的铜质管路；高寒型复兴号动车组（CR400AF－G）为保证在－40 ℃高寒环境下管路正常使用，车下供水管路材质改进为不锈钢管，同时配有车下水箱和水系统管路伴热装置，增加伴热功率。

给水系统主要由车下水箱（包括水泵装置、电气控制单元、车下液位显示器、注水口及注水管路等）、水系统管路（包括防寒材及防冻装置）、电热开水器、温水器等组成。其布置方式和原理如图 3－25 所示。

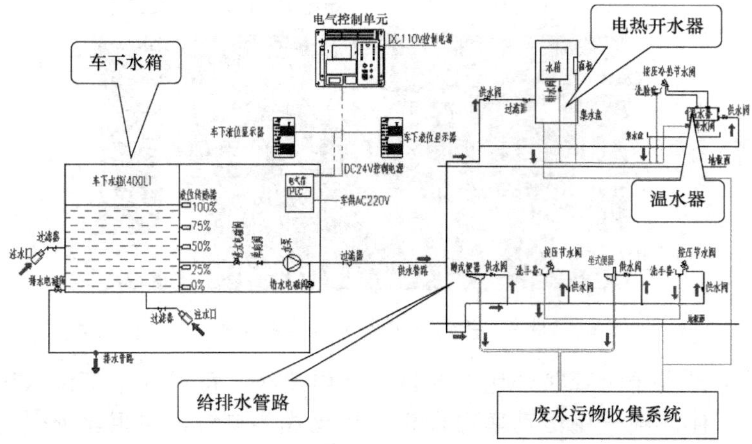

图 3－25　给水系统示意图

1. 车下水箱组成

车下水箱用于为各用水设施提供净水，并集成注水设施、车下液位显示器等设备，以车下水箱模块方式安装在车体底架安装梁上。

水箱内箱和骨架由不锈钢板或不锈钢型材焊接而成，内箱设有防波板和补强梁；水箱顶部和四周采用保温材料、铝箔包覆。水箱装置集内箱体组成、水泵组成、供水管路、注水管路、溢水管路、排水管路、保温层、电伴热装置等部件于一身，与车体横梁相连接固定。车下水箱结构示意如图 3－26 所示。

非高寒复兴号动车组（CR400AF/－A/－B/－C/－Z/－BZ）箱体底部设 800 W 加热盘；高寒复兴号动车组（CR400AF－G）为提升箱体抗高寒性能，使水箱能够满足－40 ℃高寒环境使用要求，水箱内箱体底部设 1 800 W（＝600 W×3）统型加热盘，注水口设伴热装置及保温材，防止低温环境下注水口发生冻结。水泵采用低温性能良好的高寒型号水泵，箱体内密封件均采用－40 ℃耐低温件。当列车在户外停放时，户外温度低于 0 ℃或停车时间超过 4 h 必须将水箱排空。

2. 给排水管路

给排水管路包括给水管路、排水管路等，管路外设防寒材及伴热装置等。

车下不锈钢供水管路连接采用卡套式管接头结构；设计时管路稍向水箱方向倾斜，并避免回水弯、凹坑等易存水的管路结构；同时，车辆断电时水泵停止运行，供水管路内存水在重力作用下自然回流至水箱，避免断电时管路存水隐患发生。

车下排水管路采用薄壁不锈钢管，各连接点采用橡胶接头/弯头连接。为避免排污管路抽空时橡胶接头/弯头因真空导致变形，橡胶接头/弯头采用加强结构。

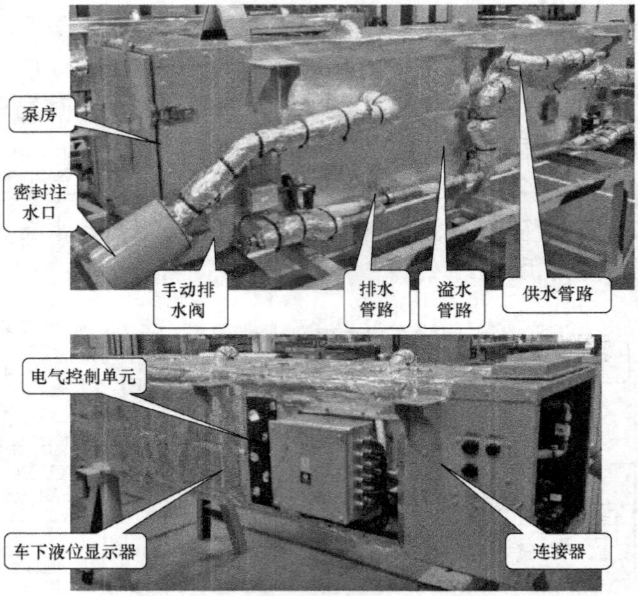

图 3－26　车下水箱结构示意图

各给水管路、排水排污管路外包保温材料及伴热线，可保证车下供水管路在低温环境下不会出现冻结。伴热线采用恒功率镍合金电阻丝式伴热线，电阻丝外采用硅胶密封，能够满足长期使用要求；各车管路伴热通过温控开关控制，温控范围为（27±1.5）℃时闭合，为（35±1.5）℃时断开。

3. 电热开水器

CR400AF 型动车组每节车厢均设一个电热开水器（包括餐车电热开水器），采用沸腾翻水式原理、电磁加热方式的柜式整体结构。主要由柜式框架、电控箱、加热元件、加热箱、进水电磁阀、过滤器、排水电磁阀、磁控管等组成。产开水量≥40 L/h，可为司乘人员提供温度超过 95 ℃的开水。

1）工作原理

电热开水器工作原理图如图 3－27 所示。

2）电热开水器内部结构

电热开水器由柜体、电控箱、辅助控制箱、产水箱、储水箱、加热腔、水位传感器、内部管路及电磁阀等器件组成。具体如图 3－28 所示。

3）接水面板

为使旅客能够方便地取用电热开水器所产的开水，每个电热开水器（除餐座合造车电热开水器外）均设有 1 个接水面板。接水面板由解锁按钮、接水按钮、面板、指示灯、出水槽、过滤网、起泡器等组成。

旅客按下绿色接水按钮后，开水即从按钮下方出水口处流出。但为避免出现儿童误操作或因旅客倚靠接水面板而导致发生人身伤害事故，在接水面板上设有解锁按钮，旅客需先按压红色解锁按钮后再按压绿色接水按钮，开水才能流出。接水面板上设有电热开水器状态指示灯，用于显示其工作状态。接水面板上还设有纸杯存储器，旅客在使用时从下方将纸杯取出即可使用。

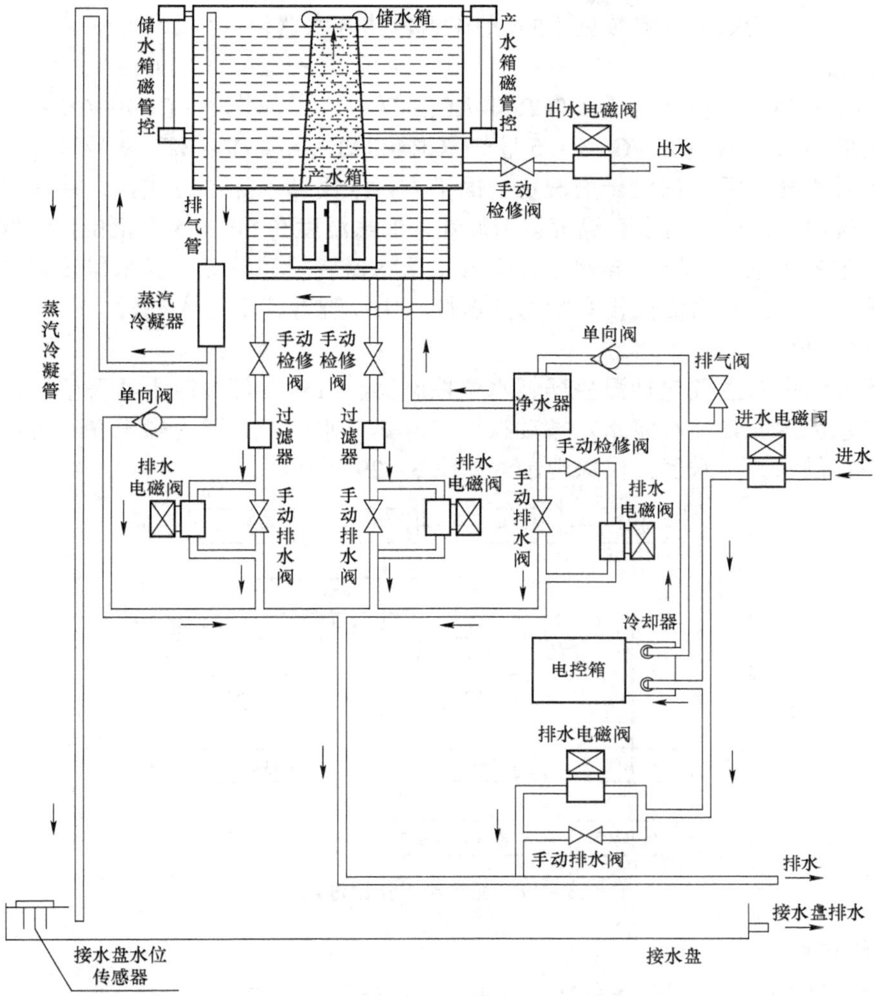

图 3－27　电热开水器工作原理图

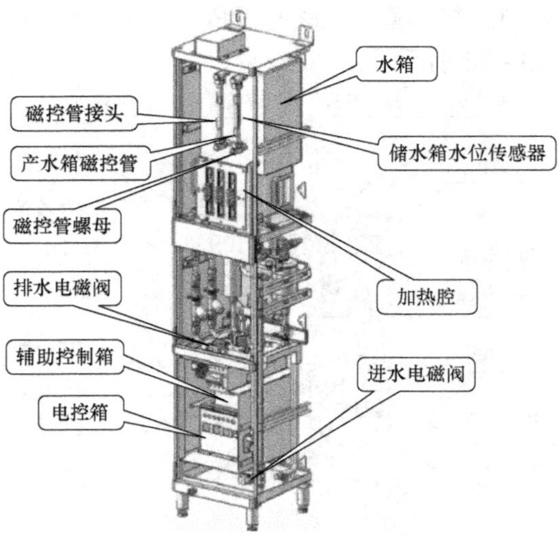

图 3－28　电热开水器内部结构图

电热开水器详细知识内容参见“5.4 动车组电热开水器设备”。

4. 温水器

CR400AF 型动车组除无障碍车（CR400AF/－C/－G/－Z：4 号车；CR400AF－A/－B/－BZ：8 号车）、餐车（CR400AF/－C/－G/－Z：5 号车；CR400AF－A/－B/－BZ：9 号车）外，其余车均设置一个温水器。温水器设于盥洗室台面下方，采用储水加热方式，为乘客提供温度相对恒定的盥洗温水。温水器设有温度调节旋钮，加热温度在 30～75 ℃范围内连续可调，以适应不同乘客的需求。为防止异常工况下发生温水器烧损等故障，温水器设有缺水、超温及干烧保护功能。温水器面板设有状态指示灯，用以查看其工作状态。

1）工作原理

温水器控制电路主要包括温控器、水位控制器、接触器等。温水器采用储水式工作原理，通电时水胆内长期储存温水。按动按压式冷热节水阀，水胆内热水在水压作用下通过热水出口进行供水。温水器工作原理示意如图 3－29 所示。

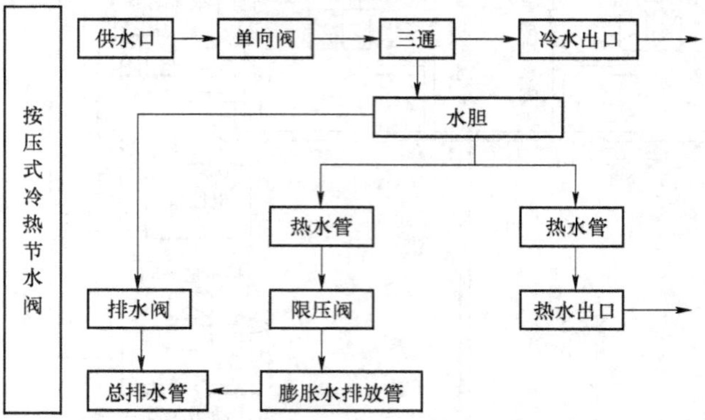

图 3－29　温水器工作原理示意

2）结构组成

温水器主要由外壳、状态指示灯、水胆、保温材料、温水管路、冷水管路、进水管路、附件、温控器、水位控制器及安装架等组成。水胆采用不锈钢材质，水胆外包覆保温材料。温水器冷水管路上设有减压阀，热水管路上设有限压阀，可满足较大范围内的进水压力要求。

温水器结构组成如图 3－30 所示。

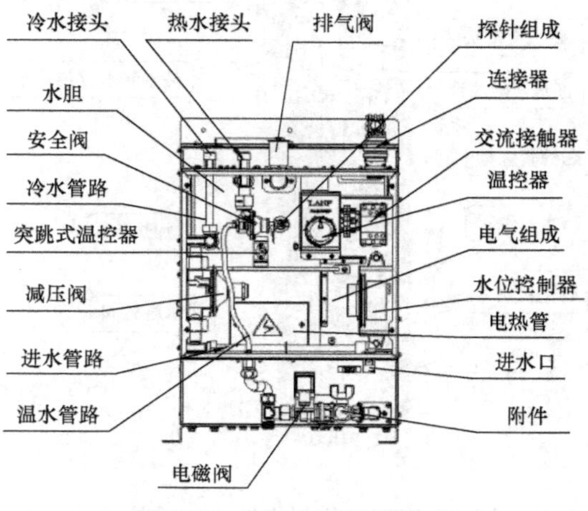

图 3－30　温水器结构组成

3.3.3　卫生系统

CR400AF 型动车组各车均设卫生系统，其中餐车设废水收集卫生系统。

1. 卫生系统组成

除餐车外，其他车卫生系统由便器、废水污物箱、电气控制单元、气动控制单元、蚌壳式水增压器、车下液位显示器等组成。卫生系统排污采用中转式真空集便系统，系统收集便器产生的污物和盥洗室、卫生间、洗拖布池产生的废水。卫生系统原理图（非餐车）如图 3－31 所示。

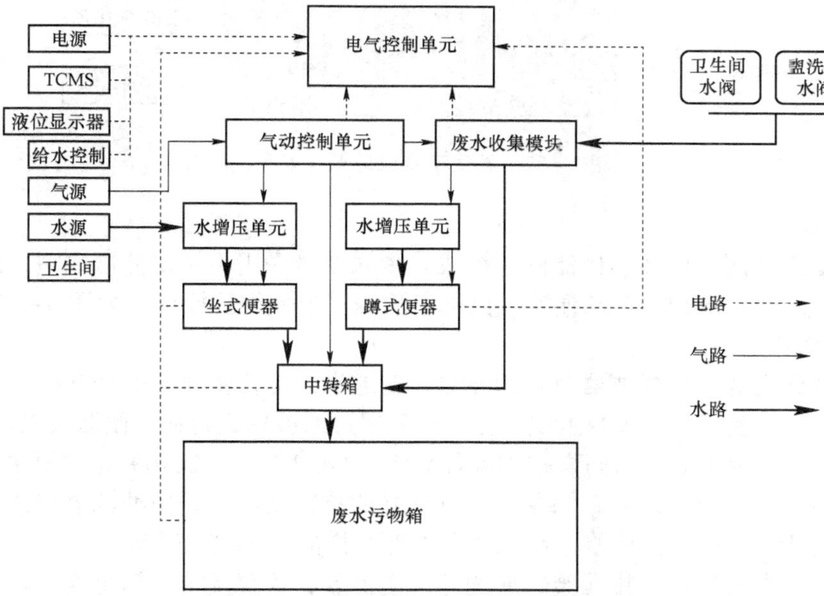

图 3－31　卫生系统原理图（非餐车）

餐车设废水收集卫生系统，主要由洗盆、过滤盒、污水箱、车上给排水控制及显示单元、车下液位显示器等组成。餐车采用重力式废水收集系统，洗盆废水通过过滤盒直接流入车下污水箱。餐车卫生系统原理图如图 3－32 所示。

头尾车卫生系统采用“1 拖 1”独立控制，其余车（除餐车外）采用“1 拖 2”集中控制。其中头尾车设有一个坐式卫生间，头尾车废水污物箱均为 450 L；中间车（除餐车外）设有一个坐式卫生间和一个蹲式卫生间，废水污物箱为 600 L；餐车设重力式污水箱，容积为 450 L。系统具有废水污物箱/污水箱液位指示（0%、25%、50%、75%、100%）、箱满保护、故障报警与显示、防冻排空等功能，废水污物箱、污水箱满状态时各液位显示器指示灯均亮，废水污物箱、污水箱空状态时各液位显示器指示灯均不亮。为保证系统在最低温度环境下能正常使用，箱体及管路设有加热装置。继电器、交流电路端子排等电气元件按－40 ℃使用环境选型。

2. 便器

每个卫生间设 1 个集便器，分为坐式、蹲式。各便器采用既有成熟气缸驱动蝶阀结构，寿命可满足 1 轮五级检修的要求。

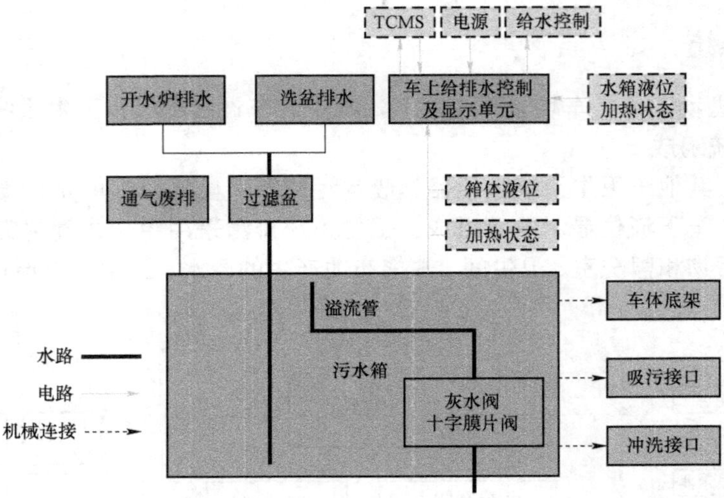

图 3－32　卫生系统原理图（餐车）

1）蹲式便器

蹲式便器由踏面及便斗、排泄阀等组成。蹲式便器采用不锈钢冲压成型，踏面具有防滑结构；采用冲洗喷嘴结构可从便盆内侧拆下清洗，方便维护检修，如图 3－33 所示。

2）坐式便器

坐式便器分为普通坐式便器及陶瓷便器。普通坐式便器由便斗、冲洗喷嘴、便器罩、便器盖、排泄阀、软管及接头等组成。便器罩采用聚酯玻璃钢材料，便器盖采用工程塑料，防火满足《动车组用内装材料阻燃技术条件》的（TB/T 3237—2010）相关要求；便盆采用不锈钢冲压而成，表面喷涂防粘涂层，具有良好的防粘功能。采用冲洗喷嘴结构，可从便盆内侧拆下清洗，方便维护检修。坐式便器内部结构如图 3－34 所示。

陶瓷便器由陶瓷便盆、排泄阀、冲洗环、便器盖、软管及接头等组成。陶瓷便盆一体成型，外形美观；便器盖采用工程塑料，防火满足 TB/T 3237 相关要求。

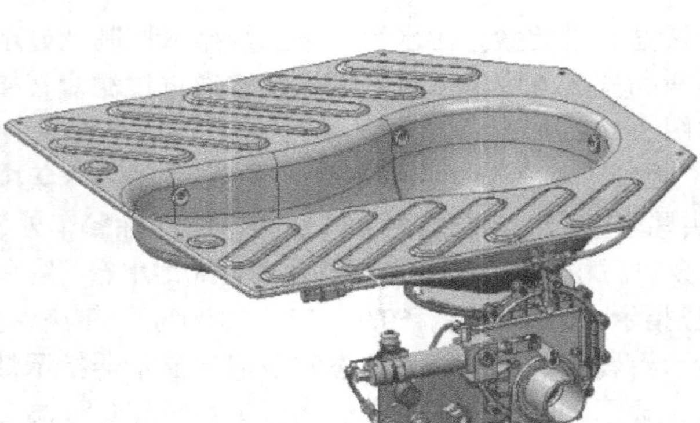

图 3－33　蹲式便器示意图

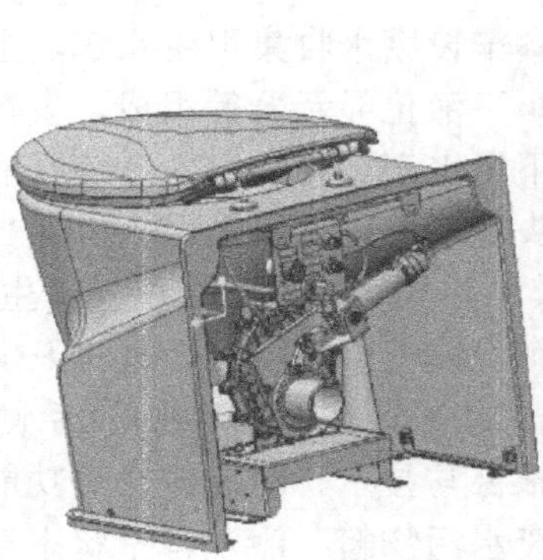

图 3－34　坐式便器内部结构

3. 废水污物箱/污水箱

CR400AF 型动车组废水污物箱/污水箱用于收集车上各卫生设施及餐车厨房洗盆产生的废水、污物等，并集中排放。

1）废水污物箱

CR400AF型动车组全列各车（除餐车）均设一个废水污物箱。废水污物箱采用中转式真空集便系统，安装于车下，头尾车容积为450 L，中间车为600 L。废水污物箱采用焊接内箱及骨架，内部配置1个污物中转箱、1个废水暂存箱、1个真空发生装置，并在废水污物箱两端各设一个排污阀。为了避免冲洗或清空过程中箱内产生的正压对废水污物箱造成损害，废水污物箱还配备了通气阀。箱体外包防寒保温材料及铝箔，通过废水污物箱底部的管式伴热装置保证冬季的使用，采用耐寒电气及密封元件以满足－40 ℃的低温存放使用要求。

废水污物箱设有检查口，打开箱体两侧的任意一个检查口盖，可对其内部进行清理及检查。在紧急情况下，可通过检查口盖清空废水污物箱。废水污物箱及废水中转箱、污物中转箱结构如图3－35所示。

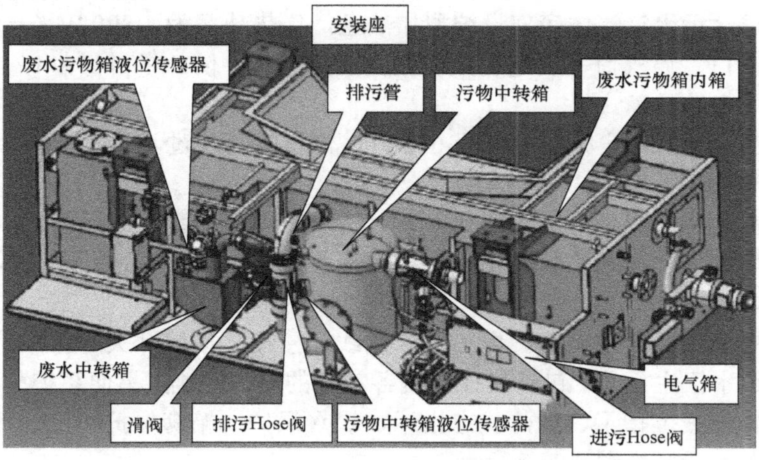

图3－35　废水污物箱结构

废水污物箱中的污物中转箱容积为35 L，设定真空度为（－35±5）kPa。污物中转箱的真空度通过真空发生器产生，真空发生器安装于废水污物箱侧壁。设有DN50进污Hose阀、DN50排污Hose阀、控制抽真空用DN20 Hose阀、液位开关等，可承受不小于180 kPa的压力。

废水污物箱中的废水暂存箱容积为2 L，可承受不小于180 kPa的压力。内部设有液位开关用于控制废水暂存箱的排空。

废水污物箱内箱设有液位开关，用于指示废水污物箱液位，其中75%及100%液位可在卫生系统电气控制单元、车上液位及加热显示器、车下液位显示器及HMI监控器上显示；25%液位可在车上液位及加热显示器、车下液位显示器显示。当废水污物箱液位达到25%、50%和75%时，便器及污水箱可正常工作；当废水污物箱到达100%满液位时，本车所有便器共使用两次后不可使用。

非高寒复兴号动车组（CR400AF/－A/－B/－C/－Z/－BZ）箱体底部设800 W加热盘；高寒复兴号动车组（CR400AF－G）为提升箱体耐高寒性能，使废水污物箱能够满足－40 ℃高寒环境使用要求，废水污物箱箱体底部设统型加热盘，其中450 L废水污物箱箱体伴热功率为1 800 W（＝600 W×3），600 L废水污物箱箱体伴热功率为2 400 W（＝600 W×4）。箱体抽污口、溢流口、通气口等设电加热装置及防寒材料，防止各外露管口在低温风雪环境下发生冻结、堵塞等故障。

2）污水箱

CR400AF 型动车组餐车（CR400AF/－C/－G/－Z：5 号车；CR400AF－A/－B/－BZ：9 号车）设一个污水箱，采用不锈钢制成，有效容积为 450 L。污水箱两端各设一个排污阀。污水箱采用重力式废水收集原理，设厨房排水管路进废水口、十字膜片阀、溢流阀等部件。污水箱的液位配置及功能基本同废水污物箱，污水箱的 75%及 100%液位可在车上给排水控制及显示单元、车下液位显示器及 HMI 监控器上显示。

为保证系统在低温环境下的正常运用，污水箱箱体底部设有电加热盘，箱体内部各设备均设有电伴热线，受温控开关控制，可根据外部环境温度自动启停。

非高寒复兴号动车组（CR400AF/－A/－B/－C/－Z/－BZ）箱体底部设 800 W 加热盘；高寒复兴号动车组（CR400AF－G）为提升箱体耐高寒性能，使污水箱能够满足－40 ℃高寒环境使用要求，污水箱箱体底部设统型加热盘，伴热功率为 1 800 W（＝600 W×3）。箱体抽污口、溢流口、通气口等设电加热装置及防寒材料，防止各外露管口在低温风雪环境下产生冻结、堵塞等故障。

当列车停在户外时，户外温度低于 0 ℃时，停车时间超过 4 h 必须将污水箱排空。

4. 电气控制单元

动车组真空集便系统采用电气控制单元对整个给水卫生系统进行控制。CR400AF 型动车组每节车厢均设一个电气控制单元（其中餐车为车上给排水控制及显示单元），安装于各车交流配电柜内。

电气控制单元主要由控制器、电路板、接线连接器、按钮开关等组成。电气控制单元用于控制整个给水卫生系统，包括集便系统各部件的动作控制、集便系统故障保护与报警、水箱与废水污物箱液位指示、加热状态指示、缺水保护、箱满保护、泄漏保护、防冻排空等。电气控制单元示意如图 3－36 所示。

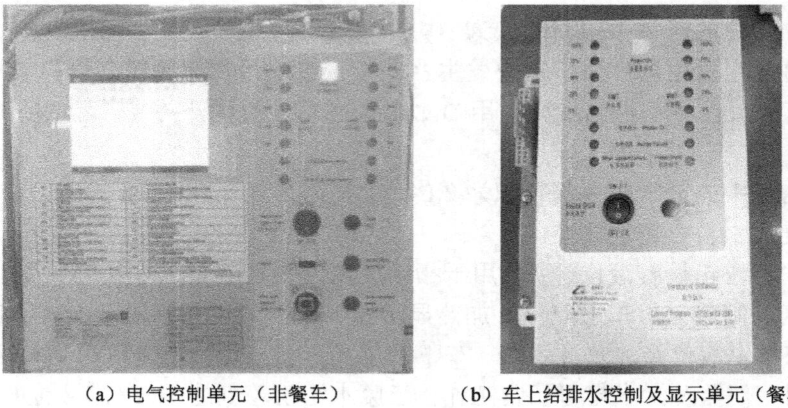

（a）电气控制单元（非餐车）　　（b）车上给排水控制及显示单元（餐车）

图 3－36　电气控制单元示意

5. 气动控制单元

气动控制面板用于分配控制各功能部件的气源输入/输出，通过空气过滤器与压力调节器过滤来自列车提供的压缩空气，并且调节其压力（出厂前已设定）来满足便器系统部件的功能需要（水增压器、真空发生器、排污/进污 HOSE 阀、中转箱打正压等）。另外空气过滤后的冷凝水亦由气动控制面板排出。气动控制面板示意图如图 3－37 所示。

6. 蚌壳式水增压器

蚌壳式水增压器主要功能是控制便器冲洗和排污动作。水增压器上的电磁阀用来控制便器滑阀的开闭和将水增压缸中的水加压后供给便器冲洗。蚌壳式水增压器结构示意如图 3－38 所示。

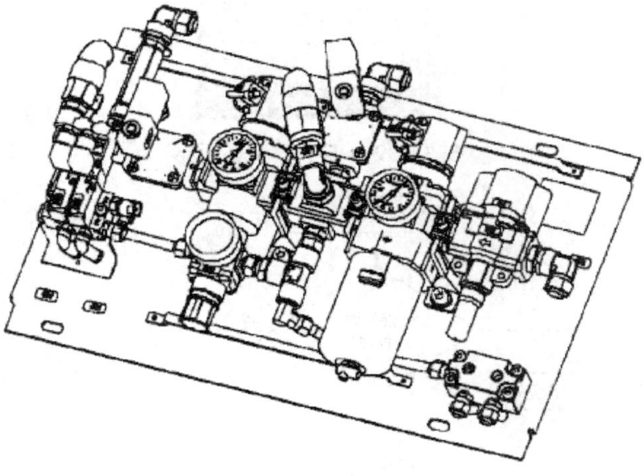

图 3－37　气动控制面板示意图

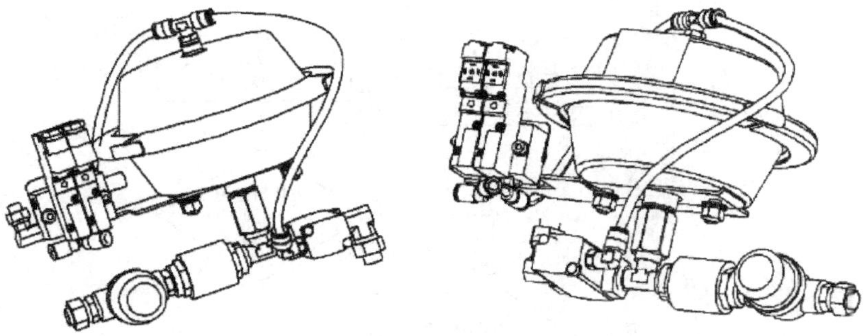

图 3－38　蚌壳式水增压器结构示意

7. 车下液位显示器

为使动车组司乘人员能够在系统运营过程中及时了解水箱、污水箱、废水污物箱液位状态，水箱、污水箱、废水污物箱内部均设有液位传感器，且在动车组车上、车下均设置有液位显示器，司乘人员可根据整车水箱储水情况安排补水和防冻排空工作。

车下液位显示器设置于车体两侧，CR400AF 型动车组车下液位显示器集成于车下水箱上，并可通过车体设备舱裙板上的液位观察窗对水箱、废水污物箱液位进行了解。车下液位显示器如图 3－39 所示。

8. 冲洗流程

按动任一卫生间内的便器冲洗按钮后，真空发生装置开始工作，污物中转箱内真空度达到设定值后，水增压器提供压力水冲洗便器，便器排泄阀打开，污物在负压作用下进入中转箱，排泄阀关闭，水增压器提供压力水对便器进行二次冲洗，水增压器补水，一次冲洗循环结束。便器冲洗流程如图 3－40 所示。

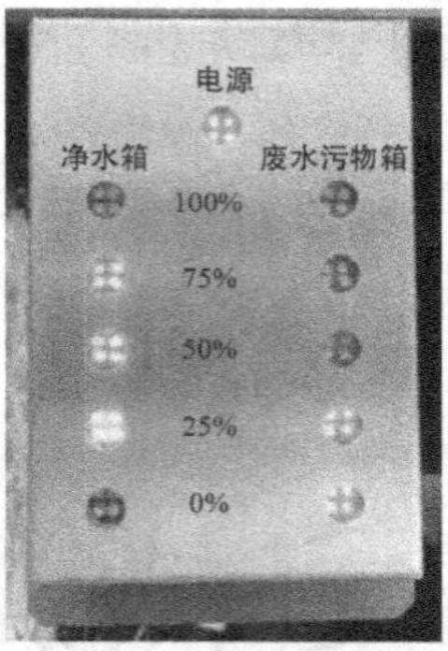

图 3-39　车下液位显示器

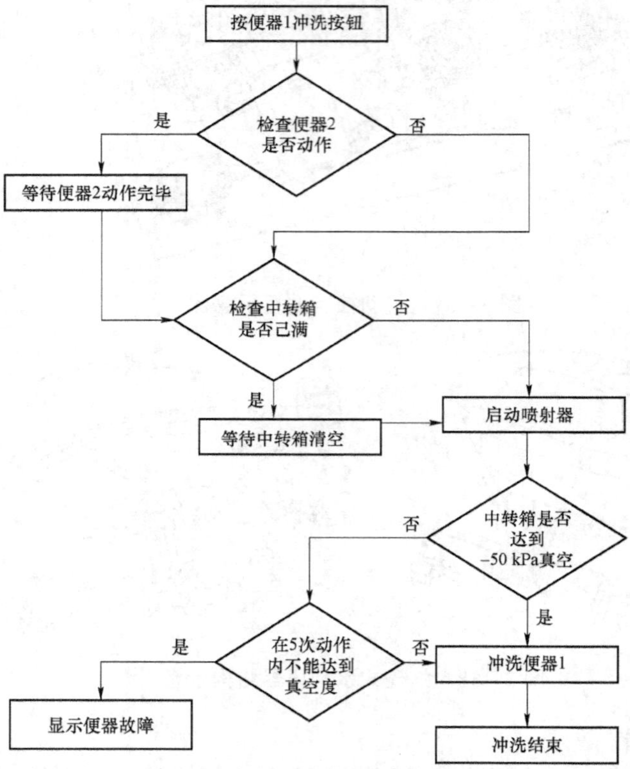

图 3-40　便器冲洗流程

当废水暂存箱液位达到设定液位，真空发生装置开始工作。污物中转箱内真空度达到设定值后，废水暂存箱排泄滑阀打开，废水在负压作用下进入污物中转箱。废水暂存箱排泄滑阀关闭，系统回到待命状态。

当便器冲洗次数与废水暂存箱清空次数之和达设定次数（6 次）时，系统会向污物中转箱注入正压空气，污物在正压的作用下进入废水污物箱。

3.3.4　卫生设施

卫生设施主要包括卫生间、盥洗室、洁具池等，为乘客提供如厕、盥洗等卫生服务，并为乘务人员提供清洁设施。

1. 卫生间

除餐车外，每节车厢均设置卫生间，其中头尾车设置坐式卫生间，无障碍车设置无障碍卫生间和蹲式卫生间，其余中间车设置一蹲、一坐两个卫生间。每个卫生间均设有一个按压式单冷洗手阀。

1）坐式卫生间

坐式卫生间门为拉门。门可从内部锁闭（外侧为暗锁，紧急情况下可通过专用的四角钥匙打开实施救援）。采用中转式真空集便系统。坐式卫生间内部构造如图3－41所示。

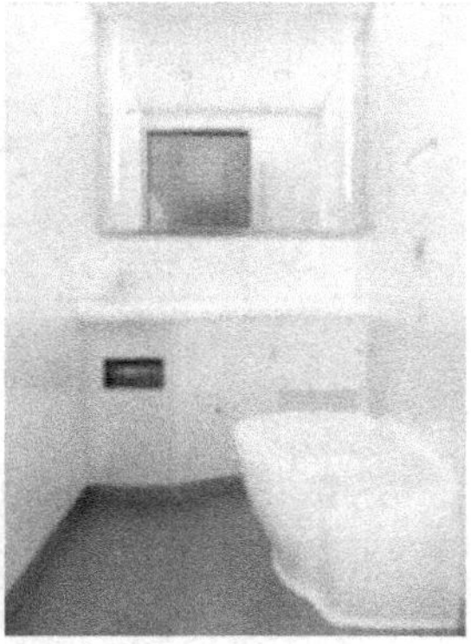

图3－41　坐式卫生间内部构造

坐式卫生间采用整体式玻璃钢卫生间，设有大理石台面、按压延时水阀、便器冲洗按钮、坐垫盒、扶手、镜子、大盘便纸等。采用中转式真空集便系统，当按压便器冲洗按钮时，便器排污管、中转箱内抽真空，将污物吸入车下中转箱内并且在便器部分设置了排泄阀防止废水污物箱内的臭气回流。在卫生间顶部增加了开孔，为卫生间提供新风；另外，卫生间内通过排气格栅持续排气时，卫生间内的气压与风道内的气压相比为负压。

2）蹲式卫生间

蹲式卫生间门为拉门。门可从内部锁闭（外侧为暗锁，紧急情况下可通过专用的四角钥匙打开实施救援）。采用中转式排污原理。便盆为不锈钢制品，外表面喷砂处理。

内部布置同坐式卫生间，通风方式同坐式卫生间。蹲式卫生间布置如图3－42所示。

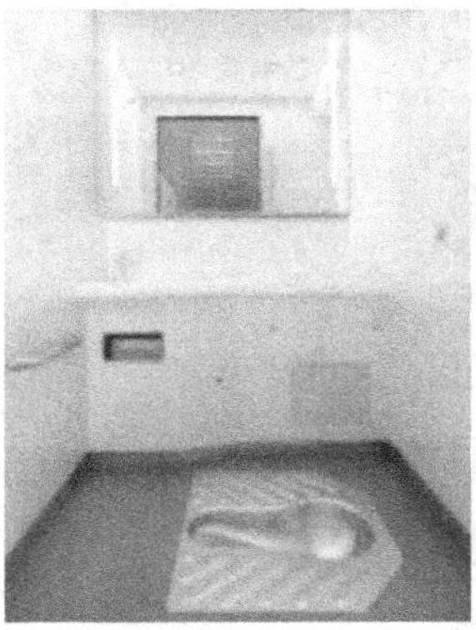
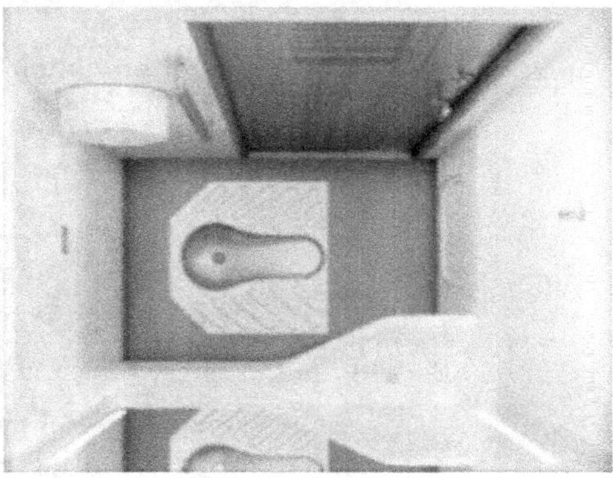

图3－42　蹲式卫生间布置

3）无障碍卫生间

无障碍卫生间设于无障碍车（CR400AF/－C/－G/－Z：4号车；CR400AF－A/－B/－BZ：

8 号车）上，采用坐式便器，内部空间满足《铁道客车及动车组无障碍设施通用技术条件》（GB/T 37333—2019）规定的无障碍设施布置要求。卫生间拉门设置了按钮式的自动门，除坐式卫生间基本配置外，根据特殊乘客的生活需求，设置了婴儿护理台、可折叠扶手、紧急呼叫按钮等。无障碍卫生间布置如图 3－43 所示。

2. 洗面间

CR400AF 型动车组在除无障碍车、餐车外的其余车辆上设置盥洗室，盥洗室设备包括大理石台面、皂液器、按压水龙头、垃圾箱、温水器及相关管路等，水龙头可提供温水供乘客使用。盥洗室外观如图 3－44 所示。

图 3－43　无障碍卫生间布置

图 3－44　盥洗室外观

盥洗室模块下部设置不锈钢垃圾箱，检查门上设置投放口盖板。盖板上开设直径为 90 mm 的圆孔，允许乘客投放饮料瓶等物品。盥洗室垃圾箱执行垃圾分类，可回收垃圾箱容积约为 50 L，其他垃圾箱容积约为 20 L。

皂液器放置在镜子检查门后部，按压皂液器压板即可取用皂液。

3. 洁具池

每 4 节车厢设置一个洁具池，用于乘务人员日常保洁时冲洗拖把等。洁具池为不锈钢材质，由冲拖布洗盆、水阀、提拉杆式排水机构等组成。洁具池结构如图 3－45 所示。

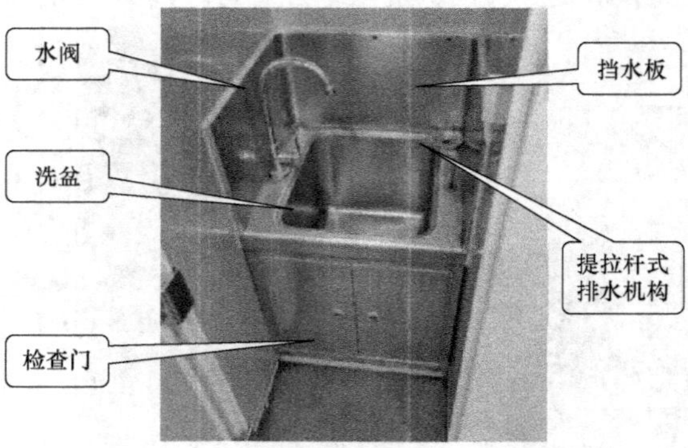

图 3－45　洁具池结构

日常使用中，冲洗拖把后提起提拉杆即可排空水盆内的存水。洁具池洗盆上方设挡水板，防止冲洗拖把时水沿洁具池与间壁间缝隙流入洁具池下方。洁具池洗盆下方设检查门，打开检查门后可对洗盆排水机构进行检修。

3.3.5　功能介绍

给排水及卫生系统功能包括液位指示、箱体加热显示、水箱缺水保护、泄漏保护、集便功能、冲洗功能、集控排空等。

1. 液位显示

水箱、废水污物箱均设有五档液位（0%、25%、50%、75%、100%）显示，在车下液位显示器及车上电气控制单元（5 车为车上给排水控制及显示单元）显示。液位显示器指示灯颜色显示见表 3－5。

表 3－5　液位显示器指示灯颜色显示

存水情况		水箱液位显示器指示灯					废水污物箱液位显示器指示灯					电源灯
		100%	75%	50%	25%	0%	0%	25%	50%	75%	100%	
水箱	满水	绿	绿	绿	黄	无						绿
	100%～75%	无	绿	绿	黄	无						绿
	75%～50%	无	无	绿	黄	无						绿
	50%～25%	无	无	无	黄	无						绿
	25%～0%	无	无	无	无	无						绿
	无水	无	无	无	无	红						绿
废水污物箱	0%～25%						绿	无	无	无	无	绿
	25%～50%						绿	绿	无	无	无	绿
	50%～75%						绿	绿	绿	无	无	绿
	75%～100%						绿	绿	绿	黄	无	绿
	满水						绿	绿	绿	黄	红	绿

2. 液位报警功能

水箱 0%、25%液位以及废水污物箱 75%、100%液位设液位报警功能。

1）水箱液位报警功能

当水箱水位低于 25%液位、高于 0%液位时，水泵正常工作，便器可用。可在列车 HMI 显示器上报警显示。设有卫生系统的车辆，还可在卫生系统电气控制单元上报警。

当水箱水位低于 0%液位时，水泵停止工作，便器不可用。可在列车 HMI 显示器上报警显示。设有卫生系统的车辆，还可在卫生系统电气控制单元上报警。水箱水位高于 25%液位，系统自动恢复正常。

为防止液位误报，各档液位传感器具有 15 s 延时功能。其中 0%、25%液位报警，电气控制单元持续 5 min 检测后报列车 HMI 显示器。水箱 0%无水报警后便器限用 2 次后停用。

2）废水污物箱、污水箱液位报警功能

当废水污物箱液位低于 75%时，按压对应车辆任一便器冲洗按钮，便器动作正常。本车电气控制单元无显示。

当废水污物箱液位达 75%、低于 100%时，按压对应车辆任一便器冲洗按钮，便器动作正常。可在本车电气控制单元上及列车 HMI 显示器上报警显示。当某一废水污物箱满时，按压对应车辆任一便器冲洗按钮，便器再冲洗一次以后不再动作。可在本车电气控制单元上及列车 HMI 显示器上报警显示。废水污物箱排污后，系统自动恢复正常。

为防止液位误报，在卫生系统电气控制单元控制逻辑中设置废水污物箱（25%、50%）液位信号的 3 s 连续判断，75%液位 5 min 连续判断，100%液位 5 min 连续判断。

废水污物箱中的污物中转箱不设液位传感器，依靠本车卫生系统便器和废水污水箱排泄阀动作次数监测实现污物中转箱排空动作控制及故障报警，便器和污水箱排泄阀动作共计 6 次，污物中转箱排空 1 次。

3. 箱体加热指示功能

水箱、废水污物箱、污水箱设箱体加热检测模块，用于检测箱体加热器工作状态，并将加热状态传输至车上电气控制单元（5 车为车上给排水控制及显示单元）显示。箱体加热状态指示灯颜色显示见表 3－6。

表 3－6　箱体加热状态指示灯颜色显示

加热状态		指示灯颜色
废水污物箱（污水箱）	加热指示	绿
	加热故障	红
水箱	加热指示	红
	加热故障	绿

箱体设超温保护功能，依靠二级温控器实现。当箱内温度超过设定值时，加热停止。废水暂存箱及便器工作正常。本车集便系统电气控制单元加热指示绿灯熄灭、加热故障红色灯亮。

4. 供水控制功能

CR400AF 型动车组水箱采用水泵式供水结构，通过控制水泵实现车辆供水控制功能。车辆供水功能如下。

（1）待机控制。水箱液位正常，系统上电后，PLC 控制水泵启动，当供水管路压力上升到扬程压力开关设定的上限值时，PLC 控制水泵停止处于待机状态。

（2）水泵启动。当车上用水，供水管路压力降到扬程压力开关设定的下限值时，水泵启动。

（3）水泵停止。当车上停止用水，供水管路压力上升到扬程压力开关设定的上限值时，水泵停止。

（4）流量保护功能。当供水管路流量大于流量开关设定的上限值时，PLC 控制水泵持续工作，避免供水管路压力波动导致水泵频繁启动。

（5）吸气保护功能。当水泵进水口处液位低于水泵进水口时，通过执行吸气保护程序来避免水泵长时间无水空转。

（6）防泄漏功能。当系统判断管系确有泄漏时，本车水泵停止工作，列车 HMI 显示器报警。设有卫生系统的车辆，便器不可用，卫生系统电气控制单元报警。

（7）给水系统故障报警功能。设有给水与卫生系统的车辆，当本车给水系统无法正常供水时，便器不可用，卫生系统电气控制单元报警。

5. 集便系统故障报警功能

（1）当某一便器蝶阀故障且不能自动排除时，便器不可用，本车集便系统电气控制单元显示相应的故障代码，列车 HMI 显示器报警。

（2）当电气故障且不能自动排除时，便器不可用，本车集便系统电气控制单元显示相应的故障代码，列车 HMI 显示器报警。

（3）当污物中转箱在清空过程中出现压力过高时，便器不可用，本车集便系统电气控制单元显示相应的故障代码，列车 HMI 显示器报警。

（4）当污物中转箱在设定时间内无法达到设定的真空度时，便器不可月，本车集便系统电气控制单元显示相应的故障代码，列车 HMI 显示器报警。

（5）当本车气源压力不足时，本车所有便器不可用，本车集便系统电气控制单元显示相应的故障代码，列车 HMI 显示器报警。

（6）当真空开关故障时，便器不可用，本车集便系统电气控制单元显示相应的故障代码，列车 HMI 显示器报警。

（7）当废水暂存箱滑阀故障且不能自动排除时，本车集便系统电气控制单元显示相应的故障代码，列车 HMI 显示器报警。

（8）采用多便器的中转式真空集便系统，某一便器蝶阀故障报警后，该便器不可用，同一个电气控制单元控制下的其他便器和污水箱也不可用。

CR400AF 型动车组 DTC 故障代码及相应的故障处理措施见表 3－7。

表 3－7　DTC 故障代码及相应的故障处理措施

故障代码	含义	原因分析	故障处理措施
00	运行模式		
01	水箱水位低于 25%	—水箱水位低于 25% —液位开关故障或线路故障	—注水到水箱 —更换液位开关及导线
02	水箱无水	—水箱内无水 —液位开关故障或线路故障	—注水到水箱 —更换液位开关及导线
03	泄漏检测	—供水管路中有泄漏点 —防泄漏开关或线路故障	—修复供水管路中的泄漏点 —更换防泄漏开关或修复线路
04	净水系统故障	净水系统故障	检查水泵系统及供水管路，排除故障点
05	废水污物箱液位达到 75%	—废水污物箱内液位达到 75% —液位开关故障或线路故障	—排空废水污物箱 —更换或清洗液位开关
06	废水污物箱已满	—废水污物箱内液位达到 100% —液位开关故障或线路故障	—排空废水污物箱 —更换或清洗液位开关
07	气源压力不足	—气源压力过低或管路有泄漏 —调压阀有故障或压力设定过低	—恢复供气压力、修复管路 —更换调压阀或调整设定值
08	坐式便器不可用	—无供水 —水增压器故障或堵塞 —无压缩空气	—检查供水和水箱 —更换水增压器、检查水气供应 —检查压缩空气和气动盘
09	蹲式便器不可用	—无供水 —水增压器故障或堵塞 —无压缩空气	—检查供水和水箱 —更换水增压器、检查水气供应 —检查压缩空气和气动盘
10	车上污水箱异常	—液位开关故障或线路故障 —滑阀或位置传感器故障	—更换液位开关及导线 —更换滑阀

续表

故障代码	含义	原因分析	故障处理措施
11	坐式便器排泄阀故障	—无压缩空气 —排泄阀关闭不到位（阻塞或气源压力低或气缸损坏或蝶阀损坏） —排泄阀关到位检测开关脱落或错位（开关损坏或线路故障）	—检查压缩空气和气动盘 —去除阻塞物，恢复供气压力， —更换气缸或磁性开关或排泄阀 —恢复磁性开关定位
12	蹲式便器排泄阀故障	—无压缩空气 —排泄阀关闭不到位（阻塞或气源压力低或气缸损坏或蝶阀损坏） —排泄阀关到位检测开关脱落或错位（开关损坏或线路故障）	—检查压缩空气和气动盘 —去除阻塞物，恢复供气压力 —更换气缸或磁性开关或蝶阀 —恢复磁性开关定位
14	中转箱压力过高	—调压阀故障或压力设定过高 —电磁阀故障	—调节或更换调压阀 —修复或更换电磁阀
15	中转箱真空不足	—中转箱或管路有泄漏 —真空发生器故障 —气源压力不足或气管泄漏 —真空开关故障或设定值过高	—修复中转箱或管路中的泄漏点 —更换真空阀发生器 —恢复供气压力、修复泄漏 —更换真空开关或调整设定值
16	真空开关故障	真空开关损坏或线路故障	更换真空开关或修复线路
17	正在执行防冻排空	—正常执行防冻排空动作 —防泄漏开关或线路故障	—更换防泄漏开关或修复线路
22	车下污水箱异常	—液位开关故障或线路故障 —滑阀或位置传感器故障	—更换液位开关及导线 —更换滑阀
23	车下污水箱排泄阀故障	—无压缩空气 —滑阀关闭不到位（阻塞或气源压力低或气缸损坏或蝶阀损坏） —滑阀关到位检测开关脱落或错位（开关损坏或线路故障）	—检查压缩空气和气动盘 —去除阻塞物，恢复供气压力， —更换滑阀

6. 卫生系统网络通信功能

卫生系统电气控制单元通过干触点信号将车辆卫生系统状态传递至列车网络。卫生系统网络通信信号传递示意如图 3－46 所示。

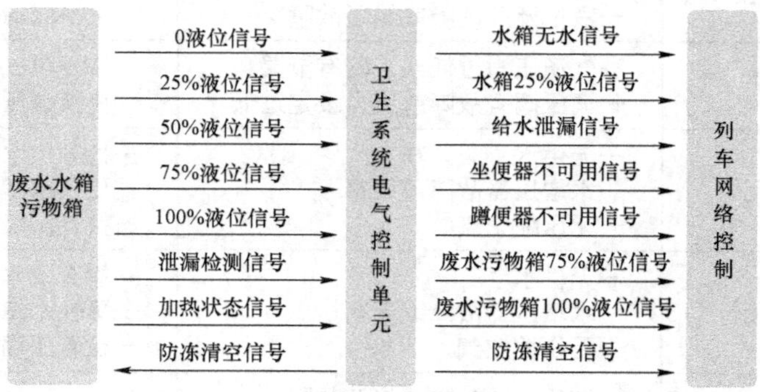

图 3－46　卫生系统网络通信信号传递示意

7. 防冻保护功能

除了上述各给水卫生系统部件所设的伴热及防寒等防冻保护措施，动车组给水卫生系统还设有防冻排空功能，以避免低温对给水卫生系统造成损坏。给水卫生系统主要包括以下防冻排空功能。

1）失电排空功能

系统失电后，水泵停止工作，进水电磁阀关闭，排水电磁阀打开，排空供水管路中的存水。

2）单车排空功能

操作本车防冻排空按钮，先进行给水系统排空。给水系统排空过程如下。首先水泵停止工作，水箱排水电磁阀、管路排水电磁阀打开，排空箱体、供水管路中的存水。30 min 内排空箱体及管路中的存水。开始防冻排空动作 15 min 后，卫生系统开始独立执行排空控制：污物中转箱自动清空 1 次—便器冲洗 1 次—污水箱排空 1 次—便器冲洗 1 次—污水箱排空 1 次—便器冲洗 1 次—污水箱排空 1 次—污物中转箱自动清空 3 次，以排空污水箱、便器、水增压器及附属管路、污物中转箱中的存水。操作本车防冻排空按钮后，便器不可用，且卫生系统电气控制单元报警。

给水卫生系统控制电热开水器、温水器排空过程如下。当操作本车防冻排空按钮时，电气控制单元（5 号车为车上给排水控制及显示单元）向电热开水器及温水器排水电磁阀输出防冻排空开关信号。防冻排空过程中信号持续，保证电热开水器、温水器在防冻排空过程中电磁阀处于打开状态，排净存水。

3）整列集控排空功能

操作整列集控排空旋钮，各车排空动作控制同单车排空。操作整列集控旋钮后，本动车组所有水泵停止工作。便器不可用，卫生系统电气控制单元报警。

4）手动排空功能

水箱两侧设有手动排空阀，无电条件下操作手动排空阀排空箱体中的存水，满水条件下 30 min 内排空箱体中的存水。废水污物箱通过吸污设备进行抽空。

3.3.6　技术参数及指标

1. 给水系统

给水系统中车下水箱的技术参数见表 3－8。

表 3－8　车下水箱技术参数

项目	参数
系统控制电源	车供 DC 110 $V^{+25}_{-30}\%$，过分相不间断供电；水箱共用卫生系统控制电源，为水泵控制 PLC、电磁阀等控制元件提供 DC 24 V 电源
水泵工作电源	车供 AC 220 V（1±10%），过分相时不断电
车下水箱防冻电源	车供 AC 220 V（1±10%）
供水压力	98～127 kPa，最高 200 kPa
系统工作时噪声	客室内通过台处≤65 dB（A）
水泵额定功率	270 W
水泵额定电压	AC 220 V（1±10%）

续表

项目	参数
水泵额定电流	1.1 A
水泵启动电流	4 A
水泵排水能力	扬程 14 m 时，13±2 L/min
扬程压力开关	ON 98 kPa OFF 127 kPa

2. 卫生系统

卫生系统技术参数见表 3－9。

表 3－9 卫生系统技术参数

项目		参数
废水污物箱有效容积		450 L/600 L
供电电压	控制电源	车供 DC 110 V$^{+25}_{-30}$%，过分相不间断供电
	防冻电源	车供 AC 220 V（1±10%）
气源		450～900 kPa
耗气量		平均每次动作不大于 45 NL/次
便器冲洗耗水量		不锈钢便器：≤0.5 L/次 陶瓷便器：≤1.2 L/次（二次冲洗）
排污接口		2.5”快速接头
冲洗接口		1”快速接头
电器防护等级		IP64

3. 电热开水器

电热开水器技术参数见表 3－10。

表 3－10 电热开水器技术参数

项目	参数
外形尺寸	1 820 mm × 360 mm × 350 mm
额定电压	AC 380 V（±15%），50 Hz，三相三线制
控制回路电压	DC 110 V
额定功率	4.5 kW
产开水量	≥40 L/h
出水温度	≥95 ℃

4. 温水器

温水器技术参数见表3－11。

表3－11 温水器技术参数

项目	参数
重量	约27 kg（水满时）
外形尺寸	220 mm×330 mm×340 mm
电源电压	AC 220 V（1±10%），50 Hz
额定耗电	1.1 kW±5%
供水水温	＋5～＋40 ℃
供水压力	0.1～0.6 MPa
供水连接	G1/2
排水连接	G1/2
热水贮存量	11.7 L
加热器	管状加热器
安全装置	突跳式温控器

知识拓展

1. CRH5型车卫生系统应急故障处理

当CRH5A/CRH5G型车卫生间控制系统及硬件出现故障时，卫生间故障显示器点亮，卫生间控制器显示相应的故障代码。引起该故障主要有两个原因：DTC系统及硬件故障或便器管路堵塞。

处理过程：处理该故障无须停车，可继续行车。打开卫生间检查门，检查DTC上的故障代码，并根据代码查找对应故障。

按压卫生间控制器上的复位按钮，系统进行自动复位。如故障代码03表示清水箱空，这时可按压卫生间控制器上的手动泵水按钮。

如便器不产生压力，对控制板系统复位后，按冲水按钮滑阀动作，但不抽水。可确认为便盆堵塞，按控制板反冲按钮疏通（注意：按压时间越长反冲力越大）。如果确定车下管路堵塞，待入库后处理。如果真空泵工作，但故障未恢复，检查真空发生器排气管和三通是否堵塞。

如果卫生间仍报故障，锁闭卫生间，并停止使用。

2. CR400BF型动车组卫生系统故障处理

CR400BF型动车组卫生系统主要问题及解决方案见表3－12。

表 3－12　卫生系统主要问题及解决方案

	故障概况	原因分析	处理情况
1	报全列卫生间真空不足，需手动复位才能正常工作	在车辆降弓断开高压并仅提供蓄电池时，便器系统会出现风压不足和真空不足故障。如果列车供风不能在 60 s 内恢复正常，系统的故障将变成持续故障。当列车升弓供高压时，真空不足故障需要手动复位才能消除。用户要求手动复位改成自动复位	对 DTC 控制板软件进行升级
2	卫生间在运行过程中经常出现报 9000、9001 便器不可用问题	当卫生间由于风源风压不足，每次抽真空时，便器系统会给 TCMS 发出便器故障信号。事实上便器此时并不是真正出现故障，此时便器处于抽真空循环过程中，如果在此期间风压恢复正常，便器系统可以自动复位	对 DTC 控制板软件进行升级
3	废水污物箱 75%和废水 100%液位闪报问题	废水污物箱 75%和 100%液位在列车运行过程中会出现闪报。当 100%液位出现闪报时便器不可用	对 DTC 控制板软件进行升级
4	盥洗室水龙头常流水	盥洗室水龙头的卡滞不回弹或回弹不到位导致长流水、滴水	供应商对水阀活塞、缸体和弹簧进行更改

任务 3.4　动车组给排水卫生系统装调与检修

任务导入

随着我国铁路交通的快速发展，动车组作为现代铁路运输的重要组成部分，其运行效率和乘坐舒适度受到广泛关注。动车组的给排水卫生系统是保证旅客舒适度和车辆清洁卫生的关键系统之一。该系统包括供水、排水、卫生设施等多个子系统，其正常运行对于动车组的日常运营至关重要。

本次任务的目标是熟悉并掌握动车组给排水卫生系统的装调与检修流程，确保系统功能的正常发挥，提升动车组的运行品质和旅客的乘坐体验。

知识储备

3.4.1　给排水卫生系统安装

供水装置的元件安装与组装必须由制造商指定的人员或经过特别培训的人员执行。作为检修操作的基本原则，对供水装置进行相关作业时，必须断开电源。作业完成后，恢复供电。安装图参照图 3－47 和图 3－48 所示进行。

1. 管路安装

管路安装包括注水管、溢水管、排水管和供水管的安装，管路外包保温材料，管路在车体上固定等。

2. 水箱安装

水箱使用 8 套 M20 的特殊螺栓组成吊装在车下中部横梁上，其中特殊螺栓需通过在车下横梁滑槽上的开口穿入滑槽内，安装扭矩范围为 156.9～200 N · m。

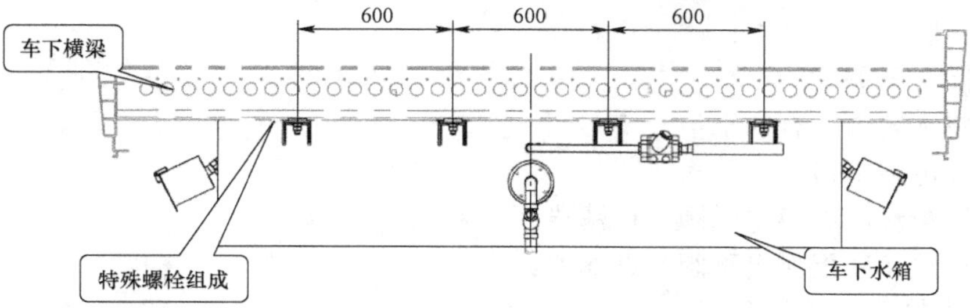

图 3－47　水箱安装示意图

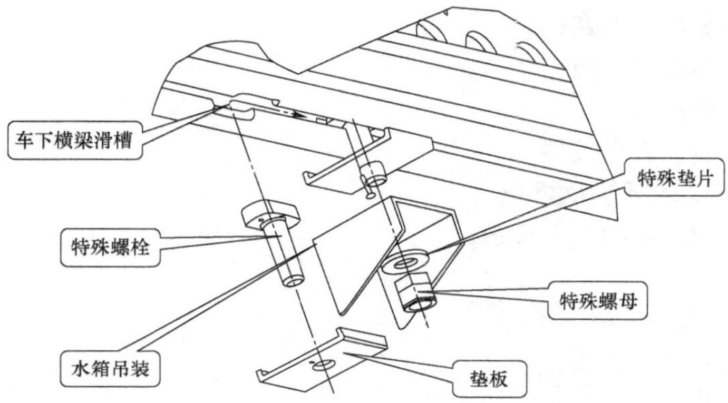

图 3－48　特殊螺栓组成安装示意图

3. 车下液位显示器安装

车下液位显示器安装于车下设备舱内，靠近水箱注水口侧；车上液位显示器和电气控制单元安装于车上电气控制柜内。

按以下顺序拆卸：

（1）切断液位显示器的电源；

（2）断开液位显示器的连接器；

（3）松开固定面板在墙面上的安装螺栓；

（4）更换液位显示器或部件；

（5）重新装配。

4. 水泵的拆卸及更换

（1）请在更换之前进行部分防冻排空以排空水供应管路；

（2）关闭水泵的供电及控制电源；

（3）关闭清水供应（只要没有电源供应，进水电磁阀 Y2 是关闭的）；

（4）断开水泵的连接电缆；

（5）打开固定水泵螺栓和连接管路；

（6）拆除泵体；

（7）以相反顺序重新装配新泵体。

5. 电磁阀、过滤器的拆卸及更换

（1）请在更换之前进行防冻排空以排空水供应管路，若拆卸进水电磁阀、进水过滤器须将水箱内的水清空；

（2）执行防冻排空动作；
（3）关闭主开关；
（4）清空水箱内所有的水；
（5）断开电缆电路；
（6）进行清洗或更换电磁阀、过滤器；
（7）相反顺序装配新电磁阀、过滤器。

6. 温控器的拆卸及更换

（1）关闭主开关；
（2）打开检修盖和温控盒；
（3）断开温控器连接电缆；
（4）更换温控器；
（5）相反顺序装配新温控器。

7. 水箱液位开关的拆卸及更换

（1）根据箭头指示方向向上安装；
（2）排空水箱；
（3）打开检修门；
（4）断开液位开关连接器；
（5）更换液位开关；
（6）相反顺序更换新液位开关；
（7）电气控制单元的拆卸及更换。

8. 电气控制单元安装

（1）请务必断开系统电源；
（2）切断给排水及卫生系统的电源；
（3）断开电缆电线，松开固定面板在墙面上的安装螺栓；
（4）更换控制单元或部件；
（5）重新装配。

3.4.2 给排水卫生系统调试

给排水卫生系统调试应该由制造方或经营方具备资质的人员执行。注水前需要断开供水装置的电源，对净水箱进行清洁，清洁操作步骤如下（图 3－49）。

（1）手动旋开水箱排水阀。

（2）通过水箱注水口持续向水箱内注水，此时水箱内的水从排水管流出。

（3）注水、排水同时进行，持续至少 10 min 后，停止注水。

（4）如果水箱内有水垢，需用 4%柠檬酸溶液浸泡 24 h 后用净水冲洗 2～3 次，然后排空。

（5）水箱排水管无水流出后关闭红色排水阀，箱体冲洗结束。

（6）冲洗结束后，将供水装置恢复至正常使用状态，恢复给水装置的供电。

（7）给水箱注水，注水过程中可观察液位显示器指示灯的状态，按照状态判断箱体内水的容积。

（8）注满水后，系统将自动为用水部件供水。

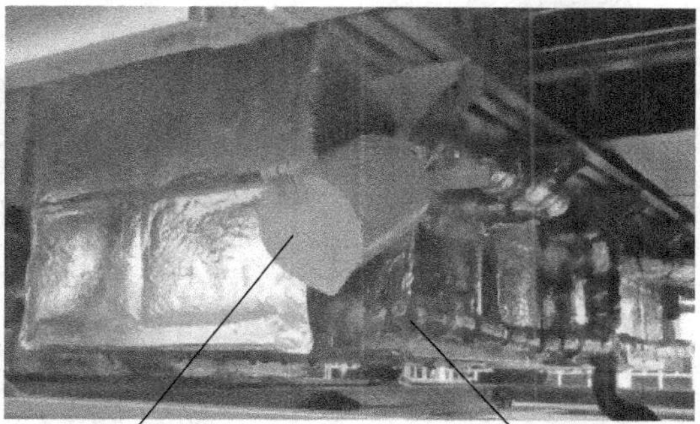

图 3-49　净水箱清洁操作步骤示意图

任务 3.5　卫生系统的检查与维护项目训练

操作运用案例

卫生系统随车检查

1. 实训项目教师工作活页

<table>
<tr><td colspan="4">实训项目教师工作活页　　No.: _____</td></tr>
<tr><td>实训项目</td><td colspan="3">卫生系统随车检查</td></tr>
<tr><td>学　时</td><td></td><td>班　级</td><td></td></tr>
<tr><td>实训场所</td><td colspan="3">理实一体化教室</td></tr>
<tr><td>实训设备</td><td colspan="3">动车组单节车体</td></tr>
<tr><td rowspan="3">教学目标</td><td>知识目标</td><td colspan="2">（1）掌握动车组卫生系统的布局情况；
（2）掌握动车组卫生系统的组成结构；
（3）掌握动车组卫生系统的故障类型及检修</td></tr>
<tr><td>技能目标</td><td colspan="2">（1）能综合运用专业知识，通过利用专业书籍、多媒体课件和图片资料获得帮助信息；
（2）能按照卫生系统随车检查的内容和要求进行检查操作</td></tr>
<tr><td>素质目标</td><td colspan="2">（1）能在实训活动中保持积极向上的学习态度；
（2）能与小组成员和教师就学习中的问题进行交流和沟通；
（3）能与他人共享学习资源，具有较好的合作能力和团队协作精神</td></tr>
<tr><td>教学活动</td><td colspan="3"></td></tr>
</table>

续表

教学评价	学生活动：以 8～10 人小组为单位开展实训活动，根据本组同学在实训过程中的能力表现及结果进行自评组内互评；根据其他小组同学在成果展示活动中的表现及结果进行互评； 教师活动：教师组织学生开展评价活动和总结；对学生本实训项目单元成绩做出综合评价
教学资料	（1）教材； （2）学生自查资料； （3）实训项目学生学习活页
指导教师		教学时间	年　月　日

2. 实训项目学生学习活页

实训项目学生学习活页 **No.：＿＿＿**

实训项目　卫生系统随车检查

班级：　　　　姓名：　　　　学号：　　　　时间：

一、实训目标

1. 知识目标

（1）掌握动车组卫生系统布局情况。

（2）掌握动车组卫生系统的组成结构。

（3）掌握动车组卫生系统的故障类型及检修。

2. 技能目标

（1）能综合运用专业知识，通过利用专业书籍、多媒体课件和图片资料获得帮助信息。

（2）能按照卫生系统随车检查的内容和要求进行检查操作。

3. 素质目标

（1）能在实训活动中保持积极向上的学习态度。

（2）能与小组成员和教师就学习中的问题进行交流和沟通。

（3）能与他人共享学习资源，具有较好的合作能力和团队协作精神。

二、知识总结（理论题）

1. 简述 CRH5 型动车组标准卫生间组成结构。

2. 简述 CRH5 型动车组西式卫生间组成结构。

3. 简述 CRH380B 型动车组集便器应急故障处理方法。

三、操作运用

1. CRH5 型动车组卫生间灰水箱途中应急故障处理。

2. CRH380B（G）型动车组卫生间洗面台一级修内容。

续表

3. 对 CRH5 型动车组便盆进行定期维护。

四、实训小结

五、成绩评定

1. 学生评价

评价等级	A—优	B—良	C—中	D—及格	E—不及格
学生自评					
组内互评					
他组互评					

2. 教师评价

评价等级	A—优	B—良	C—中	D—及格	E—不及格
专业能力					
方法能力					
社会能力					
评价结果					

3. 综合评价

评价等级	A—优	B—良	C—中	D—及格	E—不及格
评价结果					

注：按照学生自评占 10%、组内互评占 10%、他组互评占 20%、教师评价占 60%的比例计分。其中 A—100 分，B—85 分，C—75 分，D—60 分，E—50 分。

4. 评价量规

等级	行为表现描述
A	能圆满高效地完成任务的全部内容
B	能顺利完成实训任务的全部内容
C	能完成实训任务的全部内容，但需要一些帮助和指导
D	自己只能完成实训任务的部分内容，但在现场的指导下，已经能完成全部内容
E	不能完成实训任务的全部内容

思考与练习

一、填空题

1. CR400AF 型动车组供水系统中水系统板的组成包括______________、辅助净水阀、______________和防冻排水阀。

2. CR400AF 型动车组集便系统采用______________工作方式，其特点为在集便器与车下废水污物箱之间设置有______________单元，帮助集便器完成工作循环。

3. 当 CR400AF 型动车组卫生系统若发生故障时，可通过 DTC 控制面板直观查看故障类型，如故障代码 01 代表______________，代码 02 代表______________，代码 03 代表______________。

二、判断题

1. 车下水箱由箱体、泵水装置、加热装置及温控装置组成。（　　）

2. 作为一名随车机械师，在检查 CRH380B 动车组车下废水污物箱的真空压力时，需要到辅卫生间的“从控制板”上查看。（　　）

3. CRH380B 与 CRH5 动车组采用相同的真空集便系统。（　　）

4. CRH380B 动车组全列净水箱均位于车上。（　　）

三、简答题

1. 请画出 CRH380B 型动车组供水系统工作原理图，并描述供水系统的具体工作流程。

2. 请描述真空推拉式集便系统的工作流程，并画出紧凑单元结构简图。

项目4　动车组车门系统

项目导读

动车组车门是动车组关键电气设备之一，涉及车门承载驱动、锁闭、控制及网络通信等核心技术。从设计到应用考虑到车速高、抗电磁干扰要求高、需要耐高温抵极寒等复杂工况，因此其结构复杂、安全性高。动车组车门系统不仅影响着列车运行的可靠性和经济适用性，也直接影响着旅客的乘车安全和舒适性。

本项目内容将以 CRH380A、CRH380B、CR400AF 型动车组为例，详细介绍不同车型的车门类型、结构、功能、运维检查及安装调试等知识。

知识目标

① 熟悉各类型动车组车门的布置概况。
② 掌握不同类型车门的结构组成。
③ 熟悉不同类型车门的主要技术参数。
④ 掌握动车组车门系统的检修与维护流程。
⑤ 了解动车组车门系统的安装与调试。

技能目标

① 能识别不同类型的车门。
② 能叙述不同类型车门的主要组成部件。
③ 能简要叙述不同类型车门的主要技术参数。
④ 能协同完成动车组车门的日常维护、排故、检修。
⑤ 能协助完成动车组车门的安装与调试。

素质目标

① 具备安全第一的责任意识。
② 具备乘客至上的服务意识。
③ 具备严格执行作业标准的良好职业道德。

教学环境

带单节车体的理实一体化教室或不同类型车门总成。

工具设备

动车组车体或不同类型车门总成、运维检修工具。

任务 4.1 动车组车门系统概述

任务导入

不同系列动车组的车门系统，虽有不同，但按照功能及应用可以概括分为两类，分别是“外部门”及“内部门”。

其中“外部门”可以分为“内置式侧拉门”“塞拉门”“其他外部门”等；

“内部门”可以分为“外端拉门”“内端拉门”“小间门”等。

下面介绍这些门有哪些作用以及它们的结构。

知识储备

4.1.1 外部门

动车组外部门是指司乘人员及乘客登临动车组内部的所有车门。不同类型车辆所采用的外部门特征如下。

（1）CRH380A 型动车组外部门采用旋转杆气压形式的内置式侧拉门，分布于车厢两侧，通过设置在司机室及机械师室内的开关集中控制。

（2）CRH380B 型动车组外部门采用电动式单开塞拉门，分布于车厢两侧，通过设置在司机室的开关集中控制，也可通过门上开关进行独立控制。

（3）CR400AF 型动车组外部门采用电控电动单扇塞拉门，电控气动压紧密封。采用主、副门控器进行单车网络通信，由网络系统对车门状态及故障信息进行监控及控制。

1. 内置式侧拉门

内置式侧拉门，如图 4－1 所示，是安装在车体侧墙上的压力密封式客室侧门，门在开启和关闭过程中，门扇沿着导轨运行。不同于塞拉门的是，门关闭后，通过压紧装置与车体密贴。门开启后，门扇位于侧墙夹层内。

图 4－1 内置式侧拉门

具体地，内置式侧拉门的结构主要由门扇、承载驱动装置、压紧装置、动作控制装置、紧急解锁装置、隔离装置、导向装置等组成，可根据需求设置站台间隙补偿装置。其特有的压紧装置需在车门关闭到位后才能动作，且在运行中保持压紧状态，实现车门的密封，并依靠动作控制装置通过电磁阀组件及相关附件准确控制车门动作。

功能上，内置式侧拉门具有开门、关门、自动压紧、障碍检测、缓冲功能、隔离、紧急解锁、速度连锁保护等功能。

2. 塞拉门

塞拉门，如图 4－2 所示。它是动车组车辆中目前最常见、使用最广泛且具有密封功能的电气化客室侧门，因其在开关门动作时具有“塞”和“拉”两种动作而得名。在关闭时，其与车体外侧成一个平面，有效降低了风阻及噪声；在开启时，其门扇沿着导轨运行到车体外侧。塞拉门所具有的良好气密性为乘客提供了良好的隔声隔温的乘车环境，优秀的锁闭系统可以提供更好的安全性。

图 4－2　塞拉门

具体地，塞拉门的结构主要由门扇、门框、承载驱动装置、门控单元、锁闭装置、紧急解锁装置、隔离装置、导向装置等组成，根据需求可设置站台间隙补偿装置。其中门扇多采用轻型骨架结构，夹层使用具有良好隔声、隔温和阻燃性能的材料；门框与门扇匹配，保证了车门的密封性能；承载驱动装置是客室侧门的运动机构，配合门控单元控制车门动作，且后者可以监视并反馈车门状态、记录车门故障，实现车门的各项功能；锁闭装置可以保证车门的锁闭状态，当出现紧急情况时可利用紧急解锁装置且条件允许时人工从车内或车外解锁未被隔离操作的单个车门；如遇故障，车门可通过隔离装置手动方式机械锁闭，屏蔽车门电控与集控操作；导向装置引导车门运动，且根据站台宽度，设置有站台间隙补偿装置，防止旅客通过时跌落站台。

功能上，塞拉门应具有开门、关门、故障自诊断、障碍检测、自动/手动锁闭、隔离、紧急解锁、速度连锁保护等功能，从而保证车门的正常集控、电控、手控等功能的正常进行。

3. 其他外部门

除去以上两种主要外部门的形式均属于“其他外部门”的范畴，包含为司乘服务人员提供便利的外部门，如在 CRH2 型动车组上设置的司机登车门，如图 4－3 所示。在 CRH5 型动车组上设置有为餐车上货服务提供便利的餐车上货门，如图 4－4 所示。因其不具备概括性，将在后续内容中，针对具体应用车型进行讲解。

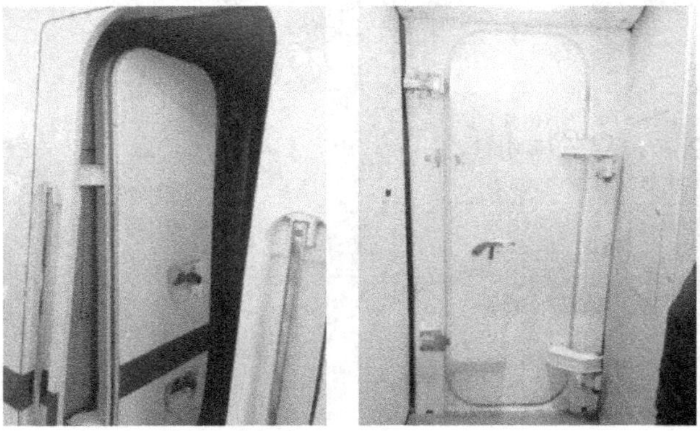

图 4－3　司机登车门

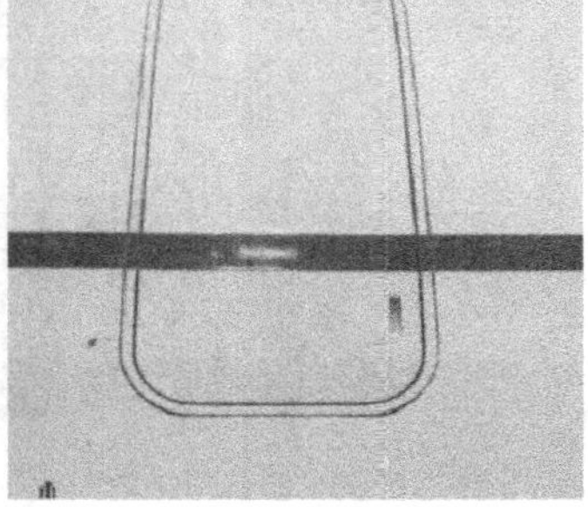

图 4－4　餐车上货门

4.1.2 内部门

1. 外端拉门

外端拉门，如图 4－5 所示，设置在车体端墙上，用于连通相邻车厢客室，具有防火阻燃的作用。

概括性地，外端拉门多指电动外端拉门，其结构主要由门扇、承载驱动装置、下导轨、门框防火密封装置、光电检测开关或按钮开关等组成。使用光电检测开关的为感应式外端拉门，使用按钮开关的为按钮式外端拉门。

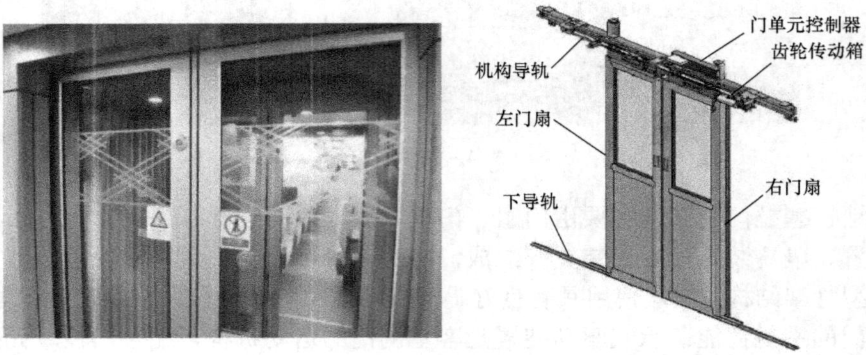

图 4－5　外端拉门

外端拉门的门扇可采用单扇或双扇结构，一般均采用防火玻璃加框架结构或整体钢板结构，配合门框防火密封装置能有效密封外端拉门门体与车体的间隙，防止火势蔓延；承载驱动装置整体结构紧凑，驱动门扇完成功能性开关门操作；光电检测开关一般优先选用近红外感应式，按钮开关一般选用触摸式或按压式。

2. 内端拉门

内端拉门，如图 4－6 所示，设置在车辆内端墙上，用于连通客室与通过台或走廊，通常为常闭状态。

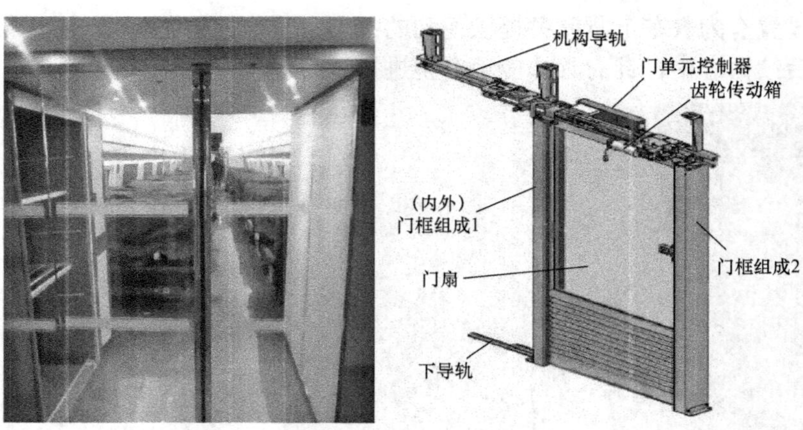

图 4－6　内端拉门

概括性地，内端拉门多指电动内端拉门，其结构主要由门扇、承载驱动装置、手动/电动转换开关、下导轨、光电检测开关或按钮开关等组成。使用光电检测开关的为感应式内端拉门，使用按钮开关的为按钮式内端拉门。

与外端拉门门扇不同的是，内端拉门门扇可采用整扇安全玻璃的形式，美观大方且具有隔离空间和隔声的作用，其他结构方面与外端拉门大同小异。

3. 小间门

小间门则泛指设置在车辆内部，为旅客和司乘人员等使用的房间门，按照结构形式分为拉门、转轴门、折页门；按照使用功能则可以分为整体卫生间门、无障碍卫生间门、乘务员室门、机械师室门、配电室门、厨房门、包间门等，特殊的无障碍卫生间门则为电动拉门。

小间门所包含门的形式较多，通常由门扇、承载驱动装置、上下导轨、按钮开关或转轴、折页、支撑等组成。

任务 4.2　CRH380A 型动车组车门系统

任务导入

CRH380A 型动车组采用低阻力流线头型，为动力分散式、交流传动的电力动车组，其持续运营速度可达 350 km/h，是中国高速动车组的一项里程碑。以此为基础，可以向上拓展更高时速列车，向下拓展城际列车等。

该车型外部门包含采用旋转杆气压形式的内置式侧拉门和司机登车门，其中司机登车门位于头车两侧，内置式侧拉门分布于各车厢两侧，通过设置在司机室及机械师室内的开关集中控制。

下面介绍 CRH380A 型动车组车门系统的结构及其如何进行日常检修维护。

知识储备

4.2.1　外部门

CRH380A 型动车组的内置式侧拉门为旋转杆气压形式，全列共设 24 个，分布于车厢两侧，通过设置在司机室及机械师室内的开关集中控制。具体分布为 1、8 号车各两套，中间车(除 5 号车)各四套;1、8 号车侧门为可单控门,4 号车二位端为宽门,其他为窄门。CRH380A 动车组客室侧门如图 4－7 所示，采用压缩空气作为开关车门动力。

CRH380A 型客室侧门由压缩空气驱动车门的驱动风缸，通过机械传动系统和电气控制系统完成车门的开关门动作，同时依靠电气控制系统检测侧门的状态，并将检测信息返回诊断系统及列车运行控制系统，实现对车门的监测及安全防护。

动车组内置式侧拉门可单控，也可集控，常用的集控操作可通过设置在列车两端司机室及乘务员室的集控开关进行控制，且各车厢外部安装了显示灯，司机室操纵台布置有关门显示灯。车厢外部的侧拉门旁边设有显示车厢号信息的显示屏，当侧拉门关闭后，显示屏会熄灭，司机台的关门显示灯亮起，司机确认关门显示灯状态后方可发车。

图 4－7　CRH380A 型动车组客室侧门

特别地，两端车司机室侧拉门和餐车厨房端的侧拉门（共 6 个车门）为单控侧拉门，通过设在司机室配电柜和餐车配电柜上的单控/集控转换开关控制。相关人员可根据需要选择单独控制或集中控制，以便于司机上下车和餐车上货及工作人员进出。动车组各侧拉门均可用钥匙从车内部锁闭，单控车门可从外部采用专用钥匙来开启和锁闭。若遇紧急状态，随车机械师与乘务员可通过专用钥匙打开集控按钮锁，通过手动操作集控按钮集控整列车门的关闭。

1. 侧拉门主要技术参数

CRH380A 型动车组的内置式侧拉门属于单扇式结构，其控制机构主要由上部承载驱动机构、气路控制模块及供气管路、旋转杆式压紧装置、下部导向装置组成。门板和车体外表面存在 35 mm 的错差，采用隔声复合结构，设有夹层中空玻璃，门口部分与地板为同一平面，导轨安装在门板内。侧拉门主要技术参数见表 4－1。

表 4－1　侧拉门主要技术参数

项目	技术参数
进出口尺寸（宽度×高度）	790 mm（1 080 mm）×1 850 mm
有效开口宽度	720 mm（1 010 mm）
拉门行程	781 mm（1 071 mm）
电源	DC 100 V
空气驱动压力	780～880 kPa
关门机械动作方式	直动式复动缸

提示：CRH380A 型动车组侧拉门的有效宽度采用 720 mm 和 1 010 mm 两种规格。其中有效宽度为 1 010 mm 的车门为轮椅使用者专用车门。上述参数中，括号内的数据为轮椅使用者专用车门对应的参数。

侧拉门开、关门时间受门型、温度等因素影响。具体地，开门时间是指从关门电磁阀励磁开始计算，到开门到位开关触点状态改变为止所需时间；关门时间是指从关门电磁阀消磁开始计算，到关门到位开关触点状态改变为止所需时间。侧拉门开、关门时间设置如表 4－2 所示。

表 4－2　侧拉门开、关门时间设置

项目	门型	标准动作时间/s	－25 ℃时动作时间/s
开门时间	窄门	2.5	最大 7.5
	宽门	3.5	最大 10.5
关门时间	窄门/宽门	6.0	最大 22

2. 侧拉门主要特点

侧拉门的驱动机构采用带有缓冲装置的直动式气缸，气缸的构造以及动作速度的设定都充分考虑了防夹伤因素；同时车门还具有障碍物检测功能，可检测到障碍物的最小尺寸为 30 mm×60 mm。在车门关闭时如果检测到障碍物，则车门自动返回打开状态，以防止夹伤旅客或夹坏物品。关门时压紧装置将门板向车门外侧方向压紧，以保持车厢的气密性。为了保证在高寒地区的正常运行，侧拉门在构造上还具有一定的防冻性能。

（1）低速保护功能。为避免动车组在高速运行时由于人为误操作造成车门突然打开的危险，在车门电气设计中增加了关门保护电路，当速度高于 5 km/h 时，侧拉门锁闭。此时即便是操作开门按钮，车门也不能被打开。

（2）自动压紧功能。当速度低于 30 km/h 时，此时侧拉门处于锁闭但未压紧状态，只有当动车组达到 30 km/h 以上速度时，侧拉门通过压紧装置，由压紧缸的压紧杆将门板向外挤压，使车门和车体紧密贴合并保持压紧状态，确保良好的密封性。

（3）防挤压功能。侧拉门的驱动机构采用带有缓冲装置的直动式气缸，气缸的构造以及动作速度的设定都充分考虑了防夹伤因素；同时车门还具有障碍物检测功能，可检测到障碍物的最小尺寸为 30 mm×60 mm。在车门关闭时如果检测到障碍物，则车门自动返回打开状态，以防止夹伤旅客或夹坏物品。

（4）启动保护功能。车门在关闭异常的情况下，如果动车组突然启动，会将站在通过台的旅客甩出车外造成人身伤害。因此车门关闭与动车组牵引设计为联锁状态，即任一车门未关闭或关闭不到位等非正常情况下，动车组牵引封锁，无法启动车辆。

4.2.2　内部门

CRH380A 型动车组内部门是车厢内各部分之间的通道门，以及进入各独立空间区域的通道门，主要包括外端门、内端门、小间门、残疾人用卫生间门等，其中外端门和小间门为手动拉门，内端门为感应式电动门，残疾人卫生间门为按钮式电动门。

1. 外端门

外端门设置在两辆车之间的贯通口上，做防火用。CRH380A 型动车组在 1～7 号车的二位端各设一个外端门，均采用不锈钢材质。为了在全开、全关时能够保持其状态，外端门均设有压紧装置。

在动车组正常运行时，外端门一般隐藏于车体外端墙内部，处于完全打开状态，通过弹性定位装置保持其固定状态。在需要使用时，先把手动拉手从门板内取出，用力拉动拉手，把门拉出，直至门板上的扣手露出；然后必须把拉手缩回到门板内部，使用扣手才能继续关门；关门到位后，弹性定位装置把门板顶紧在外端墙上，从而隔断相邻两辆车的通道。

2. 内端门

CRH380A 型动车组内端门分为可供轮椅使用者通行的大宽度门和普通宽度门两种类型，如图 4－8 所示为 CRH380A 型动车组普通内端门。

图 4－8 CRH380A 型动车组普通内端门

该内端门的门板主结构采用玻璃材质，三面槽铝型材包边。CRH380A 型动车组内端门主要技术参数见表 4－3。

表 4－3 内端门主要技术参数

项目	技术参数
通过净宽	普通宽度门为（750±5）mm，大宽度门为（890±5）mm
通过净高	1 950 mm
供电电压	DC（100±25）V

内端门结构比较简单，主要由门扇组件、承载部件、电控系统组成。

（1）门扇组件。由承载小车、前后挡、下挡组件、夹层钢化玻璃、内藏式扣手、后挡胶条、下滑槽、门锁等部件组成。

（2）承载部件。由上导轨组件、传动机构、缓冲头组件、隔离锁组件等部件组成。其中传动机构包括从动带轮、主动轮、齿形皮带、支架、皮带夹紧机构等。

（3）电控系统。由电子门控器（EDCU）、红外传感器、手动电动切换开关、关到位隔离开关、电机等组成。

内端门基本功能与外端门相似，内端门通过门两侧顶板内的光电开关来检测门的开关状态，通常设置为常闭状态。当人或物体通过时，光电开关将检测信号传递给门控系统，由门控器自动控制内端门打开；当人或物体通过后，光电开关未检测到有人或物体时，门控器控制内端门延时自动关闭。当内端门自动控制功能出现障碍或停电时，内端门可采用手动控制进行开闭。内端门手动控制和电动控制功能可通过手动/电动切换开关进行切换。此外，内端门还具有障碍检测和电气隔离功能。

提示：门控器控制内端门延时关闭，所用的延时时间在 0～10 s 内可调，一般设置为 4 s。

（1）障碍检测功能。障碍检测功能运行流程如下。

① 门板在关闭过程中碰到障碍物时，会再次自动打开，并在完全打开到位后重新关闭。

② 如果再次关闭时障碍物依然存在，系统将重复上述过程。

③ 在经历 3 次关门遇阻后，内端门将保持打开状态，并给出故障指示。

④ 在故障指示 30 s 后，门将自动关闭，故障指示消失，系统进入正常运行状态；如果关闭时遇到障碍物，系统将重复以上过程。

（2）电气隔离功能。当内端门完全关闭到位时，可用四角钥匙操作隔离锁将门系统进行机械锁闭，此时隔离锁上的隔离开关动作，切断内端门电控系统供电电源，实现内端门电气隔离。

3. 小间门

CRH380A 型动车组的乘务员室门、机械师室门、厨房门、卫生间门、司机室隔门均采用小间门设置。

（1）乘务员室门/机械师室门。乘务员室门、机械师室门均为手动拉门，门板上设有乳白色聚碳酸酯玻璃窗和换气用的通风板。乘务员室门和机械师室门均设有专用锁，可在室内进行手动锁闭。其中乘务员室门锁采用专用钥匙，而机械师室门锁与司机室隔门锁采用同一把钥匙。

（2）厨房门。厨房门为手动转轴门，门板上设有乳白色聚碳酸酯玻璃窗和换气用的通风板，厨房门内设有手动把手，门外为通用锁。

（3）卫生间门。卫生间门为拉门，门上不设窗户，而设置了换气用的通风板、门把手和在内侧锁闭的暗锁。轮椅使用者专用卫生间的拉门为加宽型，采用按钮开关控制，如图 4－9 所示。

图 4－9　CRH380A 轮椅使用者专用卫生间门

（4）司机室隔门。司机室隔门采用手动转轴门，位于司机室与观光区之间，向观光区侧打开。司机室隔门为不透明玻璃门，从司机室侧可通过旋转把手直接打开。在观光区侧则需要使用专用钥匙同时旋转把手方可打开。

4.2.3　侧拉门检修

1. 作业条件

（1）修程：二级修。

（2）周期：30 000 km 或 30 天。

（3）作业时间：60 min/辆。

（4）供电条件：无电+有电作业。

（5）作业人员：2 人。

2. 工具准备

（1）检修工具及物料。十字螺丝刀、一字螺丝刀、内六角扳手、通用钥匙、油枪、毛刷、检测块（30 mm×60 mm）、白布、克鲁伯润滑油脂等。

（2）防护用品。安全帽、橡胶手套等。

3. 实施步骤

整个检修作业一共分为两个环节，分别是无电作业与有电作业。其中无电作业包含侧拉门外观检查、侧拉门装置内部机构检查、侧拉门附属装置检查。有电作业包含侧拉门开门测试、侧拉门锁紧测试和障碍返回功能测试。

1）检查侧拉门外观

（1）确认作业车的组号及股道正确，受电弓已降下，接触网已断电，接地杆已挂接，动车组已施加停放制动，如图 4－10 所示。

图 4－10　无电作业

（2）在车外检查侧拉门的外观，确保各侧门均无变形、油漆脱落等。若有腐蚀或油漆脱落情况，应清洁腐蚀部位，并对脱漆部位进行补漆。

2）检查侧拉门装置内部机构

（1）使用一字螺丝刀将门罩安装螺栓卸下，打开门罩，清除里面的杂物、灰尘。

（2）检查携门架、上滑轮、上导轨，确认携门架无变形，上滑轮的导向轮和承载轮安装牢固，无卡滞、裂纹和破损，上导轨无变形、损坏，如图 4－11 所示。

（3）检查开关门过程中，导柱套筒及携门架工作是否良好，应不与周围车体发生干涉、刮碰；检查携门架在导柱套筒上的安装螺栓与复位弹簧座之间的间隙，以及下侧螺栓头与车体的间隙，均应不小于 3 mm；检查单控隔离锁盒与立罩间隙，应不小于 5 mm。

（4）检查开/关门到位开关，安装状态应良好无松动，与周围部件无干涉。

（5）检查侧门的机械安装状态，门机构与车体的连接座安装螺栓、驱动气缸与上滑轮的连接螺栓、驱动气缸在基座上的安装螺栓、门机构吊架的安装螺栓、门架与门板之间的安装螺栓及下滑轮安装螺栓，应安装牢固无松动。

（6）检查控制电磁阀模块和锁紧气缸的安装螺栓，应牢固无松动；控制电磁阀模块和锁紧气缸以及其他供气管路的接头应无松脱、漏气现象；锁紧气缸压紧杆与立罩的间隙，在动作范围内应不小于 3 mm，如图 4－12 所示。

图 4－11　侧拉门装置内部机构

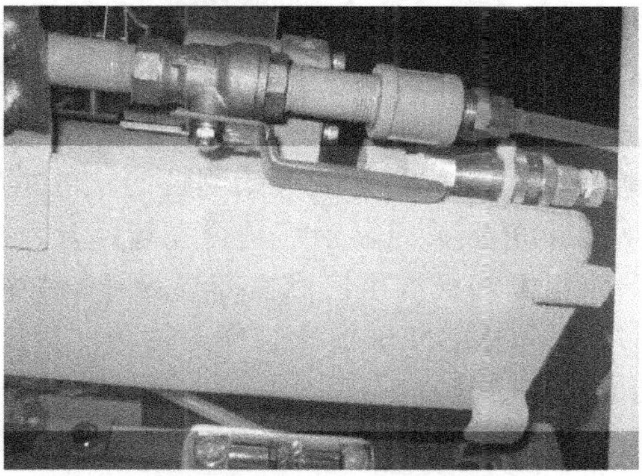

图 4－12　侧拉门供气管路

（7）检查下导轨，应安装牢固无松动。当关门到位、车门未压紧时，下导轨自动复位装置贴靠在下导轨内面，稍用力向外推动门板即可打开车门。

（8）切断门机构气源，手动把侧拉门打开，露出直线轴承注油口，使用注油枪对侧拉门机构导柱加注克鲁伯润滑脂，直至导柱套筒两端溢出油脂，手动缓慢关闭车门，并反复开关门 2～3 次，使润滑脂均匀附着在导柱表面，然后打开门机构气源。

3）检查侧拉门附属装置

（1）恢复侧拉门罩板，检查门窗玻璃及侧门内侧的外观，确认玻璃无破损、裂纹、脏污，侧拉门内侧无破损、脱漆、脏污等。

（2）手动打开侧门，检查门板胶条和门框胶条，应无破损、脱落；门板下沿密封条压板应安装良好无松动，门板下沿与排水槽之间的间隙应不小于 3 mm。

（3）将车门控制转换开关设置为单控模式，用通用钥匙检查每个单控车门的车内、车外操作开关，各开关应动作灵活无卡滞，单控开关在操作后应能自动复位到中间位置。

（4）检查车内侧隔离锁、车外侧隔离锁盖板，应功能正常、安装状态良好。

（5）检查门板内侧与立罩之间的间隙，应不小于 5 mm，且动作时无摩擦、剐蹭等。

4）申请送电

（1）无电作业结束后，同工长联系申请送电；送电完毕后开始有电作业。

（2）在司机室插入主控钥匙，将制动手柄置于“快速”位。

（3）按下“升弓”按钮，并通过 MON 屏确认受电弓已升起。

（4）按下真空断路器 VCB“合”按钮，通过 MON 屏确认 VCB 已闭合。

（5）将牵引手柄置于“切”位，方向手柄置于“关”位。

5）侧拉门开门测试

（1）在司机室操控台确认侧拉门显示灯显示正常，确认各车侧拉门手动隔离处于“开”位，紧急门开门阀处于“通”位，单控门处于集控状态。

（2）打开中央控制装置，按下检修开关，使系统进入“检修”模式，闭合“车上试验”“空挡”开关。

（3）通过 MON 屏依次触摸“车上检查实行”—“试验项目”—“车门开关试验”—“确认”，检查确认驾驶台开关门显示灯已点亮，闭合“车门锁紧”开关。

（4）操作 1 位侧开门开关打开侧拉门，此时全列车 1 位侧侧拉门打开，司机操作台关门显示灯熄灭。通过 MON 屏触摸“下一页面”键后，触摸“确认”。

（5）操作 2 位侧开门开关打开侧拉门，此时全列车 2 位侧侧拉门打开，司机操作台关门显示灯熄灭。通过 MON 屏触摸“下一页面”键后，触摸“确认”。

（6）操作 1 位侧关门开关关闭侧拉门，通过 MON 屏触摸“下一页面”键后，触摸“确认”；操作 2 位侧关门开关关闭侧拉门，通过 MON 屏触摸“下一页面”键后，触摸“确认”；检查 MON 屏上关门显示灯是否亮起，开、关门时间显示是否正常，如果时间偏离正常范围，则应由侧门机构供应商立即进行开、关门时间调整。

（7）通过 MON 屏依次触摸“试验结束”—“确认”键，断开车上试验开关。

6）侧拉门锁紧测试

（1）打开中央控制装置，按下“一般”开关，系统进入“一般”模式，确认侧拉门关门显示灯已亮起。

（2）闭合“车门锁紧”开关并保持此状态，MON 屏显示各车侧拉门为“压”状态，对各车门压紧状态进行确认。

（3）分别操作 1、2 位侧拉门开门开关，确认两侧门均无法打开。

（4）断开“车门锁紧”开关，操作 1、2 位侧拉门开门开关，确认两侧门均已开启。

7）障碍返回功能测试

（1）将检测块放置在门口、关闭车门，检测侧拉门是否满足防挤压测试。

（2）操控集控关门开关关闭车门，同时用手触动门板胶条，确认车门立即停止关闭并返回打开状态。

（3）试验结束后确认制动手柄位于“快速”位，按下 VCB“断”按钮，通过 MON 屏确认 VCB 已断开；按下“降弓”按钮，通过 MON 屏确认受电弓已降下；将制动手柄置于“拔取”位置，拔取主控钥匙，归还主控钥匙。

（4）确认侧门门罩关闭，整理检查工具和物料，保证作业区周边卫生干净无杂物。

知识拓展

CRH380A 型动车组的内置式侧拉门常见故障与应急处理措施如下。

动车组运营停靠站时间较短，乘客快速乘降，若车门发生故障处置不当，不仅会导致运营晚点，更会引起客运运输秩序混乱。下面以 CRH380A 型动车组的内置式侧拉门为例，对常见的车门故障进行分析，并学习侧拉门应急处理措施，如表 4－4 所示。

表 4－4　常见故障与处理措施

序号	故障类型	故障原因及处理措施
1	车门打开故障：动车组停靠车站时，个别车门无法打开	原因可能是压紧装置的压紧气缸故障，导致压紧杆无法收回，车门保持压紧状态。可以采取紧急开门方式，用专用钥匙打开故障车门上方的紧急开门阀检查口，将紧急开门阀由接通位旋至截止位。带排气功能的开门阀会将气缸内气体排出。此时手动拉动门板扣手，车门即可打开
2	车门关闭故障：车门不能关闭或关闭不到位，司机室内“关门”灯不亮，动车组牵引封锁，无法行车	一种可能是车门的滑道处存在异物，检查清理后重新操作关门；另一种可能是设备或电气原因导致的，可再次尝试操作关门。若仍不能解决，则应对故障车门进行机械锁闭，隔离操作，待动车组回到检修库内进行检查处理

续表

序号	故障类型	故障原因及处理措施
3	车门无法压紧故障：动车组运行途中，车门出现漏风现象，产生噪声较大，对列车的密封性造成影响	当车门出现压紧故障，严重时首先需要及时与司机沟通，限速行车，而造成车门无法压紧的原因有三种可能，第一是压紧装置电磁阀故障，导致压紧缸不动作；第二是车门供气压力不足，导致压紧缸动作不到位；第三是车门电路故障，导致压紧电磁阀不动作。由于导致该故障的原因一般是设备或电路故障，短时难以查明，应迅速将故障车门进行隔离，待动车组回库后进行处理
4	司机室 MON 屏误报故障：车门开启和关闭正常，状态良好，但司机室 MON 屏报警灯闪报车门故障	此现象可能为车门误报警，多因开关门的到位开关或监控回路故障，导致无法将正常的门到位信号传输至中央装置。若车门关闭误报警，需要用专用钥匙将车门隔离；若车门打开误报警，则可不进行车门隔离。因其不影响车门动作，但需随时观察车门状态，以便及时采取紧急开门或隔离车门措施

任务 4.3　CRH380B 型动车组车门系统

任务导入

CRH380B 型动车组，是由唐山机车车辆有限公司和长春轨道客车股份有限公司在 CRH3C 型动车组的基础上，通过自主创新研制出的中国第二代 CRH 动车组。2011 年 1 月 9 日，8M4T 编组的 CRH380BL 在京沪高铁徐州至蚌埠区间创造了 487.3 km/h 的最高试验速度，到 2023 年这仍是中国铁路速度纪录保持者。

该车型外部门采用电动式单开塞拉门，分布于车厢两侧，通过设置在司机室的开关集中控制，也可通过门上开关进行独立控制。

下面介绍 CRH380B 型动车组车门系统的结构及其日常检修维护。

知识储备

4.3.1　外部门

1. 外部门主要技术参数

CRH380B 型动车组外部门采用单页电动塞拉门，因其在开关门动作时具有“塞”和“拉”两种动作而得名。塞拉门在关闭时与车体外侧为一个平面，使车辆在运行时能有效降低风阻及噪声。塞拉门在开启时，其单页门扇会沿着导轨运行到车体外侧。塞拉门为电控电动门，电控气动锁闭，并采取司机室集成控制，操作人员可在司机室控制门的开关。

CRH380B 型动车组的塞拉门沿动车组纵向对称分布，全车共设 22 个外部门，其中两端车 EC01/08 车的中部、TC02/07 和 IC03/06 车的两端及 FC04 车（带通用卫生间）的一位端各设两个外部门，餐车 BC05 车不设外部门。外部门专为高速列车设计，门页周围采用双层密封设计，可承受±6 kPa 的空气压力波动，能够抵挡动车组交错通行或穿过隧道时产生的压力波所引起的剧烈震动。CRH380B 型动车组外部门主要技术参数如表 4－5 所示。

表 4－5　CRH380B 型动车组外部门主要技术参数

项目	技术参数
供电电压	DC 110（－30 V/＋25 V）
空气驱动压力	800～1 000 kPa
入口宽度	1 170 mm
有效宽度	900 mm
入口高度	2 270 mm
有效高度	2 050 mm
上部最大摆出	70 mm
下部最大摆出	75 mm
开/关门时间	（5±1）s
关门锁紧压力	有效值为 150 N，峰值为 200 N
障碍检测块尺寸	30 mm × 60 mm 或 ϕ 30 mm
每年开门次数	约 25 000 次

2. 外部门的组成

CRH380B 型动车组外部门分为侧门和站台补偿器两部分。

1）侧门

CRH380B 型动车组侧门主要由门框、驱动单元、设备安装架、门扇、控制面板等组成，如图 4－13 所示，其机械部分均采用集成化设计，电气部分大多数线路均实现了插头/插座

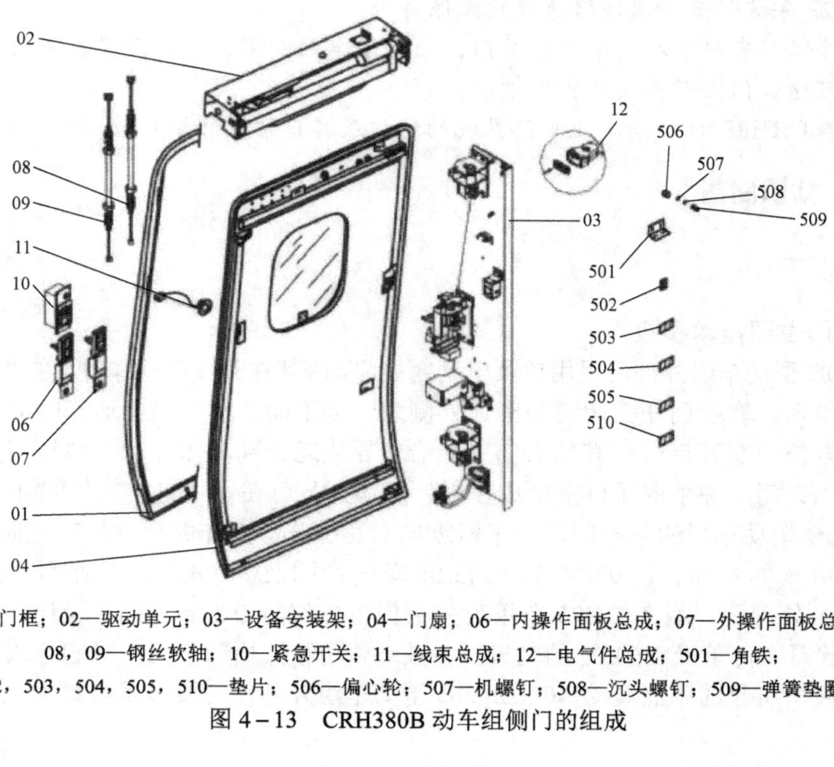

01—门框；02—驱动单元；03—设备安装架；04—门扇；06—内操作面板总成；07—外操作面板总成；08，09—钢丝软轴；10—紧急开关；11—线束总成；12—电气件总成；501—角铁；502，503，504，505，510—垫片；506—偏心轮；507—机螺钉；508—沉头螺钉；509—弹簧垫圈。

图 4－13　CRH380B 动车组侧门的组成

式连接，从而提高了组装速度和检修效率。外部门为单页门，外形与车体侧墙一致。每辆车中配置有门控器，用来控制该车车门，门页上带有窗、开门按钮和把手，门上安装有钥匙锁，钥匙锁与门控系统联动。

（1）门框。动车组外部门采用铝型材和铸铝件拼焊而成的整体式门框，如图 4－14 所示，塞拉门在安装过程中所有部件都以整体框为基准，实现模块化安装，使门框与车体的误差更容易调整，安装更简便，大大简化了调整工序。

图 4－14　整体式门框

（2）驱动单元。动车组外部门采用直流电机驱动，如图 4－15 所示。相比气缸驱动，直流电机驱动单元在控制开关门时间方面更精确，同时实现了开关门速度在整个行程内多段可调，且耐低温能力更强。

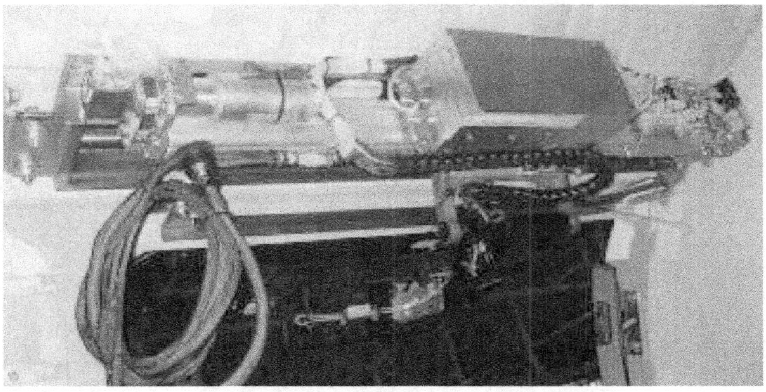

图 4－15　直流电机驱动单元

安装驱动单元时，应先将以下部件预安装调试到底座上，并且预接线到驱动单元连接器上。驱动单元包括以下部件。

① 导柱。采用实心裸露轴承钢。

② 包括顶部导向滚轮在内的携门架。

③ 丝杆。

④ 直流电机。带行星齿轮箱连接和集成门位置传感器，电机单元通过齿形带驱动丝杆。

⑤ 导轨。用于门扇导向。

⑥ 坦克链。

⑦ 电气连接器。用于和门控器（DCU）连接。

⑧ 门控器。每辆车中有一个门配备 MDC2－110MVB－I 门控器，其他门配备 MDC2－110－I 门控器；门控器上设有一个 CAN 总线接口和一个 RS－232 接口。

（3）设备安装架。设备安装架上集成了门锁单元，主要包括锁闭系统、启动系统、紧急操作手柄等，如图 4－16 所示。

① 锁闭系统。主锁采用电动锁，解锁动作由电机实现。除主锁和隔离锁之外，上、下各设一个气动加压锁，可提高密封性能，增加系统的可靠性。

② 气动系统。气动加压锁的供气单元，其压力表安装位置设置在人目视高度，以便于查看读数。

③ 紧急操作手柄。也称紧急开关，设置在内/外操作装置上，用于紧急情况下快速打开车门。

图 4－16　设备安装架

（4）门扇。门扇采用内部充填发泡隔热材料的结构，具有更高的隔声、隔热性能。密封装置采用双层密封，使其具有一定的气密性能，如图 4－17 所示。

图 4－17　塞拉门门扇

门扇的基本构造组成包括门板、窗户、胶条、导轨、隔离锁、扣手、按钮等。

① 门板。因车体为鼓形车体，所以门板采用弧形设计。门扇四角为圆弧形，制作时先由铝型材、铝板及铸铝件焊接成铝框架，框架内、外面覆盖铝板，其间注入发泡剂，表面

喷涂油漆。

② 窗户。由多层平板玻璃构成，厚度为 39.5 mm。其中，钢化玻璃为 5 mm，填充气体的间隙为 24 mm，夹层玻璃为 10.5 mm。司机室瞭望窗的颜色与客室侧窗相同，边缘采用黑色丝网印刷，用胶粘接在门板上。

③ 胶条。门扇周边的密封胶条为双层密封，分为内层胶条和外层胶条，外层胶条的前端为护指胶条，胶条内部装有防挤压开关。

④ 导轨。安装在门扇下部。

⑤ 隔离锁。集成在门板内，可以通过方形钥匙从内部和外部手动操作进行门的机械隔离，并通过隔离锁锁舌触动设备架上的限位开关，实现电气隔离。

⑥ 扣手。门扇内、外部各设有一个，集成在门板上。

⑦ 按钮。设置在门板外部的中上部。

（5）控制面板。控制面板包括内部控制面板和外部控制面板。内部控制面板由紧急解锁拉手、开门按钮、关门按钮、四角钥匙锁等组成；外部控制面板由紧急解锁拉手、乘务员钥匙开关（仅两端车）等组成。如图 4－18 所示为内部控制面板，图 4－19 所示为外部控制面板。

图 4－18　内部控制面板

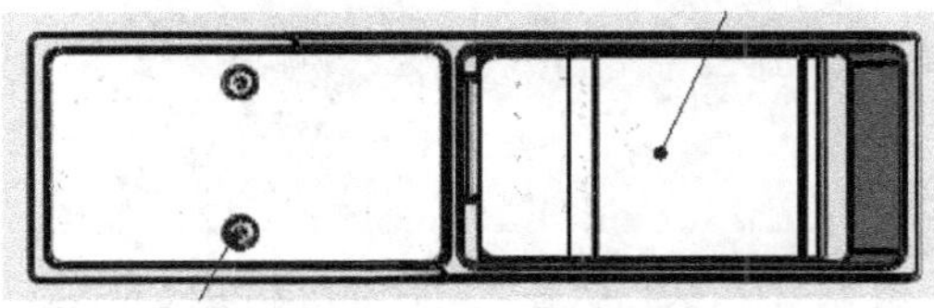

图 4－19　外部控制面板

2）站台补偿器

站台补偿器用于在开门状态下，减小车体边缘与站台之间的间隙，减少乘务人员和乘客进出车体时可能形成的跌落站台等意外伤害。站台补偿器安装在门框下边缘的上部，车厢内部地板之上。其由安装板、踏板、动作气缸、电磁阀、开关及相关部件组成，如图 4－20 所示。

站台补偿器属于电控气动装置，并与塞拉门协调动作。当塞拉门打开到 150 mm 时，站台补偿器开始向下转动踏板，直至完全打开；当塞拉门关闭到 150～300 mm 的开口宽度时，站台补偿器向上转动踏板，直至完全收起。关门状态下站台补偿器踏板的状态如图 4－21 所示。

4.3.2　外部门功能及工作原理

1. 塞拉门功能

塞拉门具有多项人性化的功能，具体如下。

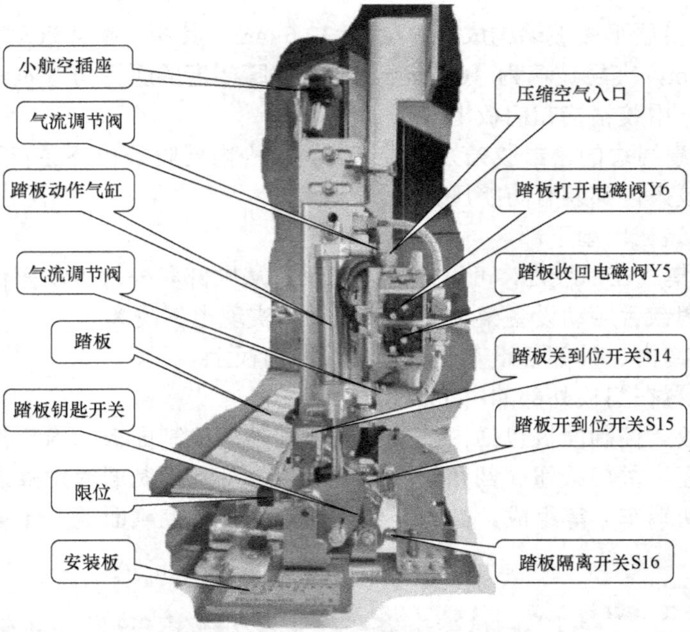

图 4－20　站台补偿器

图 4－21　关门状态下站台补偿器踏板的状态

（1）集控功能。具有集中统一开启整列车同侧车门或关闭所有车门的功能。

（2）单控功能。具有在车内外均可电控及手动开关每扇车门的功能。

（3）自动闭锁功能。当列车速度超过 5 km/h 时，具有自动关闭处于开启状态的车门的功能。

（4）障碍返回功能。在关门过程中，若遇到障碍物，自动转换为开门状态，延时后将门自动关闭。

（5）检测报警功能。执行关门命令后，自动对车门进行检测，车门未安全关闭或脚蹬未收起到位时具有故障报警显示功能。

（6）紧急解锁功能。具有在紧急情况下手动开门的功能。

上述功能的实现得益于 CRH380B 型动车组塞拉门安装的 DCU 门控器，该门控器如图 4－22 所示。它能接收列车中央控制单元 CCU 传来的集控开关门及门释放信号，并将门状态信息反馈回 CCU。

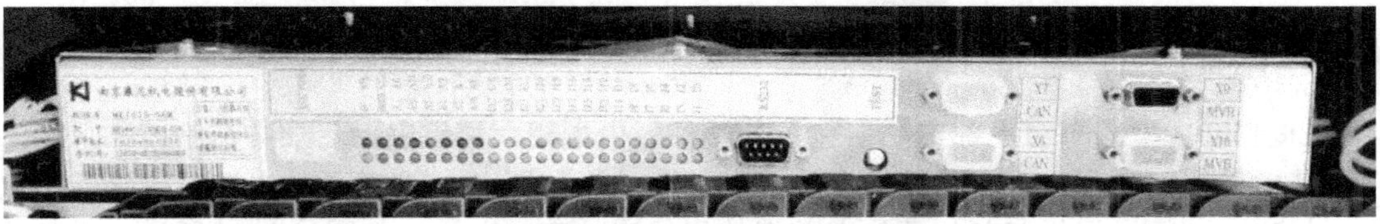

图 4－22　DCU 门控器

2. 塞拉门动作原理

塞拉门为电控电动门，电控气动锁闭。其工作原理牵涉多个塞拉门的结构部件协同作用，下面以塞拉门在有电有气情况下的电动关门和电动开门为例进行介绍。

1）有电有气，电动关门

按动关门按钮，向电子门控器发出关门请求，直流电机驱动丝杆旋转，驱动携门架带动门扇关闭。

具体工作原理：关门过程中，门扇触动主锁锁舌，如图 4－23 所示，完成一级锁闭，带动联动机构凸轮旋转，释放“锁到位开关 S1”的触点，向电子门控器发出信号，同时锁舌定位凸轮机构，确定锁舌的位置，门控器在上下关门到位开关 S4、S8 的配合下，主锁锁闭电磁阀 Y1 得电，主锁锁闭气缸充气，活塞杆推出，将锁舌锁住，主锁完成二级锁闭，同时辅助锁电磁阀 Y2 得电，上下辅助锁气缸充气，活塞杆推出，辅助锁完全锁闭车门，并触发辅助锁到位开关 S5，将门关闭良好信号发送给电子门控器。

2）有电有气，电动开门

当满足开门条件时，按动开门按钮，向电子门控器发出开门请求，电子门控器使主锁锁闭电磁阀 Y1 失电，主锁锁闭气缸排气，活塞杆缩回；同时电子门控器使主锁解锁电磁阀 Y3 得电，主锁解锁气缸充气，活塞杆推出，推动解锁杠杆，解除对锁舌的限制。

此时带动联动机构凸轮旋转，触发锁到位开关 S1 的触点，向电子门控器发出信号；电子门控器使辅助锁电磁阀 Y2 失电，上下辅助锁气缸排气，解锁辅助锁，如图 4－24 所示，活塞杆缩回，释放辅助锁到位开关 S5。在满足条件后，使电机得电，带动丝杆旋转，携门架移动，带动门扇开门到预定位置。

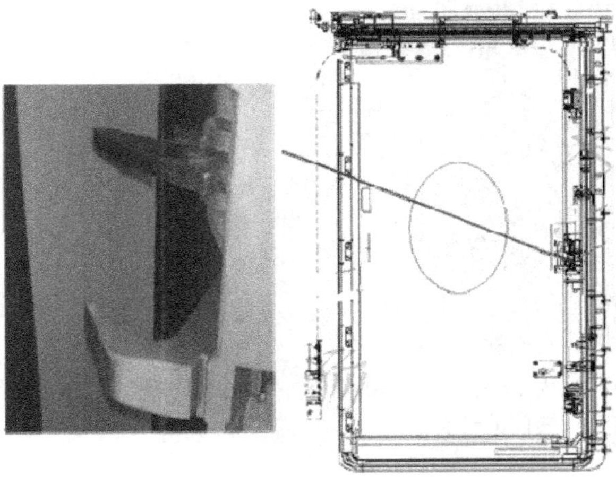

图 4－23　主锁锁舌

图 4－24　辅助锁

4.3.3 内部门

CRH380B 型动车组内部门主要包括外端门、内端门、司机室门、乘务员室门、卫生间门。其中外端门设置在头车的尾端和中间车的两端，如图 4－25 所示；内端门位于各车通过台与客室之间；司机室门位于头车前端的司机室与客室之间，如图 4－26 所示；乘务员室门位于乘务员室与客室之间，如图 4－27 所示；卫生间门位于卫生间与客室通道之间。

图 4－25　外端门

图 4－26　司机室门

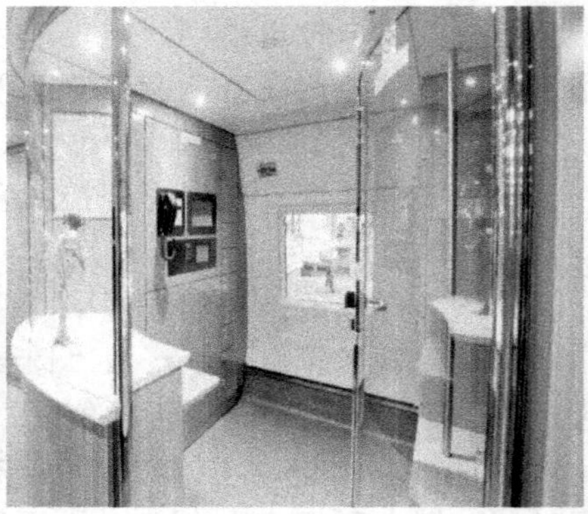
图 4－27　乘务员室门

1. 外端门概述

外端门又称风挡门，可以起到防火阻燃的作用。CRH380B 型动车组的外端门设置在 EC01/08 车的二位端，其余车的两端。外端门主要由门机构和门板组成，根据运用需要，设置有电动式和手动式两种结构形式。

其中，电动外端门安装在 BC05 车的二位端，为电控电动式双开移动门。

其余端部安装的外端门均为手动外端门，需要手动打开或关闭，二者的区别为手动外端门的门机构没有电气控制系统。外端门的结构如图 4－28 所示。

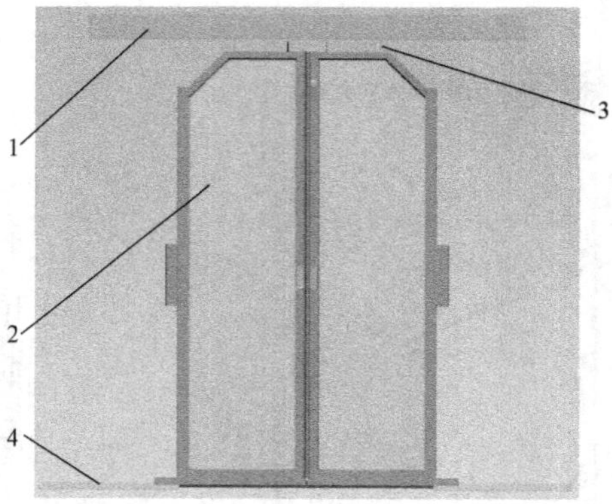

1—门机构；2—门板；3—安装螺钉；4—下导轨。

图 4－28　外端门的结构

外端门主要技术参数见表 4－6。

表 4－6　外端门主要技术参数

项目	技术参数
通过宽度	1 100 mm
通过高度	2 050 mm
防火性能	满足防火标准要求，在发生火灾的情况下，可保证隔离火势 15 min 不蔓延至邻车
供电电压	DC 110 V_{-30}^{+25}%
门的防挤压力	有效力 150 N
开门时间	（3±1）s
关门时间	（5.5±1）s
障碍物检测试棒	30（宽）mm×60（高）mm
手动开关门力	≤80 N

2. 外端门结构

外端门结构较为简单，包括门机构、门板等。

1）门机构

以电动外端门的门机构为例，其结构如图 4－29 所示，此类门机构具有结构简单、运动阻力小、安装方便、可靠性高、可自动复位等优点。

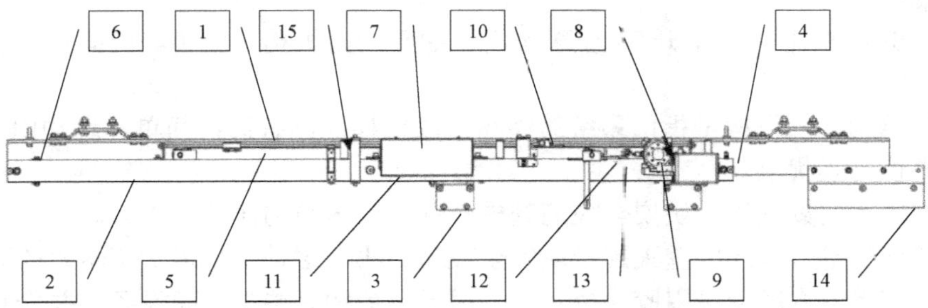

1—框架型材；2—顶部型材；3—电机单元；4—齿形带机构；5—开门止挡；
6—带集成变压器的数字控制单元；7—脉冲传感器；8—内部传感器；9—连接器/电缆；10—电源开关；11—开门锁紧机构；
12—开门锁紧指示传感器；13—关门弹簧；14—携门架；15—关门锁紧指示传感器；16—故障指示维修电器。

图 4－29　电动外端门的门机构

电动外端门的电机通过减速器驱动皮带轮旋转，带动齿形带运动；齿形带拖动上导轨上的滑车运行，滑车带动门板移动，通过门控单元、开关、传感器实现对门的控制，并通过齿形带实现双开门的同步开关控制。

外端门电控系统可在环境温度超过预定极限（如遭遇火灾）时，自动切断总电源，以防止系统产生误动作。外端门机械部分设有自动关门功能，通过关门弹簧来实现。

2）门板

门板由铝框和玻璃组成，玻璃为特种防火耐高温玻璃；门板四周设有特殊材料制成的密封袋，可遇火膨胀，从而起到隔绝烟雾和火焰的作用；左门上装有隔离锁，能在门关闭到位时将门锁定并隔离；左、右门上各有一个拉手，用于在门系统断电、隔离锁未锁闭时打开车门。

3. 内端门概述

内端门可以起到隔离空间，隔声降噪的作用，CRH380B 型动车组的内端门可以分单扇和双扇两种，均为电控电动式。采用数字控制装置控制 24 V 直流电机/齿轮机构，配合指示门扇速度和位置的脉冲传感器，完成内端门的自动开启和关闭。如图 4－30 所示为单扇内端门，图 4－31 所示为双扇内端门。

图 4－30　单扇内端门

图 4－31　双扇内端门

4. 内端门结构

内端门为电控电动式单开/双开移动门，主要由门机构、门扇、门间壁、客室横梁等组成。

（1）门机构。门机构是指门系统的移动承载机构，具有结构简单、运动阻力小、安装方便、可靠性高等优点。

（2）门扇。门扇采用一块安全玻璃制成，这种门扇结构简洁、大方。

（3）玻璃间壁。玻璃间壁采用一块安全玻璃制成，这种间壁增加了客室的通透性。

（4）木间壁。木间壁采用胶合板制成，用于保护和遮挡卫生间设备，并安装有茶桌。

（5）客室横梁。客室横梁是连接中顶板和平顶板间的一个过渡。内部显示、卫生间状态显示、火灾报警显示、车内制动拉手和蜂鸣器都集成在客室横梁上，如图 4－32 所示。

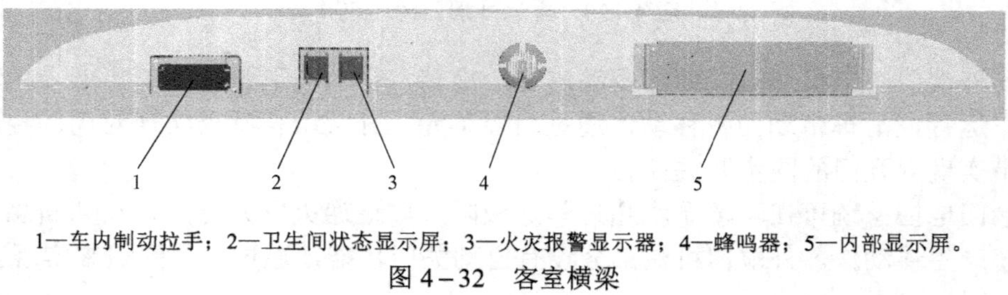

1—车内制动拉手；2—卫生间状态显示屏；3—火灾报警显示器；4—蜂鸣器；5—内部显示屏。

图 4－32　客室横梁

5. 内端门功能

内端门为红外探测控制开门，物体进入探测区域，门自动打开。此时，乘务人员可通过四角钥匙将门隔离锁闭在开门位。若无此操作，门停留 10 s 后自动关闭，如图 4－33 所示为内端门探测区域分布图。

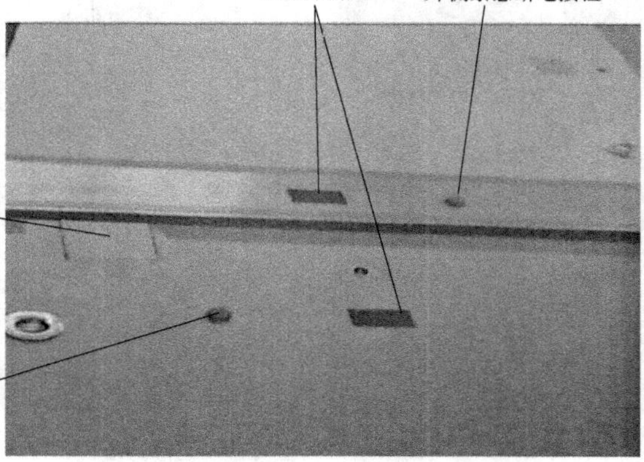

图 4－33　内端门探测区域

关闭过程中如果遇到障碍物，防挤压功能启动，安全功能将内端门停止动作 3 s，然后门自动打开，若障碍物长时间存在，安全程序将重复执行 4 次，此后，门将停止在当前位置上，同时系统将发出故障指示，并在 1 min 后重新启动。当门完全打开和关闭一次时，正常方式将被启动；否则，将重复上述安全程序。

6. 司机室门和乘务员室门

司机室门和乘务员室门均采用手动摆门，门扇采用铝合金框架，内衬大玻璃复合结构，其上设置有手动门锁和开关门把手，门锁需要使用专用钥匙来开启。

7. 卫生间门

CRH380B 型动车组的卫生间包括标准卫生间和残疾人专用卫生间，其中标准卫生间采用手动摆门，如图 4－34 所示；残疾人专用卫生间采用曲面推拉门，如图 4－35 所示。

图 4－34　标准卫生间手动摆门

图 4－35　残疾人专用卫生间曲面推拉门

4.3.4　塞拉门检修

CRH380B 型动车组的外部门为塞拉门，那么在日常运维中应该如何对其进行检修呢？如图 4－36 为运维人员在对塞拉门进行二级检修维护。

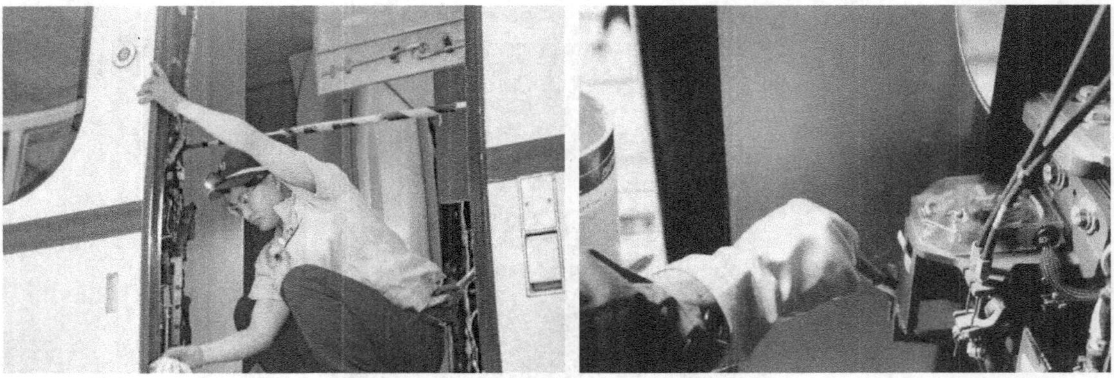

图 4－36　塞拉门检修维护

1. 作业条件

（1）修程：二级修。

（2）周期：100 000 km 或 90 天。

（3）作业时间：20 min/辆。

（4）供电条件：无电＋有电作业。

（5）作业人员：4 人。

2. 工具准备

（1）检修工具及材料。棘轮扳手、力矩扳手、套筒扳手、叉口扳手、手电筒、四角钥匙、内六角棍、手动胶枪、检测块（30 mm × 60 mm）、专用润滑脂、酒精、吸油纸、海绵方块、抹布等。

（2）防护用品。安全帽、手套、工作服、劳保鞋等。

3. 实施步骤

1）检查车门外侧外观

（1）检查并确认作业车的组号及股道正确，受电弓已降下，接触网已断电，接地杆已挂接，列车已施加停车制动。在动车组放电完毕后办理无电作业手续。

（2）检查挡雨檐外观，应无变形、破损，焊接牢固、无脱漆。

（3）检查门扇表面，应光滑、平整，无损坏、变形、刮痕、凹凸不平等，表层无油漆脱落。

（4）检查车门玻璃，外观应无划痕、裂纹、残缺等，安装固定，玻璃四周胶条无缺失、脱落、撕裂、变形、老化等。

（5）检查车门密封橡胶，应外观良好，关门时应压接紧密无缝隙，胶条无老化、龟裂、脱落等。

（6）检查车门外侧开门按钮，外观应无变形、破损、裂纹、缺失等；安装螺栓应安装紧固，无松动、缺失等。

（7）检查门外紧急解锁拉手，外观应无变形、脱漆或异物击打痕迹；安装螺栓应安装紧固，无松动、缺失等。

（8）检查隔离锁钥匙口，应外观良好，锁芯无断裂、破损；用钥匙操作，应动作灵活无卡滞、摩擦、异响等。

2）检查车门内侧外观

（1）检查门扇，外观应无变形、脱漆等；应安装牢固、位置无偏移，无松动、脱落、下垂等；车门使用标志应清晰、完整，无破损、翘边等。

（2）检查机械隔离锁，应外观良好，锁芯无断裂、缺失等；安装螺栓应牢固无缺失、松动、脱落等；用四角钥匙操作，应动作灵活无卡滞、摩擦、异响等，可将车门锁定在完全关闭位。

（3）检查玻璃门，外观应无划痕、裂纹、残缺等，安装牢固，玻璃四周胶条无缺失、脱落、撕裂、变形、老化等。

（4）检查站台补偿器，外观应无变形、裂纹等；安装应牢固无松动，折页部位应完好无变形、磨损和脱落；防滑条应状态良好，无磨损、脱落、变形等；脚踏板应清洁无杂物，动作时应转动灵活。

（5）检查侧扶手，外观应无变形、裂纹、划痕、脱漆等；安装螺栓应无松动、脱落和缺失。

3）检查车门控制装置

（1）检查开、关门按钮，外观应无破损、裂纹、划痕等；安装牢固，安装螺栓应无松动、脱落和缺失等；周围压条应外观良好、安装牢固。

（2）检查紧急解锁开关（四角锁），外观应无变形、裂纹，锁芯无断裂；安装应牢固无松动、脱落；锁芯转动应灵活，无卡滞、摩擦和杂音。

（3）检查紧急按钮，防护罩应无裂纹、破损，按钮外观应无损坏痕迹。

（4）检查声音报警装置，应外观良好，格栅无破损、裂纹；蜂鸣器安装牢固无松脱。

（5）检查紧急开门标志，应齐全、完整，无破损、翘边等。

（6）检查紧急解锁拉手，红色拉手外观应无破损、裂纹、脱漆；安装牢固无松脱，拉动过程应顺畅无阻，动作无卡滞，松手后应能自动复位。

4）检查驱动机构

用四角钥匙打开车门上方的平顶板，对门控器及其他驱动部件进行检查，如图 4－37所示，具体检查内容如下。

（a）平顶板　　（b）门控器

图 4－37　检查车门驱动机构

（1）检查门控器。应外观良好，安装牢固；电线、电缆、插接器应安装紧固，无松动、脱落、虚接；接线端子应牢固无脏污、锈蚀和老化；电线、电缆应捆扎牢固，不杂乱；接口外观良好，插针无折断、弯曲等。

（2）检查驱动电机。应外观良好，安装牢固，表面无变形、裂纹、损坏等，安装螺栓应牢固无松脱、锈蚀。

（3）检查门连接支撑装置。应外观良好，连接臂无变形、裂纹、开焊等；安装螺栓应牢固无松脱，防松标志应清晰、无错位；接地线无松脱、老化、烧痕、虚接；止挡装置应安装良好，橡胶无老化、龟裂；调整螺母防松标志应清晰、无错位；内部滑轮无卡滞、摩擦痕迹等；坦克链应连接良好、无裂纹。

（4）检查车门滑动机构，外观应良好无变形、裂纹，各组件状态良好；电线、插接器连接紧固，无松动、烧痕。

（5）检查滑道。外观应无变形、裂纹、磨损等；下部安装螺栓应牢固无松脱，防松标识应清晰无错位。

5）检查塞拉门

（1）用内六角扳手拆下车门侧立罩板上的两个固定螺栓，分别检查塞拉门内部各组件的外观、固定状态及性能是否完好。塞拉门内部组件包括上下部气动锁、风压表、机械解锁装置、解锁电机、主锁、98%限位开关、100%限位开关、电磁阀、隔离锁、下部滚轮、站台补偿器等。

（2）检查塞拉门各部固定螺栓，如果松动，应取下螺栓，清洁后涂抹专用固定胶，然后重新紧固，并涂打防松标识。

（3）润滑塞拉门。用手动胶枪对塞拉门驱动机构、锁闭机构涂打专用润滑脂；门板密封胶条需清洁后再涂抹润滑脂。

（4）将车门侧立罩板安装回固定位置，紧固两个固定螺栓，并重新锁闭盖板。

注意：在为密封胶条涂抹润滑脂后，应擦除压力平衡孔周边 10 mm 区域内的润滑脂，使压力平衡孔保持畅通。

6）通电检查

（1）为接触网送电，操作动车组升弓供电。

（2）在司机室操作集控开关门按钮，如图 4－38 所示，在人机操作屏（HMI）上确认各车门的开关状态是否正常。

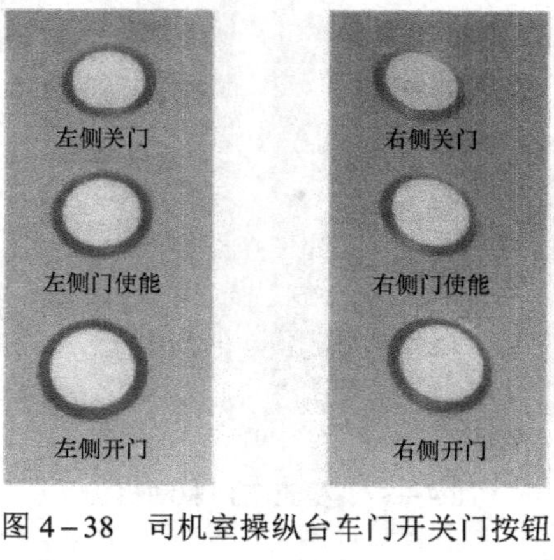

图 4－38　司机室操纵台车门开关门按钮

① 开门。当车速小于 5 km/h 时，通过车门内控制面板上的开门按钮开门，如图 4－39 所示。若通过开门按钮无法打开车门，则通过内紧急解锁装置开门。用四角钥匙操作内紧急解锁装置的四角锁，如图 4－40 所示。此时蜂鸣器会发出刺耳的警报声，拉动红色紧急解锁拉手，同时将车门门板用力向外推，并手动推动车门至完全打开的位置。

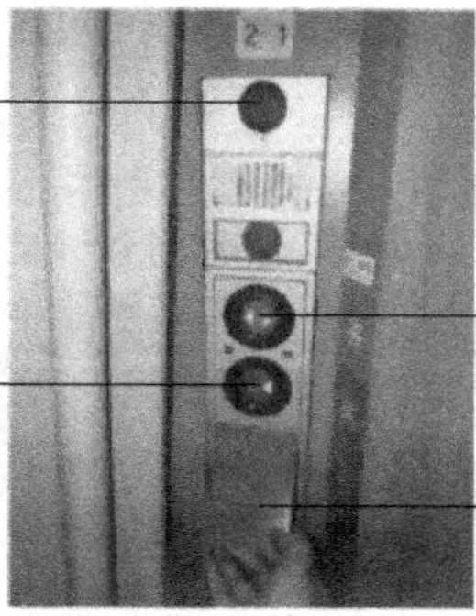

图 4－39　车门内控制面板

图 4－40　打开四角锁

② 关门。通过关门按钮关门，此时蜂鸣器激活，关门信号将发送至 DCU 以关闭车门。由列车乘务人员集中关闭，可通过顺时针旋转方形钥匙开关，给所有外部门控制单元发送关门信号来关闭所有外部门；或通过司机操纵台集控关门，司机可通过车门控制按钮“左侧关门”“右侧关门”来关闭车辆相应侧的车门；或利用速度信号关门。当列车运行时，所有仍打开的门将自动关闭。

（3）障碍物检测，即用检测块检查内外敏感胶条是否能正常触发车门动作。如果车门碰到检测块后无动作或者仍继续关门动作，则应更换敏感胶条。

（4）整理检查工具和物料，保证作业区周边卫生干净、无杂物。

知识拓展

1. CRH380B 型动车组塞拉门门控器的位置

（1）380B 型动车组端车 1 位端靠近司机室的车门，以及所有车厢 2 位端靠近电气柜的车门，其门控器在车门上方的平顶板内，门控器与门控电源开关 S5 在同一位置。

（2）中间车厢，靠近车厢 1 位端卫生间位置的车门，其门控器位于侧面检查门内，门控器与门控电源开关 S5 不在同一位置。

（3）4 号车残疾人专用卫生间对面的车门，其门控器位于洁具柜内。打开洁具柜，然后打开上方的小平顶板即可看到该门控器。

2. CRH380B 型动车组塞拉门的安全性

在塞拉门的内外操作装置和主锁间的传动装置上设有电磁离合器，门锁系统保证在列车高速运行时，即使操作紧急解锁拉手也无法打开车门，可以极大地提高动车组的安全性能。

3. CRH380B 型动车组塞拉门隔离操作流程

车门隔离作为动车组塞拉门应急故障处理的常见手段，它可以通过机械隔离锁锁闭的方式，触发隔离开关，使当前故障塞拉门退出服务，避免因塞拉门故障影响动车组正常运营。下面以 CRH380B 型动车组的塞拉门为例，介绍如何进行塞拉门隔离操作。塞拉门隔离操作流程如表 4－7 所示。

表 4－7　塞拉门隔离操作流程

处理过程	
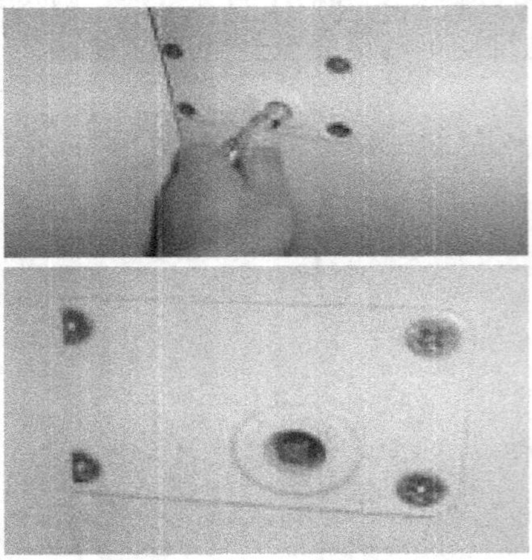 上图为隔离锁锁闭时的状态：标记处于水平方向	1. 手动关门至二级锁后，用四角钥匙操作门扇上的隔离锁将车门可靠隔离； 2. 隔离锁操作的特别说明。 注意：未处于完全关闭位置的门（未达到二级锁），或隔离锁锁不到位、锁不上时，车门将不能被隔离锁可靠锁定。 门扇上的隔离锁隔离到位的识别标准：隔离到位与否是不能以隔离锁拧不动为判断标准的。应以隔离锁锁舌可靠地插入锁口板，并且隔离锁芯未隔离时，锁芯上的标记线应位于垂直方向。隔离好时，锁芯上的标记线应位于水平方向

4. CRH380B 型动车组塞拉门常见故障与应急处理

下面以 CRH380B 型动车组的塞拉门为例，对常见的车门故障进行分析，并学习如何进行应急处理措施。CRH380B 型动车组塞拉门常见故障与处理措施如表 4－8 所示。

表 4－8　CRH380B 型动车组塞拉门常见故障与处理措施

序号	故障类型	故障原因及处理措施
1	车门关闭故障：集控关门时个别车门未关闭、HMI 屏门界面出现红色的故障标记或未报故障代码	再次操作集控关门按钮，若关门不成功，应立即前往故障车门，查看车门关闭有无异常并尝试用本地关门按钮关门 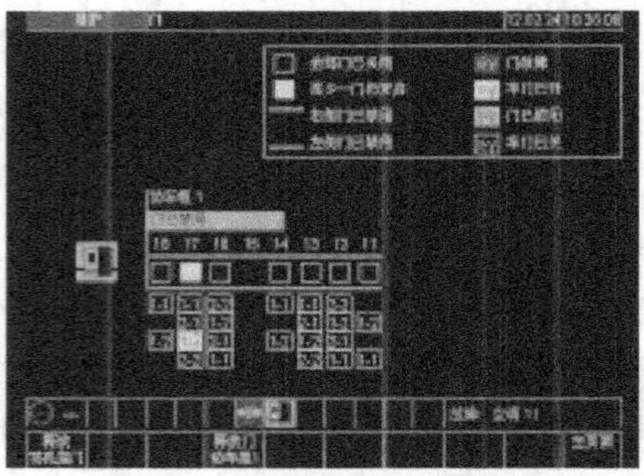 

续表

序号	故障类型	故障原因及处理措施
1	车门关闭故障：集控关门时个别车门未关闭、HMI 显示屏上出现红色的故障标记或未报故障代码	若仍未成功，对 DCU 电源开关 S5 进行复位操作，并检查 DCU 的 MVB 或 CAN 总线插头是否松动，插紧松动的插头。  如果不能排除故障，断开 DCU 电源开关 S5，用四角钥匙操作站台补偿器的隔离锁将站台补偿器隔离，手动关门并将车门隔离。 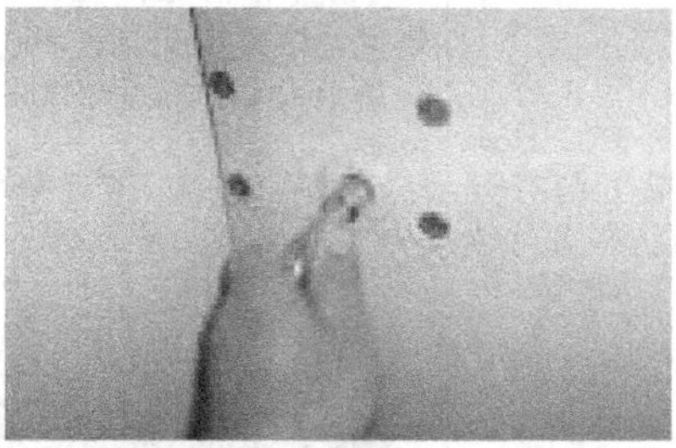 再次闭合 DCU 开关 S5，锁闭平顶板，通知司机开车。  司机接到随车机械师通知后，在 HMI 屏上看到该门位置出现隔离显示，满足行车条件后行车，故障车门回库内处理
2	车门关闭故障：集控关门时关门按钮失效，全列车门无法关闭	故障原因可能为集控关门按钮故障，需立即前往车门打开侧任意一扇车门操作面板上，用四角钥匙操作远程关门开关，四角钥匙顺时针旋转，此时除本车门外，其他车门均关闭，再按本地关门按钮，本车门关闭。并告知司机，待司机确认全列车门已正常关闭，方可正常行车  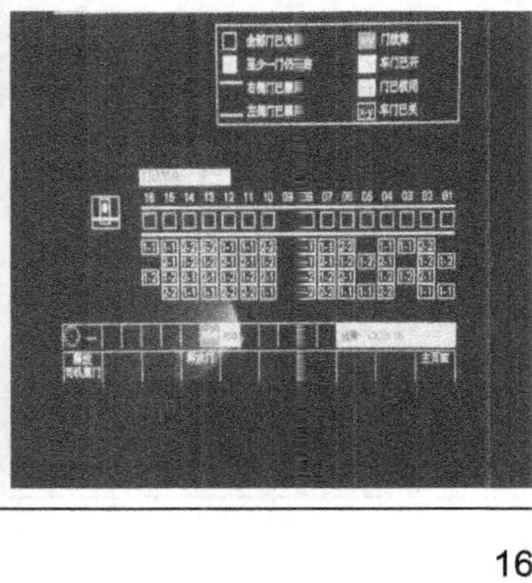

续表

序号	故障类型	故障原因及处理措施
3	运行途中，HMI显示屏报车门打开故障、门状态页持续报红或闪报故障	故障原因可能是通信中断或紧急解锁装置被操作等。此时列车可维持运行，无须紧急停车，但若显示车门打开则需立即停车。并通过 HMI 显示屏查看具体位置，立即前往故障车门排查。 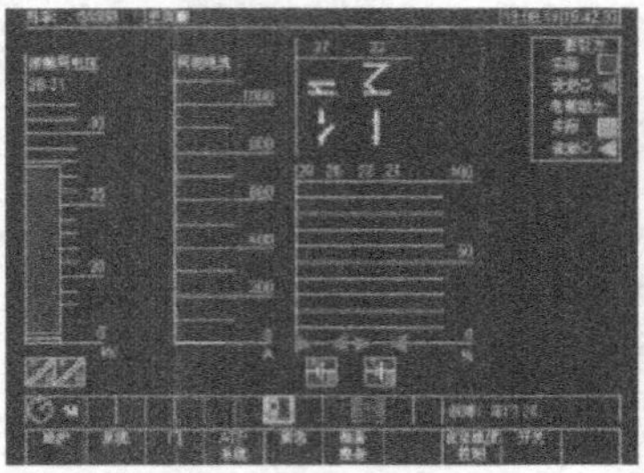 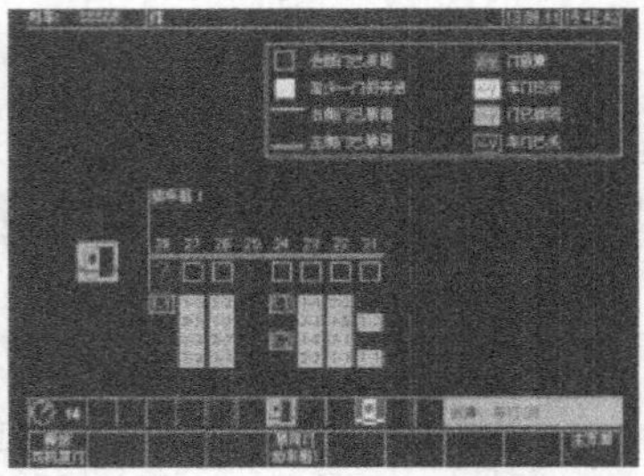 首先将故障车门进行隔离。到下一停站时可通过 S5 对故障车 DCU 进行复位。如果时间允许不会造成晚点的情况下，可检查 DCU 的 CAN 总线插头是否松动，插紧松动的插头。  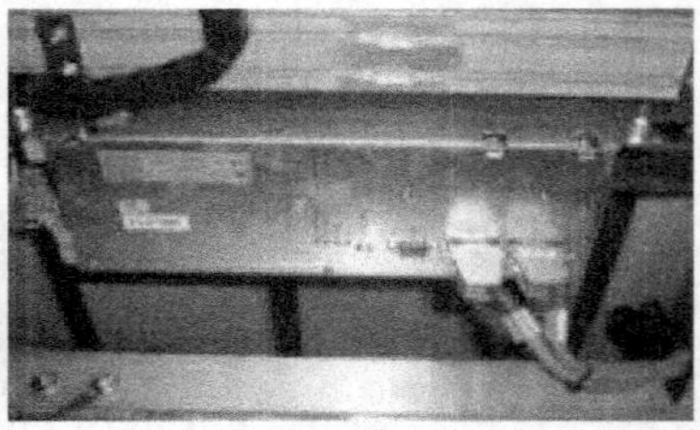 如果不能排除故障，手动将车门隔离（如果门在打开状态，则先将站台补偿器隔离，手动将门关闭，再将车门隔离），隔离后可继续行车  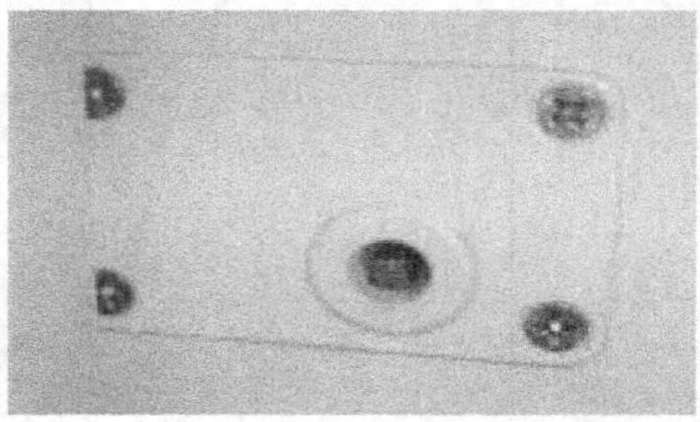
4	列车无牵引输出，HMI 显示屏出现信息提示“行车限制，车门未关闭”，故障代码为 6A54	故障原因可能是由于一个或多个车门未关闭造成牵引联锁，此时应在 HMI 显示屏上查看车门当前状态，并与随车机械师确认故障车门状态 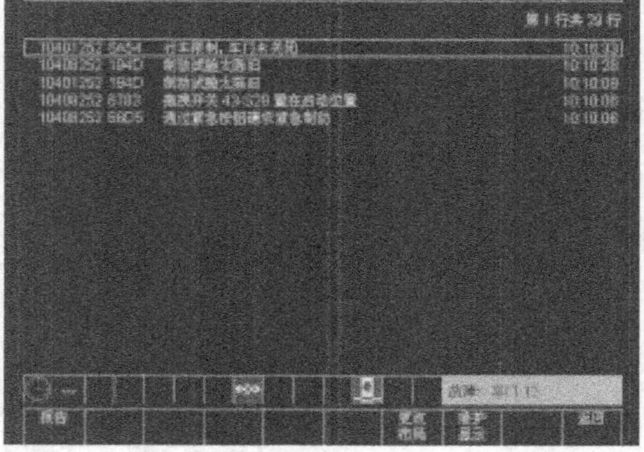

续表

<table>
<tr><th>序号</th><th>故障类型</th><th>故障原因及处理措施</th></tr>
<tr><td>4</td><td>列车无牵引输出，HMI 显示屏出现信息提示“行车限制，车门未关闭”，故障代码为 6A54</td><td>
若无异常，将故障车门手动锁闭，完成后机械师通知司机，司机在 HMI 显示屏上查看全列车门均已锁闭后，如果故障消除，尝试推牵引；如果牵引力恢复，则正常行车。

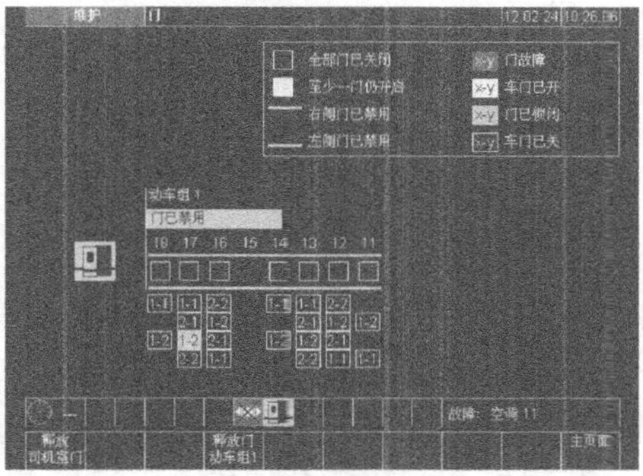

如果故障仍未消除，司机在 HMI 显示屏紧急页面选择 6 取消牵引限制。

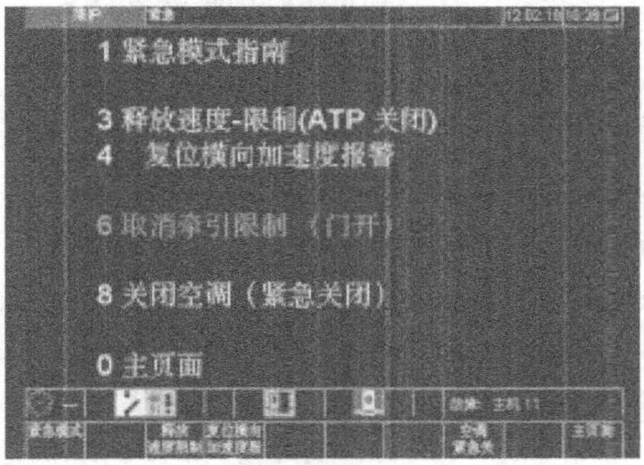

按屏幕右侧确认键“E”，此时牵引限制应消除，正常行车

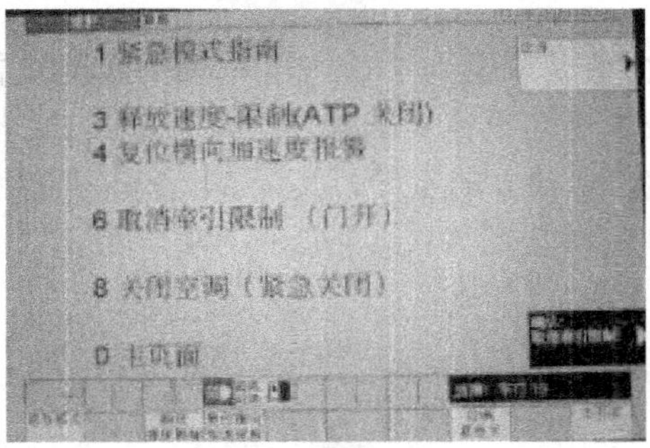

</td></tr>
</table>

任务 4.4　CR400AF 型动车组车门系统

任务导入

CR400AF 型动车组与 CRH380B 型动车组所采用的内外部车门形式基本一致，其中内

部门同样采用端门和小间门等，包括乘务员室门、防火隔断门、车厢通过门、残疾人卫生间门、普通卫生间门；CR400AF 型动车组的外部门采用的也是单扇电控电动塞拉门。相信同学们对塞拉门已经很熟悉了，那么 CR400AF 型动车组上安装的塞拉门与其他动车组上的塞拉门有哪些差别呢？

接下来介绍 CR400AF 型动车组车门系统，该系统包括塞拉门、外端拉门和内部门的布置、功能、结构、原理以及故障处理。

知识储备

4.4.1 塞拉门概况

CR400AF 型动车组采用单扇电控电动外开塞拉门，其中电控采用主、副门控器控制、电动发电机驱动方式，通过电控气动压紧密封。车辆与主门控器采用 MVB 总线连接进行列车级网络通信，同一辆车副门控器与主门控器间采用 CAN 总线连接进行车辆级网络通信。关门指令、开门指令、开门允许指令、速度信号、安全回路等关键信号采用硬线传输，如图 4－41 所示为动车组主、副门控器布置图。

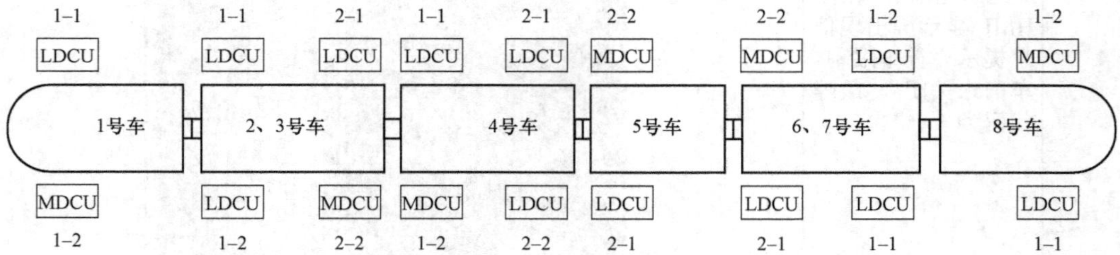

MDCU—主门控器；LDCU—副门控器。

图 4－41　动车组主、副门控器布置图

CR400AF 型动车组为 8 辆编组车辆，车门设置在每辆车的四角，1、5、8 号车设置 2 套车门，其余车辆均设置 4 套车门。全列车共 26 套车门。其中 4 号车近二位端，两套车门采用净开度为 900 mm 的宽门，其余 24 套车门采用净开度为 800 mm 的窄门。CR400AF 型动车组客室侧门布置图如图 4－42 所示。

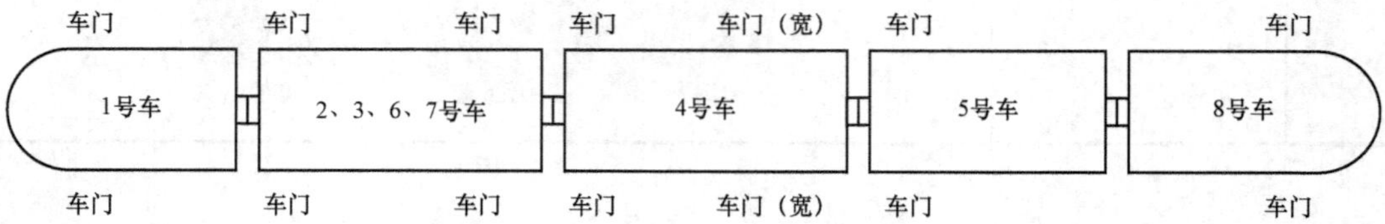

图 4－42　CR400AF 动车组客室侧门布置图

1、8 号车设置有可在车内和车外操作的隔离锁，其他车门在正常情况下只能从内部操作隔离锁，图 4－43 为 CR400AF 型动车组客室侧门。

CR400AF 型动车组塞拉门主要技术参数见表 4－9。

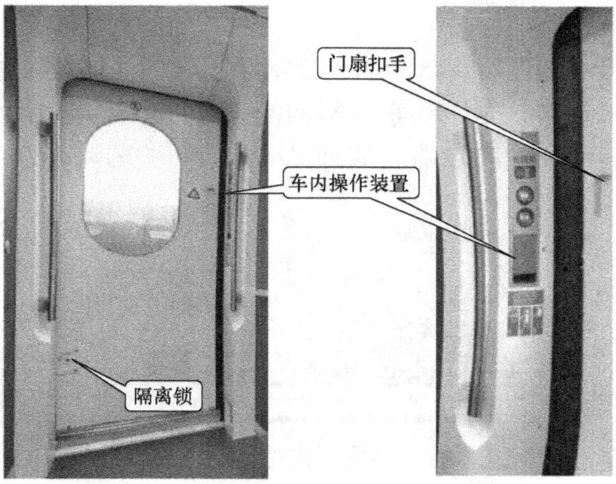

图 4－43 CR400AF 型动车组客室侧门

表 4－9 CR400AF 型动车组塞拉门主要技术参数

项目	技术参数
净通过宽度	800 mm（普通车门）、900 mm（残疾人车门）
净通过高度	1 900 mm（从距轨面 1 260 mm 的地板布上平面算起）
开门时外摆尺寸	70 mm
气动载荷	±6 kPa 的气动载荷加 800 N 的集中力
隔声量	≥34 dB
传性系数	≤3.9 W/（m²·K）
开关门时间	（5±1）s
障碍物检测功能	符合 EN 14752—2005
车门抗冲击性能	IEC 61373—2010 中Ⅰ类 A 级

4.4.2 塞拉门结构

CR400AF 型动车组塞拉门采用电控电动多点锁闭式，主要由驱动导向装置、锁闭装置、紧急解锁装置、门扇门框、隔离装置等组成。如图 4－44 所示为 CR400AF 型动车组塞拉门的组成结构。

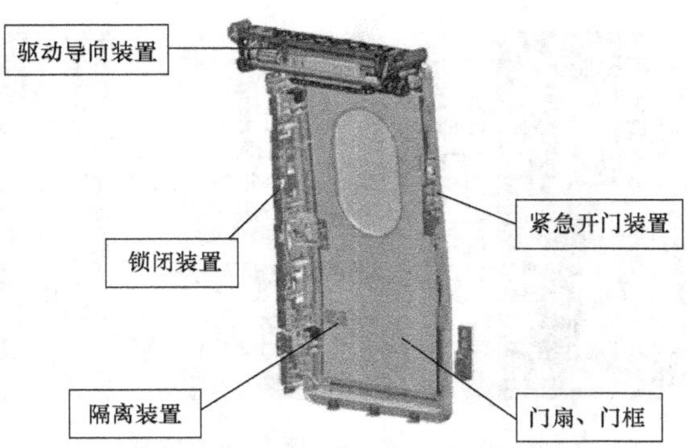

图 4－44 CR400AF 型动车组塞拉门的组成结构

1. 驱动导向装置

驱动导向装置的组成如图 4－45 所示。其动作受电子门控器的控制，由驱动电机，通过齿轮皮带，驱动丝杆旋转，再带动承载机构沿长导柱移动，并沿滑轨及短导柱摆动。驱动电机可以进行正向转动和反向转动，从而实现开门和关门动作。

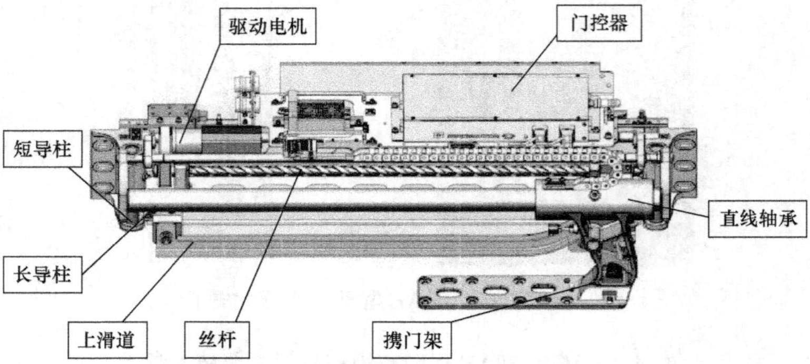

图 4－45　驱动导向装置

2. 锁闭装置

锁闭装置又称侧立组成装置，如图 4－46 所示，它由上辅助锁组件，98%关到位限位开关 S4，紧急解锁电磁铁 Y1，快速排风阀，主锁解锁电磁阀 Y3、辅助锁闭锁电磁阀 Y2，主锁和锁到位限位开关 S1，紧急解锁限位开关 S3，供风组件隔离锁限位开关 S2，下辅助锁组件和辅助锁到位限位开关 S5 组成，具体开关布置可参考图 4－47。

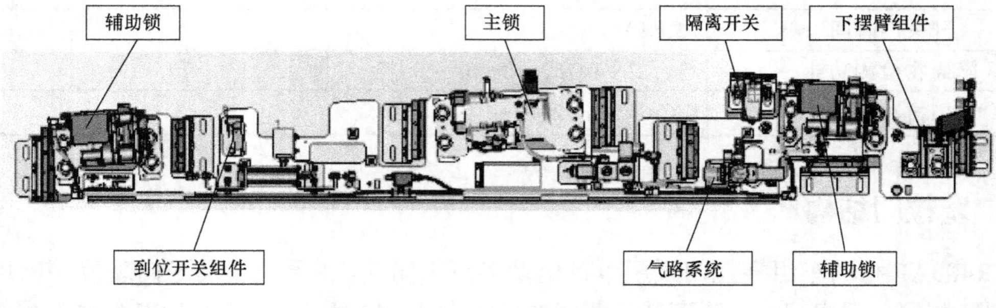

图 4－46　锁闭装置

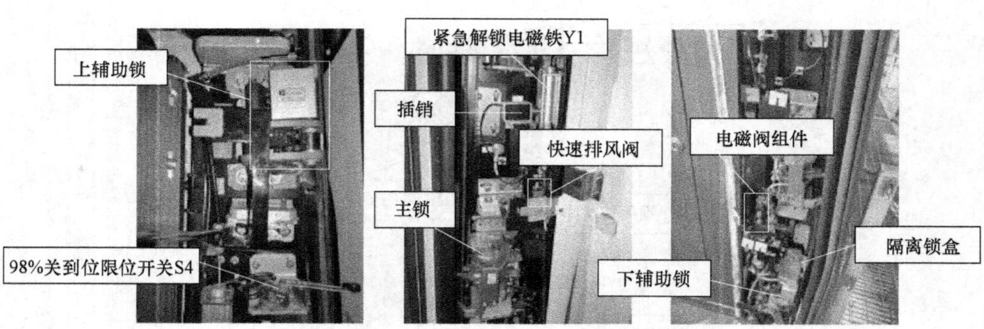

图 4－47　锁闭装置各开关位置

3. 紧急解锁装置

紧急解锁装置由紧急解锁开关、蜂鸣器、紧急解锁按钮、内侧开门按钮、内侧关门按钮、紧急解锁拉手组成。每套车门在车内门口处设置有车内紧急解锁装置，如图 4－48 所示；在车外侧墙上设置车外紧急解锁装置，如图 4－49 所示。紧急情况下，且在车速大于 5 km/h 且小于 10 km/h 时，通过操作紧急解锁装置，蜂鸣器鸣响，保持紧急解锁拉手处于拉起状态，可手动打开车门，并传递状态信息给列车监控系统。

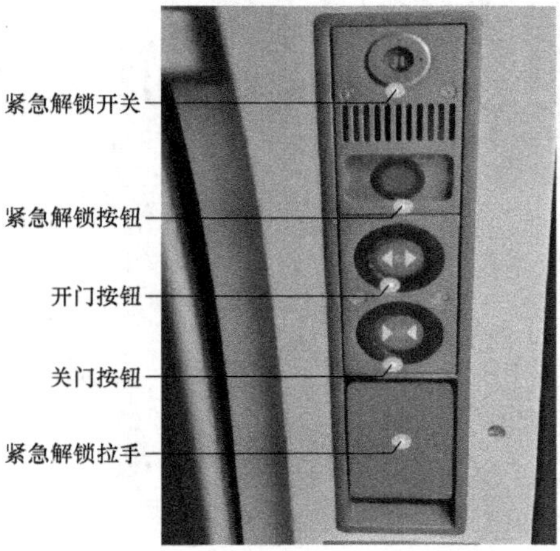

图 4－48　车内紧急解锁装置

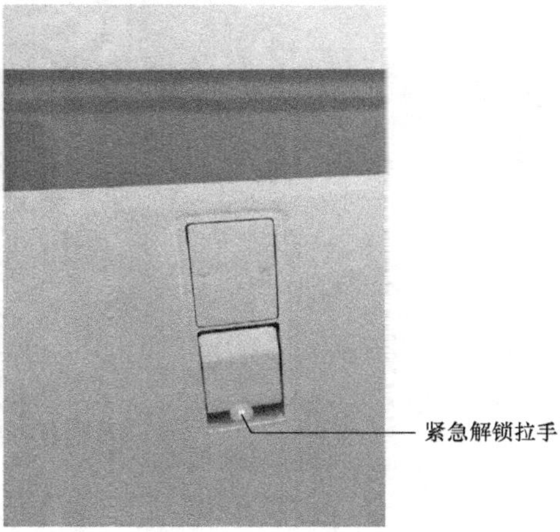

图 4－49　车外紧急解锁装置

4. 门扇

门扇包含两个可以实现防挤压功能的内侧敏感胶条和外侧敏感胶条，如图 4－50 所示。不仅如此，车门系统还采取电机电流检测和车门的时间位移方式来判断障碍物的存在。在关门过程中遇到障碍物，障碍返回功能被激活，车门停止关闭并打开。当车门锁闭到位后，防挤压检测自动停用。

图 4－50　内外侧敏感胶条

5. 隔离装置

隔离装置包含头车隔离装置，如图 4－51 所示，以及中间车隔离装置，如图 4－52 所示。车门发生故障时，可将车门机械锁闭，退出使用状态，并将车门状态反馈给车辆监控系统。头车塞拉门的车内和车外均可使用四角钥匙操作隔离，门扇上还设有保险锁，而中间车每套侧门正常情况下仅能从车内通过四角钥匙进行隔离操作。车门隔离后，门控器正常记录故障，但网络系统不再报任何故障。

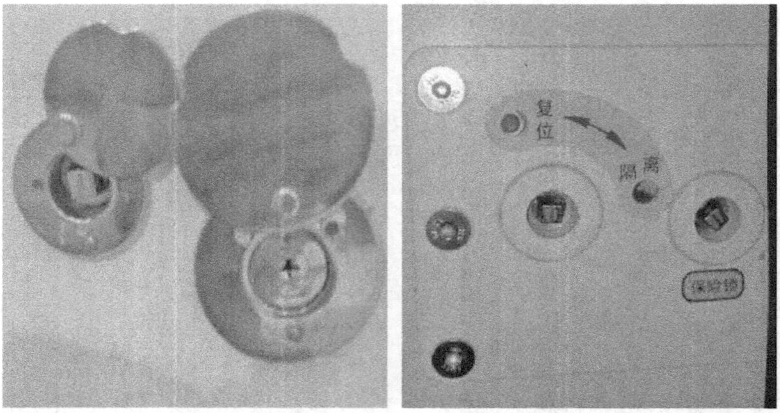

图 4－51　头车隔离装置

图 4－52　中间车隔离装置

4.4.3　塞拉门动作原理

当车门系统的电子门控器收到司机集控关门或本地关门指令时，门控器输出相应电流驱动电机转动，驱动电机通过同步齿形皮带带动丝杆转动，门扇通过携门架固定在螺母副上、与丝杆配合运动，门扇先沿着导轨做直道运动，然后进入弯道运动，到达关闭位置即主锁锁闭到位一级位、辅助锁压紧带动主锁进入二级位，辅助锁压紧以压缩空气推动钩舌锁紧，通过建立安全互锁回路反馈到司机监视屏表示门已正常关闭，具备行车条件，此为关门过程。

当车门系统的电子门控器收到司机集控开门或本地开门指令时，门控器控制输出辅助锁解锁，继而主锁解锁，再输出相应电流驱动电机转动，带动门扇打开，通过门位置编码来判断车门是否开到位，此为开门过程。

塞拉门电路原理图和塞拉门气路原理图如图 4－53 和图 4－54 所示。

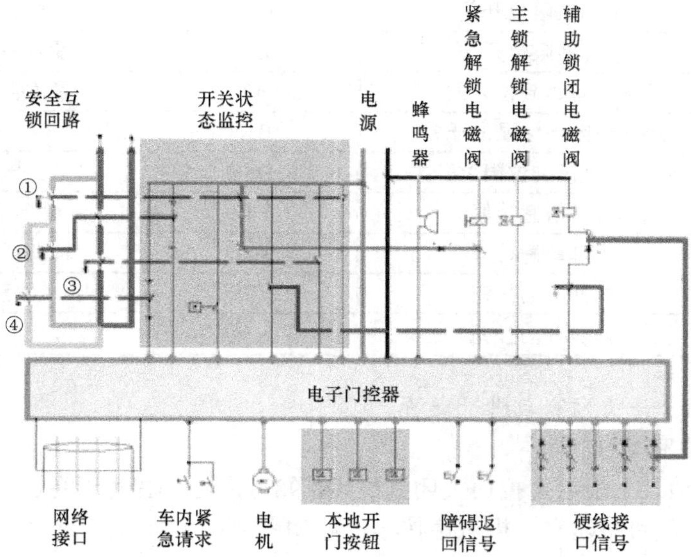

① 隔离开关；② 关到位限位开关；③ 锁到位限位开关；④ 辅助锁开关。

图 4－53　塞拉门电路原理图

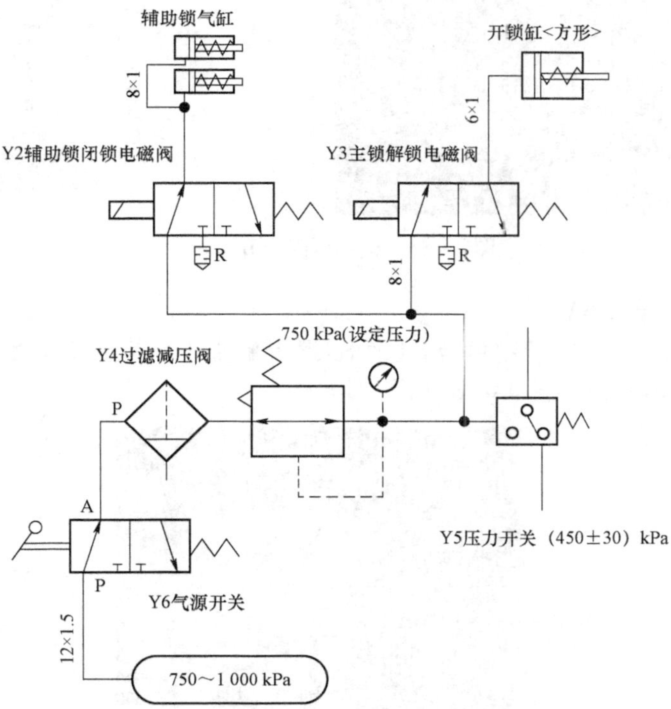

图 4－54　塞拉门气路原理图

以上动作原理需要借助塞拉门内部精密的结构部件，此处列举 CR400AF 型动车组塞拉门开关符号所对应的部件名称，见表 4－10。

表 4-10　CR400AF 型动车组塞拉门开关符号含义

符号	名称	符号	名称
S1	锁到位限位开关	S11	外侧开门按钮
S2	隔离锁限位开关	S12	紧急操作请求按钮
S3	紧急解锁限位开关	S13	紧急操作请求开关
S4	98%关闭到位限位开关	B1	蜂鸣器
S5	辅助锁锁闭到位限位开关	B5	压力开关
S6	外部敏感边缘	Y1	紧急解锁电磁阀
S7	内部敏感边缘	Y2	辅助锁闭锁电磁阀
S9	内侧关门按钮	Y3	主锁解锁电磁阀
S10	内侧开门按钮		

下面以其中部分开关为例，进行详解。

1. 锁到位限位开关 S1

锁到位限位开关 S1 指示塞拉门关闭到位，和 98%关到位限位开关 S4 用于 HMI 屏车门状态显示，车门安全回路建立，机械锁住车门，如图 4-55 所示。

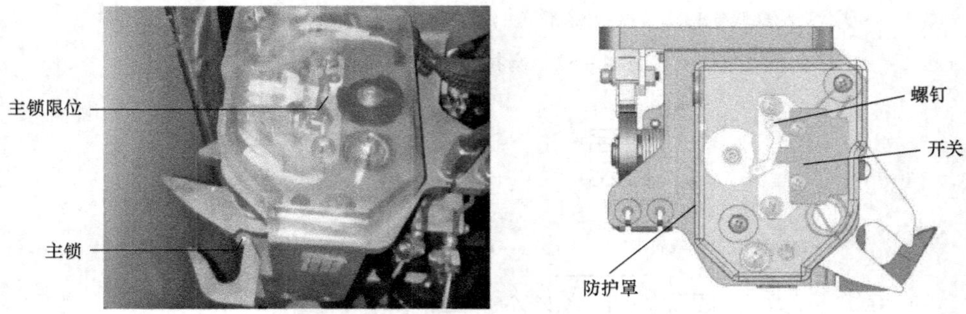

图 4-55　锁到位限位开关 S1

2. 隔离锁限位开关 S2

车门故障隔离后，S2 常开触点与 S4 或 S5 常开触点串联构成安全互锁回路，向司机室提供车门安全互锁信号，如图 4-56 所示。

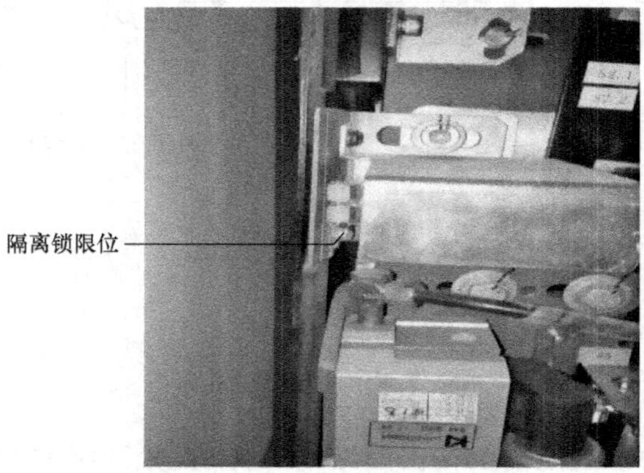

图 4-56　隔离锁限位开关 S2

3. 紧急解锁限位开关 S3

紧急解锁限位开关包含外紧急解锁和内紧急解锁，如图 4－57 所示。

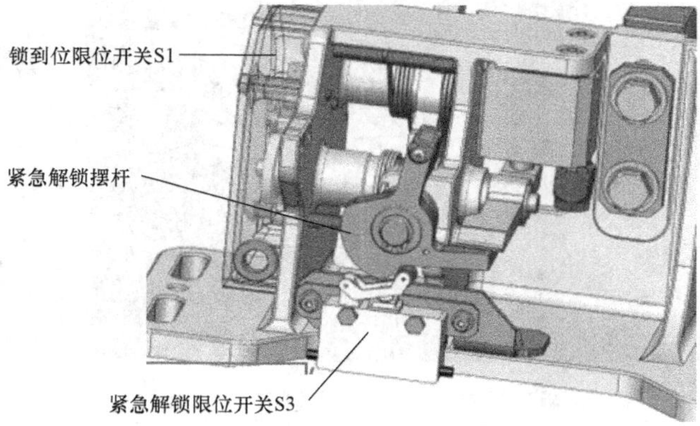

图 4－57　紧急解锁限位开关 S3

4. 98%关闭到位限位开关 S4

98%关闭到位限位开关 S4 为判断车门是否关闭到位开关，通过其常闭触点断开反馈门控器，车门处于关到位状态，如图 4－58 所示。

图 4－58　98%关闭到位限位开关 S4

此限位开关是判断门关到位的标准，因此需要在运维检修中对其进行精调，计算要求：

$$C_2 - C_1 = (18 \pm 2)\ \text{mm} \tag{4-1}$$

（1）C_1。手动将门关至 98%关位开关临界触发位置（开关有轻微的“咔嗒”声响），测量门扇后棱线与后门框的距离 C_1。

（2）C_2。手动将门关到主锁二级位，测量门扇后棱线与后门框的距离 C_2。

5. 辅助锁锁闭到位限位开关 S5

辅助锁锁闭到位限位开关 S5 为判断辅助锁电磁阀能否动作的先决条件，也是判断辅助锁是否故障的检测条件，如图 4－59 所示。

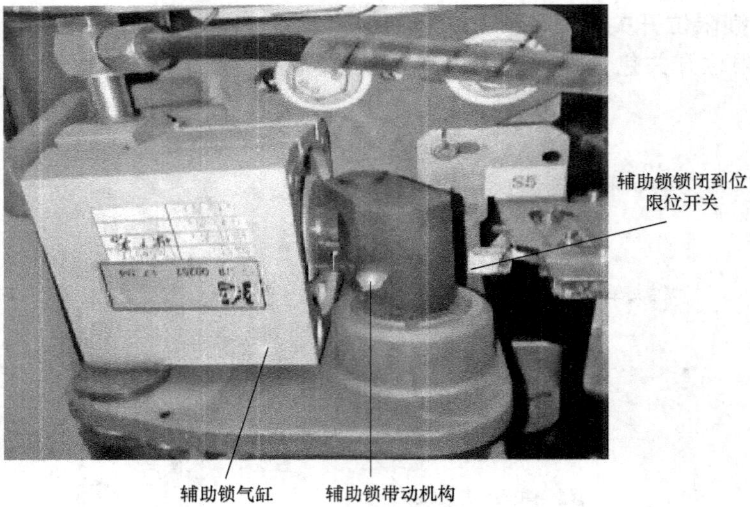

图 4－59　辅助锁锁闭到位限位开关 S5

4.4.4　塞拉门功能

CR400AF 型动车组塞拉门除开关门功能以外，还具备障碍检测、故障隔离、紧急解锁、网络通信、牵引互锁、零速保护、整列锁车等功能，如图 4－60 所示。

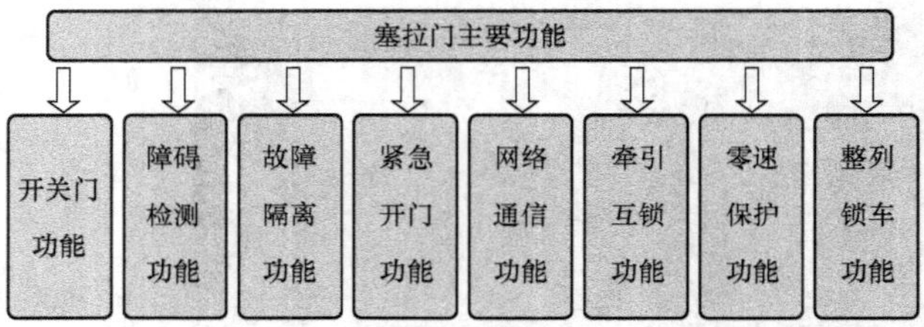

图 4－60　塞拉门主要功能

1. 开关门功能

CR400AF 型动车组塞拉门采用集中控制和本地控制两种方式来开关门，司机通过设置在司机室操纵台上的集控开关控制整列车门的动作；同时在每个门口设置有本地的开关门按钮，进行本地开关门控制。

1）集中控制

动车组两端司机室设置有塞拉门集控按钮，按钮分左右两侧设置，分别控制单侧车门集中开关；每侧有 3 个按钮，分别为释放按钮、开门按钮和关门按钮，按钮均为自复位式，释放按钮带灯用于显示当前的车门释放状态，释放有效时，该灯点亮。司机室的塞拉门集控按钮如图 4－61 所示。

操作主控端司机室开门侧“左门释放”或“右门释放”按钮，释放按钮黄灯变亮，HMI 显示屏车门状态页面的车门上方黄色线条消失，如图 4－62 所示。本地关门无法断开释放信号，只有当一侧有效车门全部释放，司机室释放按钮黄灯点亮，才能继续操作开门按钮开门。相较而言，关门操作较为简易，只需直接按关门按钮关门即可。整个开关门时间为 4～6 s。

图 4－61　司机室的塞拉门集控按钮

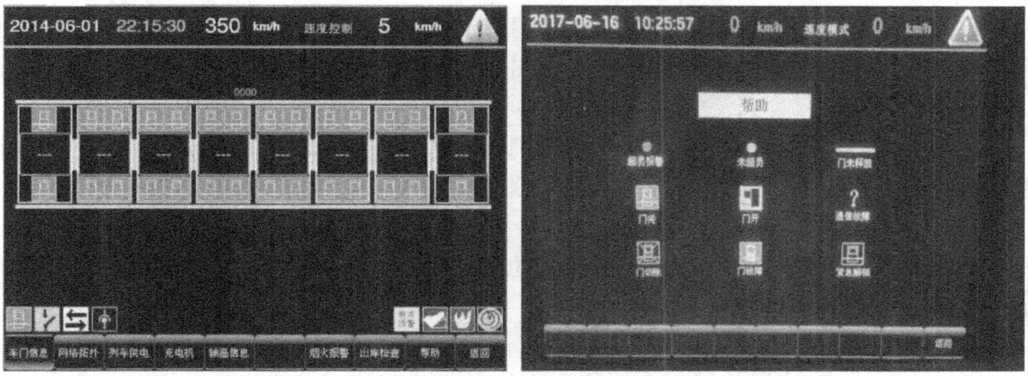

图 4－62　HMI 显示屏车门状态页面

2）本地控制

每扇车门设置本地开门按钮，其中车外塞拉门板上设置开门按钮，车内塞拉门口旁设置开门按钮和关门按钮，如图 4－63 所示。

（a）车内开关门按钮　　（b）车外开门按钮

图 4－63　车门设置本地开门按钮

车门各操纵按钮应只能在主控端有效，在到达终点站换端操作时，司机拔掉主控钥匙后，所有车门保持当前状态不动。该司机室的各按钮失去对门的控制功能，但释放信号保持换端前的状态不变（如果处于释放状态，单控按钮仍可以控制车门动作）。司机到达另一端司机室，投入主控后，该司机室的门控按钮控制车门动作。

每套车门设置蜂鸣器，蜂鸣器声音通过不同的频率区分开门和关门，侧门在自动开关门过程中有声音提示，具体如下：

（1）开门时，发出开门指令，蜂鸣器发声 1 s 后开始开门，然后继续响 4 s，频率为 2 Hz；

（2）关门时，发出关门指令，蜂鸣器发声 1 s 后开始关门，然后继续响 4 s，频率为 4 Hz；

（3）当启动紧急解锁装置时，蜂鸣器持续长鸣，时间重复比率为 5 Hz，可通过操作关门按钮或手动关闭车门解除紧急开门状态，蜂鸣器停止发声。

除了蜂鸣器声音提示，侧门在自动开关门过程中还有灯光提示，开门时，开门按钮指示灯亮，关门按钮指示灯灭。

2. 障碍检测功能

车门设有障碍返回功能，通过门系统自身控制系统保证在开关门过程中遇到障碍物时，车门能停止关闭并打开。因障碍物检测功能引起的开关门同时伴随有警示音的提示。

1）关门过程

当检测到障碍物时，车门停止关闭重新打开，停留约 1 s 后再次尝试关门，3 次后停留在开门位等待。监控系统报车门故障。操作关门开关并关闭到位后，可解除故障状态。

2）开门过程

开门遇障碍物无法打开时，停留在阻力位 3 s 后再次尝试开门，3 次后停留在阻力位等待处理，塞拉门报障碍检测故障。

车门防挤压功能、关门冲击力等参数符合《铁路设施——铁路车辆的车体侧门系统》（EN14752—2005）中的相关规定，能检测到的最小障碍物尺寸为 30 mm × 60 mm。关门最大峰值力 $f_p \leqslant 300$ N，第一次关门过程的有效力 $f_e \leqslant 150$ N，在进一步关门尝试时的平均有效力 $f_e \leqslant 200$ N。障碍物监测灵敏度和抽出力符合 EN14752 规定。

3. 故障隔离功能

每套塞拉门内部设置有隔离装置，如图 4－64 所示。通过四角钥匙操作隔离装置可以机械锁闭车门，同时可将门设置为非使用状态。被隔离的车门不执行列车的开关门控制指令，在隔离锁锁闭的情况下，任何方式都不能打开车门，包括紧急情况下也无法打开车门，且本门的牵引连锁回路被旁路。

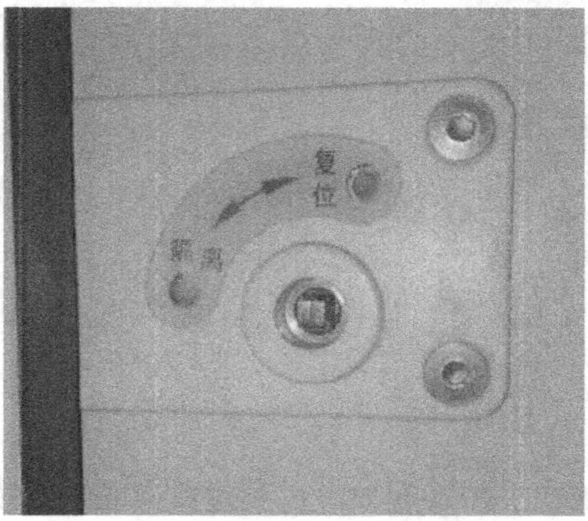

图 4－64　车门隔离装置

在塞拉门供电、供气正常时，操作隔离锁后辅助锁供气压紧塞拉门。该功能供单个车门故障无法正常动作时使用，隔离后可保证动车组的继续运行。

4. 紧急解锁功能

为在紧急状态下能够打开车门，在每个车门的车内外侧设置有能够紧急解锁的装置。通过相关的装置，操作门系统的解锁机构实现开门。需要注意的是，被隔离的车门无法通过紧急解锁装置打开，且车辆速度大于 10 km/h 时无法紧急解锁打开车门。

1）内紧急解锁

紧急情况下，车辆有电时，机械师、乘务员首先操作四角锁芯从“红点”到“绿点”，乘客需打破塑料保护罩按下内部的红色按钮，此时蜂鸣器鸣响，并传递状态信息给列车监控系统（只有紧急解锁请求按钮或紧急解锁请求钥匙开关复位时，蜂鸣器声才被关闭）。此时车门驱动单元的电气控制元件被关闭，并且车门控制单元的空气供给被切断。然而，车门仍保持锁闭和无法启动，直到红色的紧急解锁拉手保持拉起状态，手动向外推门并打开车门。如图 4－65 所示为车内紧急解锁装置。

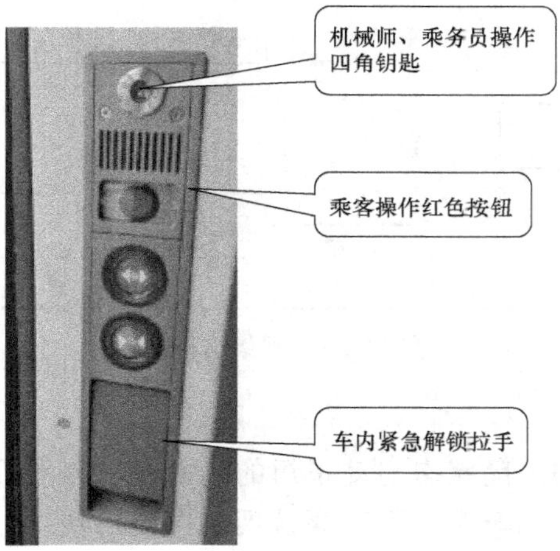

图 4－65　车内紧急解锁装置

紧急情况下，车辆无电时，无须操作四角锁芯或者乘客红色按钮，直接拉起红色紧急解锁拉手保持拉起状态，手动向外推门可打开车门。

2）外紧急解锁

车辆在有电、无电情况下，均仅需拉起车外紧急解锁拉手并保持拉起状态，手动拉门并打开车门即可。在手动打开已解锁的门时，乘客可以施加不超过 250 N 的力在开门方向使门摆出。如图 4－66 所示为车外紧急解锁装置。

5. 网络通信功能

车辆采用 MVB＋CAN 网络进行塞拉门的状态监控和故障诊断信息传递，及时传递故障信息，提示司机执行相应操作；其中开关门指令、释放指令、安全回路、速度信号等采用硬线传输。如图 4－67 所示为网络结构图。

图 4－66　车外紧急解锁装置

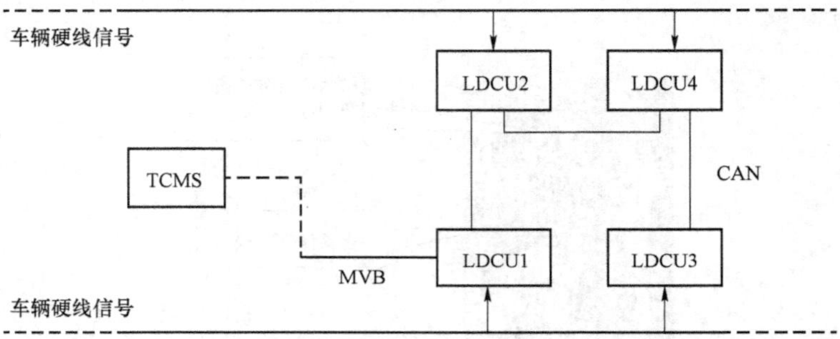

图 4－67　网络结构图

6. 牵引连锁功能

为保证行车安全，车门关闭状态与动车组的牵引在电路上设置互锁功能。所有车门关闭安全回路闭合后方能起动动车组。若有塞拉门未关闭的情况，动车组将无法牵引。运行中若车门有故障、安全回路断开，则动车组失去牵引动力。在司机操纵台上应设关门安全指示灯，用于显示全列车门的关闭情况。

为防止在运用中单个车门隔离不能闭合安全回路的故障，动车组应设牵引互锁旁路功能，通过此功能可以不检测车门关闭状态，直接闭合牵引回路。

7. 零速保护功能

以动车组 5 km/h 信号作为零速判断。列车运行速度大于 5 km/h 时，动车组整车电路实现门释放信号自动切除。(若车门未关闭，塞拉门门控器控制车门自动关闭，此时防挤压功能不起作用）列车运行速度大于 5 km/h 时，即使操作开门开关，车门也不会打开。

8. 整列锁车功能

动车组回库后，需对整列车进行锁车操作。整列锁车功能描述如下。

（1）中间车隔离锁只能从车内操作，用通用四角钥匙，从车内将所有车门的隔离锁锁闭（使指示窗口的红点从“复位”旋转到“隔离”)，车外侧用盖板封堵，特殊情况下才可以拆开。

（2）头车隔离锁可用四角钥匙从车内和车外操作（使指示窗口的红点从“复位”旋转

到“隔离”)，然后再将保险锁锁闭（将保险锁的标线由绿点指向红点），但需留意任一个靠司机室的塞拉门用于下车出口。

（3）头车门扇增加安全锁，用于控制隔离锁的可操作性，安全锁锁闭后，隔离锁无法操作。

（4）车内锁闭隔离锁，从头车下车后，在车外用四角钥匙锁闭各头车隔离锁，再用安全钥匙锁闭保险锁（插入用安全钥匙操作锁芯的指示标记向红点方向旋转，然后回正拔出钥匙）。将盖板翻转，盖住锁芯，完成整列列车锁车。

如图 4－68 所示为头车车内车外隔离锁。

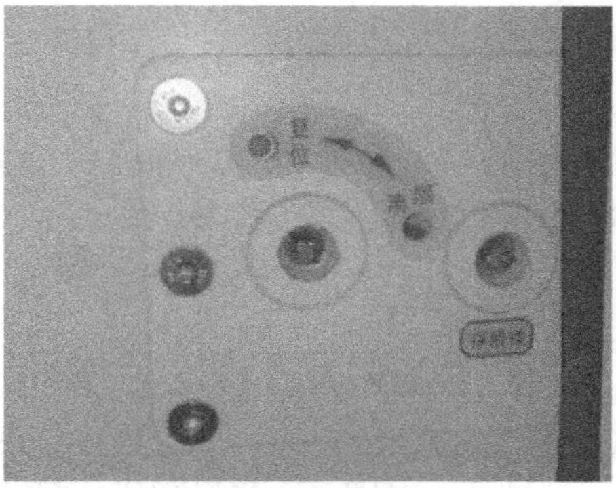

（a）头车车内隔离锁

（b）头车车外隔离锁

图 4－68　头车车内车外隔离锁

4.4.5　外端拉门概述

外端拉门是装在两辆车之间的贯通口上为防火而设置的自动拉门，在每辆车的端墙处各设有一个外端门。在正常运用中该门可处于电动状态，也可处于手动状态，通过手、电动转换开关来设置其动作状态。在发生火灾时，关闭外端拉门，可防止火势蔓延。

外端拉门采用双扇电动拉门，主要由门扇、承载驱动装置、手动电动转换开关、下导轨、门框防火密封装置单元、开门按钮开关等组成。承载驱动装置包括上导轨、门控器、电机、同步装置、门止挡、滚轮等。门扇为铝型材骨架、大玻璃结构。门扇下部设置滑槽，与下导轨相匹配。门扇内、外侧应设扣手和按钮开关。

外端拉门主要功能有：开关门、手动电动转换、障碍检测、耐火、开关门位置隔离锁闭、同一车端联动开门等功能。其主要技术参数见表 4－11。

表 4－11　外端门主要技术参数

供电电压	DC 110 V
开、关门方式	双侧手动按钮开门，延时自动关门，同一车端联动开门，具有障碍检测功能
门扇厚度	25 mm
净通过宽度	900 mm

续表

净通过高度	1 970 mm（从距轨面 1 260 mm 的地板布上平面算起）
门板强度	2 400 N/m² 均布载荷，永久变形≤0.5 mm
开关门时间	开门时间为 2.5～4 s，关门时间为 3.5～5 s
门系统耐火性能	起火后 15 min 内不会通过其蔓延到相邻车
障碍检测功能	符合 EN14752—2005，检测障碍物大小 25 mm × 50 mm，障碍检测力不大于 100 N
工作模式	具有手动、电动两种工作模式

4.4.6 内部门概述

CR400AF 型动车组内部门主要包含内端电动门、司机室后端门、小间门、乘务员室门、机械师室门、厨房门、残疾人卫生间门，各内部门主要布局如图 4－69 所示。

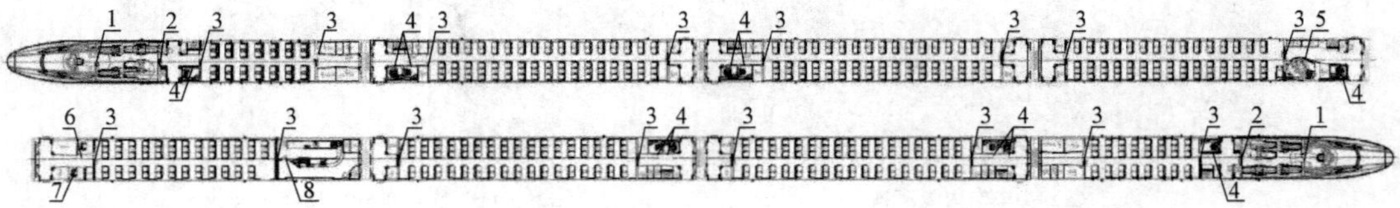

1—司机室后端门；2—观光区内端门；3—一、二位内端门；4—普通卫生间拉门；5—残疾人卫生间拉门；6—机械师室门；7—乘务员室门；8—厨房门。

图 4－69 内部门布局

1. 内端电动门

内端电动门系统主要包括基础部件、门扇组件、承载驱动装置、电控系统等，具体机构如图 4－70 所示。

（1）基础部件。前门框压条组件、下导轨、前门框胶条、感应开关组件等零部件。

（2）门扇组件。承载小车、门窗、扣手、门前胶条、下滑块、门锁等零部件；其中承载小车包括携门架组件、压紧块组件、承载轮组件、防跳轮组件等零部件。

（3）承载驱动装置。上导轨组件、门控器组件、开关组件、传动机构、缓冲头组件、隔离锁组件等零部件。其中传动机构包括从动带轮、齿形皮带、支架、电机、皮带夹紧机构等零部件。

（4）电控系统。电控系统包括电子门控器（门控器）、红外传感器、手动电动切换开关、关到位隔离开关、电机等。

2. 司机室后端门

司机室后端门系统由门板组成、前门框组成、后门框组成、上门框压条组成、下门槛、门止挡组件、门锁、观察窗等组成，门板组成是由铝板＋复合隔声材＋铝型材框架构成，具体结构如图 4－71 所示。

3. 小间门

小间门主要包括乘务员室门、机械师室门、厨房门等，各小间门净通过尺寸为 1 900 mm × 500 mm，具体结构如图 4－72 所示。

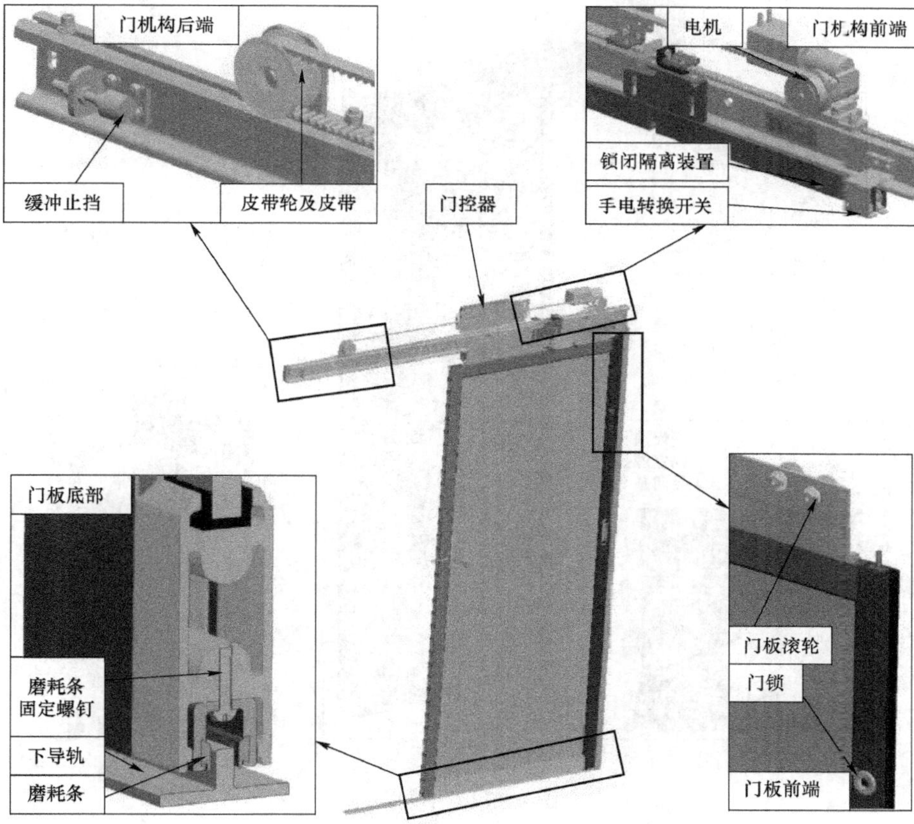

图4－70　内端电动门

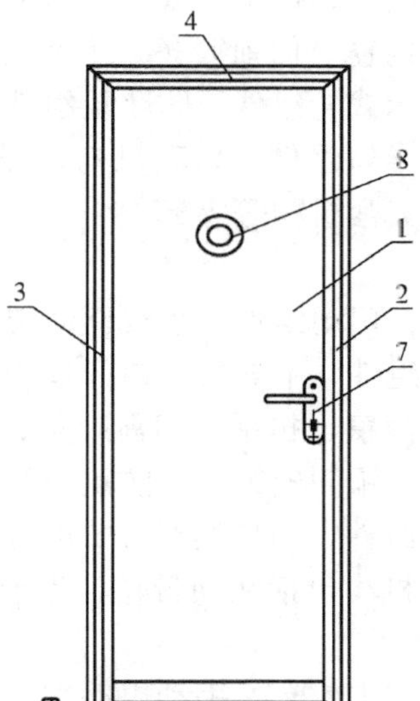

1—门板组成；2—前门框组成；3—后门框组成；4—上门框压条组成；5—下门槛；6—门止挡组件；7—门锁；8—观察窗。

图4－71　司机室后端门

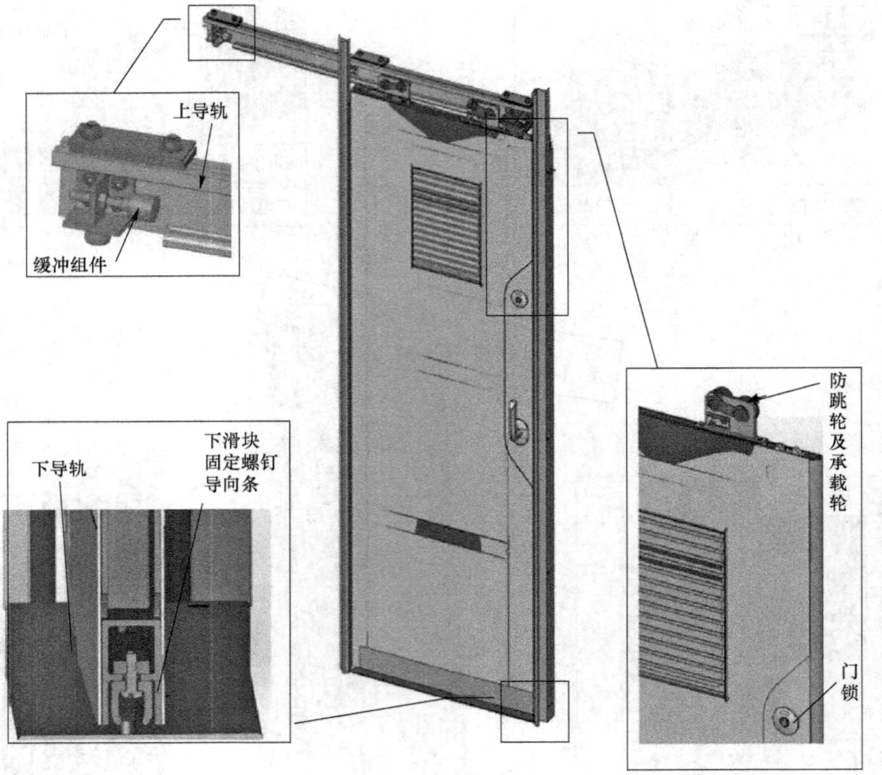

图 4－72　小间门

小间门系统主要包括基础部件、门扇组件、承载驱动装置等。

（1）基础部件。前门框压条组件、护指胶条、前门框胶条组件、下导轨等零部件。

（2）门扇组件。承载小车、门窗、门前胶条、下滑块、门锁等零部件；其中承载小车包括携门架组件、压紧块组件、承载轮组件、防跳轮组件等零部件。

（3）承载驱动装置。包括上导轨组件、传动机构、缓冲头组件，其中传动机构包括从动带轮、齿形皮带、支架、皮带夹紧机构等零部件。

4. 残疾人卫生间门

残疾人卫生间门由基础部件、门扇组件、承载驱动装置和电控系统等四部分组成。

（1）基础部件。前门框压条组件、下导轨、前门框胶条、手电转换开关等零部件；

（2）门扇组件。承载小车、门窗、扣手、门前胶条、下滑块、门锁等零部件；承载小车包括携门架组件、压紧块组件、承载轮组件、防跳轮组件等零部件；

（3）承载驱动装置。上导轨组件、门控器组件、开关组件、传动机构、缓冲头组件、隔离锁组件等零部件。其中传动机构包括从动带轮、齿形皮带、支架、电机、皮带夹紧机构等零部件；

（4）电控系统。电子门控器（门控器）、手动电动切换开关、关到位隔离开关、电机等。

4.4.7　内部门性能和参数

1. 内端电动门

内端电动门的主要技术及接口参数见表 4－12。

表 4－12　内端电动门的主要技术及接口参数

项目	技术参数	
供电方式	DC 110 V（77～137.5 V）	
触发方式	感应式	
净通过高度	1 970 mm	
净通过宽度	普通内端门	800 mm
	残疾人车内端门	900 mm
开关门时间	开门时间	普通车内端门（2.5～3.5 s） 残疾人车内端门（3.5～4.5 s）
	关门时间	普通车内端门（2.5～3.5 s） 残疾人车内端门（4.5～5.5 s）
开门保持时间	4 s	
电源接口	门控器：采用连接器连接	
	供电方式：DC 110 V 电源	

内端电动门功能如下。

（1）障碍检测功能。

① 关门过程障碍检测。在关门过程中检测到障碍物，门控器应驱动电机立即开门，延时 4 s 后再次关闭。施加在乘客身上的障碍检测力最大应≤150 N（有效值）。

② 开门过程障碍检测。上电初始化完成，若开门过程中检测到障碍物，门控器应驱动电机保持在当前位置，延时 4 s 后关门。

（2）隔离功能。门在开关位位置或在关到位位置，操作隔离开关，隔离开关动作后，门被机械锁定，且电控系统输入电源被断开。

（3）故障诊断。为了进行诊断，电子门控器（门控器）提供诊断软件模块，连续监控门功能，通过似真性检查查找不正常的情况。诊断代码将在红色“ERROR”LED 上通过闪动编码指明。每个故障的正确诊断代码都将在门控器上用一个闪动编码来指明。

以下为可能条件。

① 如果没有正确的诊断代码或者没有故障，则红色 LED 不闪亮。

② 如果出现正确的诊断代码，则红色 LED 闪动。

③ 闪动编码总是显示小数字的诊断代码（高优先级），即如果“门驱动电机电路断路”或“门控器的输出端 O0 短路”诊断代码同时存在，则闪动编码“1 次闪动”启动。如果“门驱动电机电路断路”诊断代码消失，则闪动编码“9 次闪动”启动。

闪动编码、诊断代码和优先级总结见表 4－13。

2. 司机室后端门

司机室后端门采用铰链式手动折页门结构，门口净开度为 1 900 mm × 553 mm，向客室通过台侧打开。门板上部设置了一个观察窗，通过观察窗，在司机室侧可以看见通过台侧情况，反之则不可以。隔门设专用锁，通过钥匙在通过台侧锁闭。在司机室侧采用内动把手锁闭，该锁与机械师室采用同一把钥匙。

表 4-13 闪动编码、诊断编码和优先级总结

闪动编码	优先级	名称	诊断代码	操作备注
1x	主要	门驱动电机电路断路	1	门运动停止并处于释放状态。应检查此门或隔离此门
4x	主要	门位置传感器故障	2	门尝试运动。应隔离此门
5x	次要	关门过程障碍检测触发达到指定次数	3	指定次尝试之后，门自动打开到指定位置。 如果满足开门或关门条件，则门尝试再次运动
6x	次要	开门过程障碍检测触发达到指定次数	4	指定次尝试之后，门停下并接受这一位置为最大可达开门位置。 如果满足开门或关门条件，则门尝试再次运动
9x	次要	输出口短路	6	该输出口不再输出，不影响门运动

3. 小间门

小间门采用悬挂式手动拉门结构，门口净开度为 1 900 mm × 500 mm。门板上部设置通风格栅，门锁采用统型锁具，室外侧可通过通用钥匙或专用钥匙解锁（如乘务员室门门锁钥匙、机械师室门门锁钥匙），室内侧可通过内动把手实现门系统的开关或锁闭。

4. 残疾人卫生间门

残疾人卫生间门主要技术及接口参数见表 4-14。

表 4-14 残疾人卫生间门主要技术及接口参数

项目	技术参数
供电电源	DC 110 V（77～137.5 V）
驱动方式	DC 无电刷电机同步皮带驱动
控制方法	微机演算方式
门的行程	52°，约 927 mm
开门时间	3.5～4.5 s
关门时间	4.5～5.5 s
开门保持时间	40 s
防挤压力	≤110 N
门口净通过宽度	≥900 mm
手动开关力	手动开关门力应不大于 80 N，不小于 20 N
门开・门关的保持力	约 100 N
缓冲作用行程・速度	全部关闭，剩余 150 mm 时全部打开，剩余 40 mm 时速度 80 mm/s
吊挂装置质量	≤14 kg

4.4.8　内部门故障处理

1. 内端电动拉门

内端电动拉门常见故障有内端门卡滞、动作不顺畅、无法感应开门等，其故障原因及处理方法如下所示。

（1）故障现象：内端门卡滞，动作不顺畅。

原因一：下导轨异物堵塞；下导轨变形。

处理方法：

① 门系统在断电状态下，手动使门处于打开位置。

② 拆除门上头及通过台顶板，如图 4－73 所示。

③ 拆除下导轨上的自攻螺钉，然后取出下导轨。

④ 确认新的下导轨表面无损伤，将其安装在内装地板上。

⑤ 重新恢复门上头及通过台顶板。

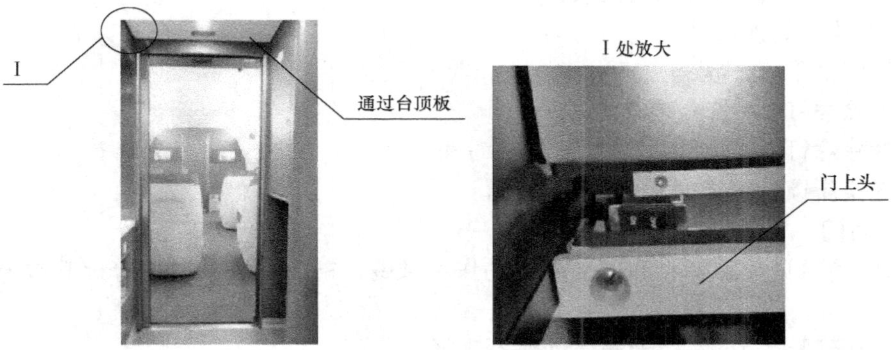

图 4－73　通过台顶板

原因二：门控器电流过小。

处理方法：

① 拆除通过台顶板。

② 更新门控器中的系统程序。

③ 确认通电后门系统功能是否正常。

④ 恢复通过台顶板。

（2）故障现象：无法感应开门。

可能原因：异物堵塞、门控器损坏；感应开关损坏。

处理方法：

① 查看感应开关指示信号是否正常。

② 检查更换门控器。

③ 拆除通过台顶板。

④ 将门控器上电源开关 SB1 切换到 OFF 位置给门控系统断电。

⑤ 拔掉门控器上的端子排，拆掉门控器上的接地螺丝接线。

⑥ 用 3 mm 内六角扳手拆掉门控器安装螺钉，卸下原门控器。

⑦ 用涂好螺纹胶的螺钉安装更换新件。

⑧ 确认门系统通电后感应、动作等功能是否正常。

⑨ 恢复通过台顶板。

2. 司机室后端门

司机室后端门常见故障有门体变形及破损、门锁损坏，其故障原因及处理方法如下。

（1）故障现象：门体变形、破损。

可能原因：重物体或人撞击门体表面，门产生永久变形，无法打开门。

处理方法：更换门板。

① 将门处于打开状态。

② 拆除固定折页螺钉，保护好周边的型材表面，避免划伤、磕碰。

③ 门板、活动把手需防护，门体比较重，建议两人协同操作。

④ 更换新门板并恢复。

（2）故障现象：门锁损坏。

可能原因：锁体内部机构失效。

处理方法：更换门锁。

① 将门处于打开状态。

② 拆除螺钉 1，打开装饰盖 2。

③ 拆除螺钉 4，取下锁体。

④ 更换新锁，锁定需加螺纹锁固剂。

3. 小间门

小间门的常见故障有小间门卡滞、动作不顺畅、前门框胶条破损等，其故障原因和处理方法如下。

（1）故障现象：小间门卡滞，动作不顺畅。

可能原因：下导轨异物堵塞；下导轨变形。

处理方法：

① 拆除门上头及门上头固定插件，如图 4－74 所示。

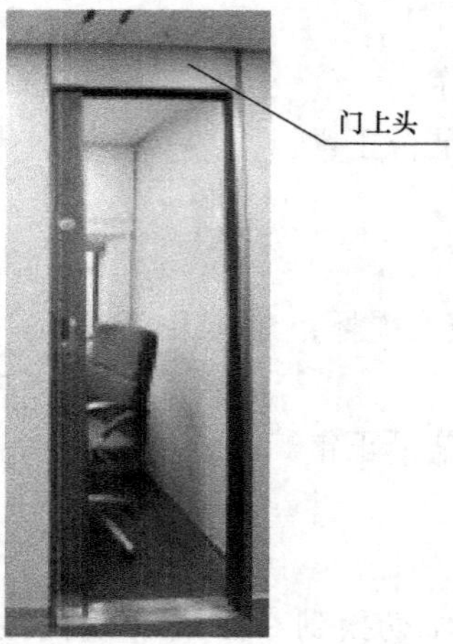

图 4－74　小间门门上头

② 用内六角扳手和插口扳手松开承载小车上滚轮的压紧螺母。

③ 防跳轮调至最低点，承载轮调至最高点，取下门扇。

④ 确认新的下导轨表面无损伤，将其安装在地板上。

⑤ 确认运动状态及锁闭功能是否正常。

⑥ 重新恢复到门上头。

（2）故障现象：前门框胶条破损。

可能原因：异物撞击或产品老化。

处理方法：

① 拆除门上头及门上头固定插件。

② 拆除前门框胶条、止动螺钉。

③ 更换新前门框组件。

④ 确认外观状态。

⑤ 重新恢复门上头。

4. 残疾人卫生间门

残疾人卫生间门常见故障有残疾人卫生间门卡滞、动作不顺畅，电源打开 LED 指示灯不亮等，其故障原因及处理方法如下。

（1）故障现象：残疾人卫生间门卡滞、动作不顺畅。

可能原因一：下导轨异物堵塞；下导轨变形。

处理方法：

① 拆除门上头及通过台顶板。

② 按照内容要求对下导轨进行更换。

③ 确认新的下导轨表面无损伤，将其安装在地板上。

④ 重新恢复门上头及通过台顶板。

可能原因二：门控器电流过小。

处理方法：

① 打开卫生间顶部检查门。

② 更新门控器中的系统程序。

（2）故障现象：打开电源后，门控器上的“5 V DC”LED 指示灯不亮。

可能原因：电源不通。

处理方法：

① 检查手动/电动转换开关是否被弹出。

② 打开卫生间顶部检查门。

③ 检查门系统供电是否正常。

知识拓展

1. CR400AF 型动车组塞拉门常见故障及处理

塞拉门常见故障及处理见表 4－15。

表 4-15 塞拉门常见故障及处理

序号	故障名称	故障描述	司机操纵台指示（$V=0$）	司机操纵台指示（$V>0$）	检修指示
1	车门 X 紧急解锁	请求按钮被操作，或紧急开门装置被触发	跳出故障提示：紧急开门装置被操作。 请机械师现场查看处理	TCMS 显示器跳出故障提示：XX 车门紧急开门装置被操作。 若未报车门未关锁到位故障，可维持运行，请机械师现场查看处理	1. 读取故障记录，确认故障发生时的状况； 2. 通过 TCMS 显示器确认紧急解锁车厢，到对应车厢确认内部紧急解锁还是外部紧急解锁。如果是内部紧急解锁，须先复位内部紧急解锁拉手，然后复位紧急解锁请求按钮，再操作本地关门按钮；如果是外部紧急解锁，则可直接操作本地关门按钮
2	车门 X 锁到位，限位开关一直不激活故障	如果关到位开关被激活 2 s 后，锁到位开关未激活，门保持 5 s 自由状态后再次关闭。如果关到位开关被激活 2 s 后，锁到位开关仍未激活，则产生此故障	跳出故障提示：车门未关锁到位，无法牵引列车。 请机械师现场隔离处理	TCMS 显示器跳出故障提示：车门未关锁到位。失去牵引。 维持运行，请机械师现场隔离处理	1. 读取故障记录，确认故障发生时的状况； 2. 检查锁到位开关及其接线
3	车门 X 锁到位，限位开关一直激活故障	门位置传感器检测到门已经离开锁到位位置，而锁到位开关仍指示门处于锁到位位置	跳出故障提示： 请机械师现场隔离处理	TCMS 显示器跳出故障提示。 维持运行，请机械师现场隔离处理	1. 读取故障记录，确认故障发生时的状况； 2. 检查锁到位开关及其接线
4	车门 X 关到位，限位开关一直不激活故障	锁到位开关被激活，但是关到位开关未被激活	跳出故障提示：车门未关锁到位，无法牵引列车。 请机械师现场隔离处理	TCMS 显示器跳出故障提示： 车门未关锁到位。列车失去牵引。 维持运行，请机械师现场隔离处理	1. 读取故障记录，确认故障发生时的状况； 2. 检查关到位开关及其接线
5	车门 X 关到位，限位开关一直激活故障	门位置传感器检测到门已经离开关到位位置，而关到位开关仍指示门处于关到位位置	跳出故障提示。 请机械师现场隔离处理	TCMS 显示器跳出故障提示。 维持运行，请机械师现场隔离处理	1. 读取故障记录，确认故障发生时的状况； 2. 检查关到位开关及其接线
6	车门 X 辅助锁限位开关一直激活故障	门位置传感器检测到门已经离开关到位位置，而辅助锁限位开关仍指示辅助锁处于锁闭状态	跳出故障提示。 请机械师现场隔离处理	TCMS 显示器跳出故障提示。 维持运行，请机械师现场隔离处理	1. 读取故障记录，确认故障发生时的状况； 2. 检查辅助锁到位开关及其接线

续表

序号	故障名称	故障描述	司机操纵台指示（$V=0$）	司机操纵台指示（$V>0$）	检修指示
7	车门 X 隔离开关故障	门在打开状态下，EDCU 接收到隔离信号	跳出故障提示。 请机械师现场隔离处理。 如果机械师隔离后牵引回路仍不能闭合，请起动旁路功能行车	TCMS 显示器跳出故障提示。 维持运行，请机械师现场确认车门并进行隔离处理	1. 读取故障记录，确认故障发生时的状况； 2. 检查隔离限位开关及其接线
8	车门 X 内部安全继电器故障	内部安全继电器的状态（由内部硬连接电路检查的安全继电器状态信号）与继电器的启动信号不符	跳出故障提示。 请机械师现场隔离处理	TCMS 显示器跳出故障提示。 维持运行，请机械师现场隔离处理	1. 读取故障记录，确认故障发生时的状况； 2. 更换门控器处理
9	车门 X 未经许可离开关锁到位故障	门在没有任何开门进程的情况下，离开了关锁到位位置	跳出故障提示：车门未关锁到位，无法牵引列车。 请机械师现场隔离处理	TCMS 显示器跳出故障提示。车门未关锁到位，需尽快停车。 请机械师现场处理	1. 读取故障记录，确认故障发生时的状况； 2. 检查锁闭机械装置、关到位开关、锁到位开关及接线； 3. 检查压力开关气压； 4. 查看 TCMS 是否报 XX 输出口故障，若有则检查 XX 输出口对应的元器件及其接线，或更换门控器
10	车门 X 压缩空气供应损失	在超过规定的时间内，压力开关提供的压缩空气压力持续低于规定数值	跳出故障提示。请机械师现场隔离处理	车门故障，压缩空气压力降低，下降。 维持运行，请机械师现场隔离处理	1. 读取故障记录，确认故障发生时的状况； 2. 检查压缩空管气路、压力传感器及接线
11	车门 X 在规定时间内未解锁	门驱动电机启动（开门方向）。 当在规定时间后，锁到位开关依然指明门锁到位，且门位置传感器检测不到门运动	跳出故障提示。 请机械师现场隔离处理	TCMS 显示器跳出故障提示。 维持运行，请机械师现场隔离处理	1. 读取故障记录，确认故障发生时的状况； 2. 检查锁闭机械装置和辅助锁装置是否存在卡滞、压缩空气压力和电机驱动装置及接线； 3. 连接 PTU，读取当前门的状态及电机状态，确认是否为电机问题
12	车门 X 辅助锁故障	在锁闭方向激活辅助锁锁闭电磁阀或在解锁方向激活解锁电磁阀后，在规定时间内，辅助锁未到位或未解锁到位	跳出故障提示。 请机械师现场隔离处理	TCMS 显示器跳出故障提示。 维持运行，请机械师现场隔离处理	1. 读取故障记录，确认故障发生时的状况； 2. 检查辅助锁装置是否存在卡滞、压缩空气压力和辅助锁到位开关及接线

续表

序号	故障名称	故障描述	司机操纵台指示（$V=0$）	司机操纵台指示（$V>0$）	检修指示
13	车速大于10 km/h，车门X未关闭	车速＞10 km/h时，检测到车门未关锁到位	跳出故障提示。 请机械师现场隔离处理	TCMS显示器跳出故障提示： 车门未关锁到位，无法牵引列车，需尽快停车。 请机械师现场处理	1. 读取故障记录，确认故障发生时的状况； 2. 检查锁闭装置，关到位开关、锁到位开关及接线，压缩空气压力。 3. 检查车速＞10 km/h时列车线接线
14	车门X主锁解锁电磁阀输出口故障	EDCU检测到主锁解锁电磁阀输出口发生短路或断路情况	跳出故障提示。 请机械师现场隔离处理	TCMS显示器跳出故障提示。 维持运行，请机械师现场隔离处理	1. 读取故障记录，确认故障发生时的状况； 2. 检查主锁解锁电磁阀及接线，或更换门控器
15	车门X主锁闭锁电磁阀输出口故障	EDCU检测到主锁解锁电磁阀输出口发生短路或断路情况	跳出故障提示。 请机械师现场隔离处理	TCMS显示器跳出故障提示。 维持运行，请机械师现场隔离处理	1. 读取故障记录，确认故障发生时的状况； 2. 检查主锁闭锁电磁阀及接线，或更换门控器
16	车门X紧急解锁电磁铁输出口1故障	EDCU检测到紧急解锁电磁铁输出口发生短路或断路情况	跳出故障提示。 请机械师现场隔离处理	TCMS显示器跳出故障提示。 维持运行，请机械师现场隔离处理	1. 读取故障记录，确认故障发生时的状况； 2. 检查紧急解锁电磁铁及接线，或更换门控器
17	车门X紧急解锁电磁铁输出口2故障	EDCU检测到紧急解锁电磁铁输出口发生短路或断路情况	跳出故障提示。 请机械师现场隔离处理	TCMS显示器跳出故障提示。 维持运行，请机械师现场隔离处理	1. 读取故障记录，确认故障发生时的状况； 2. 检查紧急解锁电磁铁及接线，或更换门控器
18	车门X辅助锁闭锁电磁阀输出口故障	EDCU检测到辅助锁闭锁电磁阀输出口发生短路或断路情况	跳出故障提示。 请机械师现场隔离处理	TCMS显示器跳出故障提示。 维持运行，请机械师现场隔离处理	1. 读取故障记录，确认故障发生时的状况； 2. 检查辅助锁闭锁电磁阀及接线，或更换门控器
19	车门X电源欠压故障	输入电压低于90 V	跳出故障提示。 请机械师现场隔离处理	TCMS显示器跳出故障提示。 维持运行，请机械师现场隔离处理	1. 读取故障记录，确认故障发生时的状况； 2. 检查接线； 3. 测量电压，确认是否有门控器内部硬件损坏
20	车门X车速大于5 km/h信号不一致故障	“$V>5$ km/h”的网络信号与硬线信号不符，且持续一定时间	跳出故障提示。 请机械师现场隔离处理	TCMS显示器跳出故障提示。 维持运行，请机械师现场隔离处理	1. 读取故障记录，确认故障发生时的状况； 2. 检查车速＞5 km/h时列车线接线，网络通信是否正常
21	车门X车速大于10 km/h信号不一致故障	“$V>10$ km/h”的网络信号与硬线信号不符，且持续一定时间	跳出故障提示。 请机械师现场隔离处理	TCMS显示器跳出故障提示。维持运行。 请机械师现场隔离处理	1. 读取故障记录，确认故障发生时的状况； 2. 检查车速＞10 km/h时列车线接线，网络通信是否正常

续表

序号	故障名称	故障描述	司机操纵台指示（$V=0$）	司机操纵台指示（$V>0$）	检修指示
22	车门 X 车速信号逻辑错误	速度信号中的一个信号的逻辑状态与另外一个信号不相符，且持续一定时间	跳出故障提示。 请机械师现场隔离处理	TCMS 显示器跳出故障提示。 维持运行，请机械师现场隔离处理	1. 读取故障记录，确认故障发生时的状况； 2. 检查车速列车线接线，网络通信是否正常
23	车门 X 释放信号不一致	门释放的网络信号与硬线信号不符，且持续一定时间	跳出故障提示。 请机械师现场隔离处理	TCMS 显示器跳出故障提示。 维持运行，请机械师现场隔离处理	1. 读取故障记录，确认故障发生时的状况； 2. 检查门释放列车线接线，网络通信是否正常
24	车门 X 驱动电机电路断路	门驱动电机启动，但没有检测到相符的电流值	跳出故障提示。 请机械师现场隔离处理	TCMS 显示器跳出故障提示。维持运行。 请机械师现场隔离处理	1. 读取故障记录，确认故障发生时的状况； 2. 检查电机及接线，尝试更换电机或门控器试验是否故障消失
25	车门 X 电机高电流故障	车门电机在开关门过程中，连续 10 次开关门动作电流超过设定的平均值	跳出故障提示。 请机械师现场隔离处理	TCMS 显示器跳出故障提示。 维持运行，请机械师现场隔离处理	1. 读取故障记录，确认故障发生时的状况； 2. 检查电机及接线，更换电机
26	车门 X 位置传感器故障	在门运动过程中，没有来自门位置传感器各相的计数脉冲	跳出故障提示。 请机械师现场隔离处理	TCMS 显示器跳出故障提示。 维持运行。请机械师隔离车门	1. 读取故障记录，确认故障发生时的状况； 2. 检查电机及接线、更换电机或门控器
27	车门 X 电流传感器故障	门停止时，在超过规定的时间内，EDCU 持续检测到大电流	跳出故障提示。 请机械师现场隔离处理	TCMS 显示器跳出故障提示。 维持运行。请机械师隔离车门	1. 读取故障记录，确认故障发生时的状况； 2. 更换门控器处理
28	车门 X 地址编码故障	设置的门编码无效或发生了变化	跳出故障提示。 请机械师现场隔离处理	TCMS 显示器跳出故障提示。 维持运行。请机械师隔离车门	1. 读取故障记录，确认故障发生时的状况； 2. 检查门地址编码接线及插头是否错误或松动
29	车门 X 数据总线通信故障	门 CAN 通信中断	跳出故障提示。 请机械师现场隔离处理	TCMS 显示器跳出故障提示。 维持运行，请机械师现场隔离处理	1. 读取故障记录，确认故障发生时的状况； 2. 检查通信电缆插头是否松动，门控器电源是否正常，尝试更换门控器试验是否故障消失
30	车门 X 外侧敏感边缘信号一直有效	EDCU 检测到外侧敏感边缘信号一直有效，持续大于 1 min	跳出故障提示。 请机械师现场隔离处理	TCMS 显示器跳出故障提示。维持运行。 请机械师现场隔离处理	1. 读取故障记录，确认故障发生时的状况； 2. 检查外侧敏感边缘及接线，连接插头是否松动； 3. 测量敏感边缘阻值
31	车门 X 外侧敏感边缘断路故障	外侧敏感边缘的电气连接断路	无	无	1. 读取故障记录，确认故障发生时的状况； 2. 检查外侧敏感边缘及接线，连接插头是否松动； 3. 测量敏感边缘阻值

续表

序号	故障名称	故障描述	司机操纵台指示（$V=0$）	司机操纵台指示（$V>0$）	检修指示
32	车门X内侧敏感边缘信号一直有效	EDCU检测到内侧敏感边缘一直有效，持续大于1 min	跳出故障提示。 请机械师现场隔离处理	TCMS显示器跳出故障提示。 维持运行。请机械师现场隔离处理	1. 读取故障记录，确认故障发生时的状况； 2. 检查内侧敏感边缘及接线，连接插头是否松动； 3. 测量敏感边缘阻值
33	车门X内侧敏感边缘断路故障	内侧敏感边缘的电气连接断路	无	无	1. 读取故障记录，确认故障发生时的状况； 2. 检查内侧敏感边缘及接线，连接插头是否松动； 3. 测量敏感边缘阻值
34	车门X关门过程中障碍检测触发超次数故障	在关门进程中连续启动预先设定次数的障碍检测，门仍没有达到锁到位位置	跳出故障提示。 请机械师再次关门不能消除，手动关门后维持运行	TCMS显示器跳出故障提示。 维持运行。请机械师现场隔离处理	1. 读取故障记录，确认故障发生时的状况； 2. 检查是否存在障碍物，是否机械卡滞，检查敏感边缘及接线，检查关到位开关、锁到位开关及接线； 3. 检查电机及其接线，检查门控器
35	车门X开门过程中障碍检测触发超次数故障	在开门进程中，连续启动指定次障碍检测，门未达到开到位位置	跳出故障提示。 请机械师再次开门不能消除，手动关门后维持运行	无	1. 读取故障记录，确认故障发生时的状况； 2. 检查是否存在障碍物，是否机械卡滞

任务4.5　车门系统的安装与调试

任务导入

动车组车门保障旅客乘坐的舒适性，它的构造很复杂。在车门顶板和侧板内，有控制系统、锁闭系统等几十个系统装置，来实现开关指令、信号传输等功能。动车组车门是动车组列车上使用频率和自动化程度较高的部件之一。

如此精密的系统装置以及高频率的使用次数，就要求动车组车门系统在安装时尤为注重可靠性。在动车组运行一定公里或周期后，动车组机械师就会对车门进行检修保养，同时对其进行功能性试验，确保各部件技术状态达到标准。

下面将以CR400AF型动车组为例，详细介绍动车组塞拉门的安装与调试流程。

知识储备

4.5.1　塞拉门安装作业前准备

塞拉门安装常用工具见表4－16。

表 4－16　塞拉门安装常用工具

序号	工具名称	规格	数量	备注
1	十字形螺丝刀	2#×125	1 把/组	
2	棘轮扳手（可逆式）	6.3×150	1 把/组	
3		9.5×200	1 把/组	
4	接杆	9.5×250		
5	扳手套筒（传动方孔 6.3）	10	1 个/组	
6	扳手套筒（传动方孔 9.5）	10、13、16、18	1 套/组	
7	内六角扳手	6 mm、4 mm、3 mm	1 把/组	
8	内六角头	4、6、7	1 套/组	配棘轮扳手 12.5 英寸
9	内六角头	5	1 个/组	配棘轮扳手 6.3 用
10	两用扳手	7、10、12、13、14、16、18. 27、24、30	1 套/组	30、14 双开扳手 各 2 把
11	扭力扳手	0～100 Nm	1 把	

塞拉门安装常用检测工具工装见表 4－17。

表 4－17　塞拉门安装常用检测工具工装

序号	名称	规格	数量	用途
1	游标卡尺	0～200 mm	1 把/组	
2	深度尺	0～150 mm	1 把/组	
3	钢卷尺	5 m	1 把/组	
4	钢直尺	500 mm	2 把/组	
5	铅锤	5 m	1 把/组	
6	塞尺	0.02～2 mm	1 把/组	
7	直角尺	150 mm×100 mm	1 把/组	
8	万用表		1	
9	笔式测力仪		1	检测皮带的松紧度
10	四角钥匙		1	

4.5.2　塞拉门的安装

1. 包装、存储及运输要求

塞拉门包装箱内附有一份装箱单，包含所有装箱件信息，每个包装都带有一个序列号。

根据装箱单检查货品或文件是否缺失，并提供交货单号及包装序列号。

（1）包装单元必须储存在干燥、无尘和通风良好的室内，确保包装盒开口朝上放置。

（2）机械部件需存放在干燥的室内，用盒子包装，防止油漆损坏。导杆、垫片等所有表面未处理的机械部件需存放在干燥的室内，防止表面腐蚀。轴承、滑轨等传动机械部件需存放在干燥、无尘的室内，防止灰尘落入。

（3）橡胶部件必须储存在干燥、无尘和通风良好的室内。存储温度宜在−10～25 ℃。应避免强光及紫外线照射。橡胶部件保存时应保持伸直状态，避免弯曲。

（4）气动部件应具有良好的包装，必须储存在干燥、无尘和通风良好的室内。接头必须保持关闭。存储温度宜在−10～35 ℃。湿度不大于50%。

（5）电气部件应具有良好包装，必须储存在干燥、无尘和通风良好的室内。存储温度宜在0～40 ℃。

2. 塞拉门的安装流程

1）门框安装

将密封门框吊起，并装入车体。调整门框位置，用以防止门扇开出时密封胶条碰擦车体。门框前侧随零部件自由度安装，公差不作强制要求，仅需满足密封面与车体之间间隙为（22±2）mm。

调整满足尺寸要求后，将紧固件涂上防松螺纹胶，打好扭矩并做防松标记，扭矩要求见表4−18。

表4−18　塞拉门安装常用检测工具工装

序号	名称	扭矩/（N·m）	涂“乐泰”243	防松标记	用途
1	六角头螺栓 全螺纹 M8×35−8.8−达克罗	25	是	是	用于门框与车体连接（左侧、右侧）
2	内六角圆柱头螺钉 M8×14−8.8达克罗	25	是	是	用于门框与车体连接（下侧）
3	六角头螺栓 全螺纹 M8×20−A2−70	22	否	是	用于门框（后压条）与安装支架连接
4	内六角圆柱头螺钉 M8×20−A2−70	22	否	是	用于调整斜楔块

2）机构挂架的安装

（1）使用M12螺栓将机构安装板固定在车体上。

（2）调整机构安装板位置，使之符合吊座尺寸要求，如图4−75所示；用87 N·m扭矩拧紧，涂抹螺纹锁固剂，并打防松标记。

（3）在车体上配打直径6的销钉孔，安装4个内六角螺钉固定两个机构安装板。吊座安装示意图如图4−76所示。

（4）圆柱销安装好后，将螺栓打扭矩并做防松标记。

3）侧立集成组件（设备架）的安装

在安装设备安装架时，应将以下部件预安装调试到底板上，并且预接线到连接器上，如表4−19所示。

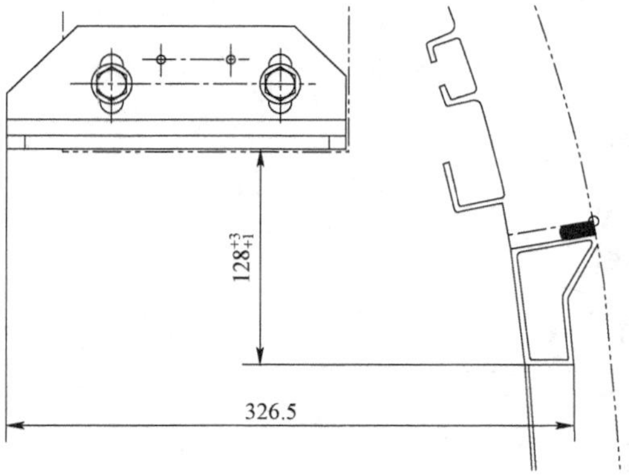

图 4－75　吊座尺寸图

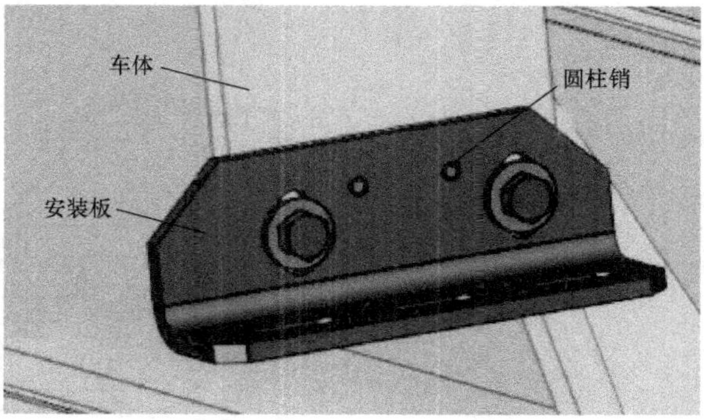

图 4－76　吊座安装示意图

表 4－19　预安装部件

序号	名称	说明
1	气动加压锁	2 个带有锁爪的气动加压锁
2	主锁	带有锁爪的主锁：通过电机实现电气锁紧和释放，包括门关闭和锁紧 100%限位开关、门基本关闭 98%限位开关、解锁电机、通过钢丝绳进行紧急操作的拨叉、紧急操作和报警用蜂鸣器等部件
3	气动单元	包括压力开关、过滤器、电磁阀和手动阀
4	滚轮摆臂	通过下部导轨对门扇进行导向
5	门隔离单元	带有 2 个限位开关的门隔离单元，通过门扇上隔离锁中的插销进行操作

（1）使用相应的标准件将侧立集成组件预组装到车体上。

（2）调整侧立集成组件的位置，要求侧立集成板组件最上面安装支架表面与门框压条组件的外侧棱边距离为（143±4）mm。

（3）在主锁与上部门到位开关之间区域，测量侧立集成板与门框之间的间隙，要求（6±2）mm。

（4）尺寸合格后，将紧固件涂上防松螺纹胶，打好扭矩并做防松标记。扭矩要求为 87 N • m。

4）*承载驱动机构的安装*

（1）承载驱动机构吊起并初步装入车体。将紧固件六角头螺栓、垫圈及螺母连接驱动机构和机构安装板，并将螺栓拧紧。

（2）检查机构机架外侧与门框上压条外棱线水平尺寸为（120±3）mm，长导柱外径与门框上压条外侧棱线垂直尺寸为 59 mm，图 4－77 为驱动机构安装尺寸图。

（3）尺寸 120 mm 和 59 mm 需在机构两端（距离边挂架约 100 mm 处）各测量一次，且保证：尺寸 120 mm 的两端测量结果之间的差值不大于 1 mm，尺寸 59 mm 的两端测量结果之间的差值不大于 1 mm。

（4）检查边挂架与前门框外边沿水平尺寸是（83.5±3）mm。

（5）尺寸合格后，将紧固件涂上防松螺纹胶，打扭矩并做防松标记。扭矩要求为 87 N • m。

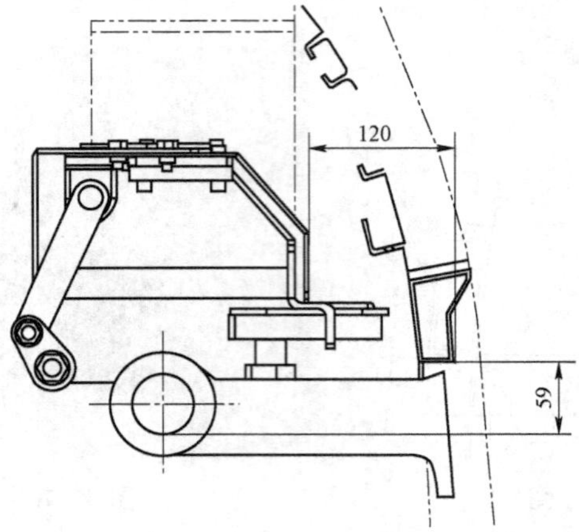

图 4－77　驱动机构安装尺寸图

5）门扇的安装

（1）将携门架移至门框中间位置，将门扇吊起到一定高度，使下摆臂滚轮插入门扇上的下导轨中，如图 4－78 所示。

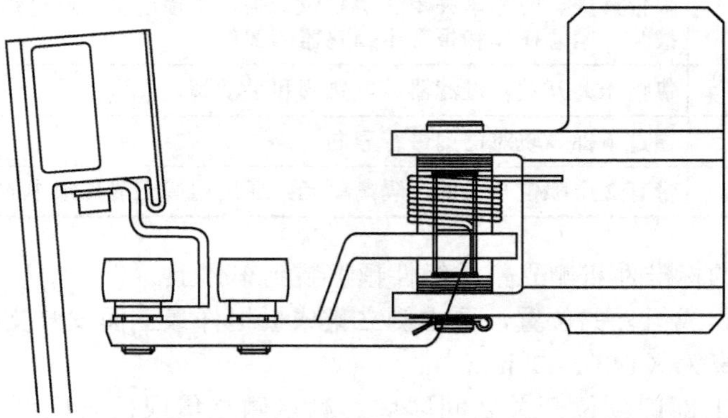

图 4－78　下摆臂和下导轨的对接

（2）使门扇上部贴近携门架安装板，将携门架方管臂中的接线插座轻轻取出，与门扇上部的插头对接，如图 4－79 所示，确保对接可靠，将插头插座及线缆塞回携门架方管空腔中，并将门扇完全贴上携门架安装板，贴合时注意不能有线缆被压住。

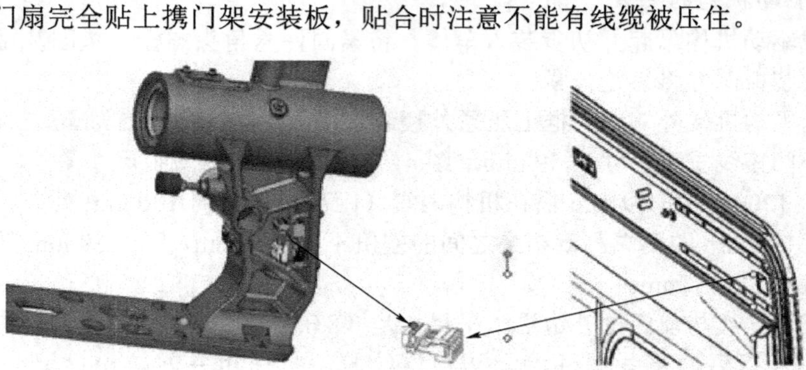

图 4－79　敏感边出线的对接

（3）使用 6 个 M8×25 和 3 个 M8×30 的内六角圆柱头螺钉和蝶形垫圈 8 将门扇预安装在携门架上，如图 4－80 所示，并安装偏心轮和 M10 的内六角沉头螺钉。

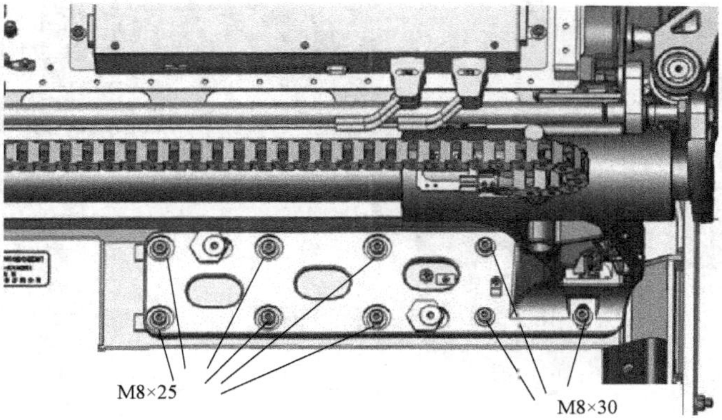

图 4－80 门扇安装

6）门扇的调整

（1）调整门扇高度，门扇下部框架尺寸距下压条（9±1）mm，如图 4－81 所示。

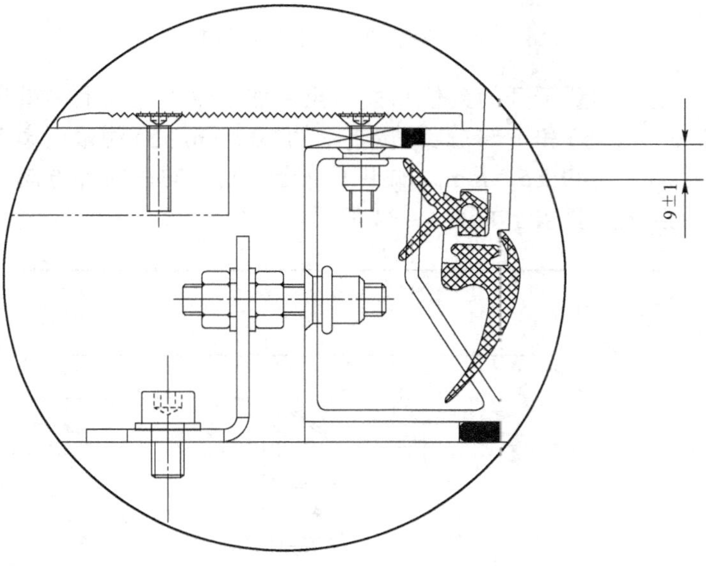

图 4－81 门框下部

（2）使门扇处在一个适当的打开位置（门扇与前门框的距离尽量小），松开携门架上 9 个 8×25 螺钉，松开下导轨的紧固螺钉，如图 4－82 所示。

（3）旋转携门架上的偏心轮，调节门扇前端与前门框间隙，如图 4－83 所示，使得满足下式：

$$|C_{门扇上端}-C_{门扇下端}|\leq 1\ \text{mm} \tag{4-2}$$

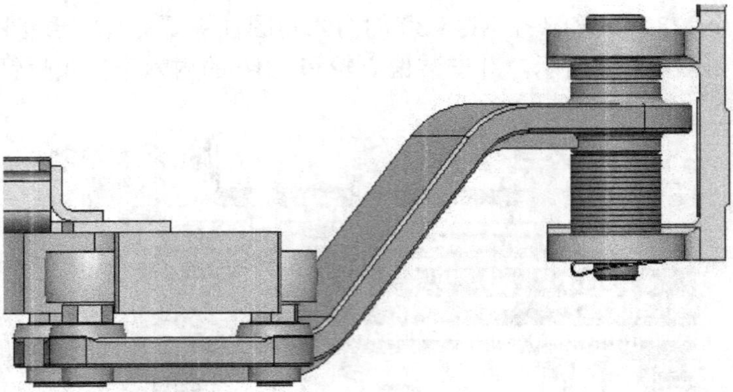

图 4－82　下摆臂

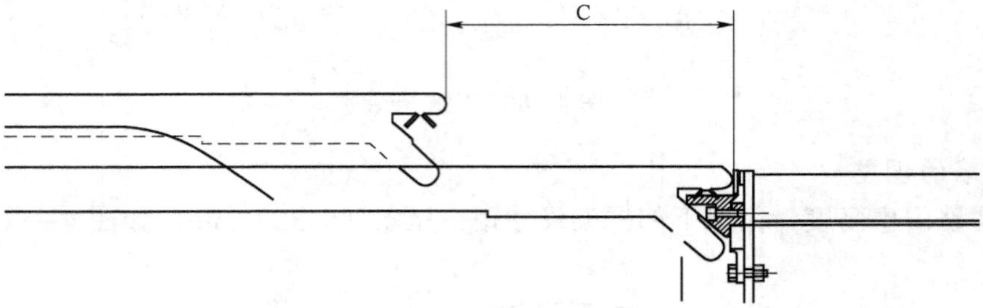

图 4－83　调节门扇前端与前门框间隙

（4）手动将门扇分别置于开门到位和关门至上部滚轮未进入上滑道弯道位置，从上部（距门扇上沿约 220 mm 处）和下部（距门扇下沿约 200 mm 处）测量门扇上部及下部内表面与门框密封面的距离为（49±5）mm。如果不符合，则应向车内外方向调整上导轨和下摆臂组件的支座，直至达到要求，如图 4－84 所示。

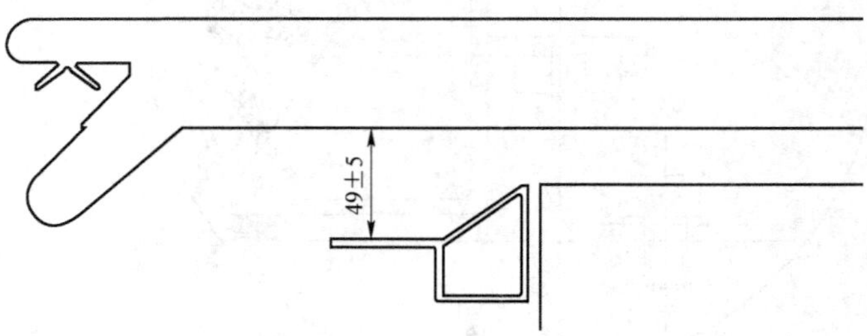

图 4－84　门扇与门框

（5）门的开启宽度应为 800(0, + 5) mm 或 900(0, + 5) mm，可通过调节缓冲头来实现，如图 4－85 和图 4－86 所示。

（6）门扇调整完毕后，拧紧螺钉，螺钉拧紧要求如表 4－20 所示。

7）下摆臂高度调整

门扇调整完毕后，将门手动拉至中间位置，检查下摆臂滚轮，可以通过调整保证下摆臂滚轮下沿高于下滑道下边沿（2±1）mm［或下摆臂体安装面与下滑道下边沿间隙为（7.5±1）mm］，如图 4－87 所示。

图 4－85　开门限位调节示意图

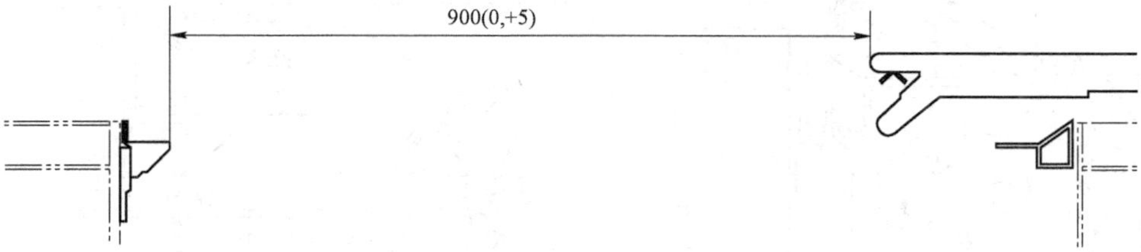

图 4－86　门的开度

表 4－20　扭矩表

序号	名称	扭矩/（N·m）	涂“乐泰”243	涂润滑油	打防松标记	用途
1	内六角埋头螺钉 M10×35－8.8－Fe/Zn.c2C	35	否	是	是	用于偏心轮
2	内六角圆柱头螺钉 M8×25－A2－70	15	否	是	是	承载驱动机构与门扇连接
3	内六角圆柱头螺钉 M8×30－A2－70	15	否	是	是	承载驱动机构与门扇连接

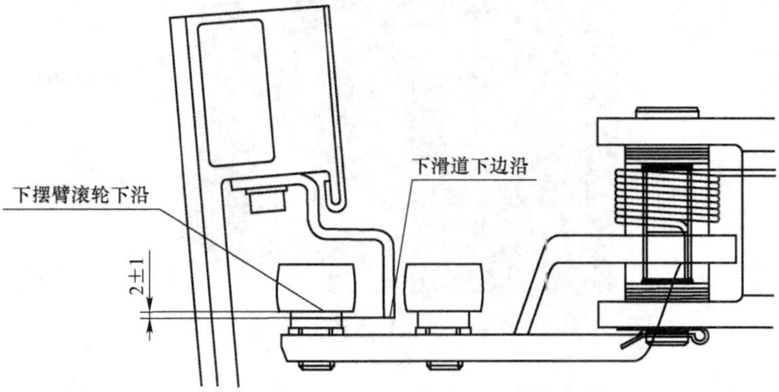

图 4－87　下摆臂尺寸图

8）主锁的调整

（1）门锁位置的调整。调整前先将锁舌从主锁上卸下来，手动关门直到滚轮触及锁叉，松开紧固主锁的六角头螺栓 M10×80，移动锁体使锁叉搭接尺寸达到 5～6 mm 要求，如图 4－88 所示。

必须严格保证搭接尺寸为 5～6 mm。若此尺寸太小，则会导致门锁的锁叉和锁扣发生干涉；若此尺寸太大，则会导致门锁关到二级时，滚轮进入锁叉的距离不够，这将导致存在安全隐患。

（2）调整关闭和锁住的位置。正常电动关门后断电，检查锁是否在第二啮合处锁住，可通过查看是否有（1～3）mm 的倒转量来检查或观看是否在如图 4－89 所示二级锁闭啮合处。当倒转量＞3 mm 时增加锁体垫片，当倒转量＜1 mm 时减少锁体垫片。

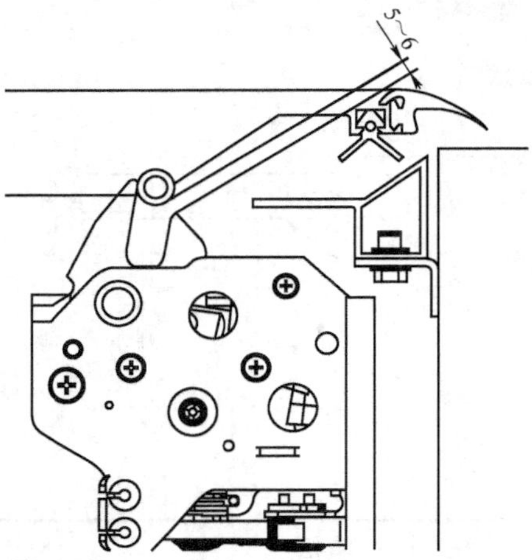

图 4－88　主锁锁舌

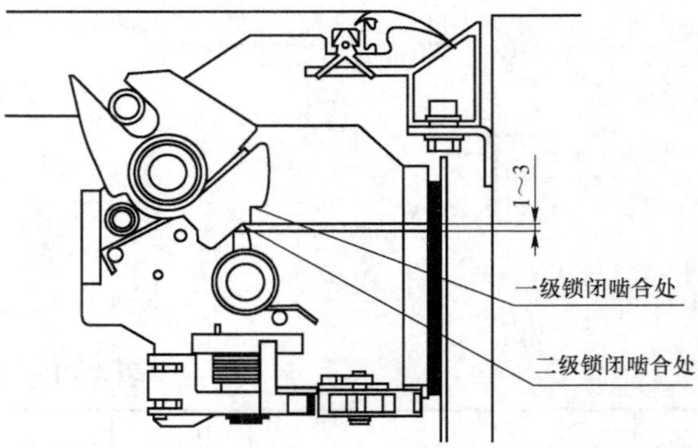

图 4－89　主锁二级锁闭

解锁时，开关压下后应有 1～2 mm 的余量，不可压死；且手动压下松开后能迅速弹出，如图 4－90 所示。

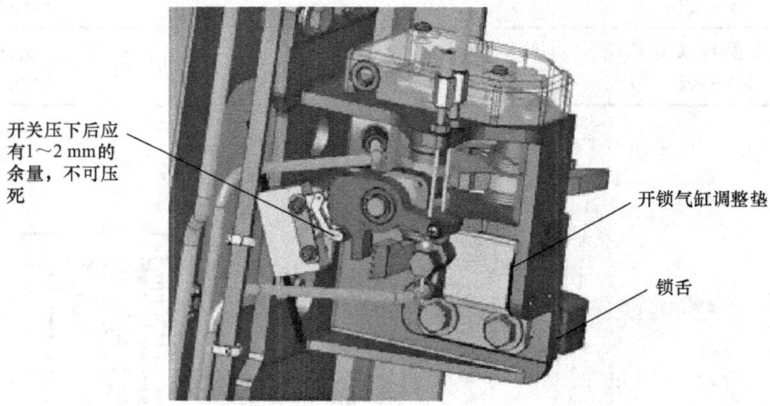

图 4－90　主锁检测开关

（3）锁舌的安装调整。将锁舌先装入锁体内，并预装两片调整垫片，轻拧螺钉，关门。用调整垫片来调整锁舌。在调整过程中，按如图 4－91 所示确定锁舌的高度位置。确定后，将紧固件涂上防松螺纹胶，打扭矩并做防松标记。扭矩要求为 50 N·m。

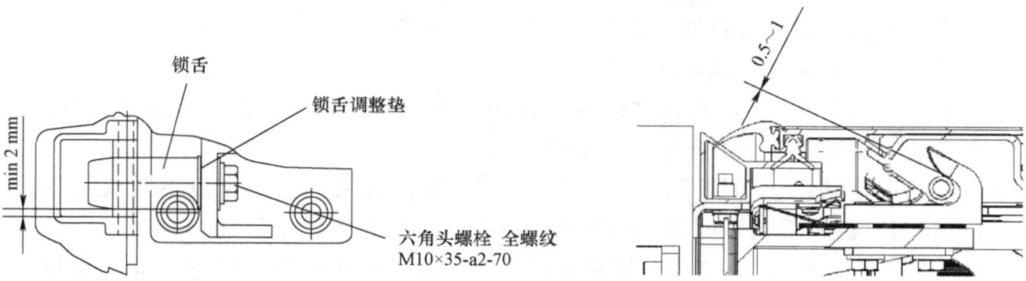

图 4－91　主锁锁扣

锁舌必须高于锁扣 2 mm 以上以免磕碰油漆，如图 4－92 所示。

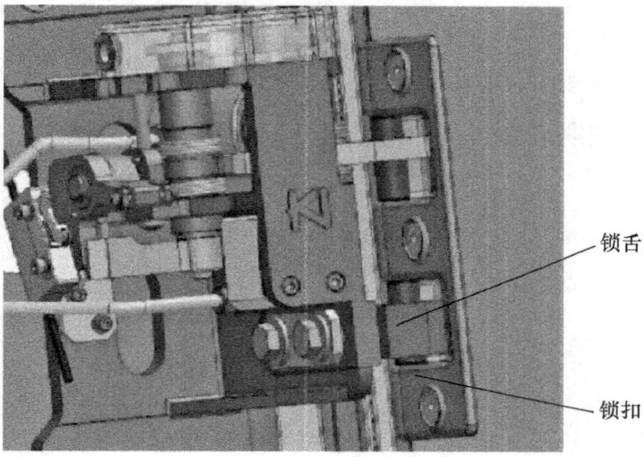

图 4－92　主锁锁扣、锁舌

调整完成后，手动关门至二级锁闭，拉动主锁紧急解锁拨叉，同时手动开门，要求开关门力符合以下要求：弯道手动开门力≤250 N，直道手动开门力≤150 N，直道上的拉动力不大于 100 N。

9）辅助锁的调整

松开紧固辅助锁的六角头螺栓 M10×45，通过腰形槽调节锁舌与锁扣的重叠量。在门扇关闭状态下，气动压紧锁舌。重叠量间隙为（5±2）mm，如图 4－93 所示。调整完毕，拧紧螺栓并使用乐泰“243”螺纹锁固胶，紧固扭矩要求为 35 N • m。

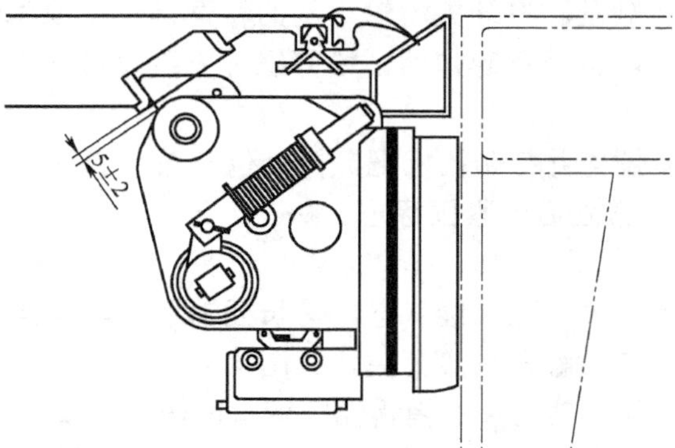

图 4－93　主锁锁扣

辅助锁调整完成后，在接通气源时，进行以下检查。

（1）手动关门至主锁一级锁闭。

（2）操作电磁阀 Y2 手动按钮，辅助锁锁闭，并带动门扇至主锁二级锁闭位置。

（3）松开电磁阀 Y2 手动按钮，辅助锁解开。

（4）拉动主锁紧急解锁拨叉，同时手动开门，要求开关门力符合以下要求：弯道手动开门力≤250 N，直道手动开门力≤150 N，直道上的拉动力不大于 100 N。

（5）开关压下后应有 1～2 mm 的余量，不可压死；且手动压下松开后能迅速弹出，如图 4－94 所示。

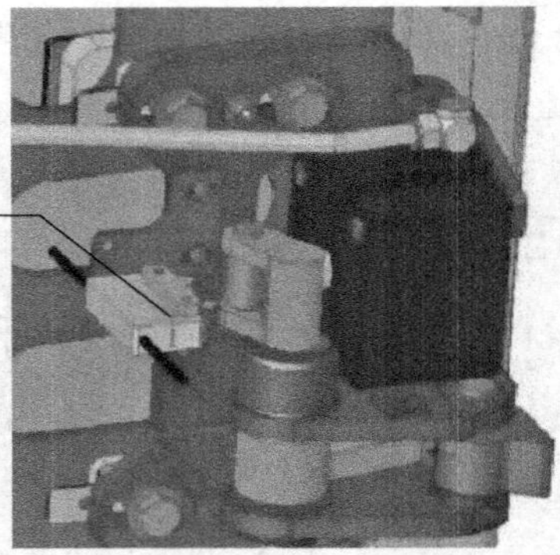

图 4－94　辅助锁检测开关

10）上滑道的调整

上滑道往车外方向调整时，门扇胶条压缩较松，反之较紧；上滑道往开门方向调整时，门扇走进弯道，门扇胶条压紧较紧，反之较松。上滑轨固定螺栓为方头螺栓，紧固扭矩为 31 N • m。

11）门到位开关的调整

通过调整到位开关组件的整体位置、开关转臂长短、角度（起始），使门扇在离关门到位 20～30 mm 处开关触发。

（1）门到位开关提前触发。将开关滚轮一侧的转臂调短，或将开关滚轮一侧的转臂角度向关门方向作适当调整，若都不起作用，松开安装组件安装螺钉，将到位开关向车内方向适当移动。

（2）门到位开关滞后触发。将开关滚轮一侧的转臂调长，或将开关滚轮一侧的转臂角度向开门方向作适当调整，若都不起作用，松开组件安装螺钉，将到位开关向车外方向适当移动。

（3）调整完后，拧紧螺栓并打防松标记。门到位开关（施耐德开关）紧固螺钉（M4）的最大扭矩为 2.6 N • m，紧固后涂紧固标志。

12）隔离开关的调整

调整锁挡的垫片，手动关门至二级状态，使长插销舌端与锁挡间至少保持 8 mm 的搭接量，且保证隔离时能够有效触发隔离开关，如图 4－95 所示。

调整锁挡前后位置，保证其与长插销舌端间留有间隙。调整结束后，紧固螺栓并拧紧。隔离开关组件在主锁二级锁闭（辅助锁不压紧的）情况下进行调整。隔离开关紧固螺钉（M3）的最大扭矩为 1.3 N • m，紧固后涂紧固标志。

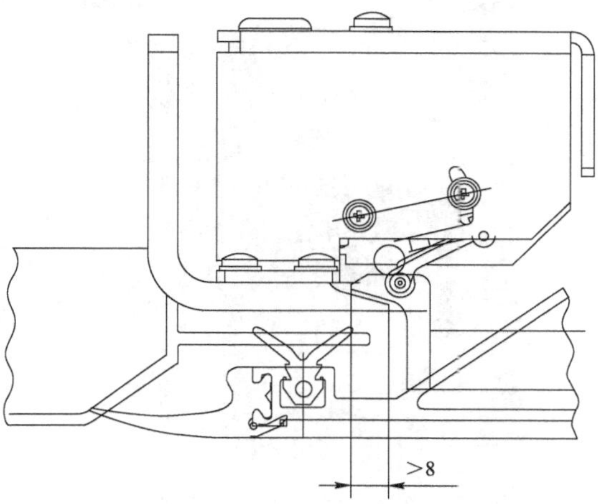

图 4－95 隔离开关的调整

13）门框的密封

在调试好门系统，确认压条的位置后，用黑色密封胶将门框压条一周与车体之间的间隙密封。具体步骤如下：

（1）密封时先使用异丙醇清洗车体和压条的表面，去除污垢和油渍等；

（2）在需要密封区域的表面涂抹密封胶专用底涂；

（3）等密封胶专用底涂干后均匀涂抹密封胶，表面刮平。保证表面平整，无滴挂、凹陷、气孔等明显缺陷。

14）电控系统的连接

（1）侧立集成机构与承载驱动机构之间的接线。将侧立集成机构上的 37 芯插头线束 –X12.A 插到承载驱动机构上对应的插座 –X12.B 上。

（2）门扇与承载驱动机构之间的接线。将门扇上 4 芯插座 X23.B 和携门架上的 4 芯插头 X23.A 对插，门扇上 4 芯插头 X20.A 和携门架上的 4 芯插座 X20.B 对插，并将连接器 X20、X23 连同线束放进携门架行腔里，携门架上外露的电缆在安装座上用扎带固定牢靠。

（3）内操作面板与承载驱动机构之间的接线。将内操作面板上的 4 芯插头 X13.A 与侧立集成机构上 4 芯插座线束 X13.B 对插；将驱动机构上引出的插头 X14 对应插到内侧开门按钮 S10 上，将引出的插头 X15 对应插到关门按钮 S9 上。

（4）将安全互锁回路信号线、电源线、车速＜5 km/h 列车线、车速＞10 km/h 列车线、开门列车线、关门列车线、门释放列车线、车门地址编码线接到 37 芯插头 X11 上，并将插头 X11 对应插到承载驱动机构的插座 X11 上。将 MVB 通信插头插到主门控器的 X9、X10 插座上，将 CAN 通信插头插到主从门控器的 X6、X7 插座上。

4.5.3 塞拉门的调试

1. 调试仪器

障碍物检测仪或测力计、通用 RIC 四角钥匙、秒表。

2. 塞拉门试验内容及要求

调试前调整过滤减压阀，如图 4－96 所示，使其压力为 6.5～7 bar。

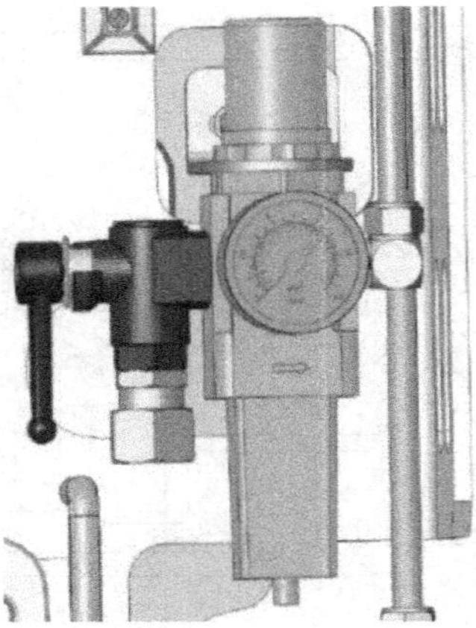

图 4－96　过滤减压阀

1）电动开关门试验

塞拉门在动车组上采用集中控制和本地控制两种方式来开关门，司机通过设置在驾驶台上的集控开关控制整列车门的动作；同时在每个门口设置有本地的开关门按钮，进行本地开关门控制。

（1）集控开关门试验。车门处于关闭状态，速度小于 5 km/h。操作释放按钮，指示灯亮起；操作开门按钮，单侧车门全部打开；操作关门按钮，释放按钮指示灯熄灭，单侧车门全部关闭。两个司机室的两侧均需进行试验。

（2）本地开关门试验。车门处于关闭状态，操作释放按钮，指示灯亮起。确认该侧所有侧拉门均可通过门口立罩上的开门按钮或车外门扇上的开门按钮打开该车门。车门被打开后，确认所有侧拉门均可通过门口立罩上的关门按钮关闭该车门。

（3）开关门过程中的声音警示。自动开、关门过程中，塞拉门自身具有蜂鸣器警示。每套车门处设置蜂鸣器，蜂鸣器通过声音不同的频率区分开门和关门。

说明：试验时不需要测试频率，只需确认能区分开门和关门即可。

（4）开关门过程中的灯光警示。在门扇塞拉门口的开、关门按钮上设置指示灯，用以指示状态。

2）紧急解锁开门试验

为在紧急状态下能够打开车门，在每个车门的车内、外侧设置有能够紧急打开车门的装置。通过相关的装置，操作门系统的解锁机构实现开门。

（1）在无电时，未被隔离的车门应能通过车内、车外紧急解锁装置打开，拉手需保持在解锁位置的同时拉动门扇才能拉开车门，紧急解锁拉手松开后，把手应能自动复位。

（2）有电、有气时，列车速度小于 5 km/h 时，按以下方法模拟操作，试验车门功能。

① 车内乘客操作。试验时拆卸表面盖板；按下红色请求按钮，蜂鸣器鸣响；拉动内紧急解锁拉手，并保持在解锁位置；同时推动车门使其脱离解锁位置；松开内紧急解锁拉手，推动车门打开。

② 车内乘务员操作。使用 RIC 四角钥匙操作请求开关，蜂鸣器鸣响；拉动内紧急解锁拉手，并保持在解锁位置；同时推动车门使其脱离解锁位置；松开内紧急解锁拉手，推动车门打开。

③ 车外操作。用手拉动外紧急解锁拉手，并保持在解锁位置，蜂鸣器鸣响；同时用手

操作门扇扣手，使门扇脱离解锁位置；松开外紧急解锁拉手，推动车门打开。

（3）在有电时、有气时，列车速度小于 10 km/h 时，未被隔离的车门应能通过车内、车外紧急解锁装置打开；列车速度大于 10 km/h 时，车内、车外紧急解锁装置不能打开车门。

（4）在列车速度大于 5 km/h 且小于 10 km/h 时，操作紧急解锁装置并保持，打开车门后，内、外拉手复位后车门应能自动关闭。

（5）操作车内紧急解锁装置的请求按钮或操作四角钥匙发出请求信号后，蜂鸣器鸣响，复位后蜂鸣器停止鸣响；当启动车外紧急解锁装置时，蜂鸣器持续长鸣，可通过操作关门按钮或手动关闭车门解除紧急开门状态，蜂鸣器停止发声。

（6）操作紧急解锁装置后，司机室显示屏上会跳出警示信息，通知司机某处车门被紧急操作。

3）障碍物探测试验

（1）关门过程。关门过程中，在门前上、中、下三个位置分别放置障碍物，当检测到障碍物时，车门停止关闭重新打开，停留 1 s 后再次尝试关门。当车门达到 3 次防挤压关门循环后，不再尝试关门。车门位于全打开位置。门控器通过网络向监控系统报出障碍物检测故障。操作关门开关并关闭到位后，可解除故障状态。

（2）开门过程。开门遇障碍物无法打开时，停留在阻力位 3 s 后再次尝试开门，3 次后停留在阻力位等待处理。门控器通过网络向监控系统报出障碍物检测故障。此时任何关门指令均可将车门关闭。

（3）障碍物检测力。车门防挤压功能、关门冲击力符合 EN14752—2005 中的相关规定，能检测到的最小障碍物尺寸为 30 mm × 60 mm。

4）隔离试验

（1）车内隔离操作试验。每套塞拉门内部设置有隔离装置，用通用四角钥匙操作隔离装置可以机械锁闭车门，同时可将门设置为非使用状态。被隔离的车门不执行列车的开关门控制指令。隔离锁锁闭的情况下，任何方式都不能打开车门，同时车门的牵引连锁回路被旁路。

在塞拉门供电、供气正常时，操作隔离锁后辅助锁应能供气压紧塞拉门。隔离锁锁闭后，该车门的状态能在司机室显示屏上显示。操作释放、开门、关门等指令时，内部操作装置上的指示灯均不亮。

（2）头车车外隔离锁试验。两个头车隔离锁可在车外操作，且可用安全钥匙锁闭，以实现整列锁车功能。

① 锁闭过程。从车外关闭塞拉门，用四角钥匙锁闭该门的隔离锁（锁芯指示点对准红色标志）。从车外用安全钥匙锁闭头车靠司机室的保险锁，完成安全锁闭，且确认此时用四角钥匙。无法对隔离锁解锁。

② 解锁过程。用安全钥匙打开保险锁。用四角钥匙操作该门的隔离锁芯，打开隔离锁（锁芯指示点对准绿色标识）。操作开门按钮或操作门口的车外紧急解锁拉手，车门能够打开。

（3）安全钥匙操作试验。对四套头车的塞拉门安全锁进行操作验证，保证用同一把安全钥匙均能打开四个车门的安全锁。

（4）头车车内隔离锁试验。两个头车隔离锁可在车内操作，车内门板上除正常的隔离锁芯外，还有一个安全锁芯，均用四角钥匙操作。正常隔离只需要操作隔离锁即可。安全锁功能同车外侧的安全锁，为实现整列锁闭而设计。

5）零速保护试验

（1）为保证动车组运行安全，车门只能在速度低于 5 km/h 时开门，需进行以下试验。模拟车速大于 5 km/h，操作释放和开门按钮。释放指令不能发出，车门不应打开。将车门全部打开，模拟发出车速大于 5 km/h 信号，车门应能自动关闭。

（2）为保证行车安全，车门关闭状态与动车组的牵引在电路上设置互锁功能。所有车门关闭安全回路闭合后方能起动动车组。若有任一塞拉门未关闭的情况，动车组将无法牵引。运行中若车门关闭安全回路断开，则动车组失去牵引动力。在司机操纵台上设关门安全指示灯，用于显示全列车门的关闭情况。

6）换端操作车门状态验证

车门各操纵按钮应只能在主控端有效。操作释放按钮，将 50%的车门打开、50%的车门关闭，进行换端操作。司机拔掉主控钥匙后，所有车门保持当前状态不动，释放状态不变，各门仍能本地操作，该司机室的各按钮失去对门的控制功能。到达另一端司机室，投入主控后，该司机室的门控按钮控制车门动作。操纵关门按钮，所有车门关闭，门释放取消。

7）上电自检功能

塞拉门在首次供电后具有自检功能，接通电源后，若车门处于关闭状态，车门将保持关闭。若车门未关闭；则执行关门动作，使车门处于关闭状态。通电约 10 s 后，门控器可建立正常网络通信。

注意：隔离的车门，上电后不能完成全部自检过程，需要解除隔离状态后操作一次开关门。

知识拓展

1. CR400AF 型动车组塞拉门维护检修计划

塞拉门维护检修计划见表 4－21。

表 4－21 塞拉门维护检修计划

序号	维修内容	一级修	二级修	三级修	四级修	五级修
1	检查门功能是否正常	√	√	√	√	√
2	清洁门扇密封胶条并重新进行润滑		√	√	√	√
3	检查门扇窗玻璃，必要时更换	√	√	√	√	√
4	更换门扇周边胶条（包括敏感边缘开关）				√	√
5	更换门扇密封胶条				√	√
6	更换门扇护指胶条（包括敏感边缘开关）				√	√
7	更换驱动机构的电机皮带				√	√
8	更换携门架的橡胶缓冲头				√	√
9	更换携门架滚轮				√	√
10	更换过滤减压阀				√	√
11	更换电磁阀组件				√	√
12	更换辅助锁气缸				√	√

续表

序号	维修内容	一级修	二级修	三级修	四级修	五级修
13	更换主锁解锁气缸				√	√
14	更换下摆臂的滚轮组件					√
15	更换驱动机构的左/右旋螺母副					√
16	更换驱动机构拖链及拖链接头					√
17	更换内外紧急装置钢丝绳					√
18	更换驱动机构电机					√
19	更换门扇按钮					√
20	更换门开关到位（98%以上）					√
21	更换辅助锁到位开关					√
22	更换主锁锁到位开关					√
23	更换隔离开关					√
24	更换内紧急电磁铁					√
25	更换主锁和辅助锁所有弹簧					√
26	更换内外紧急解锁装置的所有弹簧					√
27	更换内外紧急解锁装置橡胶缓冲头					√
28	更换内紧急解锁装置的开门按钮和关门按钮					√
29	更换内紧急解锁装置的紧急操作按钮开关					√
30	更换内紧急解锁装置的紧急解锁四角钥匙开关					√

2. CR400AF 型动车组内端电动拉门维护检修计划

（1）日常检查及维护。接班后每日须做例行检查，并将检查结果记录在表 4－22 中。

*检查记录以“√”或“○”表示正常，以“×”表示不正常，以“⊙”表示周期检修。

表 4－22　日常检查及维护

序号	检查部位及项目	检查内容	检查方法	检查记录		备注
				1	2	
1	门扇	门扇表面有无损伤	目测			
2	门扇运行情况	门扇运行是否平稳（滚轮在导轨中无跳动、卡涩等现象）	目测			
3	门锁功能	功能是否正常	手动操作			
4	下导轨组件	下导轨组件中门板运动范围内是否有垃圾	目测			
5	手动开关门力	将手电开关切换到断电状态，用弹簧秤检测手动开关门力是否不超过 65 N，残疾人区域内端门不超过 80 N	200 N 弹簧称重操作			

（2）周期检修作业内容及方法。车辆入库后，检修人员应先查看日常检查记录，排除故障，再进行周期检修的其他作业，见表 4－23。

*检查记录以“√”或“○”表示正常，以“×”表示不正常，以“⊙”表示周期检查。

表 4－23　周期检查表

序号	检修部位	检修内容	检修方法	检查记录		首次进入检修周期			
				1	2	4～6周	8～10月	1年	3年
1	开关门	车内外都可自动解锁四角锁，并可手动将门打开	转动四角锁芯，拉动门进行开关门操作			⊙			
2	紧固件	固定上导轨的紧固螺钉是否有松动现象	扳手			⊙			
3		固定下导轨的紧固螺钉是否有松动现象	十字槽螺钉旋具检查			⊙			
4		门锁安装紧固螺钉是否存在松动现象	十字槽螺钉旋具检查			⊙			
5	润滑	上导轨与承载轮之间						⊙	
		门锁各个转动部位						⊙	
6	胶条	门框胶条是否有撕裂、破损现象	目测				⊙		

任务 4.6　客室门操作及应急故障处理项目训练

操作运用案例

客室门开关操作及应急处理

1. 实训项目教师工作活页

实训项目教师工作活页　　No.: ____

实训项目	客室门开关操作及应急处理		
学　　时		班　　级	
实训场所	理实一体化教室或动车运维实训基地		
实训设备	动车组单节车或各类型车门总成		
教学目标	知识目标	（1）掌握各类型车门的结构组成； （2）叙述客室门的开关操作程序； （3）掌握客室门故障应急处理方法	
	技能目标	（1）能够对客室门进行正确的开关操作； （2）能对客室门的随车故障进行准确处理	

续表

教学目标	素质目标	（1）能在实训活动中保持积极向上的学习态度； （2）能与小组成员和教师就学习中的问题进行交流和沟通； （3）能与他人共享学习资源，具有较好的合作能力和团队协作精神
教学活动		
教学评价	学生活动：以 8～10 人小组为单位开展实训活动，根据本组同学在实训过程中的能力表现及结果进行自评组内互评；根据其他小组同学在成果展示活动中的表现及结果进行互评； 教师活动：教师组织学生开展评价活动和总结；对学生本实训项目单元成绩做出综合评价	
教学资料	（1）教材； （2）学生自主查阅的书籍或网上资料； （3）实训项目学生学习活页	
指导教师		教学时间　　年　月　日

2. 实训项目学生学习活页

实训项目学生学习活页　　　　**No.:** ______

实训项目　客室门开关操作及应急处理

班级：　　　　姓名：　　　　学号：　　　　时间：

一、实训目标

1. 知识目标

（1）掌握各类型车门的结构组成。

（2）叙述客室门的开关操作程序。

（3）掌握客室门故障应急处理方法。

2. 技能目标

（1）能够对客室门进行正确的开关操作。

（2）能对客室门的随车故障进行准确处理。

3. 素质目标

（1）能在实训活动中保持积极向上的学习态度。

（2）能与小组成员和教师就学习中的问题进行交流和沟通。

（3）能与他人共享学习资源，具有较好的合作能力和团队协作精神。

二、知识总结（理论题）

1. 客室门的主要结构组成有哪些？

2. 车门指示灯表示的意义是什么？

3. 写出内端门的操作方法。

续表

三、操作运用

1. 从旅客的角度进行客室门的开关操作。

2. 从司机室进行车门的开启。

3. 预设客室门的随车故障，进行应急处理。

四、实训小结

五、成绩评定

1. 学生评价

评价等级	A—优	B—良	C—中	D—及格	E—不及格
学生自评					
组内互评					
他组互评					

2. 教师评价

评价等级	A—优	B—良	C—中	D—及格	E—不及格
专业能力					
方法能力					
社会能力					
评价结果					

3. 综合评价

评价等级	A—优	B—良	C—中	D—及格	E—不及格
评价结果					

注：按照学生自评占10%、组内互评占10%、他组互评占20%、教师评价占60%的比例计分。其中A—100分，B—85分，C—75分，D—60分，E—50分。

4. 评价量规

等级	行为表现描述
A	能圆满高效地完成任务的全部内容
B	能顺利完成实训任务的全部内容
C	能完成实训任务的全部内容，但需要一些帮助和指导
D	自己只能完成实训任务的部分内容，但在现场的指导下，已经能完成全部内容
E	不能完成实训任务的全部内容

思考与练习

一、填空题

1. CRH380B 型动车组塞拉门总体结构组成包括：门框、门扇、__________、__________、__________、__________、__________。

2. CR400AF 型动车组一辆车厢 4 个塞拉门中，有 3 个__________门控器，有 1 个__________门控器，两种类型门控器通过__________通信接口连接。

二、选择题

1. 以下（　　）状况会导致 CRH5A 型动车组塞拉门开门按钮开启无效。

A. 车速大于 10 km/h　　B. 车外紧急解锁装置被占用

C. 低站台脚蹬 5 s 内未开启　　D. 车门集控缓解

2. CRH380B 型塞拉门承载驱动机构包含的结构有（　　）。

A. 携门架　　B. 电子门控器

C. 主滑动导杆　　D. 丝杠

3. 在电动开门原理中，EDCU 在收到（　　）信号后让电机得电。

A. S1 触发，S5 释放　　B. S4 触发，S8 释放

C. S1 释放，S5 触发　　D. S4 释放，S8 触发

4. 电动关门过程中，Y1 得电的最终目的是（　　）。

A. 辅助锁解锁　　B. 主锁一级锁闭

C. 解锁气缸充气　　D. 主锁二级锁闭

5. 电动关门过程中，S1 开关触点在（　　）条件下由触发变为释放。

A. 主锁一级锁闭　　B. 辅助锁一级锁闭

C. 主锁二级锁闭　　D. 辅助锁二级锁闭

6. 主锁一级锁闭是由（　　）。

A. 主锁锁闭气缸充气推动的　　B. 门扇关闭时带动的

C. 主锁解锁气缸充气推动的　　D. 辅助锁气缸充气推动的

7. 三个电磁阀由上到下安装位置依次是（　　）。

A. Y1—Y3—Y2　　B. Y2—Y3—Y1

C. Y2—Y1—Y3　　D. Y3—Y1—Y2

三、简答题

1. CR400AF 型动车组客室门的功能有哪些？

2. 叙述地勤机械师处理 CR400AF 型动车组塞拉门故障方法，举例说明。

3. 叙述 CR400AF 型动车组塞拉门的安装与调试流程。

项目 5　动车组车内主要辅助设备设施

项目导读

动车组车内的主要辅助设备设施，是指为提高乘客的安全性和舒适性而设置的车体内的固定附属装置，主要包括车窗、座椅、行李架、电热开水器及餐车设施等部分。

本项目内容将讲解 CRH380A 型动车组、CRH380B 型动车组、CR400AF 型动车组的车内主要辅助设备设施，包括上述设备的结构、功能、工作原理与安装调试等内容。

知识目标

① 掌握动车组车窗结构的组成；
② 掌握动车组座椅结构的组成及工作原理；
③ 掌握动车组行李架结构组成；
④ 掌握动车组电热开水器的结构组成与工作原理；
⑤ 掌握动车组车内主要辅助设备的检修与维护流程；
⑥ 了解动车组车内主要辅助设备的安装与调试。

技能目标

① 能日常保养及维护动车组车窗；
② 能日常检修及维护动车组座椅；
③ 能日常保养及维护动车组行李架；
④ 能日常清洁及检修动车组电热开水器；
⑤ 能检修及分解检修动车组车内主要辅助设备；
⑥ 能协助完成动车组车内主要辅助设备设施的安装与调试。

素质目标

① 培养学生形成协同合作的团队精神；
② 培养学生形成严谨的工作作风；
③ 培养学生树立强化安全意识；
④ 提高学生的实际操作能力。

教学环境

带单节车体的理实一体化教室。

工具设备

动车组运维检修工具箱。

任务 5.1　车内主要辅助设备设施

任务导入

不同系列动车组的车内辅助设备设施在布置形式、结构、功能上均有较大差异，但是车内辅助设备设施的设计宗旨是一致的，都是为了给乘客提供安全性和舒适性兼备的乘车条件。

本任务介绍不同系列车型的车内辅助设备设施，以及它们的布置形式。

知识储备

5.1.1　概述

动车组车内主要辅助设备设施及配置包括司机室座椅、VIP 座椅、客室座椅、行李架、内部门、餐车设施、办公桌柜、客室照明等，各种设备设施分布在车内不同的区域。不同车型配属的车内辅助设备设施有较大差异，图 5－1 所示为各车型配属的辅助设备设施。

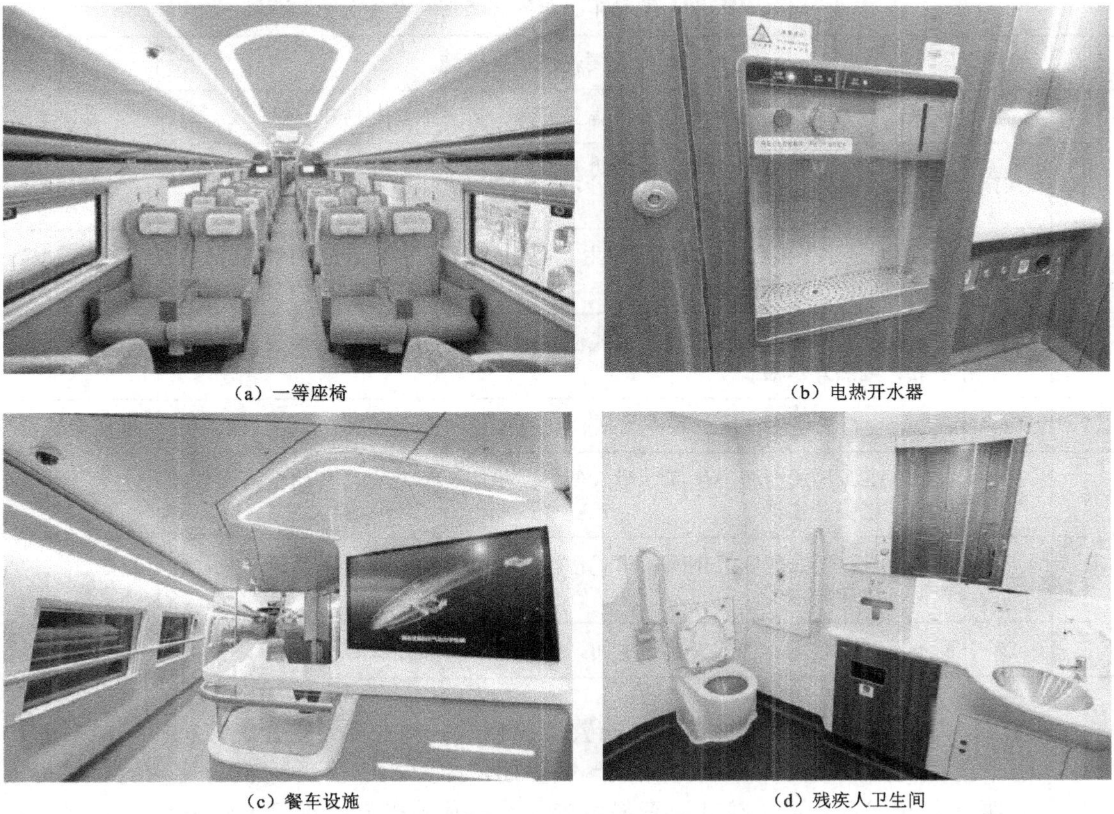

（a）一等座椅　（b）电热开水器　（c）餐车设施　（d）残疾人卫生间

图 5－1　各车型配属的辅助设备设施

5.1.2 CRH380A 型动车组车内主要辅助设备设施的布置

CRH380A 型动车组采用 6 动车 2 拖车编组，其中两端车为拖车，其余中间车均为动车，司机室设在端车上。动车组 VIP 观光区、一等座车和二等座车，其中端车 1、8 号车为商务座和二等座混合车，3 号车为带 VIP 包间的一等座车，4 号车为带残疾人卫生间的一等座车，5 号车为带厨房的二等座车，即餐座合造车，其余均为普通二等座车，如图 5－2 所示。

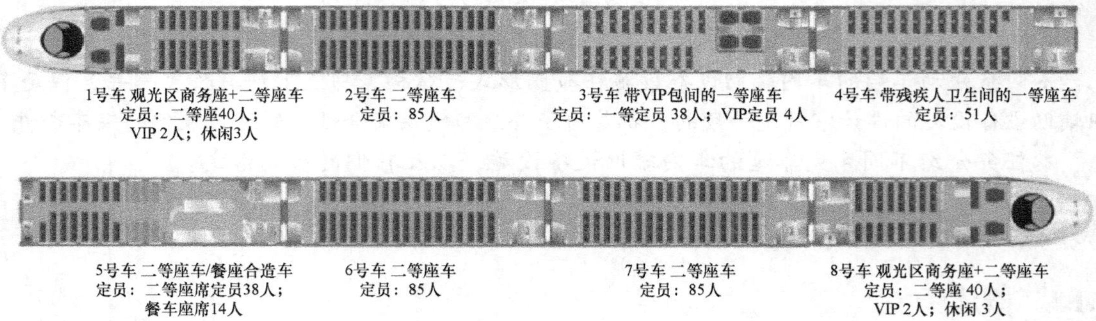

图 5－2 CRH380A 型动车组车内主要设备设施的布置

CRH380A 型动车组车内主要辅助设备设施的布置如表 5－1 所示。

表 5－1 CRH380A 型动车组车内主要辅助设备设施的布置

车号	代号	车内主要辅助设备设施	备注
1	T1	观光区商务座、二等座、坐式便器卫生间、盥洗室、电热开水器	端车
2	M1	二等座、坐式便器卫生间、蹲式便器卫生间、盥洗室、备品柜、大件行李存放处	二等座车
3	M2	VIP 包间、一等座、坐式便器卫生间、蹲式便器卫生间、盥洗室、备品柜、大件行李柜、电热开水器	一等座车
4	M3	一等座、残疾人用卫生间、蹲式便器卫生间、盥洗室、行李架、大件行李柜、电热开水器	一等座车
5	M4	二等座、酒吧餐饮区、乘务员室、机械师室、备品柜、洁具柜、储藏柜	餐座合造车
6	M5	二等座、坐式便器卫生间、蹲式便器卫生间、盥洗室、备品柜、大件行李柜、电热开水器	二等座车
7	M6	二等座、坐式便器卫生间、蹲式便器卫生间、盥洗室、备品柜、大件行李柜、电热开水器	二等座车
8	T2	商务座、二等座、坐式便器卫生间、盥洗室、电热开水器	端车

端车 1、8 号车的车内辅助设备设施布置情况相同。其中观光区紧临司机室，如图 5－3 所示。两个区域之间采用电控液晶雾化玻璃墙隔断，如图 5－4 所示。商务座椅为可躺可旋转的软席座椅，并配备有可抽拉式影音显示屏、茶桌及手机充电接口，如图 5－5 所示。商务座椅为电机控制，可调节为不同角度，为乘客提供更舒适的乘坐体验。

图 5-3 动车组观光区

图 5-4 雾化玻璃墙隔断

图 5-5 内藏抽拉式影音显示屏

一等座车的座椅采用“2+2”布置，如图 5-6 所示。座椅可通过电动按钮调节角度，每组座椅设有电源插座、茶桌、脚踏以及影音广播系统。3 号车的 VIP 包间为半包玻璃隔断，设有自动拉门和商务座椅，如图 5-7 所示。

图 5-6 动车组一等座车

图 5-7 动车组 VIP 包间

二等座车的座椅采用“2+3”布置，座椅间距相较一等座椅有所减小，配有折叠式茶桌，以及公共影视广播系统，如图 5-8 所示。

5 号车即餐座合造车是比较特殊的车厢，其承担着为旅客提供休闲饮食的功能，同时乘务员室和机械师室也位于此车厢内。5 号车的一位端为酒吧餐饮区，设有 14 个座椅、4 个餐桌，还设有立食台、小卖部、送餐推车放置处及储藏室等。二位端为二等座客室，共设 38 个二等座，第一排和最后一排座椅采用“2+2”布置，其余座椅采用“2+3”布置，如图 5-9 所示。

图 5-8　动车组二等座车

图 5-9　餐座合造车

5.1.3　CRH380B 型动车组车内主要辅助设备设施的布置

CRH380B 型动车组采用 4 动车 4 拖车编组，定员 556 人。其中端车 1、8 号车设有司机室，邻近司机室为观光区，每节车厢各设有 5 个商务座；1 号车观光区后方为一等座客室，设有 28 个一等座，采用“2+2”布置；8 号车观光区后方为二等座客室，设有 40 个二等座；4 号车设有残疾人用卫生间和一个蹲式卫生间，客室设有 75 个二等座。其余车设置为坐式蹲式卫生间；5 号车为餐座合造车，其一位端为酒吧餐饮区，客室设有 63 个二等座；其他均为普通二等座车，各设 85 个二等座。CRH380B 型动车组全列车二等座椅均采用“2+3”布置，如图 5-10 所示。

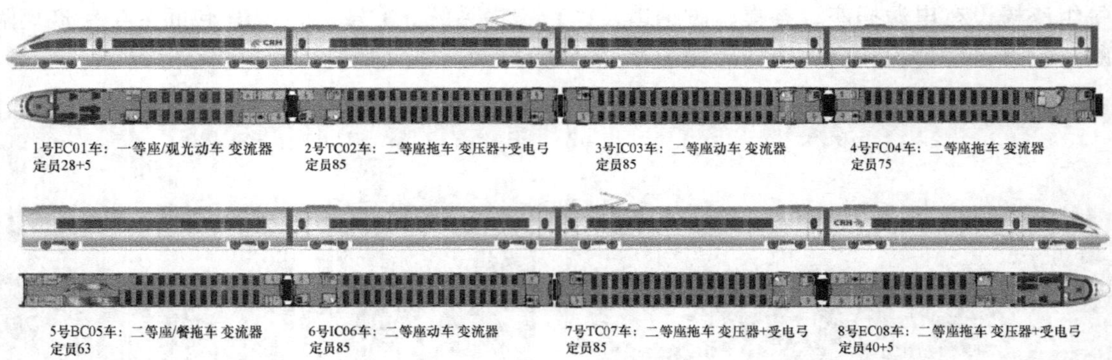

图 5-10　CRH380B 型动车组车内设备设施布置

CRH380B 型动车组车内主要辅助设备设施的布置如表 5-2 所示。

表 5-2　动车组车内主要辅助设备设施的布置

车号	EC01	TC02	IC03	FC04	BC05	IC06	TC07	EC08
车型	商务座/一等座混合车	二等座车	二等座车	二等座车	餐座合造车	二等座车	二等座车	商务座/二等座混合车

续表

车号	EC01	TC02	IC03	FC04	BC05	IC06	TC07	EC08
定员	28 + 5	85	85	75	63	85	85	40 + 5
外车门	2	4	4	2	0	4	4	2
卫生间（便器）	坐式	坐式、蹲式	坐式、蹲式	残疾人坐式、蹲式	无	坐式、蹲式	坐式、蹲式	坐式
盥洗室	0	1	1	0	0	1	1	0
电热开水器	1	1	1	1	1	1	1	1
大件行李柜	1	1	1	1	0	1	1	1
乘务员室	0	0	0	0	1	0	0	0
乘务员专座	1	0	0	1	1	0	0	1
机械师室	0	0	0	0	1	0	0	0
工具柜	1	0	0	0	1	0	0	1

CRH380B 型动车组采用了模块化、轻量化的内饰设计，内饰材料的选择也能够满足高速列车总体设计和车内主要辅助设备设施布置的要求。整列车通过设置客室走廊、通过台、内端门、外端门及相邻车辆的通过风挡形成完整的通道，从而使全列车所有客室贯通。

5.1.4　CR400AF 型动车组车内主要辅助设备设施的布置

CR400AF 型动车组设置了 VIP 观光区、一等座车及二等座车。其中 1 号车（TC01）为带观光区的一等座车，8 号车（TC08）为带观光区的二等座车，4 号车（MH04）为带残疾人卫生间的二等座车，5 号车（MB05）为带有厨房的二等座车，其余为普通二等座车，如图 5－11 所示。

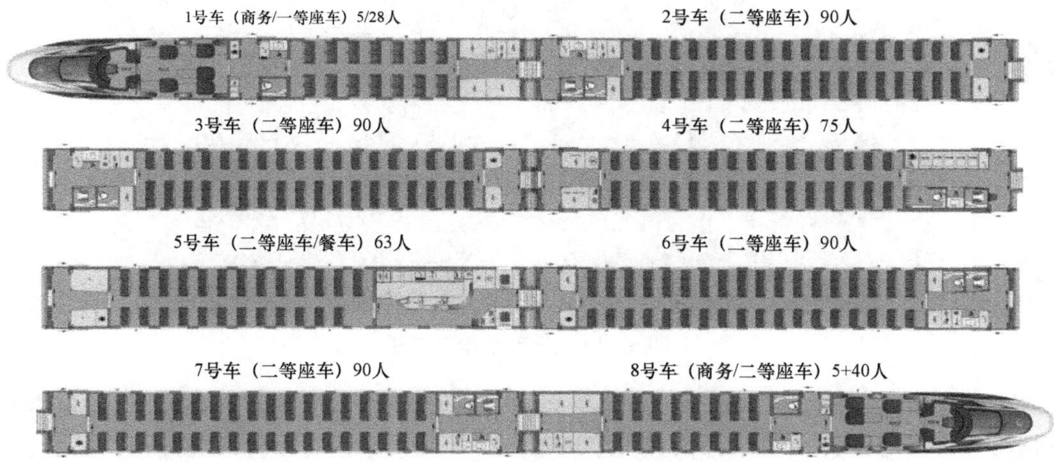

总定员：576人（商务座10人，一等座定员28人，二等座定员538人）								
车号	1	2	3	4	5	6	7	8
等级	商务/一等	二等	二等	二等	二等	二等	二等	商务/二等
定员/人	33	90	90	75	63	90	90	45

图 5－11　CR400AF 型动车组车内主要辅助设备设施布置

1 号车及 8 号车端部靠近司机室部位各设置一个观光区。观光区主要设置了 6 个观光区边柜、3 个单人 VIP 座椅、1 个双人 VIP 座椅。边柜互为对称，设有书报网兜，可放置报纸杂志。观光区及边柜如图 5－12 所示。

图 5－12　观光区及边柜

1 号车设置了一等座客室，如图 5－13 所示。客室主要设施包括一等座 2 人座椅、大件行李柜；侧墙设有衣帽钩、广播系统用扬声器、烟雾探测器、温度传感器等设施；车厢内两端内端墙设置信息显示器、车号显示器、禁烟标记、卫生间有无人显示灯、紧急警报开关及内端门用光电传感器；车顶设 LED 照明灯带，应急灯安装在 2、3 位角及客室中部。

图 5－13　一等座客室车厢

2～8 号车客室为二等座客室，4 号车为带残疾人卫生间的二等座客室，二等座客室照明布置为两种，3、6、8 号车顶部设置了环形灯带，其余车没有设置顶部灯带，如图 5－14 所示。主要设施包括二等座 2 人座椅、二等座 3 人座椅、大件行李柜；侧墙设有衣帽钩、广播系统用扬声器、烟雾探测器、温度传感器等设施；车厢内两端内端墙设置信息显示器、车号显示器、禁烟标记、卫生间有无人显示灯、紧急警报开关及内端门用光电传感器，端墙设置了小茶桌；车顶设 LED 照明灯带，应急灯安装在 2、3 位角及客室中部。

图 5－14　二等座客室车厢

任务 5.2　动车组车窗与行李架

任务导入

动车组车窗是动车组整个车身的重要组成部分，它不仅可以为旅客提供足够充分的视野，提高乘客的乘坐体验，还是维持车内空气环境稳定，减少车辆运行过程振动噪声传递的重要“帮手”。车窗根据安装位置可以分为司机室前挡风窗、客室侧窗以及紧急逃生车窗等。动车组行李架是专门为乘客携带行李设计的，方便乘客将行李放置在车厢内，保持车厢整洁有序。行李架根据安装位置可以分为客室行李架和大件行李柜。

本任务学习不同系列车型的车窗以及行李架的类型、结构与功能。

知识储备

5.2.1　CRH380B 型动车组车窗

CRH380B 型动车组车窗主要包括司机室前挡风窗、司机室固定侧窗、司机室旋转侧窗、盲窗、客室侧窗、客室紧急逃生车窗、信息显示窗等。所有的车窗玻璃必须能够承受±6 kPa 的外部空气压力载荷。

1. 司机室前挡风窗

司机室前挡风窗玻璃的外形采用满足空气动力学的流线造型设计，为三维曲面形状，分上、下挡风玻璃两部分，如图 5－15 所示。挡风玻璃的设计满足行业标准中防飞弹、防飞溅和抗砾石等性能要求，挡风玻璃边缘区域采用宽 90 mm 的陶瓷丝网印刷，挡风玻璃的隔声量大于 40 dB。上挡风玻璃采用深颜色的安全玻璃，可遮挡阳光；下挡风玻璃采用透明的安全玻璃，并装有电加热系统，采用电阻丝加热，以三相 440 V 交流电源供电，加热丝垂直排列，不影响可视区域的透明度。

2. 司机室固定侧窗

司机室固定侧窗采用曲面设计，对称分布于司机室两侧，每侧各设 3 个曲面侧窗。司机室固定侧窗不设窗框，而是直接粘接到车体上。粘接的车窗要与车体外表面齐平；采用的绝缘玻璃厚度为 33 mm，如图 5－16 所示。

图 5－15 司机室前挡风窗

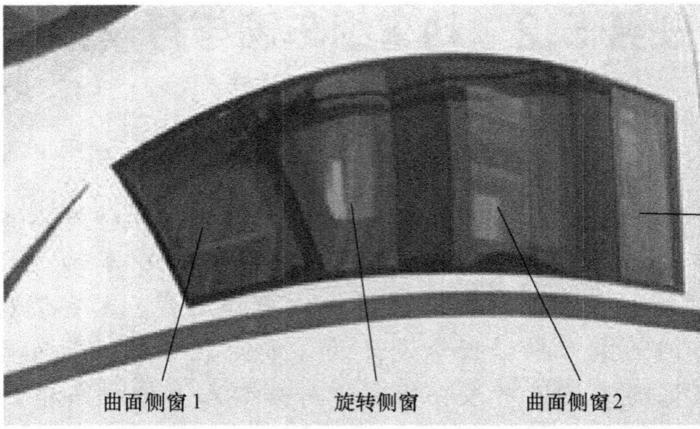

图 5－16 司机室固定侧窗

3. 司机室旋转侧窗

在司机室左右两侧各设一个旋转侧窗，外框和内框均采用铸铝框，外框与车体固定在一起，相对于车体保持不动；内框通过一个旋转轴铰链与外框连接，可旋转打开和关闭。旋转侧窗从内部用紧固件安装到车体上，在外部，窗框与车体之间的接触面周圈涂打密封胶，以保持车室的气密性。

4. 盲窗

盲窗位于侧窗之间，与侧窗高度相同，玻璃颜色也相同，为列车外观造型的美感而设计。

5. 客室侧窗

客室侧窗是提高旅客乘坐舒适度的关键因素。客室侧窗的车窗玻璃先用胶粘接固定在辅助框上，辅助框再与安装框通过螺栓紧固，整窗通过施胶将安装框粘接固定到车体上，窗玻璃周圈与车体之间通过涂打密封胶保持气密性。窗框由挤压铝型材制造，车窗玻璃由双层中空夹层玻璃制成，中空部分充有惰性气体，以提高车窗玻璃的隔声和隔热性能。车窗玻璃的内部边缘有一圈黑色丝网印刷，能有效阻挡紫外线对密封胶的加速老化，同时车窗的外层玻璃与车体侧墙的连接处用密封胶填平，以减少列车运行的空气阻力。图 5－17 为客室侧窗。

图 5－17　客室侧窗

由于动车组列车运行速度很高，故针对客室侧窗有一套严格的技术指标，主要技术参数见表 5－3。

表 5－3　客室侧窗主要技术参数

项目	技术参数
传热系数	K＜1.4 W/（m^2·K）
透光率	约 21%（紧急逃生窗＞27%）
能量透射比	约 17%（紧急逃生窗＜20%）
绝缘玻璃厚度	35 mm±1.5 mm

因此，若车窗玻璃破损，且未导致车厢密封失效时，并不影响车辆运行，但当导致车厢密封失效时，车辆则会限速 160 km/h 继续运行。

6. 客室紧急逃生窗

紧急逃生窗作为应急逃生通道，每三个客室侧窗中设一个紧急逃生侧窗，在车窗上印刷有应急锤敲击标志，附近侧墙上配有应急锤。当遇到紧急情况时，车内乘客或乘务员可用应急锤击打敲击点来快速击裂玻璃，如图 5－18 所示。

图 5－18　紧急逃生窗及应急锤

紧急逃生窗同样由多层中空玻璃和铝框粘接而成，但玻璃的结构与客室侧窗不同，紧急逃生窗的中空玻璃夹层中夹有脆性树脂玻璃胶片，一般身体状况的人在危险逃生情况下，可以在 30 s 内打碎玻璃。

7. 信息显示窗

信息显示窗为两体结构，由窗框和带辅助窗框的外层玻璃组成，中间安装有电子显示器，可显示车次、车厢号、始发站及终点站等信息。信息显示窗和其窗框一起用螺钉固定在一个辅助窗框内，此窗框粘接在车体上并用与侧窗相似的方法密封。信息显示窗的技术数值可不同于其他车窗，如图 5－19 所示。

图 5－19　信息显示窗

5.2.2　CRH380B 型动车组客室行李架

客室行李架贯通各车厢客室，分布在客室侧窗上方，行李架长度一般是 2 040 mm 一段。但在客室端部根据需要有其他尺寸，以适合单个车辆的不同模块尺寸。客室行李架一般由基座、拉杆、前缘插槽、铝制栅格板或特制玻璃板等部件组成，用于存放乘客随身携带的小件行李。CRH380B 型动车组行李架为玻璃制，美观大方。图 5－20 所示为客室行李架及结构。

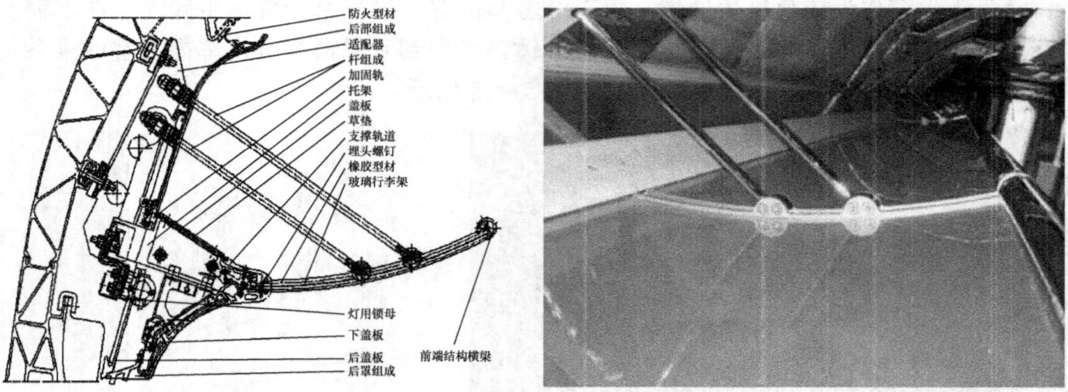

图 5－20　客室行李架及结构

动车组行李架的技术构造一般应满足以下基本原则。

（1）单个行李架段之间能相互连接。

（2）行李架的固定可确保整体组装的单个行李架段能够调换。

（3）易损坏的零件应易于更换。

（4）客室行李架在靠近乘客头部容易磕碰到的地方应安装头部保护带，如图 5－21 所示。

（5）带阅读灯的客室行李架上，其照明元件（如灯罩板、灯支撑型材、遮光板、支架等）由内部照明系统提供，这些照明元件作为客室行李架模块的附件安装于客室行李架模块上，如图 5－22 所示。

（6）每列车上的每节行李架都应该接地，有接地标识。

（7）客室行李架系统中不允许使用任何会对乘客及工作人员身体造成伤害的材料。在生产加工期间，几乎所有的部件都要经过表面处理，要求部件表面应不褪色并且抗紫外线。

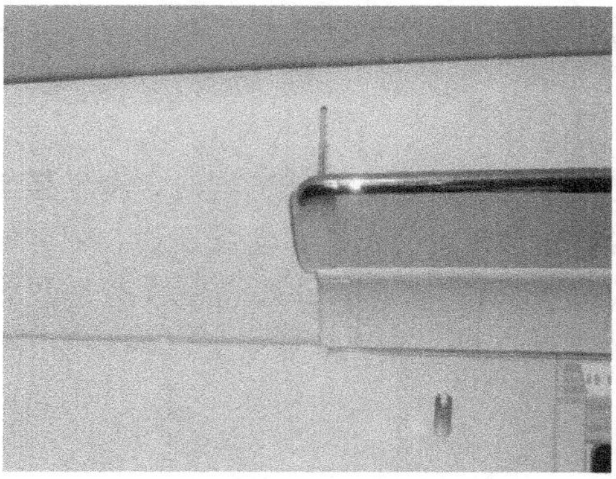

图 5－21　客室行李架

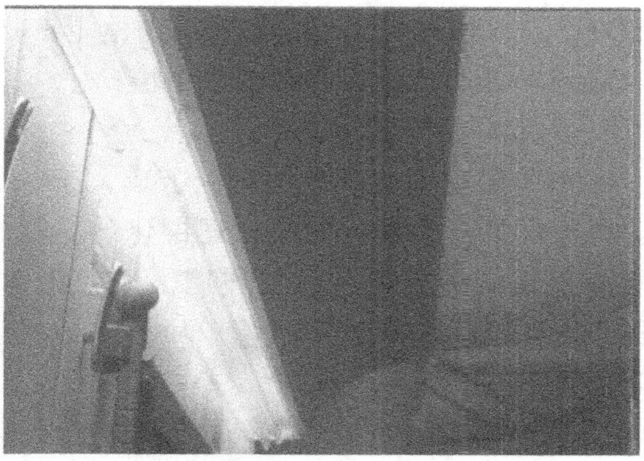

图 5－22　带阅读灯的客室行李架模块

除了客室行李架，为满足乘客放置大件行李的需求，在车辆端部还设置了大件行李柜。上层为固定式托架，下层为可翻转式托架，用于满足超大行李的存放。如图 5－23 所示。

图 5－23　大件行李柜

5.2.3　CR400AF 型动车组车窗

CR400AF 型动车组车窗主要包括客室车窗和司机室车窗，车窗均为气密构造固定窗，车窗玻璃外表面与车体外侧采用平顺化设计，可有效降低气动噪声和空气阻力。所有的车窗都能够承受 12 kPa 的静载荷。

1. 客室车窗

客室车窗按照安装位置不同可以进一步分为观光区车窗和客室车窗。观光区车窗为 3d

曲面车窗，客室车窗为平面车窗，尺寸为 1 450 mm/700 mm × 750 mm。客室车窗按照功能的不同可以进一步分为普通车窗和紧急逃生窗。紧急逃生窗布置在观光区位于靠近客室的一端和客室的四个角，以及餐座合造车走廊靠客室端，其余均为普通窗。

3 号车和 6 号车的客室普通车窗为内层采用 PC 材质的车窗，M07 车位于紧急逃生窗旁的 4 块 1 450 mm × 750 mm 客室普通车窗为外层采用 PC 材质的车窗。这两种 PC 材质的车窗安装接口与其他车窗完全一致，可满足互换要求。

客室车窗疲劳强度满足±4.5 kPa，100 万次；±6 kPa，20 万次。故障疲劳强度满足±6 kPa，200 次。车窗外侧玻璃能够承受 220 km/h 的砾石冲击而无损坏；内侧玻璃能够承受 50 kg 的软物体从 1.5 m 高处自由落下冲击。紧急逃生窗玻璃能在小于 45 s 的时间内从车内侧或车外侧被敲碎并形成逃生出口。

2. 客室车窗构成

客室车窗玻璃使用夹层中空玻璃，在保证光学、隔声、隔热性能的同时，满足强度要求。紧急逃生窗玻璃为夹层物理钢化玻璃制成的中空玻璃，在发生紧急状况时，乘客能够使用应急锤砸破紧急逃生窗玻璃，形成逃生通道。玻璃的内层和外层均设置有带荧光环的红色敲击点，荧光环可在黑暗中发光以指示敲击点位置。客室车窗安装结构如图 5－24 所示。

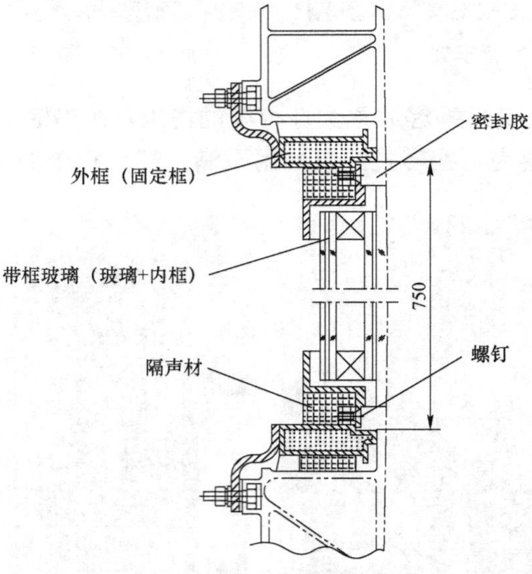

图 5－24　客室车窗安装结构

3. 司机室车窗

司机室车窗为气密构造固定窗，车窗玻璃外表面与车体外侧平顺过渡。司机室车窗包括司机室前窗和司机室紧急逃生窗，两者均为 3d 曲面车窗。司机室紧急逃生窗开口尺寸为 500 mm × 400 mm，紧急状态下可允许司机从此处逃生。司机室紧急逃生窗位置如图 5－25 所示。

司机室前窗能够承受 12 kPa 静载荷。抗冲击强度满足 1 kg 铝弹 580 km/h 冲击，不穿透、不脱框、背面无飞溅。抗击裂强度满足 20 g 铝弹 440 km/h 冲击，无损坏。抗鸟撞冲击强度满足 1.8 kg 模拟飞鸟 420 km/h 冲击无损坏。车窗玻璃尺寸规格为 2 708 mm × 1 340 mm。

司机室紧急逃生窗各项技术参数与客室紧急逃生窗相同，车窗开口区域玻璃尺寸规格为2 664 mm×426 mm。

图5－25　司机室前窗及司机室紧急逃生窗安装位置

4. 司机室车窗构成

司机室紧急逃生窗为夹层中空物理钢化玻璃，紧急情况下可使用应急锤敲碎形成逃生通道。司机室紧急逃生窗安装结构如图5－26所示。

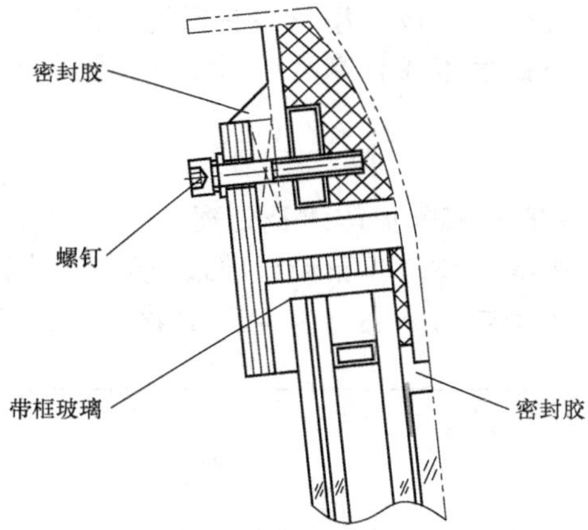

图5－26　司机室紧急逃生窗安装结构

司机室前窗由曲面夹层玻璃与快速更换窗框组合而成，前窗玻璃内夹有电加热丝，并附有温度传感器对温度进行监控。司机室前窗安装结构如图5－27所示。

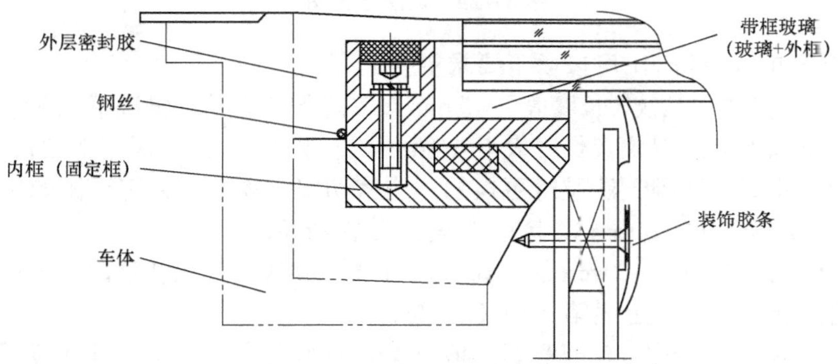

图5－27　司机室前窗安装结构

5.2.4 CR400AF 型动车组行李架

行李架部件主要由前后型材、托架、隔板、回风口型材以及下档板组成，其中前后型材、托架、隔板组成行李架，用于承载行李；下挡板内部集成座位显示灯、阅读灯、扬声器、烟雾感应器、紧急控制按钮等功能电器。行李架主要构成如图 5－28 所示。

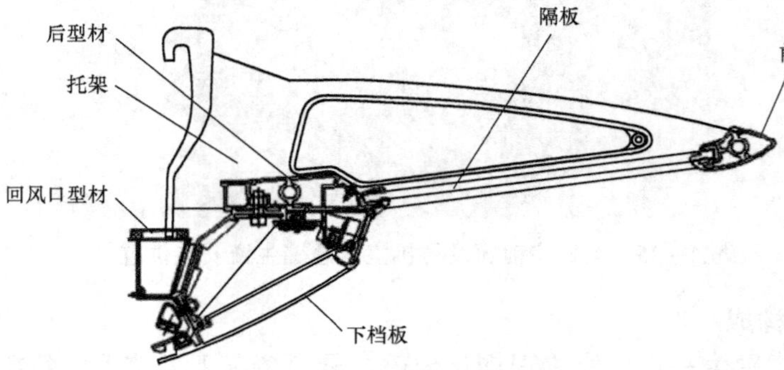

图 5－28　行李架主要构成

其中隔板为放置行李的部位。回风口型材载有风道回风口、灯带、烟雾探测器、座位显示号、票务销售显示等。下挡板集成有喇叭、阅读灯、紧急报警器。

知识拓展

1. CR400AF 型动车组客室车窗常见故障及处理

动车组客室车窗常见的故障主要是车窗玻璃破损。玻璃区域划分为 A 区和 B 区，车窗玻璃中部 200 mm×200 mm 范围内为 A 区，其余为 B 区，如图 5－29 所示。

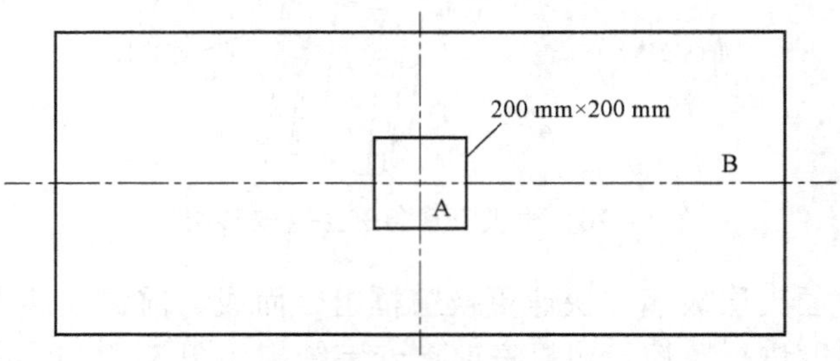

图 5－29　玻璃分区图

当车窗出现如下故障时，可按以下要求更换：

（1）A 区出现严重的裂纹（长度大于 40 mm），在不影响运营的情况下，应马上更换新品。

（2）A 区出现中度的裂纹（长度大于 10 mm，小于 40 mm），原则上应在 48 h 内更换新品，由于运营及其他原因无法及时更换的，应密切跟踪观察，并记录跟踪情况，如果有明显的扩展（扩展至长度 40 mm 以上），应马上更换新品。

（3）A 区出现长度小于 10 mm 的裂纹或击打坑，应密切跟踪观察，并详细记录跟踪情况，如果缺陷扩展，则执行上述第（1）（2）条。

（4）B 区出现严重的裂纹（长度大于 40 mm），原则上应在 48 h 内更换新品，由于运营及其他原因无法及时更换的，应密切跟踪观察，并记录跟踪情况，如有明显的扩展（扩展至长度大于 40 mm），应马上更换新品。

（5）B 区出现中度的裂纹或小缺陷（长度小于 40 mm 的裂纹或击打坑），应密切跟踪观察，并详细记录跟踪情况，如果缺陷扩展，则执行第（4）条。

（6）若列车运行过程中，裂纹扩散贯通，列车不必限速，可告知乘客不必惊慌。有条件的话，安排乘客离开破裂玻璃对应的座位。剩余的两层玻璃可维持列车不限速继续运行 3 h，待回库后立即更换。

客室车窗维护检修计划见表 5－4。

表 5－4　客室车窗维护检修计划

序号	维修内容	一级修	二级修	三级修	四级修	五级修	备注
1	外观状态检查	√	√	√	√	√	
2	（1）清洁玻璃表面； （2）密封胶状态确认：密封胶破损或剥离时，需重新涂打密封胶		√	√	√	√	
3	玻璃（包括 PC 板）裂纹、破损检查：车窗玻璃存在裂纹或破损时应更换新品			√	√	√	
4	车外侧外露密封胶全部切除换新					√	

2. CR400AF 型动车组行李架的日常维护

（1）动车组行李架的日常维护主要以清洁为主。

① 一般托架、型材、PC 板和下挡板表面的灰尘及污垢、油污、手印，只需以清洁布和清洁液擦拭即可。

② 对于行李架上的垃圾等异物，需先使用毛刷将异物清理，后使用清洁布和清洁液擦拭。

③ 放置行李时，应避免将有尖角的重物尖角处和行李架直接接触。

④ 对行李架螺钉紧固情况，例行检查，对不牢固的螺钉进行加固。

（2）当需要对阅读灯、座位灯、烟雾探测器、扬声器等进行故障检修时，需参照以下步骤操作。

① 打开并拆除下挡板，打开插销锁，如图 5－30 所示。

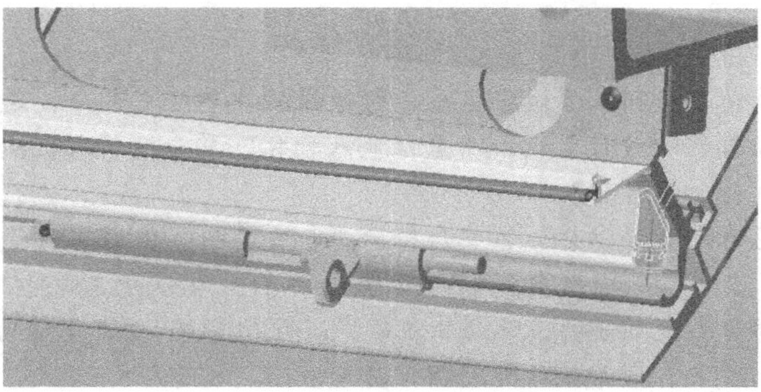

图 5－30　打开插销锁

② 开启后再把两侧的安全绳解开。插销锁的把手向箭头方向拉动为开启，如图 5-31 所示。

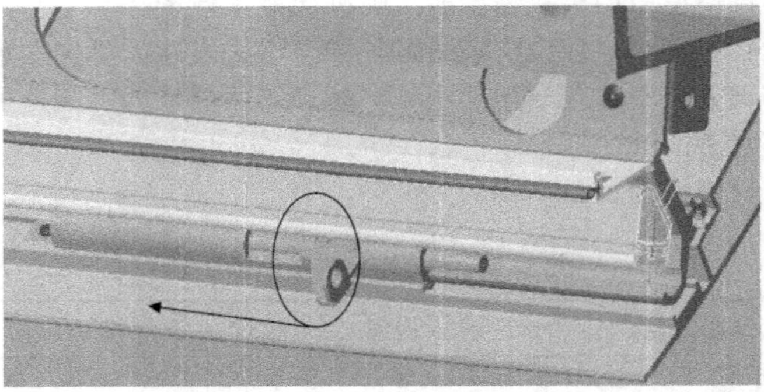

图 5-31　解开安全绳

③ 旋转下挡板，并拆卸，如图 5-32 所示。

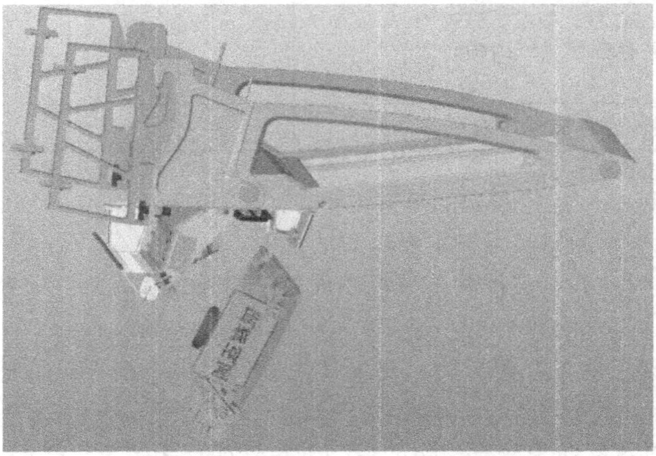

图 5-32　旋转下挡板

任务 5.3　动车组座椅设备

任务导入

动车组座椅是动车组列车体现服务性、舒适性的重要组成部分，是乘客感受最直观的设备设施。动车组座椅在设计之初就十分注重人性化，充分运用人机工程学理论，最大限度地提升旅客乘坐的舒适性。

一般动车组座椅设备可以分为客室座椅和司机室座椅，依照客室等级又可以将客室座椅分为一等座椅、二等座椅以及商务（VIP）座椅，不同座椅的结构、功能均有所差异。因为不同车型的座椅设备大同小异，所以本任务将以 CR400AF 型动车组为例，详细介绍不同类型的座椅结构、功能、运维和故障处理方法等。

知识储备

5.3.1　动车组客室座椅

1. 概述

CR400AF 型动车组头尾车观光区设置商务座椅，1 号车客室设 2+2 宽幅软座座椅（一等座椅），其余车客室设 2+3 软座座椅（二等座椅），如图 5－33 所示（客室座椅样式参见任务 5.1 节中图 5－12 至图 5－14）。座椅均采用可旋转 180° 的结构，使得乘客总是可以面对车行方向乘坐。商务座椅可坐可躺，坐躺可任意切换。座椅的可旋转结构充分体现了人性化设计，提高了乘坐的舒适度。一等座椅靠背可由个人手动控制，角度可从 8° 到 30° 自由调节和锁定；二等座椅靠背的角度可从 0° 到 24.5° 自由调节和锁定，而且保证靠背的倾斜不会干扰后面乘客的活动空间。所有座椅都设有供乘客使用的小桌和用于存放杂志的书报网。

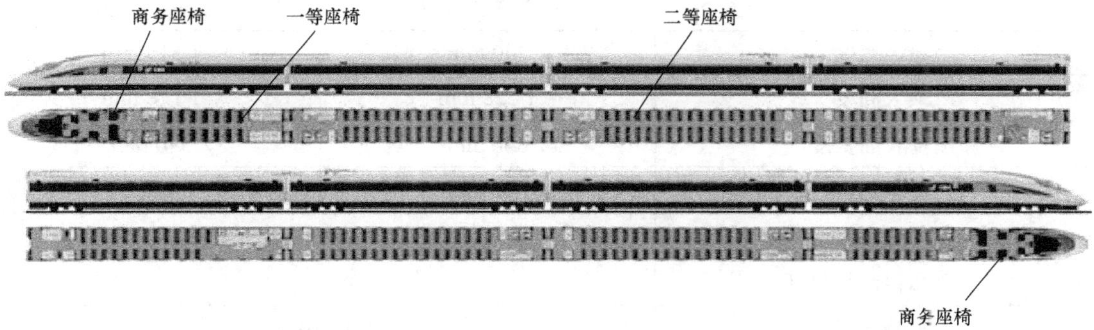

图 5－33　座椅布置

2. 商务座椅

动车组商务座椅分为单人座椅和双人座椅两种，符合人机工程学原理。商务座椅采用蛋壳式设计，主要由私密罩（防尘罩）、座椅骨架和座椅底板三部分组成。其中私密罩壳具备一定的私密空间，受外界干扰较小。座椅上设有影音显示屏、阅读灯、小桌板、书包网等，可满足乘客的多样化使用需求。其中影音显示屏和小桌板分别位于商务座椅的左右两个扶手仓内。图 5－34 所示为商务座椅的功能结构图。

商务座椅是一套完全电动的系统，其运动系统由三个电机驱动，通过安装在座椅扶手侧方的控制面板 PCU 操控运动零部件，使得座椅能以不同姿态进行运动。因此从坐直到平躺的任何一种姿态都可以根据每位乘客的要求进行无级调节。不仅如此，商务座椅在缓解旋转释放拉索后能够实现座椅朝向±180° 旋转，乘客总是可以面对车行方向乘坐。极大地提高了乘客的座椅舒适体验。

商务座椅的造型尺寸参数见表 5－5。

下面以“座椅姿态调整”和“影视系统操作”为例，介绍商务座椅的功能调节流程。

图 5-34 商务座椅功能结构

表 5-5 商务座椅造型尺寸参数表

标准	商务单人座椅	商务双人座椅
最大宽度	740 mm	1 515 mm
最大高度	1 128 mm	1 128 mm
座椅表面宽度	540 mm	540 mm
背靠宽度	540 mm	540 mm
座高	460 mm	
坐姿靠背倾斜角度	约 15°	
平躺长度	约 1 880 mm	
平躺角度	176°	176°
旋转半径	≤490 mm	≤815 mm
扶手数量	2	4
扶手类型	固定式	固定式
扶手高度	615 mm	
扶手宽度	95 mm	

1）座椅姿态调整

商务座椅主要有以下三种姿态：坐姿、半躺及平躺，控制面板上预置了上述三种姿态，可通过控制面板上提前设置好的程序实现一键到位控制。同时，旅客可以根据自己的喜好，来调节座椅靠背、脚靠及脚踏等部件的角度，达到最佳姿态，具体操作如图 5-35 和图 5-36 所示。

2）影视系统操作

影视系统位于私密罩左边扶手内，取出后翻转至适当位置即可使用，电视通过触摸屏进行操作，如图 5-37 所示。

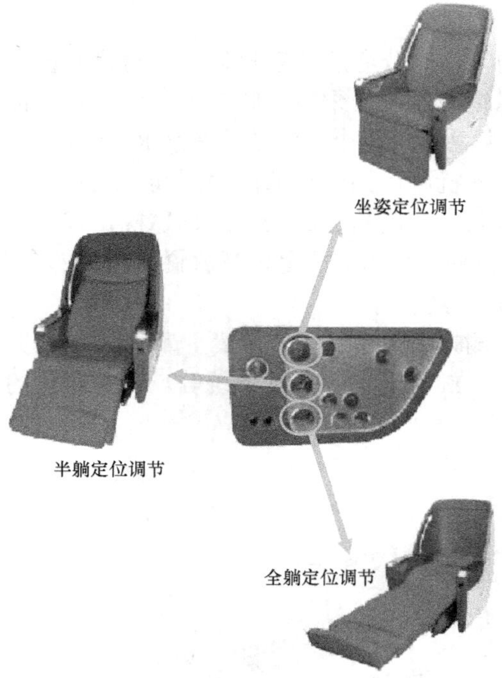

图 5－35　一键到位控制

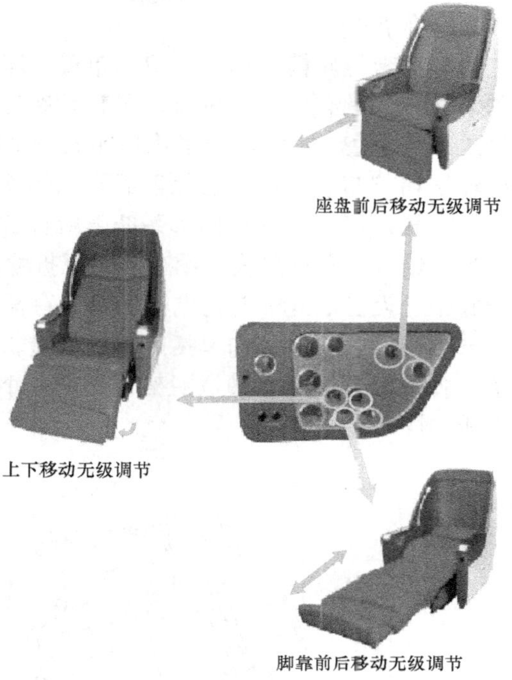

图 5－36　微调控制

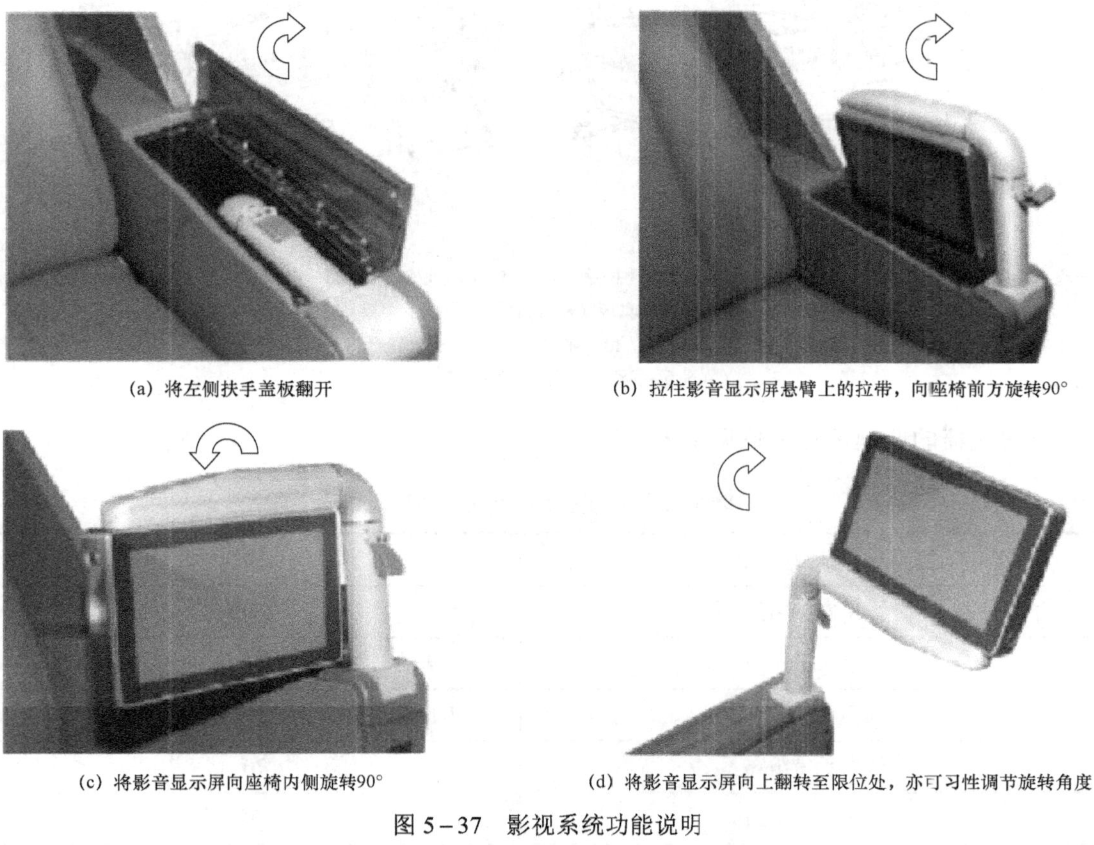

(a) 将左侧扶手盖板翻开

(b) 拉住影音显示屏悬臂上的拉带，向座椅前方旋转90°

(c) 将影音显示屏向座椅内侧旋转90°

(d) 将影音显示屏向上翻转至限位处，亦可习性调节旋转角度

图 5－37　影视系统功能说明

3. 一等座椅

动车组一等座椅采用“2+2”布置，座椅的设计充分考虑了轻量化，座椅背面设有可弹动的脚踏，具有双停止位置，可转动翻出，以适应不同的乘客；脚踏上方设有和座椅套同材质的杂质袋。一等座椅采用按钮式调节座椅靠背，可由个人手动控制从 8° 到 30° 任意角度轻松调节和锁定，而且保证靠背的倾斜不会干扰到后面乘客的活动空间。按钮旁边还有耳机插孔，可插入耳机倾听系统随机播放的音乐。在座椅上部设有颈部靠枕，靠枕两侧采用半包结构；座椅侧扶手设有内置可折叠的小桌板，且侧窗窗台设有放置饮料瓶的台面；座椅底架上设有 220 V 五孔电源插座供有需要的乘客使用。

一等座椅的具体结构包括底架、旋转机构、侧扶手、中扶手、靠背、靠背倾斜装置、坐垫、脚踏板、插座、书报网架、折叠式小桌板、旋转把手、音频系统等。一等座椅的结构组成如图 5-38 所示。

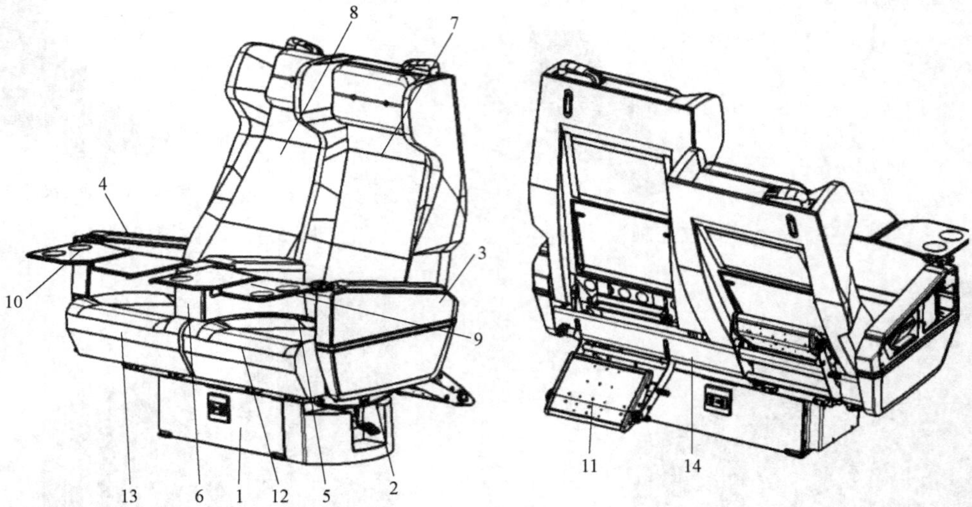

1—底架总成；2—转架总成；3—侧扶手（左）；4—侧扶手（右）；5—靠背倾斜装置；6—中扶手总成；7—靠背总成（左）；8—靠背总成（右）；9—折叠式小桌板（左）；10—折叠式小桌板（右）；11—踏脚板；12—坐垫（左）；13—坐垫（右）；14—后部罩壳。

图 5-38　一等座椅结构组成

一等座椅的造型尺寸参数见表 5-6。

表 5-6　一等座椅造型尺寸参数表

参数	值
总宽/mm	675
总长/mm	1 220
总高（不含扶手）/mm	1 180（CRH0207）1 150（CRH0208）
侧扶手宽/mm	70
中扶手宽/mm	130

续表

参数	值
扶手高/mm	580
中扶手摆动角度	固定
座位宽/mm	475
中座位宽/mm	无
座深/mm	465
座高/mm	420
靠背摆动角度	8°～30°（CRH0207）10°～32°（CRH0208）

4. 二等座椅

动车组二等座椅采用“2+3”布置，通过扶手端部的手动拉索进行调节，可由个人手动控制从 0° 到 24.5° 任意角度轻松调节和锁定。座椅背部设有可收起的小桌板，下方设有网格袋，可盛放书籍、杂志等物品。座椅底架上设有电源插座。

二等座椅分为二等座 2 人座椅和二等座 3 人座椅两种，但具体结构均包括底架、旋转机构、侧扶手、中扶手、靠背、靠背倾斜装置、坐垫、插座、书报网架、靠背小桌板、旋转把手等。以二等座 2 人座椅为例，二等座椅结构组成如图 5－39 所示。

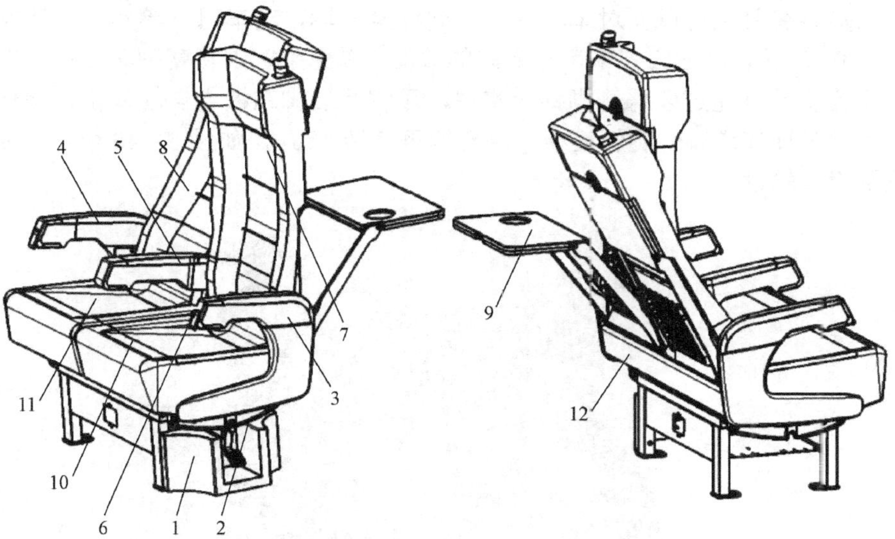

1—底架总成；2—转架总成；3—侧扶手总成（左）；4—侧扶手总成（右）；5—中扶手总成；6—靠背倾斜装置；7—靠背总成（左）；8—靠背总成（右）；9—靠背小桌板；10—坐垫总成（左）；11—坐垫总成（右）；12—后部罩壳。

图 5－39　二等座椅结构组成

二等座椅的造型尺寸参数见表 5－7。

表 5-7 二等座椅造型尺寸参数表

参数	二等座 2 人座椅	二等座 3 人座椅
总宽/mm	540	540
总长/mm	991	1 480
总高（不含扶手）/mm	1 150（统型座椅） 1 190（新造型座椅）	1 150（统型座椅） 1 190（新造型座椅）
侧扶手宽/mm	38	38
中扶手宽/mm	50	50
扶手高/mm	580	580
中扶手摆动角度	0～95°	0～95°
座位宽/mm	432.5	432.5
中座位宽/mm	无	439
座深/mm	440	440
座高/mm	420	420
靠背摆动角度	0°～24.5°（统型座椅） 0°～20°（新造型座椅）	0°～24.5°（统型座椅） 0°～20°（新造型座椅）

5. 一、二等座椅控制与操作

为了保障乘客总是可以面对车辆行进方向乘坐车辆，动车组一等座、二等座的座椅均可以进行 180° 旋转，以适应列车运行方向的改变，以免乘客因背朝列车前进方向而引发身体不适。座椅旋转可通过轻踩侧脚踏板实现，靠背及后脚踏板会自动复位，握住座椅旋转把手，然后顺时针或逆时针旋转座椅，座椅即可旋转 180°，如图 5-40 所示。图 5-41 为座椅踏板及旋转轮盘。

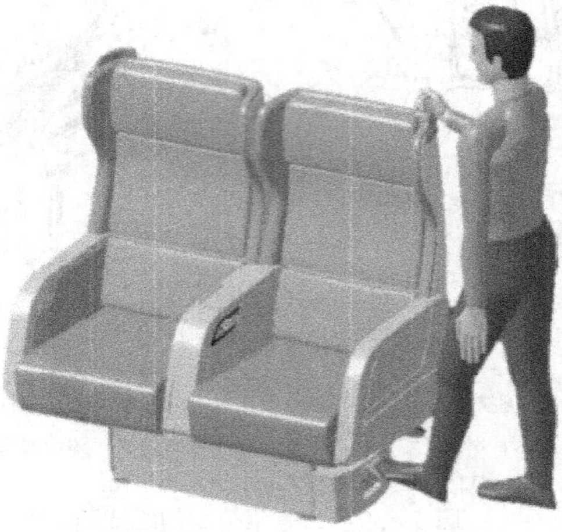

图 5-40 座椅朝向旋转

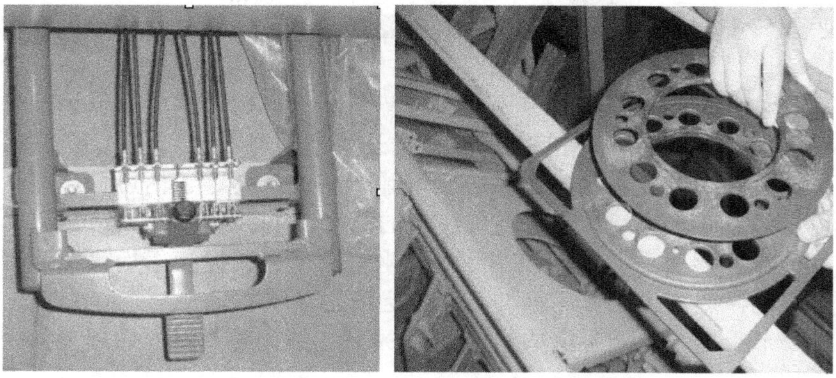

图 5－41 座椅踏板及旋转轮盘

5.3.2 动车组司机座椅

动车组司机座椅根据人机工程学设计，以保证司机可以舒适地工作，如图 5－42 所示。司机座椅各组件的功能较为丰富，在两个端部司机座椅的底部各安装有一个匹配箱，一个用于储存工具，另一个用于储存逃生梯。司机座椅的结构如图 5－43 所示。

图 5－42 动车组司机座椅

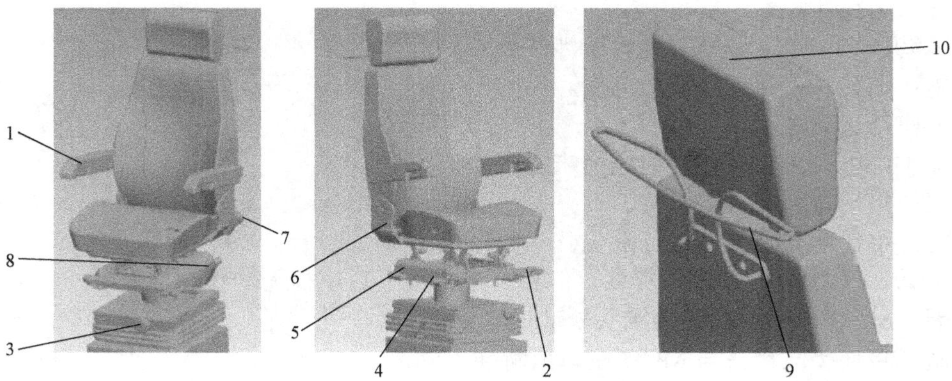

1—扶手调节手柄；2—前后移动调节手柄；3—体重调节手柄；4—前部升降调节手柄；5—后部升降调节手柄；
6—靠背调节手柄；7—挺腰机构手柄；8—旋转调节手柄；9—大衣架；10—头靠。

图 5－43 动车组司机座椅的结构

（1）扶手调节手柄。司机座椅扶手为可折叠式，通过操作手柄压轮可连续调整扶手的倾斜度。

（2）前后移动调节手柄。此调节手柄在坐垫前下方，提起手柄可以调节坐垫长度，调整范围为 190 mm，每次动作可调节 10 mm，松开手柄即可锁定当前坐垫状态。

（3）体重调节手柄。座椅底座由减振空气弹簧组成，提起手柄可释放座椅高度调节制动器，此时可以通过减轻座椅承重来增加座椅的高度。

（4）前后部升降调节手柄。此调节手柄在坐垫侧下方，提起手柄可释放锁闭机构，可调整前后部坐垫的倾斜度，松开手柄即可锁定当前坐垫状态。

（5）靠背调节手柄。旋转手柄按钮（左/右）可连续调整靠背的倾斜度，松开按钮即可停止在当前位置。

（6）旋转调节手柄。在可以锁闭座椅的旋转方向，通过用力地旋转身体可克服此锁闭机构的束缚。

（7）头靠。安全头靠可根据司机需求调节高度，司机可通过拉出或推进头靠在 3 挡内调节。

知识拓展

1. 动车组商务座椅故障处理

（1）音频系统异常或不工作。

措施 1：检查电源是否正常输出；

措施 2：检查耳机和附件是否正常，如有损坏，则更换故障组件。

（2）插座无电。

措施 1：检查 220 V 插座在配电柜中的开关是否闭合；

措施 2：检查视频控制系统接线盒连接器是否有脱落或接触不良。

（3）阅读灯无光源。

措施 1：检查阅读灯与 MCU 连接件是否接触良好或 MCU 12 V 电源输出是否正常；

措施 2：当确认措施 1 没有任何问题时，更换阅读灯。

（4）座椅无法旋转。

故障①：旋转释放拉手线束接头脱落。

措施：更换新拉索。

故障②：私密罩支撑腿与地板干涉（双人座椅）。

措施：调整私密罩支撑腿的高度。

（5）座椅运动故障。

故障①：电机正常工作，但座椅未发生动作。

原因：促动器释放杆未复位。

措施：将促动器释放杆进行复位。

故障②：PCU 面板开启并常亮，但部分按钮按下后座椅无动作。

原因：MCU 与促动器连接接头松动或者脱落。

措施：将连接线接头与 MCU 接口重新插入固定。

故障③：控制面板与 MCU 电源指示灯不亮。

原因：MCU 保险丝熔断。

措施：更换 MCU 保险丝。

故障④：座椅运动有卡滞。

原因：商务座椅骨架运动轨道内有杂物，影响座椅功能运动。

措施：清理杂物，使座椅运动舒畅。

故障⑤：扳开挡片，释放杆复位并听到复位声音。

如以上故障③、故障④都没有问题时，电机还是没有动作。

措施：更换促动器。

2. 动车组一、二等座椅故障处理

（1）座椅无法旋转。

原因①：座椅在旋转时转架上滑条拉铆松动，滑条相对位置下移，旋转时与下滑条干涉，撞断滑条，使其无法旋转。

措施：更换滑条，重新拉铆。

原因②：转架、底架受非正常力影响而变形，滑条拱起，长时间旋转时造成断裂。

措施：转架、底架校型，更换滑条。

原因③：后罩壳安装螺钉松脱，座椅旋转时螺钉旋转轨迹与底架滑条干涉。

措施：紧固后罩壳安装螺钉。

（2）气弹簧失效。

原因①：气弹簧芯子受油污等杂物影响，受力下陷后无法弹出；

原因②：气弹簧本体漏油、漏气；

原因③：气弹簧顶杆受非正常操作力断裂。

措施：更换气弹簧。

3. 动车组一、二等座座椅检查与维护

1）外观检查

注意检查所有外观件是否完整，如座椅蒙面是否破损、头枕是否遗漏、后部小桌板是否损坏、脚踏板是否损坏、座椅扶手配件是否遗失等。

2）功能检查

按动座椅靠背调节按钮，检查靠背工作是否正常，同时此项检查也可验证气弹簧的工作情况。

注意：检查座椅扶手是否可以正常转动；检查座椅的旋转功能是否正常；检查小桌板使用是否正常；检查脚踏板使用是否正常；检查座椅旋转用侧脚踏板使用功能是否正常。

3）座椅润滑

为保证座椅活动部位运行顺畅，提高座椅使用寿命，每 90 天需要对以下各部进行润滑。

（1）一等座座椅脚踏板的固定销部位，如图 5－44 所示。

图 5－44　一等座座椅脚踏板的固定销部位

（2）一、二等座座椅转盘与底架固定部分的相接面，如图 5－45 所示。

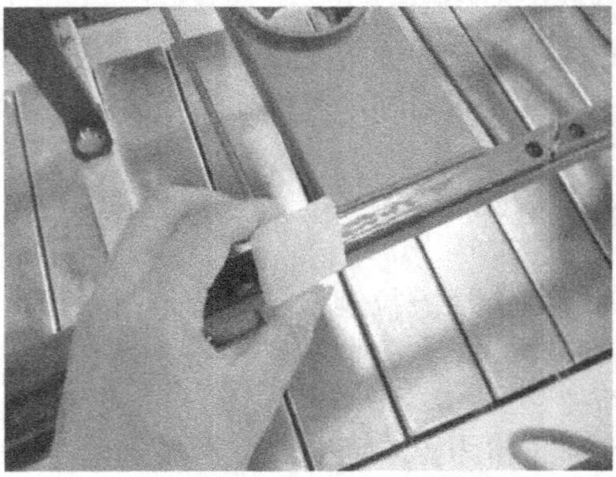

图 5－45　一、二等座座椅转盘与底架固定部分

（3）一、二等座座椅底架滑条，如图 5－46 所示。

图 5－46　一、二等座座椅底架滑条

任务 5.4　动车组电热开水器设备

任务导入

电热开水器是动车组旅客服务的重要设备之一，关系到旅客饮水、饮食的安全和卫生，其重要性不言而喻。根据加热器的原理不同，电热开水器主要分为电阻式和电磁式两种类型，CRH380A 型动车组采用铁磁牌 TCL－12 型全自动电磁式开水器，CRH380B 型动车组采用惟思得 WSD－5020AT3 型电阻式开水器。

以 TCL－12 电热开水器为例，其采用先进的水电隔离高频逆变感应加热技术和非接触水位检测技术，取代了传统电热开水器中易失效的电热管和水位探头，具有安全节能、维护周期长的特点，且内外胆用不锈钢材质制成，生水和开水隔开，可无人值守，连续供应经电磁消毒处理的新鲜保健磁化开水。

下面以 CR400AF 型动车组为例，介绍电热开水器知识内容。

知识储备

5.4.1　电热开水器概述

CR400AF型动车组每节车厢均设一个电热开水器，采用沸腾翻水式原理、电磁加热方式的柜式整体结构，主要由柜式框架、电控箱、加热线圈、加热腔、进水电磁阀、过滤器、排水电磁阀、磁控管等组成。产开水量≥40 L/h，可为司乘人员提供大于95 ℃的开水。

电热开水器的性能及主要技术参数见表5－8。

表5－8　电热开水器的性能及主要技术参数

项目	技术参数
工作电源	三相四线 AC 380 V（±15%），频率：50 Hz
控制电源	DC 110 V（77～137.5 V）
额定功率	4.5 kW
产开水量	≥40 L/h（进水水温≥18 ℃）
储水腔容积	≥18 L
出水水温	>95 ℃
降温速率	≤5 ℃/h
进水水压	≤120 kPa
整机绝缘电阻	冷态≥5 MΩ，热态≥2 MΩ
整机电气强度	电热开水器电源线对地间施加 AC 2 500 V，历时1 min，应无击穿闪络现象

5.4.2　电热开水器结构

电热开水器由柜体、电控箱、辅助控制箱、产水箱、储水箱、加热腔、水位传感器、电磁阀等器件组成。具体内部结构如图5－47所示。

图5－47　电热开水器的内部结构

其中电控箱是电热开水器的功能控制部件，具有电热开水器过热、过流、缺水保护等多种功能。加热腔设有加热线圈，在交变电场作用下，产生磁场、涡流，是产生开水的热源。储水箱存放开水，外接水位传感器，控制电热开水器的加热与关闭。电控箱面板示意图如图 5－48 所示。

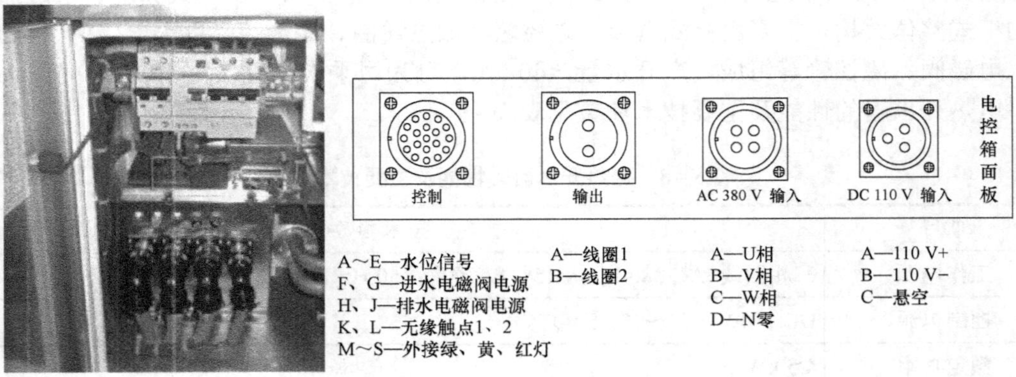

图 5－48　电控箱面板示意图

5.4.3　电热开水器工作原理

（1）电气控制原理。电热开水器电器主回路主要由空气开关、滤波器、整流桥、逆变器和感应线圈等部件组成，交流电源经空气开关进入电控箱，再经整流桥整流成 530 V 左右直流电。由功率模块组成的全桥逆变器把直流电转变成 25 kHz 左右的高频交流电，供给感应线圈，在产水箱腔体中产生涡流并使之发热，将水烧开。

电热开水器控制电路主要由 8 位单片微处理器及外围数字电路、脉冲驱动电路、水位传感器、逆变器、温度传感器、稳压电源、指示灯、继电器及进水电磁阀等部分组成。在微处理器的程序作用下，能根据产水箱水位的变化，控制电磁阀的开/关，逆变器的启/停，进行断水保护、缺水自动进水、水位显示等，并且当逆变器发生过流、过热等异常情况时自动保护停机，等恢复正常且延时一定时间后再启动逆变器，另外微处理器能根据逆变器输出的电流电压相位信号调整工作频率，使逆变器工作在最佳谐振状态。控制电路还具有集控排水、按钮排水功能。

电热开水器电气原理图如图 5－49 所示。

（2）自动保温原理。电热开水器由单片微处理器设置了自动保温程序，在储水箱满水位时能自动进入保温状态，即电热开水器停止工作 3 min 后，能自行开启加热 8 s，这样保证储水箱中水温达到 95 ℃以上。

（3）水位控制原理。电磁阀通电后，冷水经过滤器、电磁阀、电控箱冷却管注入产水箱，当达到产水箱上水位时电磁阀关闭，停止进水并开始加热，水沸腾后从翻水膨胀筒上端跃出，进入储水箱，使产水箱水位下降，当降至产水箱中水位时电磁阀打开补水，至上水位时停止补水。当储水箱水位上升到上水位时，表明储水箱内开水已满，停止加热，自动进入保温状态。当取用开水使储水箱水位降至中水位时，再次开始加热。如此重复即可连续不断地供应开水。图 5－50 为水位控制流程图。

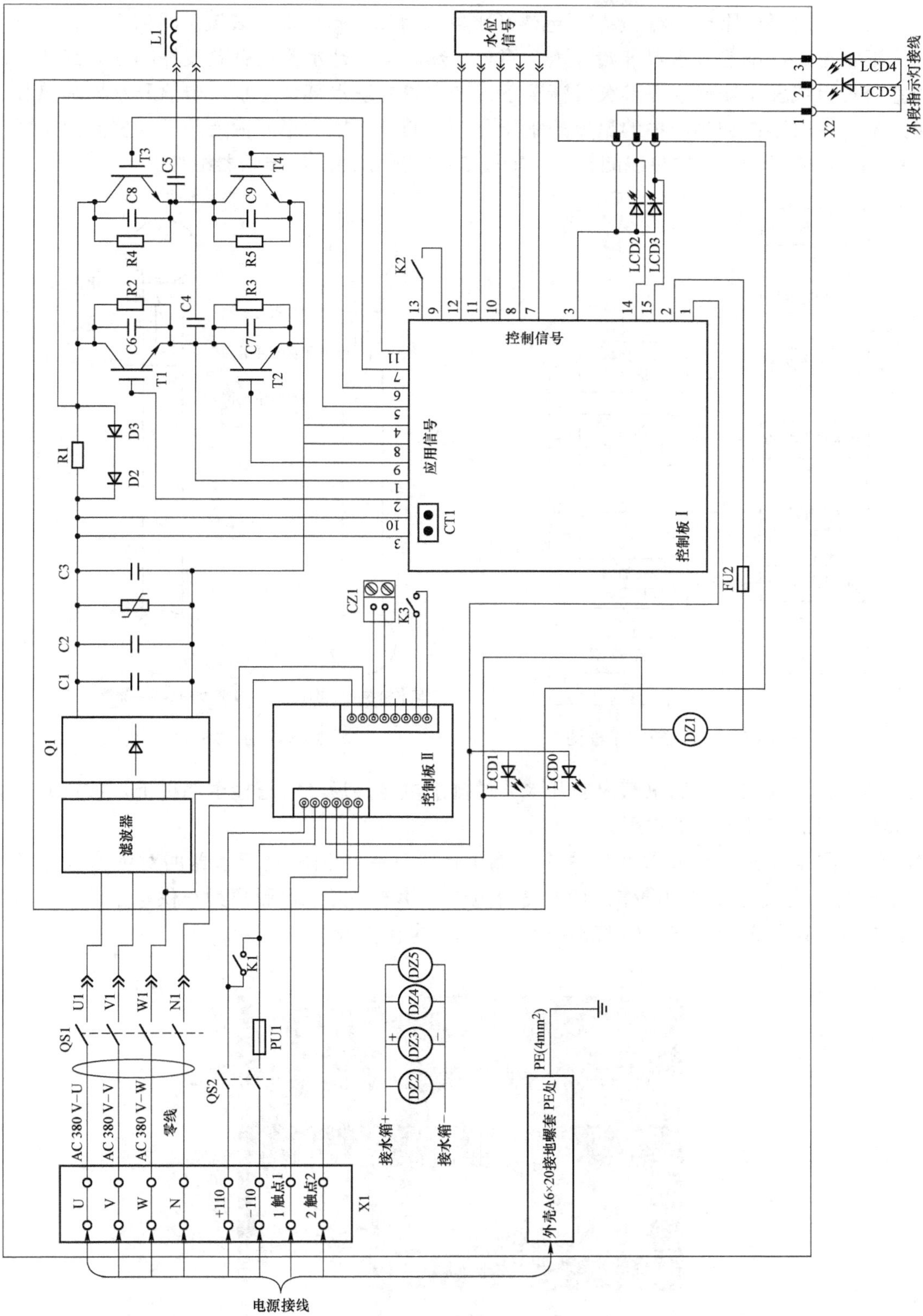

图 5-49　电热开水器电气原理图

（4）二次保护原理（防干烧）。电热开水器具有二次缺水保护装置，即当产水箱水位下降至下水位时，电热开水器开始补水，停止加热。电热开水器设有温度控制器。当在水位传感器失灵或发生器件损坏等突发情况下，产水箱内缺水甚至无水，电热开水器加热腔迅速升温，这时装在加热腔中的温度控制器开关导通，使控制箱面板上防干烧保险丝熔断，切断 110 V 电源，防止加热线圈损坏。如图 5－51 所示为水位传感器组件。

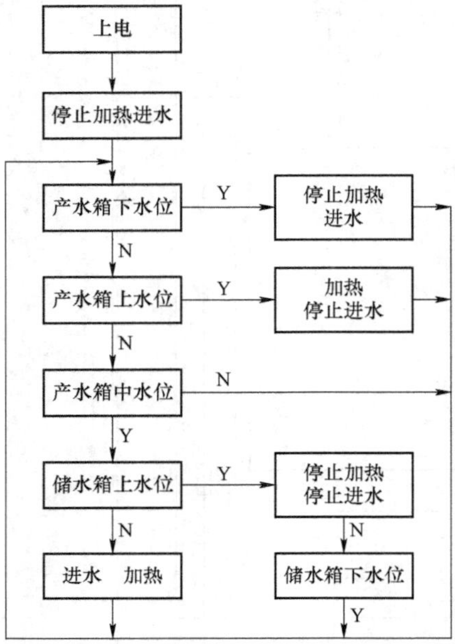

图 5－50　水位控制流程图

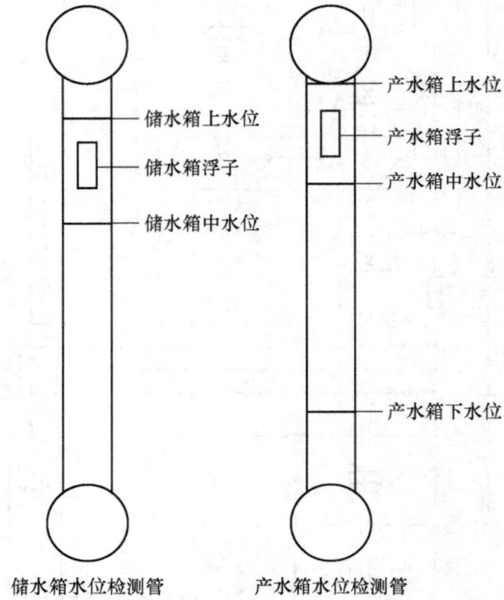

图 5－51　水位传感器组件

（5）放开水控制。储水箱内的开水通过排水电磁阀后经管道接至面板上，按压开关即能从放水口放出开水，供饮用。

（6）漏电保护。电热开水器内设置漏电保护开关，当电热开水器的对地漏电流超过 30 mA 时，空气开关立即动作，切断交流电源，使电热开水器脱离列车供电系统，以避免其影响其他设备正常工作。如图 5－52 所示为漏电保护开关。

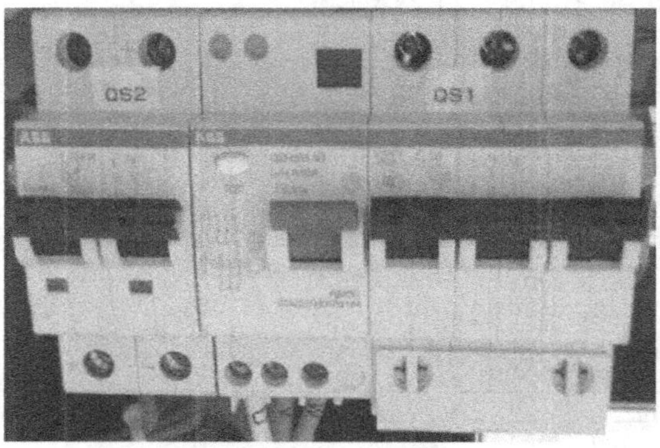

图 5－52　漏电保护开关

5.4.4　电热开水器的操作与控制

正常运营状态可执行接水操作，接近电热开水器时应注意操作面板的警示标识。将水杯置于面板出水口下方，按下红色出水按钮即可接水。电热开水器接水面板如图 5－53 所示。

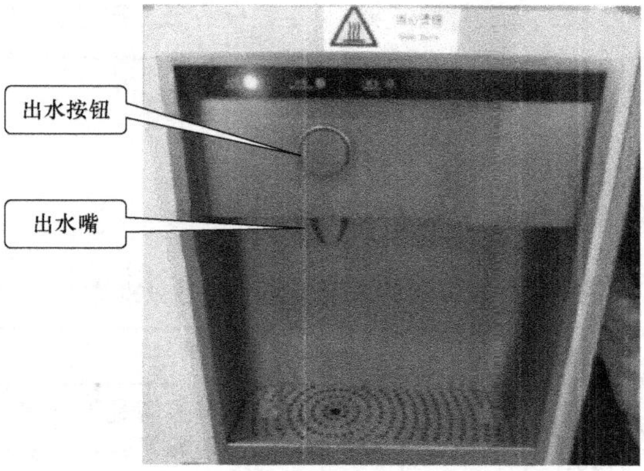

图 5－53　电热开水器接水面板

电热开水器的工作控制状态可通过接水面板上嵌入的三个指示灯进行查看，电源指示灯为绿色，加热指示灯为黄色，缺水指示灯为红色。

（1）接通 DC 100 V 电源，合上空气开关。接水面板上绿灯亮，表示电热开水器控制电源已接通。

（2）接通 AC 400 V 电源，合上空气开关，接水面板上红灯亮，表示电热开水器冷水处于规定的冷水下水位，即电热开水器处于冷水缺水状态（此时电热开水器会自动停止加热）。电磁阀打开进水。红灯灭，表示电热开水器冷水水位（产水箱水位）超过规定的冷水下水位。

（3）若接水面板黄灯亮，表示电热开水器正处在加热状态。黄灯灭，表示储水箱水位处于上水位（满开水状态），电热开水器自动进入保温状态并停止加热。

（4）工作 20 min 左右，此时打开水龙头的出水嘴即可供应热开水。

如表 5－9 所示为电热开水器指示灯的故障指示及原因。

表 5－9　电热开水器指示灯的故障指示及原因

绿灯	黄灯	红灯	故障指示	故障原因
●		☼	红灯连续闪	提示进水时间过长，可能原因是： （a）水压不足； （b）电磁阀失效：进水很慢或根本不进水； （c）水位传感器故障； （d）进水滤网堵塞
●	☼		黄灯不断地连续闪烁两次	提示某一水位传感器组件中的干簧管继电器有两个以上同时闭合，需更换磁控管
●	☼		黄灯不断连续闪烁三次	提示电控箱内功率管器件过热或温控继电器损坏
●	☼		黄灯不断地连续闪烁	提示电控箱内有短路故障或加热线圈与加热腔间的绝缘被击穿，或加热线圈匝间短路，或线圈开路

续表

绿灯	黄灯	红灯	故障指示	故障原因
●	●		黄灯一直显示工作状态	储水箱水位传感器故障，需更换
●	●	●	红、黄、绿三灯同时亮	主控板故障，需更换

知识拓展

电热开水器常见故障及处理方法见表 5－10。

表 5－10　电热开水器常见故障及处理方法

故障原因	故障现象	检查方法	处理方法
进水电磁阀关闭不严	出水温度低，排气管不停地溢水	断电后检查电磁阀是否仍有水进入，如果进水不停，说明电磁阀故障	清除阀芯内异物或更换电磁阀
电磁阀堵塞或出水按钮无法打开或控制电源故障	按压出水按钮后，无开水或开水一直很少	检测开关是否失灵； 如果开关良好，则检查电磁阀通电后是否有出水	清除阀芯内异物或更换电磁阀； 或更换开关； 或检查控制电源
水位传感器组件失效	出水温度低，排气管溢水多	断电后检查水位传感器与电控箱间的接插件接触是否良好，或电控箱主控板是否良好	更换水位传感器
加热线圈与加热腔的绝缘击穿	工作指示灯连续闪烁	拔下通往线圈的插头并用 1 000 V 兆欧表检查	更换线圈
加热线圈开路	工作指示灯亮但没有加热	拔下通往线圈的插头，用万用表检查	更换线圈
电控箱故障	空气开关自动跳闸	检查电控箱内主控板是否损坏，检查电控箱与熔断器连线是否短路	更换电控箱

任务 5.5　动车组车内其他辅助设备设施

任务导入

动车组车内其他辅助设备设施包含餐车设施、机械师室、乘务员室等。它们是构成旅客服务设备设施的重要组成部分。

不同车型车内辅助设备设施存在较大的差异，下面以 CR400AF 型动车组为例，介绍动车组车内其他辅助设备设施的组成、结构和功能。

5.5.1　餐车设备设施布置

CR400AF 型动车组的餐车为 5 号车，车辆二位端设有厨房，餐车厨房区域设备设施按供应快餐设置，满足 1.5 h 内 50%定员用餐需求；设置有操作台、吧台、储藏柜及其他设备设施，各设备设施布置如图 5－54 所示。

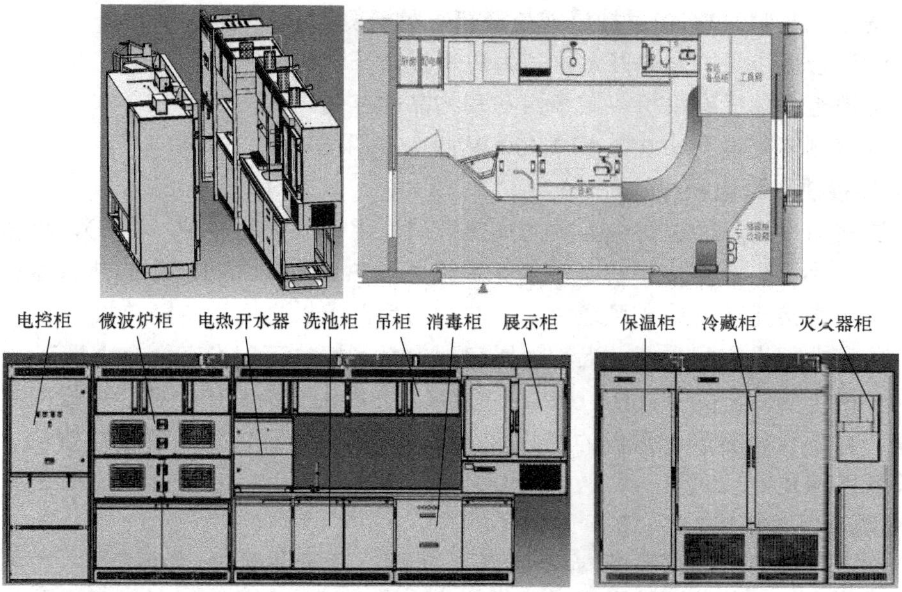

图 5－54　餐车厨房区域设备设施布置

厨房电气设备参数如表 5－11 所示。

表 5－11　厨房电气设备参数

<table>
<tr><th rowspan="2">配电线路</th><th rowspan="2">设备名称</th><th rowspan="2">设备数量</th><th>AC 380 V 功率/kW</th><th>AC 220 V 功率/kW</th><th>配电线路功率</th><th>备注</th></tr>
<tr><th>单台</th><th>单台</th><td rowspan="11">AC 220 V：15.94 kW</td><td></td></tr>
<tr><td rowspan="6">AC 220 V，50 Hz 电源</td><td>微波炉</td><td>4</td><td></td><td>2.78</td><td></td></tr>
<tr><td>散热风机</td><td>1</td><td></td><td>0.1</td><td></td></tr>
<tr><td>消毒柜</td><td>1</td><td></td><td>1.2</td><td>低柜内</td></tr>
<tr><td>双门展示柜</td><td>1</td><td></td><td>0.46</td><td></td></tr>
<tr><td>备用插座 1（清洁卫生）</td><td>1</td><td></td><td>0.5</td><td></td></tr>
<tr><td>备用插座 2（咖啡机）</td><td>1</td><td></td><td>1.4</td><td></td></tr>
<tr><td rowspan="4"></td><td>双门冷藏柜</td><td>1</td><td></td><td>0.86</td><td>CRH0207</td></tr>
<tr><td>冷藏冷冻柜</td><td>1</td><td></td><td>1.5</td><td>CRH0208</td></tr>
<tr><td>备用插座 3（收银机）</td><td>1</td><td></td><td>0.2</td><td></td></tr>
<tr><td rowspan="2">单门保温柜</td><td rowspan="2">1</td><td></td><td>0.1</td><td>控制电路</td></tr>
<tr><td rowspan="2">3XAC380 V，50 Hz 电源</td><td>1.8</td><td></td><td rowspan="2">AC 380 V：4.5 kW</td><td>工作电路</td></tr>
<tr><td rowspan="2">电热开水器</td><td rowspan="2">1</td><td>4.5</td><td></td><td>工作电路</td></tr>
<tr><td>DC 110 V</td><td></td><td>0.2</td><td>DC 110 V：0.2 kW</td><td>控制电路</td></tr>
</table>

1. 洗池模块

（1）厨房侧墙侧设有洗池柜，洗池柜为整体式，并设有外装式水龙头；

（2）洗池柜左侧设置 40 L 抽屉式垃圾箱，另一侧嵌有消毒柜；

（3）洗池台面上设有电热开水器，为厨房提供开水；

（4）洗池柜上部设有吊柜，用于厨具和物品的存储；

（5）厨房侧墙处设有 500 W 和 1 400 W 两个备用插座。

2. 加热模块、配电柜模块

（1）厨房内设有以微波炉柜为主的加热模块，用于放置微波炉（4 台），柜体下部为储物柜，上部为小吊柜，微波炉背部散热区域设置散热风道，加热产生的热量通过风道内置风机的牵引，直接排放到废排风道中，微波炉与后部墙板之间设有隔热板。

（2）厨房端部设有配电柜，上部为厨房配电盘，柜体下部设有两个小推车。

（3）小推车的规格为 970H×620D×300W，采用铝合金制作，前后均设门，上面设饮料存放架，内部设隔板用于盒饭的存放，小推车滚轮设脚踏锁定和解除功能，小推车上下四个角设置防撞角。

3. 冷藏及保温模块

（1）冷藏冷冻柜的冷藏温度为 2～8 ℃，可调；冷藏温度为−18～8 ℃，可调；冷藏柜采用整体式、本机单独控制的形式。冷藏部分采用 R134a 制冷剂，冷冻部分采用 404A 制冷剂。

（2）冷藏柜设电子式温度控制器，温度控制器安装在柜体上挡板上，接线盒均在柜体上部。

（3）展示柜为独立制冷系统的整体式展示柜，使用 R134a 制冷剂。

（4）展示柜温度为 2～8 ℃，可调，内部设置 LED 照明，展示柜设电子式温度控制器，温度控制器安装在柜体上挡板上，接线盒均在柜体上部。

（5）保温柜内部保温温度为 60～110 ℃，可调，用于保存加热后的食品，保温柜温控器安装在保温柜上挡板上，接线盒均在柜体上部。

5.5.2 机械师室布置

机械师室内设置办公桌和旋转座椅、联络电话等。办公桌设置 4 个抽屉，上部设有供机械师操作的电气设备柜，包括视频监控显示屏、网络系统，如图 5－55 所示。

5.5.3 乘务员室布置

乘务员室内设置办公桌和旋转座椅，办公桌设置 4 个抽屉，最下层抽屉用于存放急救箱；扬声器和应急灯挂于办公桌上方间壁上；上部设有供乘务员操作的电气设备柜；电气设备柜内设乘客信息显示屏、娱乐信息操作屏，如图 5－56 所示。

5.5.4 大件行李柜布置

全列设置 6 个大件行李柜，除头尾车外每节车厢端部均设置大件行李柜，大件行李柜为开敞式结构，分为上下两层，中部设置隔板，用于旅客放置大件行李，隔板及门头下方设置密码锁，用于锁闭乘客行李箱，如图 5－57 所示。

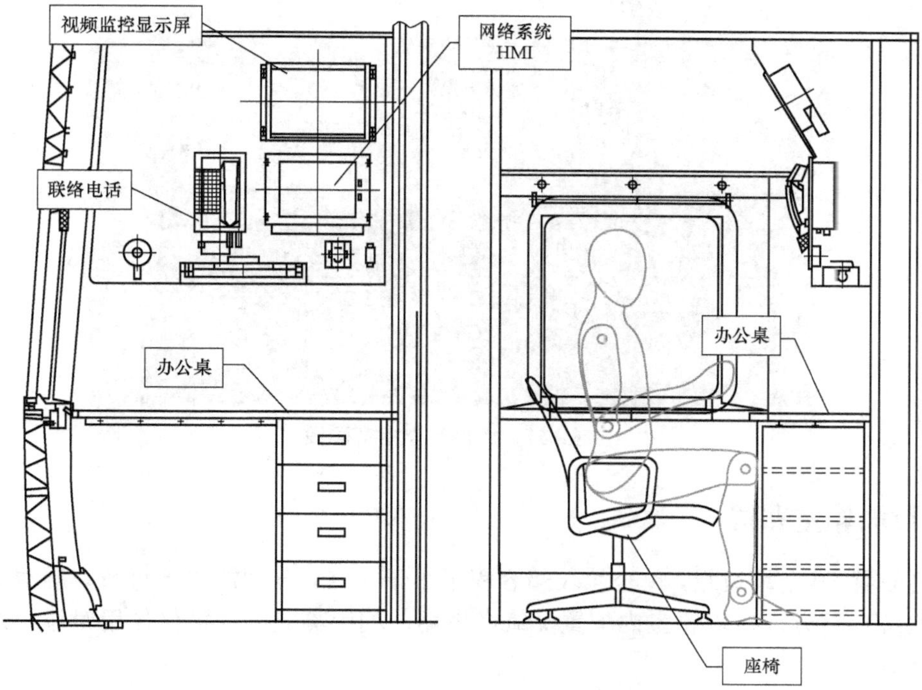

图 5-55　机械师室布置

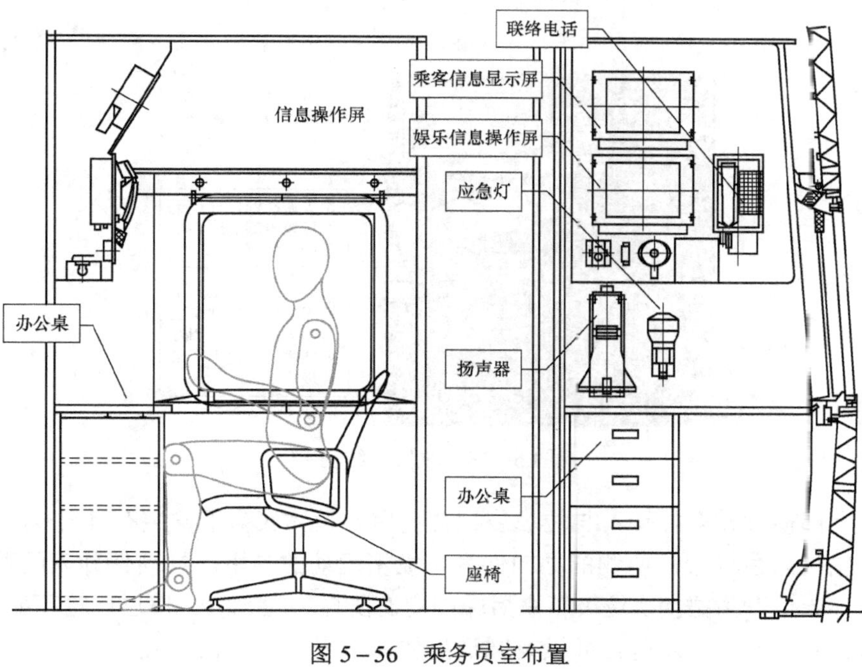

图 5-56　乘务员室布置

密码锁为整体型材独立结构，采用 M6 螺钉固定于行李柜模块壁板上，可实现单独拆卸更换。密码锁整体由锁、拉绳机构和框架型材组成，密码锁初始状态为 OPEN 位，密码显示“0000”；拉绳为钢丝覆塑材质，具备自动收缩功能；框架型材自带挂钩门，挂钩门为弹簧折页连接结构，自动保持关闭状态。

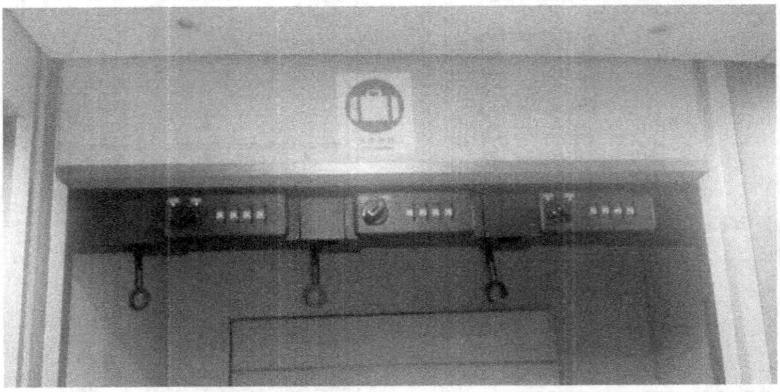

图 5－57　大件行李柜密码锁

5.5.5　垃圾箱室布置

全列设置 10 个垃圾箱，单个垃圾箱容积不小于 40 L，分别放置于每节车厢端部以及首尾车的服务台下方，垃圾箱室内配置臭氧产生器，利用臭氧的强氧化作用对垃圾进行消毒及消除异味。

垃圾箱体为不锈钢焊接结构，附属件包括垃圾袋框（不锈钢）、垃圾袋挂钩（不锈钢）、垃圾投放口（不锈钢）、导向件（铝合金），如图 5－58 所示。

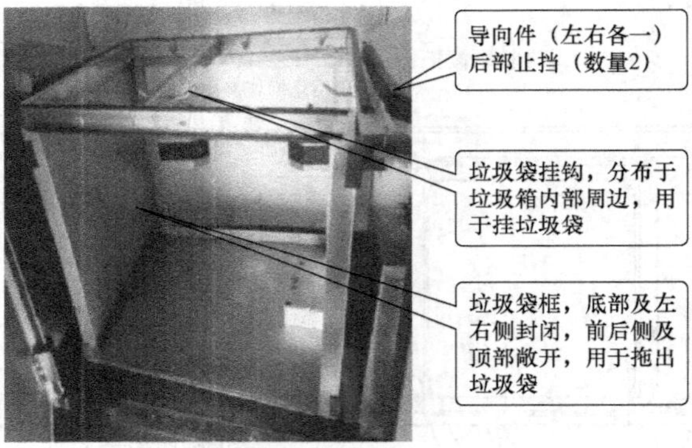

图 5－58　垃圾箱结构

垃圾箱上部横梁设有挂钩，与垃圾袋配合使用。箱体底盘下安装有 4 个万向脚轮，上沿及四角处粘接防撞橡胶。两侧的导向件为垃圾箱运动的导引。导向件外表面贴有橡胶，阻止箱体与导向件产生碰撞。垃圾箱室后端固定有防碰限位部件，使垃圾箱不能向后移动。垃圾投放口具有自动回弹功能，并设有圆形投放口，用于投放饮料瓶。

知识拓展

1. 厨房冷藏箱故障及处理

厨房冷藏箱常见故障及处理方式见表 5－12。

表5－12　厨房冷藏箱常见故障及处理方式

现象	原因	处理方式
温控器无显示	无供电电源或异常	检测电源进线端，确保供电正常
	温控器损坏	更换温控器
	线路松动	检查温控器接线
温控器显示正常，系统不制冷	压缩机损坏	更换压缩机
	压缩机损坏或过热（内置热保护）	待冷却后检查压缩机线圈是否接通，否则更换压缩机
	制冷剂泄漏	检查冷气管路接头处
	管路堵塞	检查冷气管路
	压缩机电容损坏	更换压缩机电容
制冷效果不良	制冷剂渗漏	检漏，排除渗漏，重新抽真空灌注制冷剂
	毛细管微堵	更换毛细管和过滤器
温控器显示“P1”	温度探头失效	检查探头接线是否松动，检查探头是否开路或短路
温控器显示“HA”	柜体内部超温	检查温控设定值，设定值应不大于8 ℃

2. 大件行李柜日常检修维护

密码锁日常检修维护内容主要包括锁盖、锁绳机构和密码锁体三部分。

锁盖为6063－T5铝型材经表面覆塑加工而成，位于锁具正前方，用于关闭锁绳挂钩。锁盖为折页翻转结构，车辆运行过程中可能会出现锁盖关闭不良或开启不顺畅的情况，需更换锁盖及折页。如图5－59所示，折页采用M4螺钉固定，拆除固定的折页螺钉即可将锁盖拆下并更换新件。

图5－59　密码锁锁盖结构

锁绳为自动收缩结构，位于锁具型材后方，采用四个M4螺钉固定。车辆运行过程中可能会出现锁绳收缩不良或抽拉不顺畅的情况，此时需整体更换锁绳机构，如图5－60所示。需打开锁盖拆除露出的两个M4螺钉，即可将锁绳机构及挂钩拆下并更换。

图 5-60　密码锁锁绳机构

密码锁为长方形结构，采用 M4 螺钉固定于型材后方。车辆运行过程中锁具可能会出现密码滚轮不顺畅或锁具旋钮失效的情况。此时需更换密码锁体。如图 5-61 所示，拆除密码锁型材后方露出的 4 个 M4 螺钉，可从正面将锁具取出更换。

图 5-61　密码锁固定方式

任务 5.6　动车组车内主要辅助设备设施装调与检修

任务导入

动车组车内主要辅助设备设施条目较多，设备功能差异较大，在安装时需考虑设备的结构性功能要求，安装后务必进行功能调试，以满足实际使用需求。

本任务以 CR400AF 型动车组为例，介绍动车组车窗、电热开水器的安装和调试。

知识储备

5.6.1　车窗的安装与更换

车窗玻璃均为经过强化处理的安全玻璃，但该玻璃仍属于脆性材料，在安装、调试及日常表面清洁时应避免硬物接触。在车外侧，车窗通过密封胶确保气密性和水密性，因此避免使用硬毛刷触碰密封胶位置，以防止密封胶破坏进而导致漏水。为保证高速动车组工况下的抗冲击强度，车窗玻璃为 4 层玻璃的复合体，重量较大。在车窗更换过程中，施工人员应避免车窗掉落导致受伤。

1. 包装、运输、存储要求

车窗备件由带框玻璃组成（玻璃＋内框），为保证车窗在运输过程中窗框不变形、玻璃不破损、划伤，需制作专用包装箱，玻璃表面应覆盖保护膜，包装箱内需充满软质填充物。

2. 安装更换注意事项

（1）车窗更换涂打密封胶时的理想环境要求。

① 温度：5～40 ℃；

② 湿度：≥40%；

③ 空气中尘埃负荷小；

④ 确保工作区通风；

⑤ 工作过程中照明要充足。

（2）密封胶涂打完成后 6 h 可动车，但完全干燥需 48 h，密封胶表面干燥前不得用异物碰触胶体表面。

（3）车窗更换作业需用到专用吸盘，但对要换下来的存在裂纹的车窗，不允许使用，以防止玻璃从窗框脱落发生危险。

3. 车窗的安装

车窗安装步骤如下。

（1）特殊螺栓滑入车体滑槽；

（2）安装面清理；

（3）车窗组成部分就位；

（4）压板穿入特殊螺栓，紧固螺母；

（5）车体玻璃防护及涂打车内、车外侧密封胶。

4. 车窗的更换

（1）当车窗玻璃破损需要更换时，车窗玻璃须从车外侧更换，外框保留在车体上，不需要拆除内装墙板。玻璃拆除顺序如下。

① 割除车身外侧密封胶；

② 拆卸螺钉；

③ 拆下带框玻璃。

（2）割除密封胶时，通过拉拽覆盖在螺钉表面（即胶层底部）位置的隔离胶带，能够快速将整个胶层清除。玻璃安装顺序如下。

① 装入带框玻璃，调整，以使内外框钉孔对齐；

② 紧固螺钉；

③ 布置隔离胶带；

④ 车体玻璃防护及涂打密封胶。

（3）隔声材料在带框玻璃装入时会被挤压到墙板内而失去隔声作用，因此需事先将其固定在外框上。若内外框钉孔始终无法对齐，需在外框上螺丝座范围内配钻攻丝。观光区车窗、客室车窗均可通过上述方式实施更换。

5.6.2 电热开水器的安装与调试

1. 包装、运输、存储要求

装运过程中必须将电热开水器容水元件中的水和水渍清理干净，与外界相通的管口、检查口等使用专用工具封堵，防止细菌滋生及外界污染。

装运时，由制造商妥善包装箱体及其配套元件，必要时制作专门的包装运输工装。

2. 电热开水器的安装

（1）电热开水器应牢固安装在车厢内，确保安装垂直、平稳。顶部设置 2 个安装固定点，后侧板上设置 4 个安装固定点，底部设置 2 个安装固定点，如图 5－62 所示。

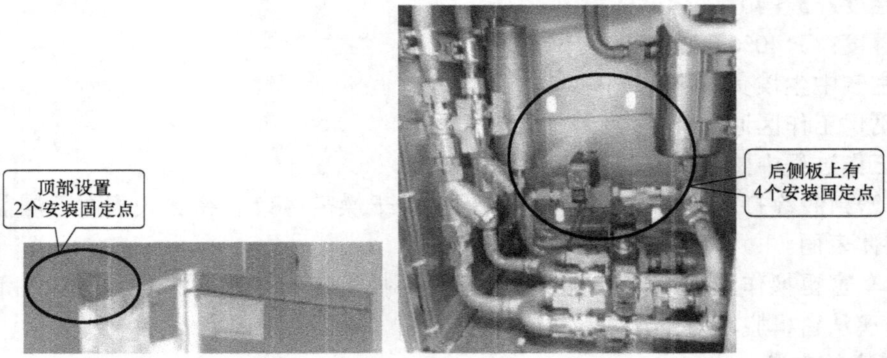

图 5－62　电热开水器安装

（2）电源进线从炉体航插进入，要求航插连接可靠，如图 5－63 所示。

图 5－63　电热开水器电源线

（3）外壳必须保护接地，如图 5－64 所示。

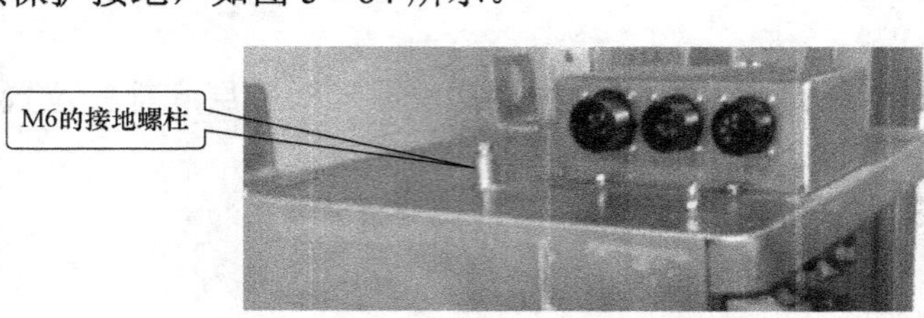

图 5－64　电热开水器接地

（4）冷水通过进水管，经过滤器进入电热开水器，供水水压应大于 10 kPa、小于 45 kPa。

（5）接水面板用 8 个螺钉与墙板固定，水管、电源线与电热开水器连接。

3. 电热开水器的调试

（1）调试前检查

① 电源。检查电源电压，确认供电电压符合额定电压。

② 手动排水阀。打开电热开水器的检修门检查，手动排水阀应全部关闭，自动排水电磁阀前端的排水阀应处于开启状态（阀柄与阀体平行为开启状态，阀柄与阀体垂直为关闭

状态)，检查各阀门状态，如图 5－65 所示。

图 5－65　电热开水器调试前检查各阀门状态

③ 接地线。检查接地线与“PE”接地标示处端子连接是否可靠。

④ 电源连接线。检查航插连接处的电源线是否松动。

⑤ 检查进水管路连接处是否漏水。

（2）调试。合上 AC 380 V 和 DC 110 V 空气开关，此时“电源”和“缺水”指示灯亮，如图 5－66 所示。

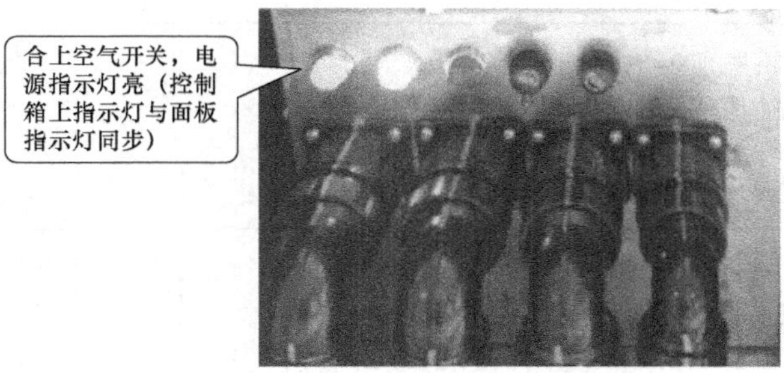

图 5－66　电热开水器调试指示灯状态

① 电磁阀打开进水，观察产水箱水位传感器的水位变化。当水位达到产水箱水位传感器的上水位时，电磁阀关闭，控制箱上黄灯亮，电热开水器能正常工作。约 30 min 后，储水箱内水烧开，电热开水器停止加热。

② 轻触排水按钮，产水箱、储水箱、净水器排水电磁阀打开，进水电磁阀和进水管路排水电磁阀关闭，产水箱、储水箱、净水器排水电磁阀打开 8 min，8 min 后排水电磁阀关闭，进水电磁阀打开。

③ 接通列车集控信号，产水箱、进水管路、储水箱、净水器排水电磁阀打开，进水电磁阀关闭。断开列车集控信号，电热开水器内部电磁阀全部关闭。

④ 观察电热开水器内部的管路，应无泄漏。

（3）调试结束。关闭空气开关，此时控制箱上“电源”指示灯灭。调试结束或储水箱长时间存水（超过 1 天）时，必须对电热开水器进行排水，防止加热腔表面出现浮锈（由于加热腔材质的特殊性）。

知识拓展

1. CR400AF 型动车组司机室车窗维护检修计划

司机室车窗维护检修计划如表 5－13 所示。

表 5－13　司机室车窗维护检修计划

序号	子部件	维修内容	一级修	二级修	三级修	四级修	五级修	备注
1	司机室车窗	外观状态目测检查	√	√	√	√	√	
2	紧急逃生窗	（1）清洁玻璃表面； （2）密封胶状态确认：密封胶破损或剥离时需重新涂打密封胶		√	√	√	√	
3		玻璃（包括 PC 板）裂纹、破损检查：车窗玻璃存在裂纹或破损时须更换新品			√	√	√	
4		车窗外侧外露密封胶全部切除换新					√	
5	司机室前窗及侧窗	外观状态目测检查	√	√	√	√	√	
6		（1）司机室前窗电加热功能检查； （2）清洁玻璃表面； （3）密封胶状态确认：密封胶破损或剥离时，须重新涂打密封胶		√	√	√	√	
7		（1）玻璃裂纹、破损检查：车窗玻璃存在裂纹或破损时须更换新品； （2）前窗玻璃内侧防飞溅膜状态检查：防飞溅膜破损时须更换前窗玻璃； （3）加热器绝缘电阻值检查			√	√	√	
8		车窗外侧外露密封胶全部切除换新					√	

2. CR400AF 型动车组司机室车窗应急故障处理

（1）仅外层玻璃有裂纹，裂纹玻璃在尾车。

列车运行速度可以小于 350 km/h，不限速，正常安全运营，待回库后更换玻璃。

（2）仅外层玻璃有裂纹，裂纹玻璃在头车。

① 仅外层玻璃有裂纹，裂纹长度均小于 300 mm，数量少于 5 条，裂纹不影响司机观察路况时，列车运行速度可以小于 350 km/h，不限速，正常安全运营，待回库后更换玻璃。

② 仅外层玻璃有裂纹，裂纹数量多于 5 条，或任意 1 条或几条裂纹长度超过 300 mm，建议限速至 140 km/h。

③ 两层玻璃有裂纹，建议限速至 90 km/h。

以上第②、③条列车限速运行应不超过 6 h，尽快安排更换新品。

任务 5.7　车内辅助设备设施应急故障处理项目训练

操作运用案例

车内辅助设备设施故障应急处理

1. 实训项目教师工作活页

实训项目教师工作活页　　No.：_____

实训项目	车内辅助设备设施随车检查			
学　　时			班　　级	
实训场所	理实一体化教室			
实训设备	动车组单节车体			
教学目标	知识目标	（1）掌握车内辅助设备设施的布置； （2）掌握车内辅助设备设施的结构及功能； （3）随车机械师应掌握的车内辅助设备设施的内容及要求		
	技能目标	（1）能综合运用专业知识，通过利用专业书籍、多媒体课件和图片资料等获得帮助信息； （2）能按照车内辅助设备设施随车检查的内容和要求进行检查操作		
	素质目标	（1）能在实训活动中保持积极向上的学习态度； （2）能与小组成员和教师就学习中的问题进行交流和沟通； （3）能与他人共享学习资源，具有较好的合作能力和团队协作精神		
教学活动				
教学评价	学生活动：以 8～10 人小组为单位开展实训活动，根据本组同学在实训过程中的能力表现及结果进行自评和组内互评；根据其他小组同学在成果展示活动中的表现及结果进行互评； 教师活动：教师组织学生开展评价活动和总结；对学生本实训项目单元成绩做出综合评价			
教学资料	（1）教材； （2）学生自查资料； （3）实训项目学生学习活页			
指导教师			教学时间	年　　月　　日

2. 实训项目学生学习活页

实训项目学生学习活页　　No.：_____

实训项目　车内辅助设备设施随车检查

班级：　　　　姓名：　　　　学号：　　　　时间：

一、实训目标

1. 知识目标

（1）掌握车内辅助设备设施的布置；

续表

（2）掌握车内辅助设备设施的结构及功能；
（3）随车机械师应掌握的车内辅助设备设施的内容及要求。
2. 技能目标
（1）能综合运用专业知识，通过利用专业书籍、多媒体课件和图片资料等获得帮助信息；
（2）能按照车内辅助设备设施随车检查的内容和要求进行检查操作。
3. 素质目标
（1）能在实训活动中保持积极向上的学习态度；
（2）能与小组成员和教师就学习中的问题进行交流和沟通；
（3）能与他人共享学习资源，具有较好的合作能力和团队协作精神。
二、知识总结（理论题）
1. 叙述 CR400AF 型动车组全车车窗的布置情况。

2. 描述 CR400AF 型动车组二等座椅的功能。

3. 叙述 CR400AF 型动车组餐车的主要组成设备。

三、操作运用
1. 进行 CR400AF 型动车组车窗的安装与更换。

2. 对 CR400AF 型动车组二等座椅进行功能操作。

3. 对 CR400AF 型动车组电热开水器设备设施进行日常检修维护。

四、实训小结

五、成绩评定

续表

1. 学生评价

评价等级	A—优	B—良	C—中	D—及格	E—不及格
学生自评					
组内互评					
他组互评					

2. 教师评价

评价等级	A—优	B—良	C—中	D—及格	E—不及格
专业能力					
方法能力					
社会能力					
评价结果					

3. 综合评价

评价等级	A—优	B—良	C—中	D—及格	E—不及格
评价结果					

注：按照学生自评占 10%、组内互评占 10%、他组互评占 20%、教师评价占 60%的比例计分。其中 A—100 分，B—85 分，C—75 分，D—60 分，E—50 分。

4. 评价量规

等级	行为表现描述
A	能圆满高效地完成任务的全部内容
B	能顺利完成实训任务的全部内容
C	能完成实训任务的全部内容，但需要一些帮助和指导
D	自己只能完成实训任务的部分内容，但在现场的指导下，已经能完成全部内容
E	不能完成实训任务的全部内容

思考与练习

一、判断题

1. 动车组的客室行李架一般设计成矩形，以防止行李滑落。（　）

2. 动车组司机室侧窗可作为司机的紧急逃生出口。（　）

3. WSD－4020AT 电热开水器紫外线水质处理器发生故障时，热水电磁阀和冷水电磁阀均关闭，保护乘客的用水安全。（　）

4. WSD－4020AT 电热开水器的冬季防冻排水阀门，在非排水工作状态时，外部防负压阀门为常开位，其余阀门均为常闭位。（　）

5. CRH380B 型动车组水箱缺水时，为提高注水速度，常双管同时注水。（　）

6. 动车组旋转式座椅一般采用气簧式调节机构。 （ ）

二、选择题

1. 以下不属于动车组客室车窗结构的是（ ）。

A. 活动螺钉 B. 密封胶 C. 安装框 D. 玻璃铝框

2. （ ）不是 CRH380B 型动车组 VIP 座椅包含的结构。

A. 靠背折叠桌 B. 视频显示器 C. 控制面板 D. 防擦条

3. 以下表述 WSD－4020AT 电热开水器的含义错误的是（ ）。

A. 水箱容积为 20 L B. 该电热开水器为铁路专供

C. 供水水源为自来水 D. 该电热开水器工作功率为 40 kW

4. CR400AF 型动车组电热开水器三个指示灯均闪烁，代表（ ）。

A. 储水箱水位传感器故障 B. 电热开水器进水电磁阀故障

C. 电热开水器底部接水盘泄漏 D. 电热开水器加热管故障

5. CRH380B 型动车组电热开水器供水的工作流程：净水箱→（ ）→（ ）→（ ）→中间副水箱→（ ）→烧水箱→热水储水箱→热水。

A. 水泵；过滤及紫外线灯；热水电磁阀；单向阀

B. 过滤及紫外线灯；水泵；单向阀；热水电磁阀

C. 过滤及紫外线灯；水泵；热水电磁阀；单向阀

D. 水泵；过滤及紫外线灯；单向阀；热水电磁阀

三、简答题

1. 简述地勤机械师检查 CR400AF 型动车组餐车设备设施的内容及要求。
2. 简述地勤机械师检查 CR400AF 型动车组座椅设备的内容及要求。
3. 简述 CR400AF 型动车组电热开水器的安装与调试流程。

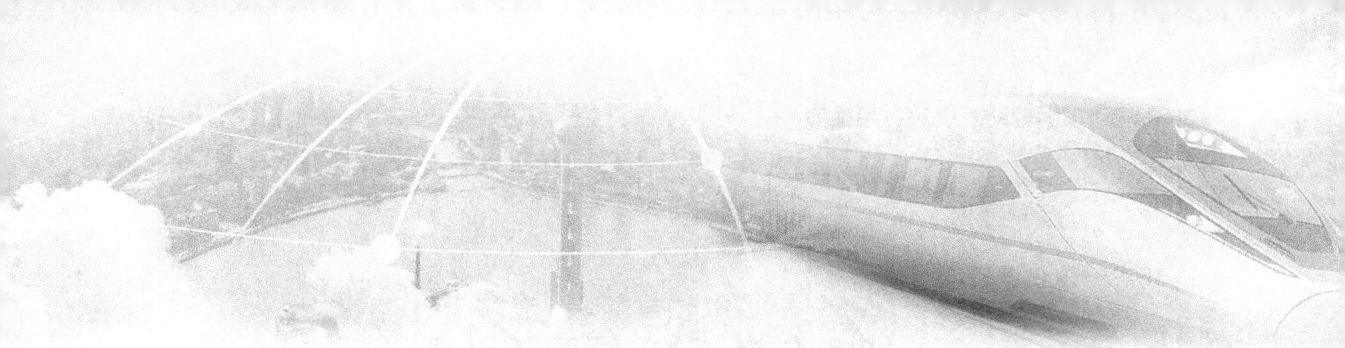

项目6　动车组其他辅助设备设施

项目导读

动车组在夜间行驶、穿过隧道或环境光线较差时，必须启用照明系统。烟火报警系统是动车组行车安全的重要保障，可在火灾初起时进行报警，避免造成重大消防安全事故。动车组影视系统主要为乘客提供影音娱乐节目，并与广播系统联动以播报相关服务信息。

本项目内容将以若干典型动车组车型为例，详细介绍不同车型的照明系统、烟火报警系统及旅客信息系统的组成、功能、检查与维护等。

知识目标

① 掌握CRH380A、CRH380B、CR400AF型动车组照明系统的配置。
② 掌握CRH380A、CR400AF型动车组烟火报警系统的组成。
③ 掌握动车组旅客信息系统的工作原理和基本组成。
④ 了解火灾、烟气检测系统的安装、组成及结构。
⑤ 了解照明系统的安装与调试流程。
⑥ 掌握旅客信息系统基本设备调试及控制模式。

技能目标

① 能更换动车组头灯并对车内照明灯进行常规检查。
② 能对动车组烟火报警系统进行常规检查和测试。
③ 能对动车组影视系统进行常规检查和测试。
④ 能针对运行中车辆发生的火灾进行应急处理。
⑤ 能安装与调试车内辅助设备设施。
⑥ 能正确处理列车运行中旅客信息系统应急故障。

素质目标

① 具备安全第一的责任意识。
② 具备优质高效的工作意识。
③ 具备严格执行作业标准的良好职业道德。

工具设备

动车组单节车体；照明系统检修工具；动车组烟火报警系统；动车组旅客信息系统。

教学环境

理实一体化教室。

任务 6.1 动车组照明系统

任务导入

2018 年 7 月 1 日起，采用 16 车编组的加长版“复兴号”动车组开始在京沪高铁上线运行。与现有 8 车编组的“复兴号”动车组相比，长编组列车在保持 350 km/h 最高运行速度的同时，整车定员数量达到原来的两倍。此外，长编组“复兴号”动车组还增加了一系列的人性化设计。例如，动车组餐车设备设施空间更大，并增添微波炉等服务设备；无障碍卫生间更加宽敞；在网络系统、旅客信息系统等方面也进行了扩充设计，Wi-Fi 上网也更加稳定。

照明系统可对车厢内的色温进行变换，灯光可在“冷光”与“暖光”之间平滑地进行调节。而电气照明涉及光学、电学、人体生理学等多方面知识，需要按照特定的标准进行设置，才能为乘客提供安全、舒适、可靠的照明环境。

知识储备

6.1.1 照明的基本概念

1. 光

光是能引起视觉的辐射能，它是一种电磁波，又称可见光。其波长一般在 380～780 nm 范围内，不同波长的光给人的颜色感觉不同。波长越长，穿透能力越强，传播的时候损失越小。波长越短，频率越高，能量越高，如图 6-1 所示为可见波谱。

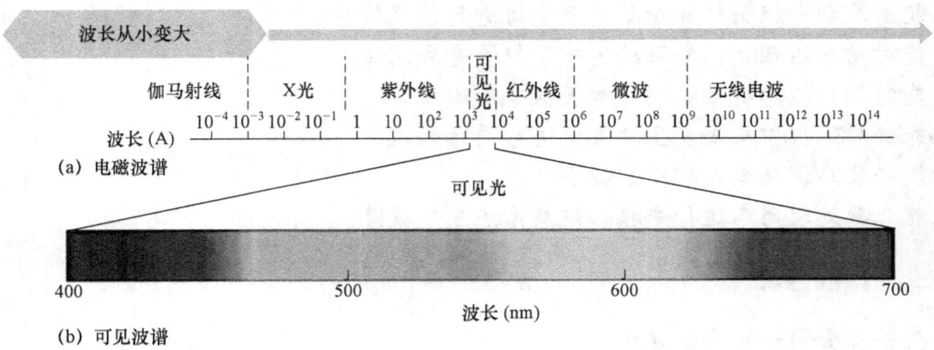

图 6-1 可见波谱

2. 光通量

光源在单位时间内，向周围空间辐射并引起视觉的能量，称为光通量，单位为 lm。

例如，一个 100 W 的白炽灯，在 220 V 的电压下发出的光通量为 1 250 lm；一个 40 W 的荧光灯，在 220 V 的电压下发出的光通量为 2 440 lm。

3. 发光效率

光通量与该光源所消耗的电功率之比，称为发光效率，单位为 lm/W。

例如，100 W 白炽灯的发光效率为（12.5 lm/W），40 W 荧光灯的发光效率为（61 lm/W），所以 100 W 白炽灯的发光效率比 40 W 荧光灯的发光效率要低。

4. 发光强度

光源在空间某一特定方向上单位立体角内（每球面度）辐射的光通量，称为光源在该方向的发光强度（简称光强），单位为 cd。

5. 照度

单位面积上接收的光通量称为照度，单位为 lx。

在 1 lx 的照度下，我们仅可以看见四周的情况。工作场所必需的照度为 20～100 lx。

6. 亮度

发光体在给定方向单位投影面积上的发光度称为亮度，单位为 cd/m^2。

煤油灯火焰的亮度约为 1.5 cd/m^2，钨丝白炽灯的亮度为 500～1 500 cd/m^2。当发光体表面的亮度相当高时，也会引起视觉的不愉快。这种情况称为光辉。

眩光是指由于亮度分布不适当，或亮度的变化幅度太大，或由于在时间上相继出现的亮度相差过大，造成观看物体时感觉不舒适或视力降低的视觉条件，如图 6－2 所示。眩光按其引起的原因分为直射眩光和反射眩光两种。

图 6－2　眩光示意图

为限制眩光，可采用以下几种办法。

（1）限制光源的亮度，降低灯具的表面亮度。如对亮度太大的光源，可用磨砂玻璃等限制眩光。

（2）局部照明的照明器应采用不透光的反射罩，且照明器的保护角应不小于 30°；当照明器安装高度低于工作者的水平视线时，照明器的保护角应为 10°～30°。

（3）正确地选用照明器型式，合理布置照明器位置并选择合适的悬挂高度，是消除或减弱眩光的有效措施。照明器悬挂高度增加，眩光作用就减小。为了限制直射眩光，室内一般照明用的照明器相对地面的悬挂高度应不低于 2 m。

7. 色表与显色性

作为照明光源，还要求它发出的光具有良好的颜色。所谓光源颜色的显示性，一个是人眼直接观察光源所看到的颜色，称为光源的色表；另一个是指光源照射到物体上所产生的客观效果，即颜色的显色性。

如果各色物体受照的效果和标准光源（标准昼光）照射时一样，则认为该光源的显色性好（显色指数高）；反之，如果物体在受照后失真，则认为该光源的显色性差（显色指数低）。显色性最优的以显色指数为100表示，其余光源的显色指数均小于100。

常用各类光源的显色指数如表6－1所示。

表6－1 常用各类光源的显色指数

光源	白炽灯	日光色荧光灯	白色荧光灯	高压汞灯	氙灯
显色指数	97	75～94	55～85	22～51	95～97

8. 阴影

阴影的功能有两种，一种对视觉有害，另一种对视觉有利。

（1）有害的阴影。由于方向性照明及障碍物造成的阴影（如手的挡光）会使被照对象的亮度和亮度对比下降，对视觉工作是不利的。为克服不利的阴影需要合理地布置灯具，提高照明的扩散度。

（2）有利的阴影。适度的阴影能表现出物体的立体感、实体感和材质感。物体上最亮和最暗部分的亮度比称为亮暗比。亮暗比小于2:1时有平板感，大于10:1时又过分强烈，而在3:1时最理想。

由此可见，所有的事物都会有优点和缺点，都具有两面性。事物往往没有绝对的对与错，我们应该正确地对待和使用它，让它尽可能地发挥最好的一面。

6.1.2 动车组照明系统概述

1. 常用电光源

1）白炽灯

白炽灯是靠电能将灯丝（钨丝）加热至白炽而发光。它由灯丝、支架、引线、泡壳和灯头等部分组成。由于熔点高而蒸发率小的材料可以用于较高的温度，而金属钨恰好满足该条件，因此白炽灯的灯丝通常由钨制成。灯丝的工作温度越高，其辐射的可见光在辐射总剂量中所占比例越高，从而提高了发光效率。白炽灯如图6－3所示。

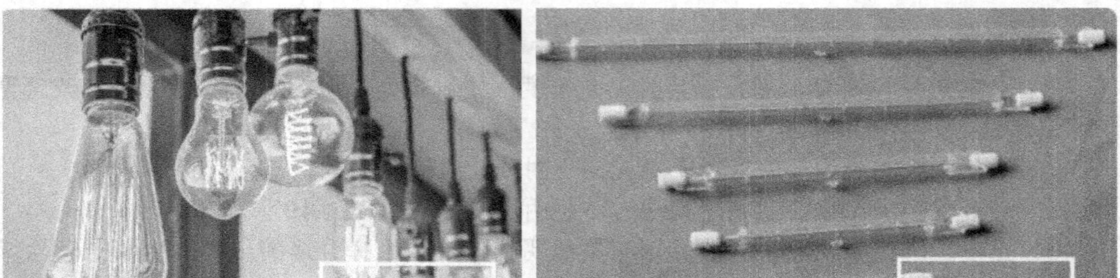

图6－3 白炽灯

2）碘钨灯

碘钨灯是一种充碘的白炽灯，应用了钨的再生循环原理，大大减少了钨的蒸发，灯丝的工作温度可提高到3 000～3 200 ℃。发光效率可达到20～30（lm/W）。但应注意，在使用管状灯时，要严格水平放置，不然会因对流而使钨的再生循环不均匀，以致灯丝烧断。

3）荧光灯

荧光灯也称日光灯，传统型荧光灯即低压汞灯，是利用低压汞蒸汽在通电后释放紫外线从而使荧光粉（主要是卤磷酸钙）发出可见光的原理发光，因此它属于低气压弧光放电光源，通常由镇流器、灯丝、启辉器、荧光灯管等组成。新型荧光灯则采月直径较小的玻璃管弯曲成圆环形、双曲形、H形或双D形等形状，在灯管内壁涂有三基色荧光粉，可发出近似于白炽灯（钨丝灯）的光色，但发光频率比白炽灯要高，因此也称为节能灯。荧火灯如图6－4所示。

图6－4 荧光灯

荧光灯因受交流电源频率的影响而使灯光产生相应频率的变化，即频闪效应，容易使人的视觉产生不适。通常采用将荧光灯分相接入电源来消除频闪效应，例如将三根荧光灯管分接在三相电源上；而在单相电源供电时，则将两根灯管中的一根在回路中加装分相元件，使两根灯管上的电压相位不一致，从而减弱荧光灯的频闪效应。

4）高压汞灯

高压汞灯是一种高气压水银放电灯。它的外形是一个螺丝灯头式的灯泡，在硬质玻璃泡壳内还有一根石英玻璃放电管固定在镀镍的铁丝支架和不锈钢环上。放电管中两端都有一个主电极，其中一端还有一个引燃极，在管内抽去空气后充以适量的水银和少量氩气。在泡壳和放电管之间抽真空或充氮气作为保护气体，以隔离外界空气温度对放电管内水银蒸汽压的影响。

5）氙气灯

氙气灯是一种内部充满高纯度氙气的弧光放电灯，如图6－5所示。由于放电所发出的光非常接近于日光，故有“小太阳”之称。

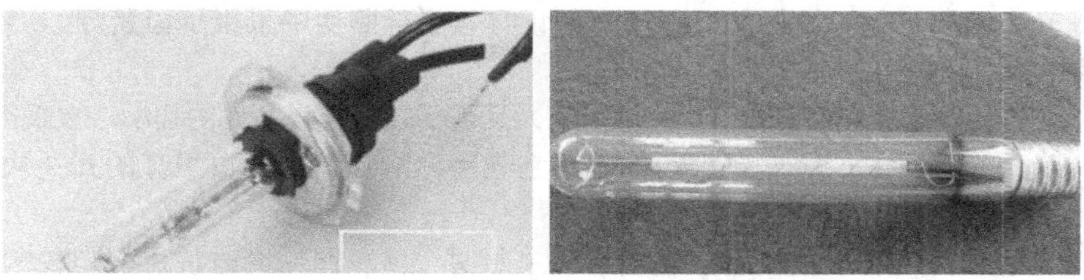

图6－5 氙气灯

6）高压钠灯

高压钠灯是一种由高压钠蒸汽进行弧光放电的灯泡，发出的光波波长范围正好处于黄光波段，因此高压钠灯发出的光是黄色的。它在形式上与高压水银灯相似，一般没有辅助电极，启动时也不进行预热，但需要较高的启动电压。

7）低压钠灯

低压钠灯由特制玻璃管制成，管内充入高纯钠和惰性气体，利用钠蒸汽放电发光，如图 6－6 所示。虽然它有极高的发光效率，但它实际上是黄色单色光，显色性差。

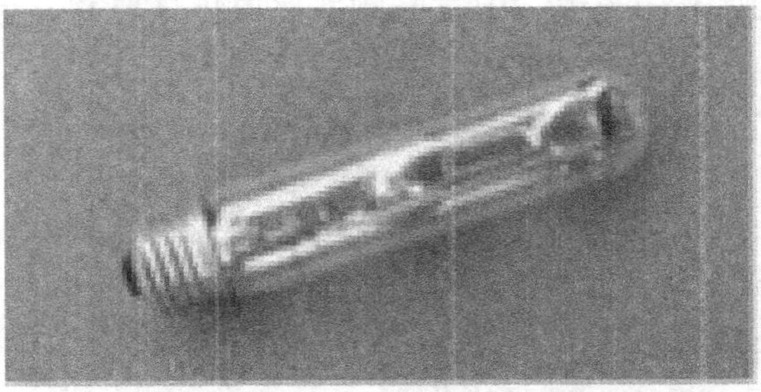

图 6－6　低压钠灯

8）LED 灯

LED 灯通过发光二极管直接将电能转化成光能，用银胶或白胶将 LED 灯固定到支架上，然后用银线或金线连接芯片和电路板；四周用环氧树脂密封，起到保护内部芯线的作用，最后安装外壳。LED 灯具有光效高、能耗小、寿命长、稳定性高、抗震性能好、响应时间短、适用性强、对环境无污染等特点，如图 6－7 所示。

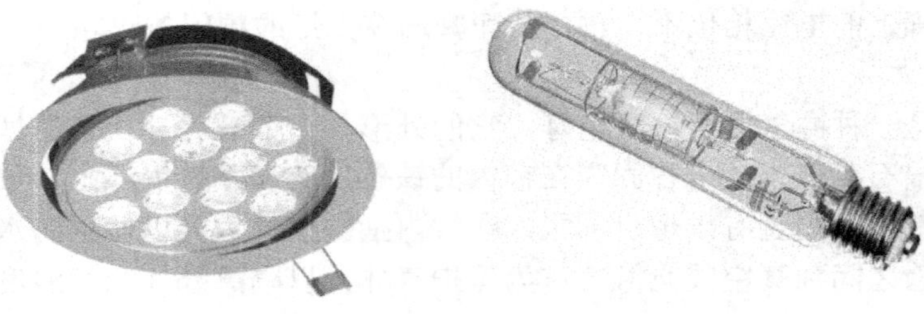

图 6－7　LED 灯

9）金属卤化物灯

金属卤化物灯是一种新型的气体放电灯，它通过在高压水银灯中添加适当的金属卤化物来提高光色和发光效率。例如 CRH1 在阅读灯等局部照明中采用了卤素灯。

2. 照明系统布置原则

（1）在灯具的悬挂高度较低（4 m 及以下）又需要较好视觉条件的场所，宜采用荧光灯。

（2）照明开闭频繁、照度要求较低时，宜采用白炽灯，因为白炽灯的开关次数对其寿命没有什么影响。

（3）正常照明一般单独使用，也可与应急照明、值班照明同时使用，但控制线路必须分开。应急照明是在正常照明因故障熄灭的情况下，供继续工作或人员疏散用的照明。照明必须采用能瞬时可靠点燃的光源，一般采用白炽灯或卤钨灯。

（4）保证照明质量。照明灯的数量应能保证合适的照度（或亮度），同时应解决眩光以及光的颜色及阴影等问题。

（5）保证光源的显色性和色温。宜采用显色指数较高的光源，并匹配合适的色温，来调节光线的冷暖感。

（6）保证照度稳定。避免乘客及动车组工作人员尤其是司机因照度不稳而导致视觉疲劳。电源电压的波动、光源的老化、灯具的脏污，以及灯具的摆动等都会引起照度不稳定。

6.1.3　CRH 系列动车组照明系统

1. CRH380A 型动车组照明系统

CRH380A 型动车组照明系统全部采用 LED 灯具，主要包括客室照明、通过台照明、卫生间及盥洗室照明、司机室照明等。动车组照明系统采用 DC 100 V 电源，主要照明灯具照度均不低于 200 lx。

（1）动车组客室顶灯。动车组客室顶灯采用额定功率为 30 W 的 LED 组合灯条，其中部分顶灯兼作应急照明用，结构为灯具和安装座。行李架灯带安装在行李架正下方。走廊、盥洗室、机械师室、乘务员室、配电室顶灯均采用平面光源 LED 顶灯，如图 6－8 所示。

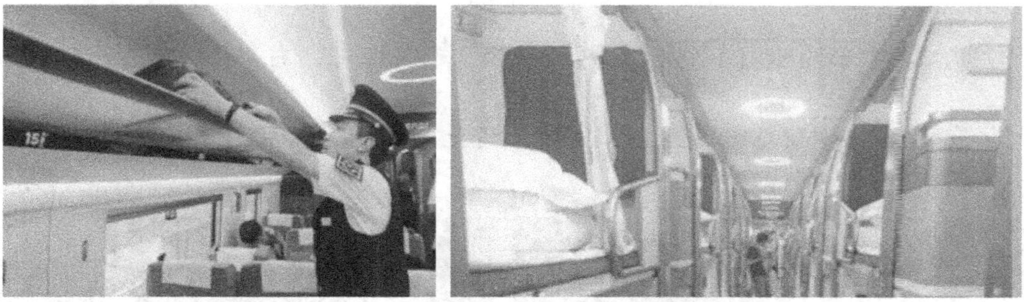

图 6－8　CRH380A 型动车组客室顶灯

（2）动车组司机室照明。动车司机室照明由安装在司机室顶部的 3 盏 LED 筒灯完成，这三盏灯也作为应急灯。司机室操纵台的中间位置设有阅读灯。动车组司机在夜间上车时，在操作车辆前，应先将应急灯打开，再操作车辆，如图 6－9 所示。

图 6－9　CRH380A 型动车组司机室照明

（3）通过台顶灯。通过台顶灯采用额定功率为 20 W 的 LED 组合灯条，结构为灯罩和灯体。正常照明顶灯灯体内设有两条电源线路，两条线路交叉布置；应急照明顶灯设有专用的应急照明电源线。

（4）阅读灯。一等座车和 VIP 座椅附近安装有单独开关的阅读灯，阅读灯与按钮开关集成在一起，旅客可单独调节，如图 6－10 所示。

图 6－10 CRH380A 型动车组阅读灯

（5）外部照明。

① 构成。外部照明由 1 个上部头灯，2 个下部头灯（左/右）和 2 个信号灯（左/右）构成。

② 安装位置。外部灯安装在 1 号车和 8 号车上，分为前照灯和标志灯两种，如图 6－11 所示。

图 6－11 CRH380A 型动车组外部照明

③ 作用。外部照明用于照亮轨道并为司机提供清晰视野。外部灯可以在夜间或者冬日光线较差及列车通过隧道等 3 种情况下使用。

2. CRH380B 型动车组照明系统

CRH380B 型动车组照明系统采用 110 V 直流母线和蓄电池作为电源，其照明设备包括前照灯、信号灯、客室主照明灯、阅读灯、顶部射灯、司机室照明灯等。

1）前照灯及信号灯

CRH380B 型动车组在两端车上安装有 3 个前照灯和 2 个信号灯，其中 1 个前照灯安装在前挡风玻璃下方，另外 2 个前照灯安装在司机室空气动力学车头鼻部位置，可通过前照灯主开关控制，还可通过前照灯模式选择器对前照灯的照度进行选择。2 个信号灯位于车头鼻部前照灯下方，如图 6－12 所示。

图 6－12　CRH380B 型动车组外部照明

2）客室主照明灯

客室主照明灯采用 LED 灯带，安装在行李架正下方，如图 6－13 所示。

图 6－13　CRH380B 型动车组客室主照明灯

3）阅读灯

动车组一等座车和 VIP 客室座椅附近安装有通过单独按钮开关控制的阅读灯。阅读灯与按钮开关集成在一起，可由与之对应座位上的乘客单独调节。阅读灯采用 DC 12 V，10 W 的 LED 作为光源，并附带有专用的直流变压器。CRH380B 型动车组阅读灯如图 6－14 所示。

图 6－14　CRH380B 型动车组阅读灯

4）顶部射灯

动车组的走廊、通过台和卫生间等区域采用顶部射灯，可加强灯光照明效果，同时也可以通过灯光照度变化打造一个可变的照明环境，射灯光源为LED。CRH380B型动车组顶部射灯如图6–15所示。

图6–15　CRH380B型动车组顶部射灯

5）司机室照明

司机室设有6盏DC 12 V，20 W的射灯，采用卤素灯作为光源，既可用于正常照明，还可用于应急照明，如图6–16所示。

图6–16　CRH380B型动车组司机室照明

3. CR400AF型动车组照明系统

CR400AF型动车组车内照明全列使用 LED 灯具为列车提供照明光源，包括正常照明和应急照明。客室、通过台、走廊、卫生间设应急照明。客室主照明隐形灯具有全灯、半灯控制功能，客室行李架装饰照明有暖色、蓝色两种颜色，以上两种功能可通过司机室、机械师室TCMS触摸屏控制开关。各车车内照明系统设备配置如表6–2所示。

表6–2　车内照明系统设备配置

名称	TC	M	TP	MH	MB	TP	M	TC	安装部位
客室隐形照明灯条	√	√	√	√	√	√	√	√	客室侧顶板
客室装饰灯	√	√	√	√	√	√	√	√	客室行李架

续表

名称	TC	M	TP	MH	MB	TP	M	TC	安装部位
环形灯模块（一等座车）	√		—		—		—		客室中顶
环形灯模块（二等座车）		√	√	√	√	√	√	√	客室中顶
集中电源	√	√	√	√	√	√	√	√	
客室座位号灯	√	√	√	√	√	√	√	√	客室行李架
筒灯	√	√	√	√	√	√	√	√	端部平顶板、卫生间、观光区、服务台、吧台
镜灯	√	√	√	√		√	√	√	卫生间、洗漱间
LED 平面顶灯	—		—		√		—		厨房、乘务员室、机械师室
大走廊装饰灯条	—	—	—	—	√	—	—	—	厨房大走廊
观光区座位号灯	√			—		—		√	观光区侧顶
观光区隐形照明灯条	√		—		—		—	√	观光区侧顶
观光区装饰灯	√	—	—	—	—	—	—	√	观光区侧顶
阅读灯	√			—		—			行李架
操纵台阅读灯	√		—		—		—	√	操纵台
线槽组成	√	√	√	√	√	√	√	√	客室行李架
桌上灯					√				乘务员室、机械师室

按照《铁路旅客列车车内照明照度测量方法》（TB/T 2142—1990）检测进行照度测试，客室照度不低于 200 lx，其他区域照度满足 TB/T 2917—1998 的相关要求。应急照明应符合《客运机车中的电气照明设备》（UIC 555—1991）标准，照度应至少为 5 lx。

车内照明均匀度满足《铁道客车电气照明技术条件》（TB/T 2917—1998）的相关要求。

知识拓展

CR400AF 型动车组照明应急故障处理见表 6－3。

表 6－3　CR400AF 型动车组照明应急故障处理

故障现象	可能原因	处理措施	备注
灯不亮	LED 光源板损坏	更换 LED 光源板	
	连线或连接器松开	检查连线或连接器，消除故障	
	转换电源损坏	更换、转换电源	

任务 6.2　动车组烟火报警系统

任务导入

2018 年 6 月 26 日，郑州东开往安阳东的 G6602 次列车（CRH380AL 型动车组，如图 6－17 所示）中途自动停车，使列车延误 3 min，并导致后续列车陆续晚点。

当时，列车正运行在郑州东站—新乡东站区间上行线，列车突然停车，随车机械师从 HMI 屏幕上发现 03 车坐式便器卫生间烟雾探测器发出火灾报警，随后列车触发制动中途停车。随车机械师赶到报警车厢，发现一位女士正在使用香水，他立即上前制止并将香味驱散，经检查确认卫生间并无明火，各部状态正常。烟雾探测器发出报警，是因这位女士在卫生间内使用香水，导致烟雾探测器检测到烟雾浓度达到报警限值所致。这个事件直接导致该趟列车晚点 3 min，对高铁来说是非常严重的事故。高峰期列车与列车之间的追踪时间只有 5 min，如果遇到非正常条件停车会导致后续列车全部延误。夏季天气炎热，在动车组上喷香水、防晒喷雾导致列车停运的事件常有发生。人们在乘坐动车组列车时应注意不要使用香水、花露水、防晒喷雾等用品，更不能在动车组内抽烟，以免触发烟火报警系统动作产生误报警，影响列车的正常运行。

图 6－17　G6602 次列车

知识储备

6.2.1　烟火报警系统的组成

烟火报警系统也称火灾探测报警系统，是为了能够在早期发现火灾，并及时采取有效措施控制和扑灭火灾而设置的一种自动消防设施。烟火报警系统通常由烟雾探测器、火灾报警控制器、联动报警模块等组成。

1. 烟雾探测器

烟雾探测器可对火灾参数（如烟气、温度、火焰辐射、气体浓度等）进行响应，能够在火灾初期，将燃烧产生的烟气、热量和光辐射等物理量变成电信号，传输到火灾报警控制器，如图 6－18 所示。

图 6－18　烟雾探测器

按响应火灾参数的不同，烟雾探测器可分为感温式探测器（如温度传感器、热敏电阻）、感烟式探测器（烟雾探测器）、感光式探测器（火焰光热探测器）、可燃气体探测器和复合式探测器 5 种基本类型。不同类型的火灾、火灾的不同发展阶段以及不同的场所使用不同类型的烟雾探测器。

（1）火灾初起阶段。燃烧产物为不可见的烟气微粒，应采用高灵敏度的烟雾探测器。

（2）发烟阶段。燃烧产物为可见烟气微粒，一般灵敏度的烟雾探测器即可产生响应.

（3）火焰阶段。燃烧产物为电磁辐射，可采用火焰光热探测器。

（4）热辐射阶段。燃烧产物为热能，可采用快速热敏型高温探测器。

由于烟雾探测器可用于火灾初起阶段，具有较快的报警响应速度，因此，在烟火报警系统中应用最为广泛。

2. 火灾报警控制器

火灾报警控制器是在烟火报警系统中，用以接收、显示和传递火灾报警信号，并能发出控制信号和具有其他辅助功能的控制指示设备，如图 6－19 所示。

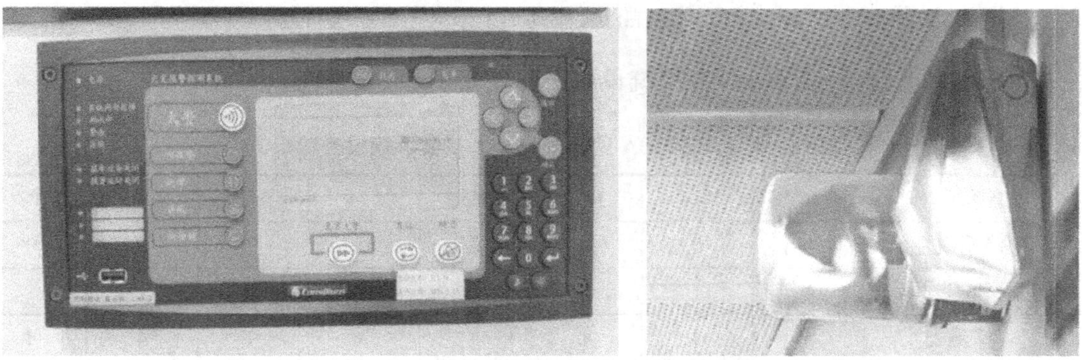

图 6－19　火灾报警控制器

火灾报警控制器担负着为烟雾探测器提供稳定的工作电源，监视烟雾探测器及系统自身的工作状态，接收、转换、处理烟雾探测器输出的报警信号进行声光报警，指示报警的具体部位及时间，同时执行相应辅助控制等诸多任务。它是烟火报警系统中的核心组成部分。

3. 联动报警模块

联动报警模块主要是指火灾报警装置，是在火灾自动报警系统中，用以发出区别于环境声、光的火灾报警信号装置。它以声、光等形式向报警区域发出火灾报警信号，以警示人们采取安全疏散、灭火等救灾措施。

6.2.2　CRH380A 型动车组烟火报警系统

高性能的烟火报警系统作为保障动车行车安全的重要组成部分，可以大大减少火灾事故的发生，有效降低火灾造成的损失。下面以 CRH380A 型动车组为例，详细介绍列车上的烟火报警系统。

1. 系统布置

CRH380A 型动车组烟火报警系统全列只在 5 号车机械师室内设一台烟火报警系统主机，每节车厢设一个火灾报警控制器及多个烟雾探测器。烟雾探测器安装于列车中的重点防火区域，如客室、司机室、卫生间、电气柜、厨房等等，如图 6-20 所示。此外，每个车厢中设有一个线性热探测器，用于监控车下牵引变流器或辅助变流器区域。因为该区域容易受到灰尘的污染，不适合利用光学烟雾探测器监测火灾。所有烟雾探测器、线性热探测器及车厢火灾报警控制器均通过 1 个 CAN 总线信号回路连接。

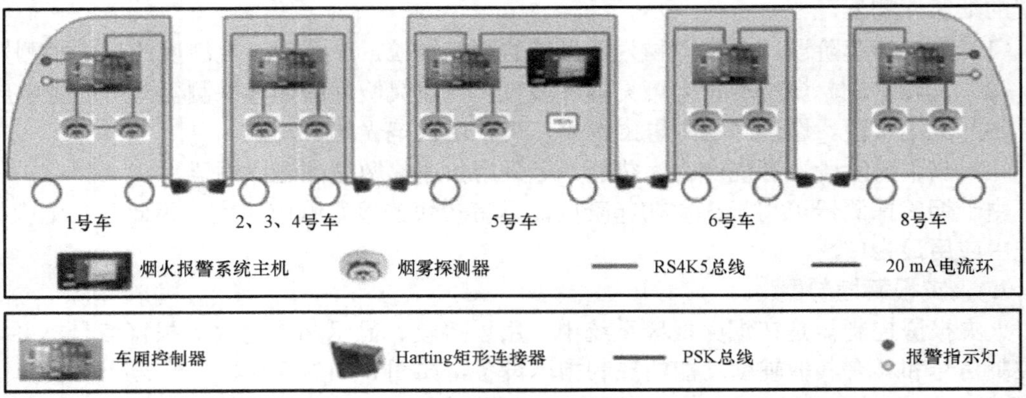

图 6-20　CRH380A 型动车组烟火报警系统布置

CRH380A 型动车组烟火报警系统设备的配置如表 6-4 所示。

表 6-4　CRH380A 型动车组烟火报警系统设备的配置

设备名称	T1	M1	M2	M3	M4	M5	M6	T2
烟火报警系统主机	0	0	0	0	0	0	0	0
火灾报警控制器	1	1	1	1	1	1	1	1
烟雾探测器	5	4	4	4	3	4	4	4
线性热探测器	1	1	1	1	1	1	1	1
矩形连接器	1	2	2	2	2	2	2	1
报警指示灯	1	0	0	0	0	0	0	1

2. 烟火报警系统主机

位于 5 号车机械师室的烟火报警系统主机，是烟火报警系统的操控部分，机械师通过操作屏幕菜单来监视和控制所有的系统功能，如图 6-21 所示。

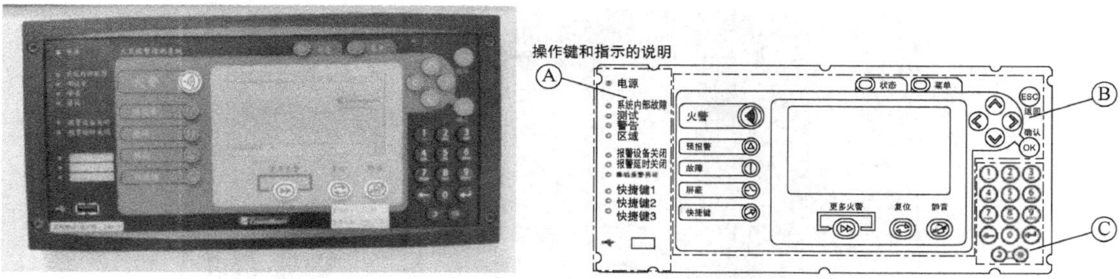

A—系统指示区；B—操作控制区；C—数字键盘区。

图 6－21　CRH380A 型动车组烟火报警系统主机

1）系统指示区

CRH380A 型动车组烟火报警系统指示区各指示灯的显示状态及其含义见表 6－5。

表 6－5　CRH380A 型动车组烟火报警系统指示区各指示灯的显示状态及其含义

序号	项目	灯亮	项目含义
1	电源	绿色灯常亮	控制面板电源正常
2	系统内部故障	黄色灯闪烁	系统存在一个严重的硬件故障
3	测试	黄色灯常亮	至少有一个区域被设置为测试模式
4	警告	黄色灯常亮	系统至少存在一个警告
5	区域	黄色灯常亮	系统至少有一个探测器或区域被屏蔽
		黄色灯闪烁	系统至少有一个探测器或区域出现故障
6	报警设备关闭	黄色灯常亮	至少有一个报警输出
		黄色灯闪烁	至少一个报警输出有故障
7	报警延时关闭	黄色灯常亮	报警延时功能关闭
8	快捷键为 1～3	LED 灯发光颜色由系统配置决定	
9	USB	USB 连接口	

2）操作控制区

操作控制区主要由显示屏和报警功能键，功能指示灯，“状态”“菜单”“ESC”“OK”按键以及 4 个导向键组成。其中，显示屏用于显示数字和字母，采用一个带背光的 16 位彩色液晶屏，分辨率为 480×272，如图 6－22 所示。

操作控制区各按键的功能如下。

（1）“状态”键：按下即进入系统状态界面，系统状态主要有报警（火警和预报警）、维护（故障）、屏蔽（活动的和周期性）等。

（2）“菜单”键：按下即进入主菜单和系统功能入口。

（3）“ESC”键：按下即返回初始菜单。

（4）“OK”键：按下即选中一个多选菜单或接受一个功能，同样也可用于显示一个选中项目的详细情况。

（5）“导向键”：按下上/下导向键即进入列表中的上/下一条选项，按下左导向键即进入上一个菜单，按下右导向键即进入多选菜单。

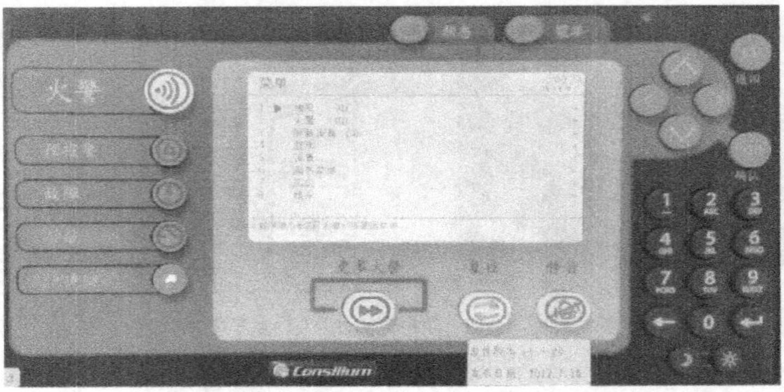

图 6－22　CRH380A 型动车组烟火报警系统操作控制区

（6）“更多火警”键：按下即可在不同的报警信息之间滚动，如果 30 s 内没有按键操作，则会自动返回到第一条火警信息。

（7）“复位”键：红色按键，按下即可进行一个选定的报警或复位一个屏蔽项。

（8）“静音”键绿色按键，用来确认并静音一个报警。

CRH380A 型动车组烟火报警系统操作控制区各功能指示灯的显示状态及其含义见表 6－6。

表 6－6　CRH380A 型动车组烟火报警系统操作控制区各功能指示灯的显示状态及其含义

名称	显示状态	含义	按键功能
火警	红色灯闪烁	系统存在未被消声的火警	按下“火警”键，即进入火警清单
	红色灯常亮	所有被确认消声的火警	
预报警	橙色灯闪烁	系统存在未被消声的预报警	按下“预报警”键，即进入预报警清单
	橙色灯常亮	所有被确认消声的预报警	
故障	黄色灯闪烁	系统存在未被消声的故障报警	按下“故障”键即进入故障清单
	黄色灯常亮	所有被确认消声的故障报警	
屏蔽	橙色灯常亮	系统至少存在一个被屏蔽功能的部件	按下“屏蔽”键，即进入屏蔽清单
快捷键	橙色灯常亮	快捷清单和对应的指示灯（快捷键 1～3）由定义文件定义	按下“快捷键”即进入用户设定界面

3）数字键盘区

数字键盘区包括数字键以及删除、回车、夜间模式、白昼模式等功能键，如图 6－23 所示。

（1）数字键：0～9，用于向系统输入相应的数字。

（2）删除键：用于删除文字显示中的某些文字。

（3）回车键：用于确认一个多选菜单或确认一个功能项，还可以用于从一个选定的项目中选择显示详情。

（4）夜间模式键：用于设置控制区指示灯的亮度/对比度为“夜间”模式。

（5）白昼模式键：用于设置控制区指示灯的亮度/对

图 6－23　CRH380A 型动车组烟火报警系统数字键盘区

比度为“白昼”模式。

3. 烟雾探测器

烟雾探测器是烟火报警系统的检测部分，其安装在不同的位置来检测该区域烟雾浓度，浓度超出设置标准即触发报警，如图 6－24 所示。

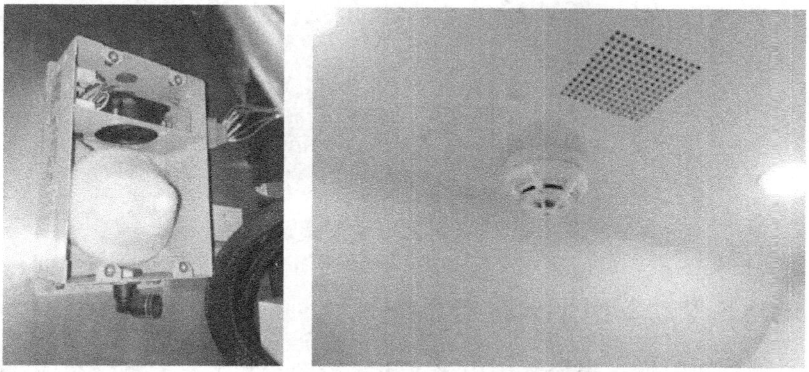

图 6－24　CRH380A 型动车组烟雾探测器

烟雾探测器根据安装位置分为 3 种。

（1）烟雾探测器 1 位于各车配电盘、配电柜内，用来监测用电设备的烟火报警情况。

（2）烟雾探测器 2 位于各车卫生间，以及厨房内，用来监测卫生间和厨房内用电设备的烟火报警情况。

（3）烟雾探测器 3 位于客室座椅上方，用来监测车厢内的烟火报警情况。

当烟雾探测器的探头检测到该区域烟雾浓度大时，在 MON 屏主菜单页面闪现“故障发生信息”提示，并伴有声音报警，司机施加快速制动停车，点击如图 6－25 所示的菜单页面左下方“故障详情”键，确认故障情况。

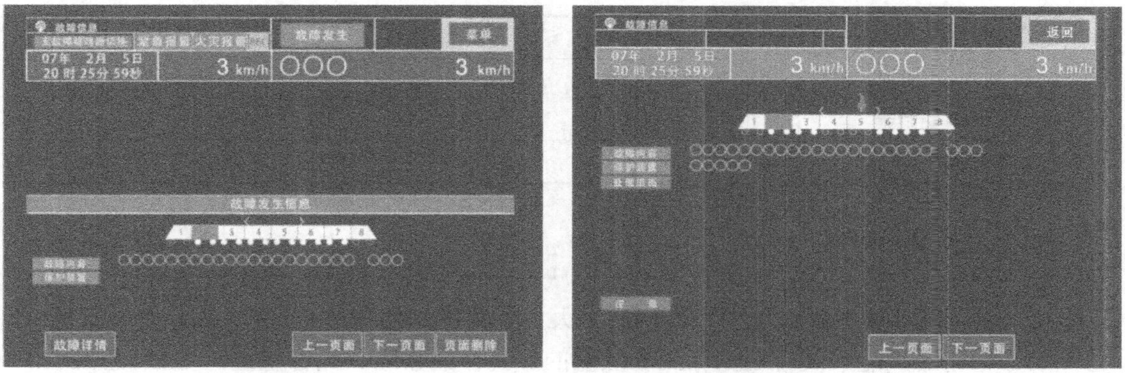

图 6－25　CRH380A 型动车组烟雾探测器 MON 屏主菜单页面

MON 屏切换至“某感烟探头火灾报警”故障信息页面，通知随车机械师立即到报警位置做出判断处理，若发现火情，随车机械师通知司机按照途中发生火灾处理预案进行处理；若为误报，或旅客误操作车厢内的火灾紧急按钮，随车机械师应迅速打开该车组合配电柜，如图 6－26 所示，操作复位按钮，再按压机械师室的烟火报警系统主机上的火警复位键，随后通知司机开车，恢复运行。

图 6-26　各车配电盘报警复位按钮

6.2.3　CR400AF 型动车组烟火报警系统

CR400AF 型动车组烟火报警系统由火灾报警控制器和烟雾探测器组成，用于实时监测探测区域内的烟雾浓度或温度。

系统火灾报警控制器与烟雾探测器之间的通信采用双 CAN 冗余设计，增强了通信的可靠性；机械结构设计模块化，维护方便。

烟火报警系统以车辆为单元，安装于电气柜、司机室、卫生间、厨房、客室等区域内的烟雾探测器实时监测该区域内的烟雾浓度和温度，通过 CAN 通信自成网络传输给本节车的火灾报警控制器。各车的火灾报警控制器通过 MVB 总线向 TCMS 实时传输烟火报警系统的工作状态、火警状态。同时每台火灾报警控制器设置一组硬线信号用于输出单车火警状态。

CR400AF 型动车组烟火报警系统的配置如表 6-7 所示。

表 6-7　CR400AF 型动车组烟火报警系统的配置

名称	数量/辆								总计
	Tc	M	Tp	M	M	Tp	M	Tc	
火灾报警控制器	1	1	1	1	1	1	1	1	8
烟雾探测器	13	7	7	7	7	7	7	17	68

1. 火灾报警控制器

接收来自火灾探测器的信息，并对工作状态进行监控。将所检测的状态通过 MVB 发送给 TCMS，同时设置硬线输出火警状态。火灾报警控制器通过 CAN 总线，实时管理、监测各烟雾探测器，能够及时地探测到各位置的探测器的故障、火警状态和 CAN 总线状态。

火灾报警控制器应能接收来自烟雾探测器的火灾报警信号，向车辆关联系统发出火灾报警信号，同时指示火灾发生部位，记录火灾报警时间，并保持记录，直至手动操作复位按钮予以复位。

2. 烟雾探测器

采用点型光学烟温复合烟雾探测器，实时探测烟雾浓度和温度，并将采集的数据进行逻辑分析、运算，判断火警信息后，通过信号回路传送至火灾报警控制器。烟雾探测器采用 CAN 网络通信，实时向火灾报警控制器反馈自身工作状态和报警信息，且烟雾探测器敏感度可调。

3. 系统构成

如图 6－27 所示为一个多部件组成的典型烟火报警系统示意图。每节车厢的烟火报警系统由一台火灾报警控制器和若干个烟雾探测器组成。如图 6－28 所示为单节车厢应用示意图。

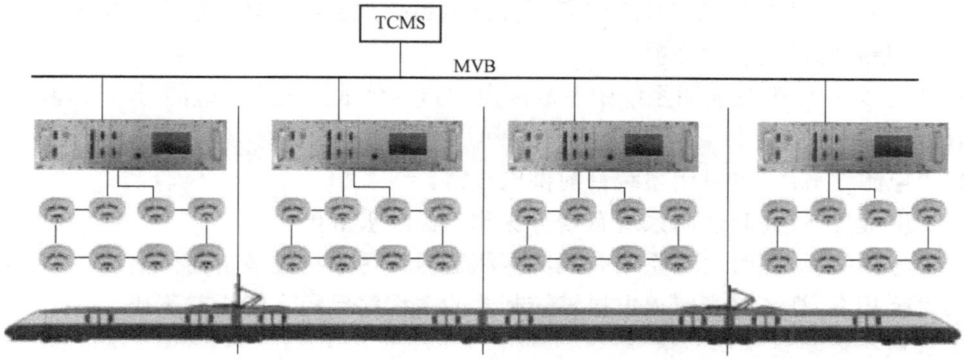

图 6－27　烟火报警系统示意图

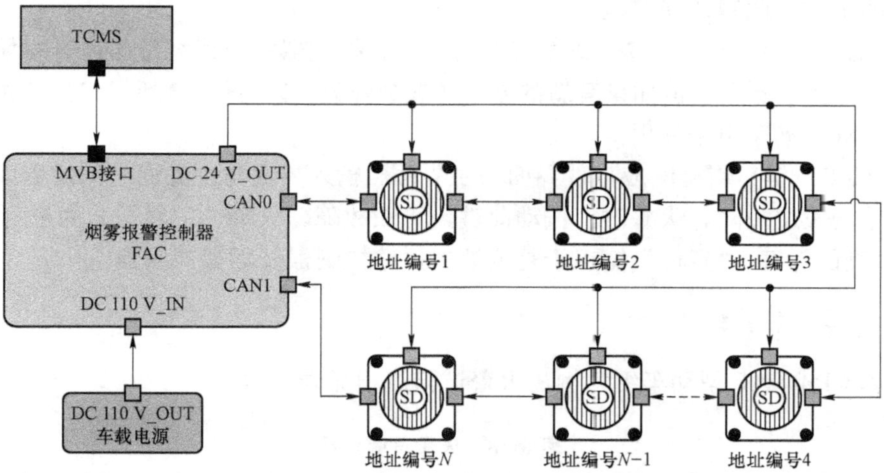

图 6－28　单节车厢应用示意图

4. 控制与功能

烟火报警系统的操作元件为火灾报警控制器（简称控制器），外观如图 6－29 所示。

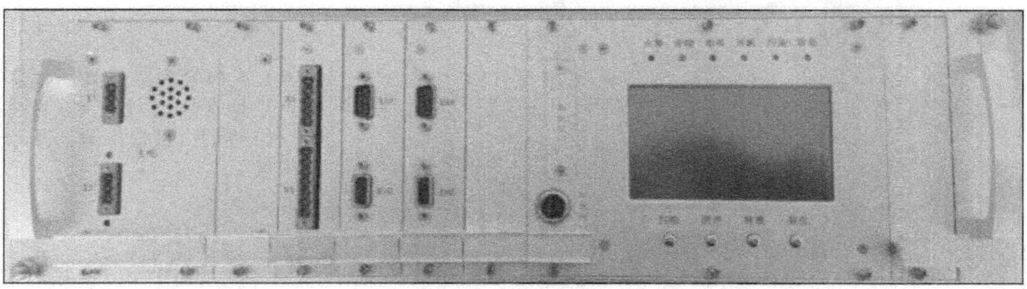

图 6－29　火灾报警控制器外观

本系统的操作方式除自检、消声、转换、复位四个功能使用机械按键外，其他的操作均在电阻触摸屏上进行。系统的火警、故障等状态采用 LED 来进行指示；各种状态信息采用 TFT 彩色液晶屏进行显示。

1）状态指示灯说明

（1）“火警”：灯亮时表明系统中有烟雾探测器报火警，具体报警烟雾探测器编号及安装位置、报警时间可查看液晶屏。

（2）“故障”：灯亮时表明系统中有故障发生，具体故障类型（故障号）、故障时间可查看液晶显示屏。

（3）“电源”：灯亮时表明系统目前供电正常。

（4）“屏蔽”：灯亮时表明系统有烟雾探测器已经被屏蔽。

（5）“污染”：灯亮时表明系统有烟雾探测器内的污染物过多，需要清洗。

（6）“软故”：灯亮时表明火灾报警控制器的主程序已经不能正常工作。

2）机械按键功能说明

（1）“自检”键：用于进行控制器自检。注意：当无火警发生时且在液晶显示屏主页面或警类页面下按下此键才能自检。

（2）“消声”键：当有警情（或故障）发生时，控制器扬声器会发出声音报警，可以按下消声键消除声音报警；但如果有新的警情（或故障），扬声器会重新发出报警声音（此为预留按键，标准动车组未使用）。

（3）“转换”键：用于响应事件界面与主界面、输入界面与主界面之间的界面切换。在烟火报警系统发生故障、火警时，按动此键，可在故障、火警、主界面之间进行切换。

（4）“复位”键：“复位”键用于复位烟火报警控制器及烟雾探测器。

知识拓展

下面以 CR400AF 型动车组为例，火警试验流程见表 6－8。

表 6－8　火警试验流程

步骤	试验流程	
1	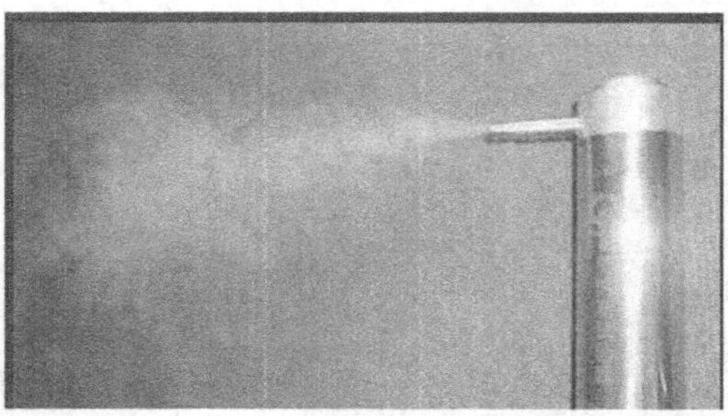	在火灾报警探测器处用烟雾发生器产生烟雾，直到烟火报警探测器报火警（烟火报警探测器指示灯红灯闪烁）

续表

<table>
<tr><th>步骤</th><th colspan="2">试验流程</th></tr>
<tr><td>2</td><td>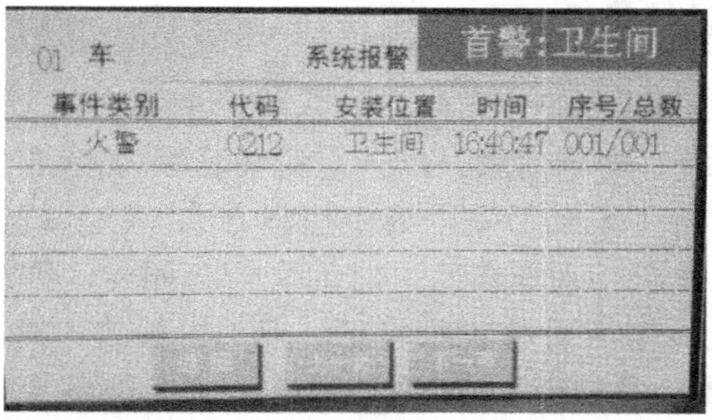
</td><td>查看火灾报警控制器，烟火报警控制器火警 LED 闪亮，显示屏有信息提示，显示内容包括火警发生的位置、时间，核对信息的正确性；上述状态一直保持</td></tr>
<tr><td>3</td><td>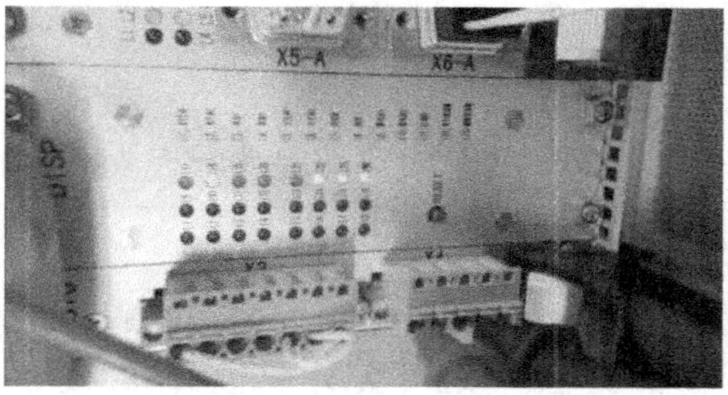
</td><td>火警硬线端口（X3）测试：火警产生前、火警中、复位后分别使用万用表测量数字量输出端口 X3，以下状态满足要求，有火警（1、3 引脚常闭；2、3 引脚常开）；无火警（1、3 引脚常开；2、3 引脚常闭）</td></tr>
<tr><td>4</td><td>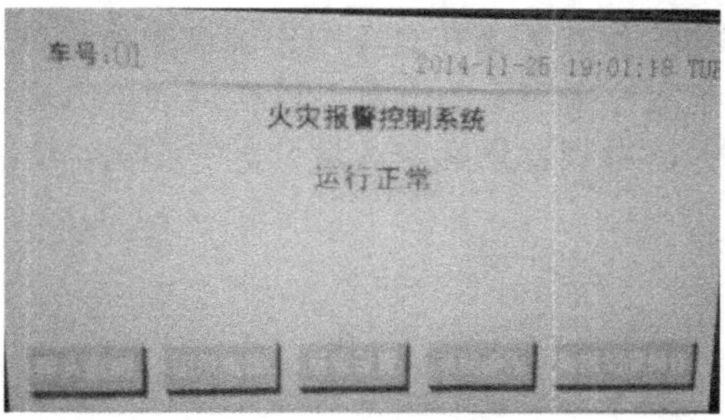
</td><td>在 TCMS 处查看火警信息，验证信息正确性；复位火警，系统恢复正常</td></tr>
</table>

任务 6.3　动车组旅客信息系统

任务导入

在智能动车组飞速发展的今天，动车组不仅仅局限于速度的提升，提升乘客舒适感也是重中之重。旅客信息系统可以通过声音、视觉、感知等信息帮助旅客在旅途中及时准确地掌握相关信息。比如在列车内部显示器中显示时间、列车号、车厢号、列车运行路线等，引导旅客顺利、轻松地抵达目的地，使旅客在旅途中更安全、更舒适。

本任务将以 CRH380B 型动车组、CR400AF 型动车组为例，详细介绍动车组旅客信息系统的工作原理、基本组成、设备功能、控制模式，并了解正确处理列车运行中旅客信息系统应急故障的流程。

知识储备

6.3.1 CRH380B 型动车组旅客信息系统

旅客信息系统（PIS）是分布于动车组上的分布式信息系统，主要由三个子系统构成，分别是广播和列车内部语音通信子系统、旅客信息显示子系统和音频/视频娱乐节目播放子系统。除通告广播/内部对讲通信外，各个系统都采用集中控制方式。该系统主要作用是通过内外显示器为旅客提供列车的行车信息（列车车次，时间表，车厢号，列车速度，列车位置，到达车站等），车内外温度，由乘务人员编辑的信息，列车内部的广播、对讲、通信功能以及娱乐功能（音频/视频娱乐节目播放等）。两列重联时，旅客信息系统的内部总线通过车端的自动车钩连接，广播和列车内部语音通信功能、旅客信息显示功能、音频/视频娱乐节目播放功能与单列车的相同。

1. 系统构成

旅客信息系统包括三个子系统，分别是广播和列车内部语音通信子系统、旅客信息显示子系统、音频/视频娱乐节目播放子系统。

1）广播和列车内部语音通信子系统

广播和列车内部语音通信用于司机和乘务人员或乘客之间的语音通信。司机室内部通信站不仅可以实现对全列广播、可选车厢的广播，还可实现各通信站的拨号（在单动车组或重联动车组中都可以实现）。而且在车厢控制器（CCT）故障时，还可以实现司机室与各车厢之间的相互通话。具有音量设置功能，操作人员在列车乘务区借助系统总控制器（STC）的服务端口设置广播的基础音量。各车厢广播声音的设置可以根据列车的运行速度自动调整。整列车的音量设置和可选的广播保持不受背景音乐音量设置的影响。广播和列车内部语音通信子系统框图如图 6－30 所示。

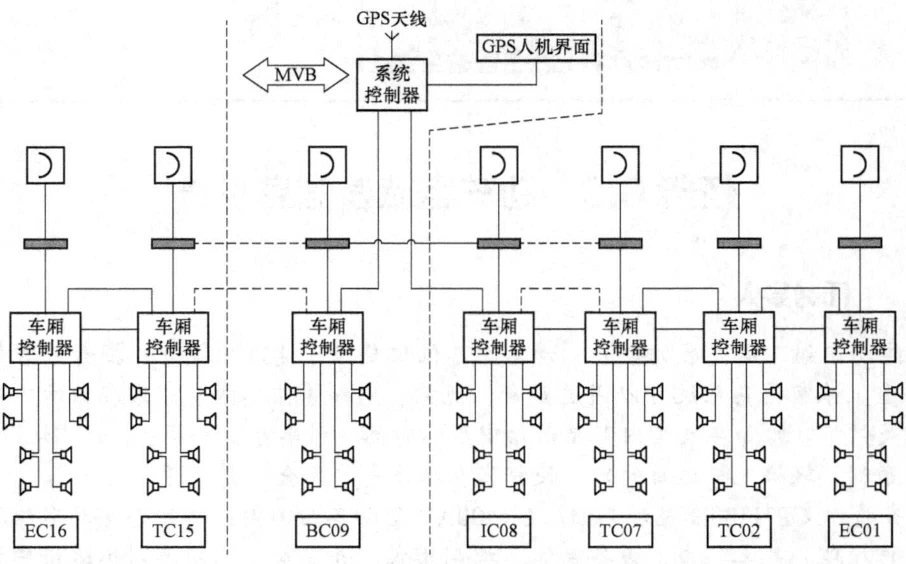

图 6－30　广播和列车内部语音通信子系统框图

2）旅客信息显示子系统

旅客信息显示子系统为乘客提供列车车次、起始站点、停站信息、重要行车信息、车内外温度等信息。旅客信息显示子系统框图如图6－31所示。

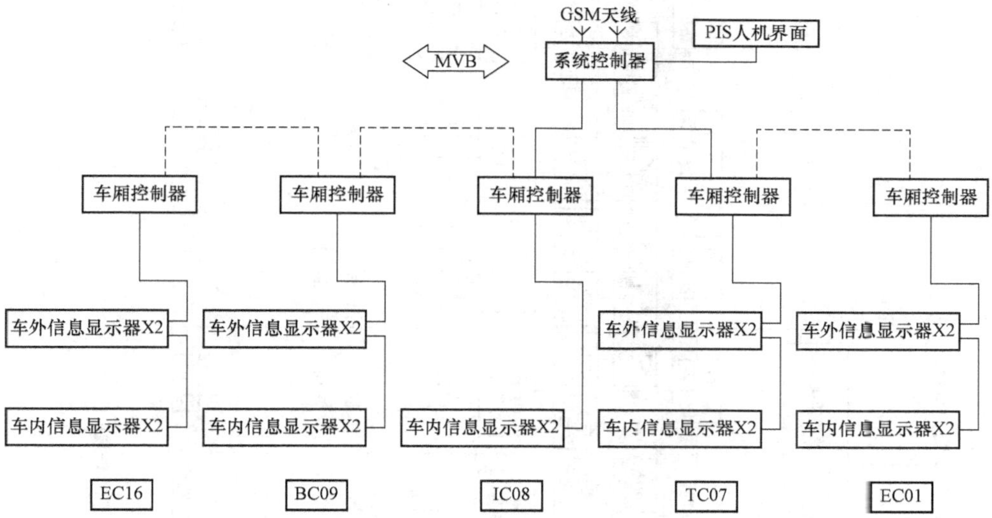

图6－31　旅客信息显示子系统框图

3）音频/视频娱乐节目播放子系统

音频/视频娱乐节目播放子系统主要为二等座车的乘客提供视频图像和伴音，一等座车的乘客可以通过座椅上的音频控制面板选择收听视频伴音或者背景音乐。VIP车的乘客可以通过座椅上的VEU显示器选择收看电影、戏曲、歌曲等娱乐节目。音频/视频娱乐节目播放子系统框图如图6－32所示。

2. 系统工作环境条件

（1）机械特性：冲击、振动，符合EN50155。

（2）环境温度：工作环境为－25～45 ℃，储存环境为－40～45 ℃。

（3）电磁兼容：满足EN50128－3－2。

3. 系统设备与功能

PIS系统包括以下设备：PIS系统总控制器（STC）、PIS人机交互界面（PIS－MMI）、PIS的车厢控制器（CCT）、车外信息显示器、车内信息显示器、内部通信子系统、防火箱、扬声器、GPS天线、GSM天线、UIC总线、PIS数据通信总线、音频/视频娱乐子系统设备。

1）PIS系统总控制器（STC）

STC是整个PIS的控制核心，也是PIS与列车控制网络连接的桥梁，其外形如图6－33所示。PIS系统控制器（STC）包含有全部配置和操作列车所需数据。

（1）与运行日期相关的列车数据（列车号）。

（2）车厢号码。

（3）列车编组数据。

（4）CCT上的信息和每个车厢显示器的号码/类型/地址信息。

（5）用于自动通告的预先存储的文件。

（6）改变显示信息的时刻。

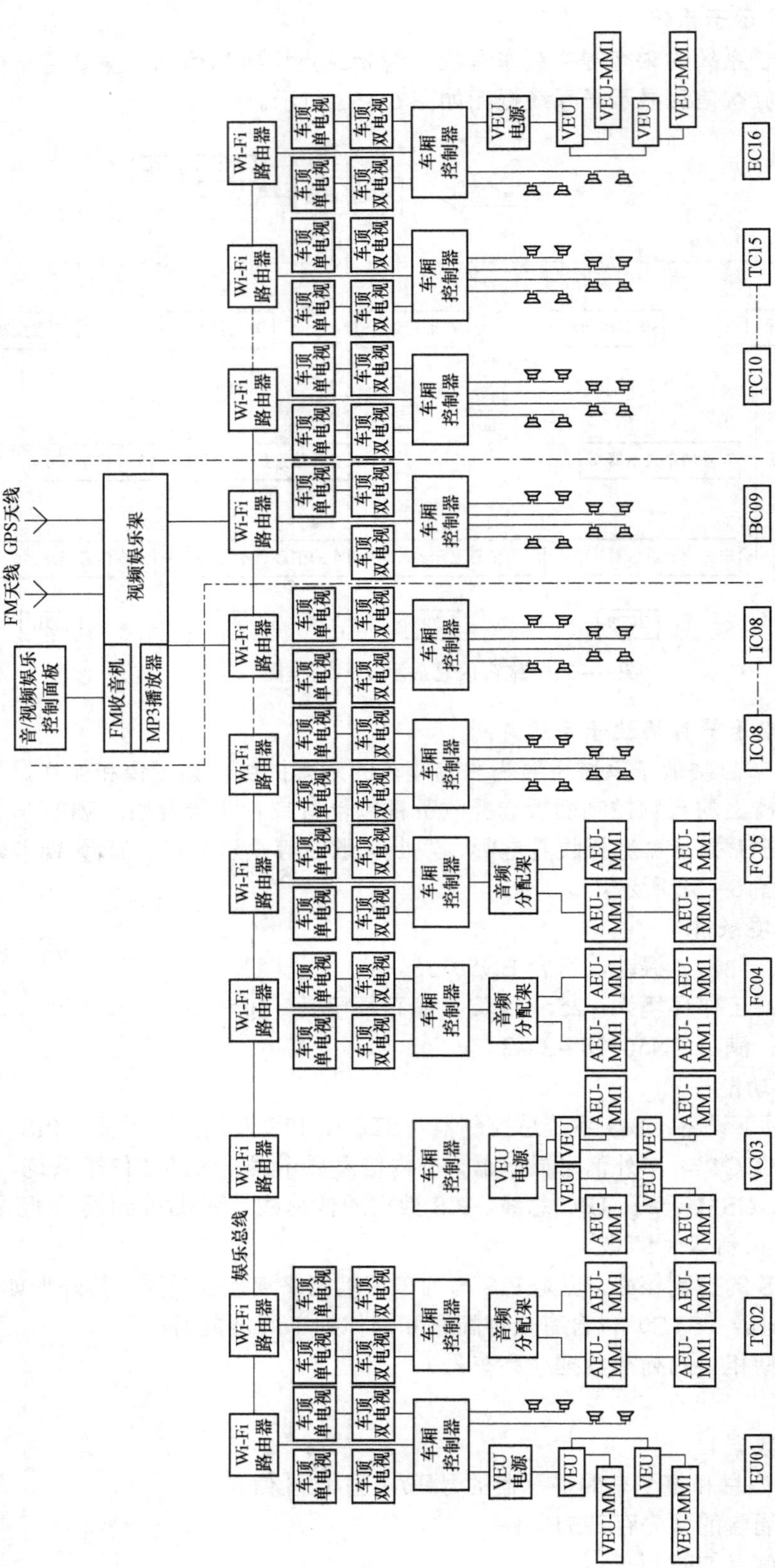

图 6-32 音频/视频娱乐节目播放子系统框图

图 6－33　PIS 系统总控制器（STC）

（7）出口侧信息。

（8）列车运行过程中的数据和外部温度。

2）PIS 人机交互界面（PIS－MMI）

PIS 人机交互界面（PIS－MMI）位于乘客服务室内，连接到 PIS 系统总控制器（STC）上。PIS－MMI 的前端包括一个彩色 10.4 英寸（0.264 2 米）LCD－TFT 显示屏。PIS 人机交互界面（PIS－MMI）如图 6－34 所示。

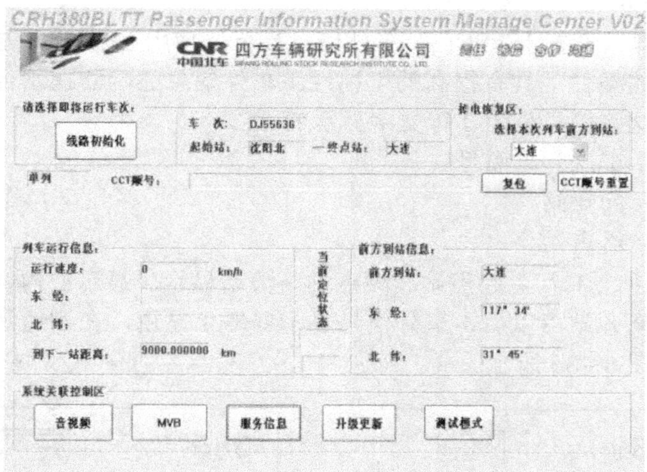

图 6－34　PIS 人机交互界面（PIS－MMI）

PIS－MMI 是 PIS 主要的人机交互接口，它负责把 PIS 或控制网络传来的信息反映给操作人员，同时也把操作人员的命令传给 PIS 系统。可以通过 PIS－MMI 单独控制各节车厢或设置整列列车的背景音乐、调节各节车厢的吸顶式扬声器背景声音系统的音量。

动车组重联时，PIS 的相关数据由车钩自动通过 PIS 数据总线在 STC 间交换。两个 STC 和其从属的 PIS－MMI 被激活是通过两个 PIS－MMI 中的一个执行的。在 PIS－MMI 里执行了一个预防“由于输入的内容互相排斥而引起冲突”的机制，即防止两个动车组的操作人员分别在两个动车组的 PIS－MMI 里输入信息的时候，不互相通知对方。

3）PIS 的车厢控制器（CCT）

每节车厢都装有 CCT，外形如图 6－35 所示。CCT 可以通过唯一的地址经由 PIS 数据总线与 STC 通信，具有以下功能。

（1）接收控制可选通告的转换命令。

（2）把 STC 发送的显示数据输出。

（3）转发通告。

（4）可根据列车运行速度自动调整通告的音量。

（5）向 STC 发送自身及其附属器件的诊断数据。

（6）含有特殊的测试程序，可以通过 PIS－MMI 和 STC 人工激活。

图 6－35　PIS 的车厢控制器（CCT）

4）车外信息显示器

车外信息显示器，设置于上车门。车外信息显示器使用 LED 电子显示屏。显示屏显示的内容在阳光直射的条件下具有很高的可视性。车外信息显示器在站台上告知旅客列车的终点站和车厢号，这些信息是用 3 行文字显示的。

（1）第 1 行显示车次和车厢号。

（2）第 2 行显示起点站。

（3）第 3 行显示终点站。

如果字符个数超过 1 行，起点站和终点站将滚动显示。显示的内容依据列车当前所处的位置显示。列车离开站点以后，车外信息显示器停止显示，在到达另一个车站之前恢复显示，显示样式如图 6－36 所示。

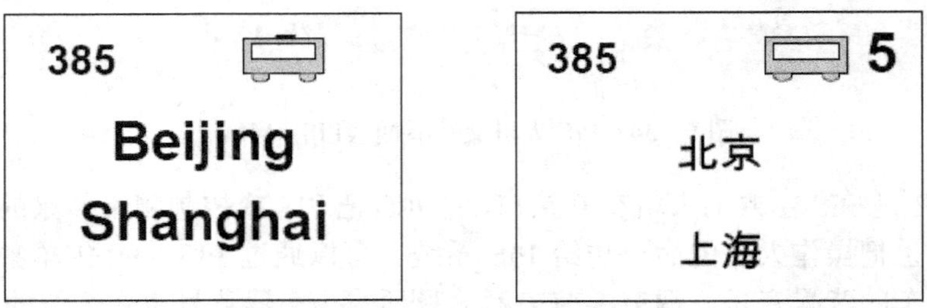

车外信息显示器（英文）　　车外信息显示器（中文）

图 6－36　车外信息显示器显示样式

5）车内信息显示器

车内信息显示器设置于每节车厢入口到车厢之间的通道。车内信息显示器使用 LED 显示屏（单线发光二极管型），安装在隔离门上方，每个客室配备两个车内 LED 显示屏，三排、滚动式外形及显示样式如图 6－37 所示，车内信息显示器屏幕侧防护等级为 IP54。车内信息显示器的内容如下。

（1）来自播放列表的内容。如到达目的地、中间站、时刻表、车次、车厢号、时间和日期、车内外温度、列车速度等，此外还有固定显示的信息（如欢迎、告别、服务信息等）。

（2）实时重要新闻和一些现场编辑的信息。用中英文两种语言交替显示。显示方式有静态、滚动、打字，滚动方式有左移、右移、上滚、下滚等。显示器的上面三分之一部分不间断地为乘客提供以下信息：车次、车厢号、列车名、时间；显示器的下面三分之二部分为乘客提供以下信息：列车的路线包括始发站、终点站和所有的中途车站，如果中途车站不能完全显示，应让它们从右向左滚动显示。

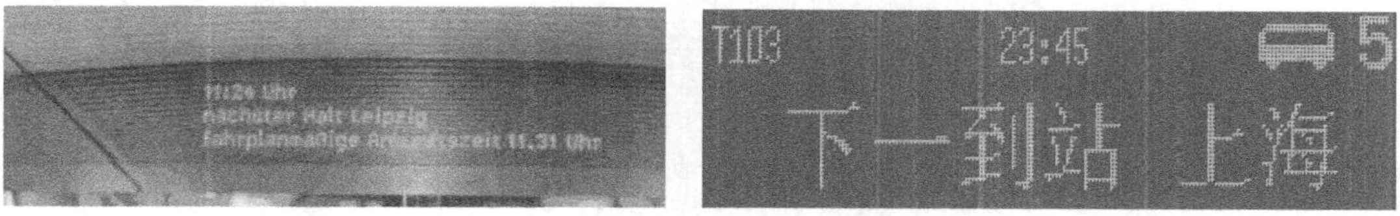

图 6－37　车内信息显示器显示样式

6）其他设备

每节车厢的内部通信子系统都包含一个内部电话、防火箱和扬声器，扬声器与 CCT 相连接，CCT 与防火箱都安装在 PIS 柜中，每节车厢的防火箱都连在 UIC 总线上。防火箱外形如图 6－38 所示。扬声器安装在行李架上，如图 6－39 所示。

图 6－38　防火箱

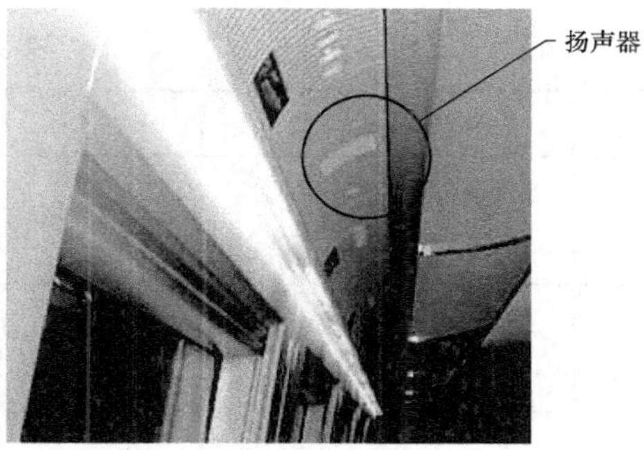

图 6－39　扬声器安装在行李架上

7）GPS 天线、GSM 天线

GPS 天线、GSM 天线接收必要的信号，并传到 STC 中由其进一步处理。GPS 传输的信息保证到达或经过指定的行车位置时触发广播和必要的信息显示。GSM 可以接收数字语音通知（DVA）及广告文字信息给 STC，供其处理。

8）列车内部电话

列车内部电话如图 6－40 所示。内部电话包括配备通话按钮 2 的听筒 1，配备锁扣装置（将听筒锁到托架上）的托架 3，挂钩开关 4（托架上由听筒上的一块磁铁触发的一个红色开关），配备有操作键和表 6－9 中所列指示灯的防尘键盘。

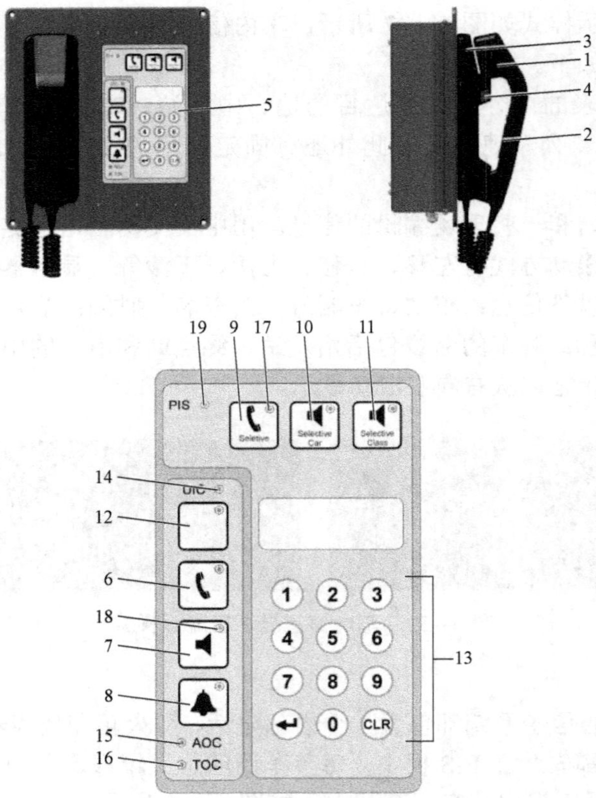

图 6－40　列车内部电话

表 6－9　防尘键盘

序号	按键/指示灯	用法
6		“（与驾驶员）基本通信” UIC 功能键
7		“基本乘客广播（PA）” UIC 功能键
8		“信号铃” UIC 功能键
9	Seletive	“选择性内部通信” 乘客信息系统功能键
10	Selective Car	“对每节车厢进行选择性乘客广播” 的 PIS 功能键
11	Selective Class	“针对特定等级车厢进行选择性乘客广播” 的 PIS 功能键
12		无功能

续表

序号	按键/指示灯	用法
13		用以进行选择性内部通信/乘客广播，且配备有清除和输入键的数字键盘
14		“UIC 总线状态”的绿色 LED 灯； 如果内部通信装置连接到 UIC 总线且可用，则指示灯亮起
15		“扬声器被占用”的红色 LED 灯； 表明一个基本的乘客广播（高优先性乘客广播功能）处于激活状态，因此，乘客广播系统当前被占用
16		“电话占线”的 LED 灯； 表明基本内部通信系统当前占线。当听筒被从托架上拿起，但基本内部通信系统占线时，指示灯亮起。即使听筒被重新放回托架，LED 指示灯也一直亮着，直到内部通信系统不再占线为止
17	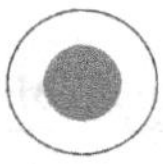	PIS 功能键 9～11 上的绿色指示灯； 表明其所属的 PIS 功能键处于激活状态。这些指示灯是由 PIS 触发的
18	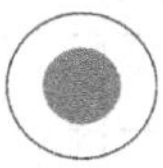	UIC 功能键 6～8 上的绿色指示灯； 表明其所属的 UIC 功能键处于激活状态
19		“PIS 状态”绿色 LED 指示灯； 如果该内部通信装置连接到 PIS 总线，且 PIS 软件处于运行状态，指示灯亮起

6.3.2　CR400AF 型动车组旅客信息系统

1. 系统概述

CR400AF 型动车组旅客信息及旅客娱乐系统采用集中控制方式，仅在餐车设置旅客信息系统控制器及操作屏、娱乐系统控制器及操作屏，其他每节车厢设置车厢控制器，一等座车设置音频分配单元、商务座车设置 VEU 控制器。全车设列车级千兆工业以太网通信总线及 UIC568 音频总线，各系统控制器通过工业以太网总线与车厢控制器通信，车厢控制器通过以太网接口与车内联络电话、乘客紧急报警装置、音频分配单元、VEU 控制单元等通信。车厢控制器通过 RS485 总线与车外显示器通信，并通过差分传输方案传输视频图像数据。列车广播及对讲音频通过 UIC568 音频总线传输，UIC568 音频总线可实现人工广播优先级控制列车内部基本通信功能。在列车通信总线故障时，保障人工广播及内部基本通信功能的正常。双总线架构设计提高了系统的可靠性。

CR400AF 型动车组旅客信息系统具有车内外信息显示、公共广播和内部通信等功能。车内外信息显示具有引导和服务功能，显示内容包含：车次、始发站信息、途中信息等。旅客信息系统提供的公共广播包括人工广播和自动广播；人工广播可通过各节车厢内的联络电话向全列或单车进行公共广播。自动广播由系统主机根据列车行驶线路自动触发，二者均可通过车内扬声器播出。同时，自动广播与车内信息显示保持同步。列车内设置的联络电话，为车内司乘人员之间提供了对讲通信功能，每节车厢内设有与司机室紧急联络用的紧急报警装置，当列车遇到突发情况时，旅客和乘务人员均可通过紧急报警装置通知司机紧急状态。

CR400AF 型动车组娱乐系统可为乘客提供音/视频娱乐服务：娱乐系统通过部署在车顶的 FM 天线，接收旅客信息系统控制器的 GPS 定位信息，自动选择对应地理位置的 FM 电台节目进行播放；娱乐系统通过车载电视为一等座/二等座旅客提供公共视频播放服务，通过乘客区扬声器播放视频伴音、背景音乐或 FM 广播。娱乐系统为 VIP 包间旅客提供音/视频点播服务，旅客通过 VIP 座椅上的触觉显示器，可以选择收看多媒体节目。旅客可通过 VIP 座椅扶手面板上的服务呼叫按钮进行服务呼叫，安装在乘务员服务区的服务呼叫显示器显示乘客呼叫信息，包括座位号，并伴有提示音。

2. 系统设备配置

系统设备配置见表 6－10。

表 6－10　系统设备配置

名称	数量/个								总计
	Tc	M	Tp	M	M	Tp	M	Tc	
旅客信息系统控制器					1				1
娱乐系统控制器					1				1
车厢控制器	1	1	1	1	1	1	1	1	8
音频分配单元	1								1
旅客信息系统操作屏					1				1
旅客娱乐系统操作屏					1				1
GPS 放大器					1				1
GPS 天线					1				1
FM 天线					1				1
Ⅰ型车内联络电话	1				2			1	4
Ⅱ型车内联络电话		1	1	1		1	1		5
内部Ⅰ型扬声器	11	11	11	11	11	11	11	11	88
乘客紧急报警装置控制盒	3	2	2	2	2	2	2	3	18
乘客紧急报警装置对讲面板（VIP 区域/一等座）	3							1	4
乘客紧急报警装置对讲面板（二等座车）		2	2	2	2	2	2	2	14
车外信息显示器	2	4	4	4	2	4	4	2	26
二等座车车内信息显示器	1	2	2	2	2	2	2	3	16
卫生间标记		1	1	1	1	1	1	1	7
禁烟标记	1	1	1	1	1	1	1	2	9

续表

名称	数量/个								总计
	Tc	M	Tp	M	M	Tp	M	Tc	
一等座车车内信息显示器（卫生间标记）	1								1
一等座车车内信息显示器（禁烟标记）	1								1
间壁电视组件	6	4	4	4	3	4	4	6	35
吊顶双电视组件	1	2	2	2	2	2	2	1	14
VEU 显示器	5							5	10
VEU 控制盒	5							5	10
VEU 接线盒	4							4	8
座椅接收器左件	14								14
座椅接收器右件	14								14
音频娱乐控制单元	14								14
服务呼叫显示器	1							1	2
音量调节器	1				2			1	4

3. 系统功能

旅客信息系统由旅客信息系统控制器、旅客信息系统操作屏、车厢控制器、扬声器、车内外信息显示屏、车内联络电话、音量调节器等组成，实现以下功能。

1）人工广播功能

通过车内联络电话可以进行人工广播，本车电话广播室电话外接的扬声器静音。广播结束后恢复正常。

2）自动广播功能

通过旅客信息系统操作屏选择列车车次，即可实现自动广播。旅客信息系统控制器内设置 GPS 模块，通过 GPS 天线采集 GPS 信息。GPS 坐标经纬度误差范围控制在 25 m 以内，通过 GPS 坐标位置与系统内置的站点信息、出发前录制好的音频信息，可实现自动广播。

旅客信息系统控制器设有 MVB 接口，通过 MVB 与列车 TCMS 实现数据交互，获取车辆开关门、速度、车外温度、列车时间等信息。部分信息可通过 LED 屏等向旅客发布。同时可通过 MVB 向旅客信息系统和旅客娱乐系统发送的诊断信息。列车自动广播采用 GPS 信息报站优先，如 GPS 信号丢失或故障，可使用通过 MVB 获得的里程信息实现冗余广播。

系统采用 CF 卡存储自动广播的语音文件，存储格式为 mp3 或 WAV，可以支持普通话、英文语音。为满足列车往返运行时标准广播、线路/车站特别广播、列车服务广播、紧急广播、其他教育/信息广播及其他专用信息（如调试、回库等），旅客信息系统控制器设置不小于 16 GB 容量的存储卡。语音信息可通过旅客信息系统控制器的以太网接口或 USB 事先系统升级和维护。

3）手动触发广播功能

在全自动数字化语音报站的基础上，乘务员可通过旅客信息系统操作屏界面触发预录制广播。

4）备用广播功能

在全自动数字化语音报站的基础上，乘务员可通过旅客信息系统操作屏界面触发预录制广播，通过外接音源输入进行外部音源输入播放，音频格式支持 0 dB（775 mV/600 Ohm）双声道。

5）广播优先级控制功能

系统支持广播优先级控制功能，可以设定不同的广播方式的优先级别。在高级别的通信要求到来时，正在播送的低一级的通信立即中断，而在高级别通信结束后自动恢复。低级别的广播通信不能打断高级别的广播通信，需要等候高级别的广播通信结束后才能开始。预设的优先级顺序见表 6－11（数字越小越优先）。

表 6－11　预设的优先级顺序

<table>
<tr><th>优先级</th><th>通信方式</th><th>备注</th></tr>
<tr><td>1（高）</td><td>全列人工广播</td><td rowspan="6">任何时刻只能有一种通信存在；
优先级高的通信可以将正在进行通信的优先级低的通信强行停止</td></tr>
<tr><td>2</td><td>手动触发全列服务信息广播</td></tr>
<tr><td>3</td><td>自动触发全列服务信息广播</td></tr>
<tr><td>4</td><td>备用广播</td></tr>
<tr><td>5</td><td>单车广播</td></tr>
<tr><td>6（低）</td><td>娱乐音频（视频伴音、背景音乐、FM，通过操作屏进行选择切换）</td></tr>
</table>

6）内部通信功能

通过联络电话可以实现司机—司机、司机—乘务员、乘务员—乘务员之间的内部通信。上述司乘人员之间的内部通信优先级别由高到低依次排列，优先级高的通信可以将正在进行通信的优先级低的电话强行挂机。对讲优先级见表 6－12。

表 6－12　对讲优先级

<table>
<tr><th>优先级</th><th>通信方式</th><th>备注</th></tr>
<tr><td>1（高）</td><td>司机—司机</td><td rowspan="5">任何时刻只能在两部电话之间进行通信；
优先级高的通信可以将正在进行通信的优先级低的电话强行挂机；
例如，司机与乘务员正在通话，此时另一端的司机室电话呼叫该司机，正在通话的电话将被强制挂机，被呼叫的司机室电话振铃响起，被呼叫的司机按接听键建立与另一位司机之间的通信</td></tr>
<tr><td>2</td><td>司机—乘客紧急报警装置</td></tr>
<tr><td>3</td><td>司机—机械师、乘务员</td></tr>
<tr><td>4</td><td>机械师—乘务员</td></tr>
<tr><td>5（低）</td><td>乘务员—乘务员</td></tr>
</table>

7）乘客紧急报警功能

在每节车厢客室靠近乘客紧急制动手柄处设置乘客紧急报警装置，当乘客拉下紧急制动手柄，将通过硬线 I/O 干接点信号自动触发乘客紧急报警。此干接点信号正常时为常开，拉下制动手柄时闭合。自动触发乘客紧急报警装置报警后，乘客即可与司机实现对讲。对讲由司机话筒端挂断复位或直接复位。当有多名乘客紧急报警装置触发报警时，按照时间先后顺序排队等候，依次触发。

8）邻车冗余广播功能

为确保广播的高可用性，系统采用邻车交叉广播。相邻两节车的车厢控制器设置两条音频线，用于相邻两节车厢的音频信号互传。每节车厢两侧有扬声器，其中有一侧扬声器的广播由邻车的车厢控制器功放推送，而背景音乐和娱乐音频无邻车交叉功能。

9）车内信息显示功能

每节车厢内端部两端各设置一台车内显示器。车内信息显示器不含字库，字库存储在旅客信息系统控制器中，车内显示器通过 RS－485 总线接收经车厢控制器转发的点阵显示信息。旅客信息系统初始化后，旅客信息系统控制器根据列车当前线路，自动发送预定义信息至车内显示器。车内显示器分两个显示区域，左侧固定显示车厢号，其他信息显示在右侧。车内显示器可自动显示下列信息：车次、车厢号、起点站、当前站、下一站、终点站、途中信息（运行速度、车外温度）等，同时可显示旅客关心的其他信息，如禁烟、用餐、紧急信息等。

10）车外信息显示功能

每节车厢两侧车门附近设置车外信息显示器，车外信息显示器不含字库，字库存储在旅客信息系统控制器中，车外信息显示器通过 RS－485 接收经车厢控制器转发的点阵信息显示。车外信息显示器在阳光直射的情况下也具有很高的可读性。车外信息显示器由旅客信息系统控制器控制，可实现根据车速自动熄灭或点亮。运行速度大于 45 km/h 时，自动熄灭；小于 10 km/h 时，自动点亮。

旅客信息系统启动后即初始化车外信息显示器。初始化完成后，车外信息显示器准备开始接收显示信息。在旅客信息系统操作屏上输入车次以设置旅客信息系统主机上的线路信息。旅客信息系统主机根据列车当前路线自动发送对应的线路信息到车外信息显示器。车外信息显示器可自动显示以下内容：车次、车厢号、起点站、终点站。车外信息显示器分 3 个显示区域，起点站、终点站从右向左滚动中英文交替显示，其他区域固定显示。

4. 旅客娱乐系统功能

旅客娱乐系统由娱乐系统控制器、娱乐系统操作屏、车厢控制器、VIP 座椅系统、一等座车音频系统、公共影音播放系统等组成，实现以下功能。

1）公共视频服务功能

旅客娱乐系统通过以太网络输出 1 路视频、3 路 MP3 及 FM 广播节目。系统可播放 MPEG2、MEPG4、H.264 等多种格式文件，具有顺序播、插播、定时播等播放功能。视频播出由乘务员室内的旅客娱乐系统操作屏控制，能实现监听、监视正在播放的音频/视频节目。通过旅客娱乐系统操作屏控制音/视频节目的播放、停止、暂停、前进、后退，可查询旅客娱乐系统的设备状态。播放列表内的节目可循环播出。

在一等座车、二等座车、餐车内设置电视。旅客娱乐系统控制器内的音/视频媒体节目通过以太网总线传输给车厢控制器，并在车厢控制器中解码后，使用差分发送至电视，同时将媒体伴音送至广播系统的扬声器。

2）一等座车音频服务功能

一等座车乘客可通过座椅接收器选择收听音频节目。座椅接收器可接收 5 路音频节目，其中 3 路 MP3 节目、1 路 FM 节目、1 路电视伴音，分别对应 1～5 频道。当列车播放广播（优先级 1～4）时，座椅接收器音源自动切换到广播频道，广播完毕后再自动切换回娱乐音频播放状态。

座椅接收器设置音量加减按钮、频道切换按钮，同时设置 7 段数码管显示对应频道。人工广播时数码管显示原音频频道号码。音频输出口为标准单孔直径 3.5 mm 耳机插孔。

3）VEU 点播服务功能

旅客娱乐系统控制器内置点播服务器，配置 120 G SSD 固态硬盘，存储用于点播的音/视频节目信息。VIP 座椅乘客可通过 VEU 显示器进行音/视频节目的点播。VEU 显示器安装在 VIP 座椅扶手转臂上，VEU 控制盒和 VEU 接线盒安装在 VIP 座椅下方。VEU 接线盒传输 VIP 座椅电视电源信号和以太网信号给 VEU 控制盒。VEU 控制盒负责信号处理和视频解码。乘客通过 VIP 座椅上的 VEU 显示器，可以选择收看多媒体节目，通过扶手面板上的 3.5 mm 耳机插孔收听多媒体节目。当有广播时，系统中断原 VEU 音频，自动切换至广播音频。广播结束后，自动切换回原音频。

4）VEU 服务呼叫功能

通过扶手面板上的服务呼叫按钮可进行服务呼叫。服务呼叫显示器安装在乘务员服务区。服务呼叫显示器显示呼叫来源信息，包括座位号，并伴有提示音。由乘务员进行消声确认。乘务员不操作时，30 s 后自动消除。乘务员可通过服务呼叫按钮或服务呼叫显示屏消除呼叫。

5. 系统构成和原理

本系统包括旅客信息系统和旅客娱乐系统两部分。

1）旅客信息系统

旅客信息系统由列车广播子系统、内部通信子系统、乘客信息显示子系统、乘客紧急报警子系统组成，主要完成对列车广播、内部通信和车内外信息显示的控制。旅客信息系统作为旅客信息的管理中心及数据存放中心，是旅客信息系统的列车控制单元。列车广播及对讲采用国际铁路联盟制定的 UIC568 标准，广播音频及对讲音频通过 UIC568 音频总线传输，可实现人工广播优先控制。当列车通信总线故障时，保障人工广播及内部基本通信功能的正常。车厢控制器通过 RS－485 总线与乘客信息显示器通信。旅客信息系统操作屏与旅客信息系统控制器相连，是旅客信息系统控制器的人机交互界面，通过操作屏实现对旅客信息系统的控制。旅客信息系统拓扑图如图 6－41 所示。

2）旅客娱乐系统

旅客娱乐系统由公共娱乐音/视频播放子系统、一等座车音频点播子系统、VIP 座椅音/视频点播及呼叫服务系统组成，主要完成对一等座车、二等座车音/视频播放和商务座椅音/视频播放的控制，作为旅客娱乐系统的管理中心及数据存储中心，是旅客娱乐系统的列车级控制单元。车厢控制器是旅客信息系统及旅客娱乐系统车厢级的控制单元，通过拨码开关设置设备的车厢号和位号，内部集成机顶盒及 4 路功放输出，并提供全车干线网络及车厢终端设备接口。旅客娱乐系统采用集中播控方式，设置列车级千兆工业以太网贯穿全车，各系统控制器通过工业以太网总线与车厢控制器通信，车厢控制器通过以太网与音频分配单元、VEU 控制单元等通信，并通过差分传输方式传输视频数据。旅客娱乐系统操作屏与旅客娱乐系统控制器相连，是旅客娱乐系统控制器的人机交互界面。通过操作屏实现对旅客娱乐系统的控制，旅客娱乐系统拓扑图如图 6－42 所示。

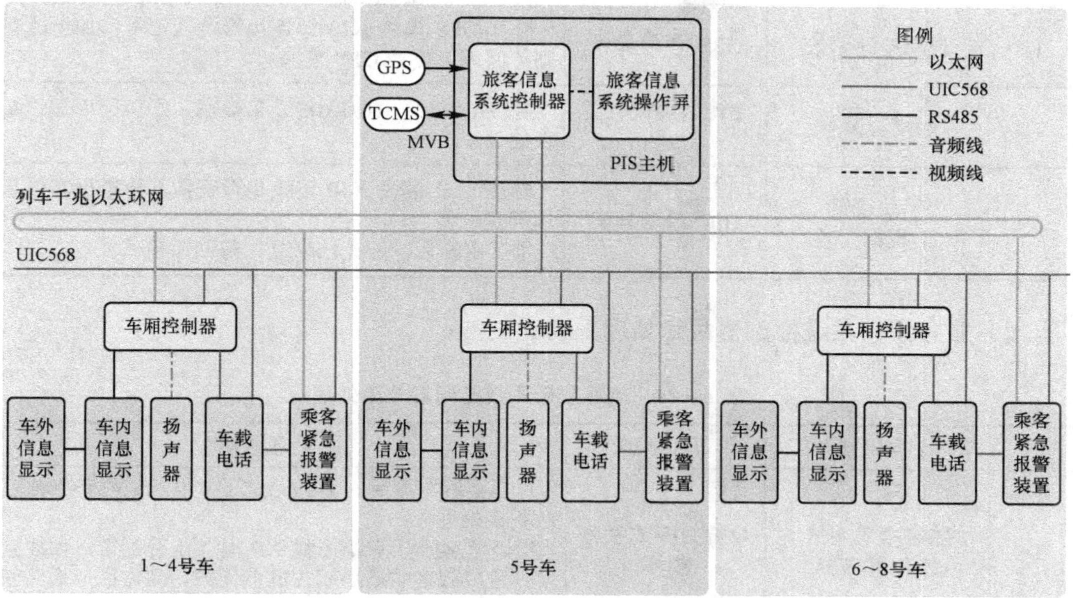

图 6－41　旅客信息系统拓扑图

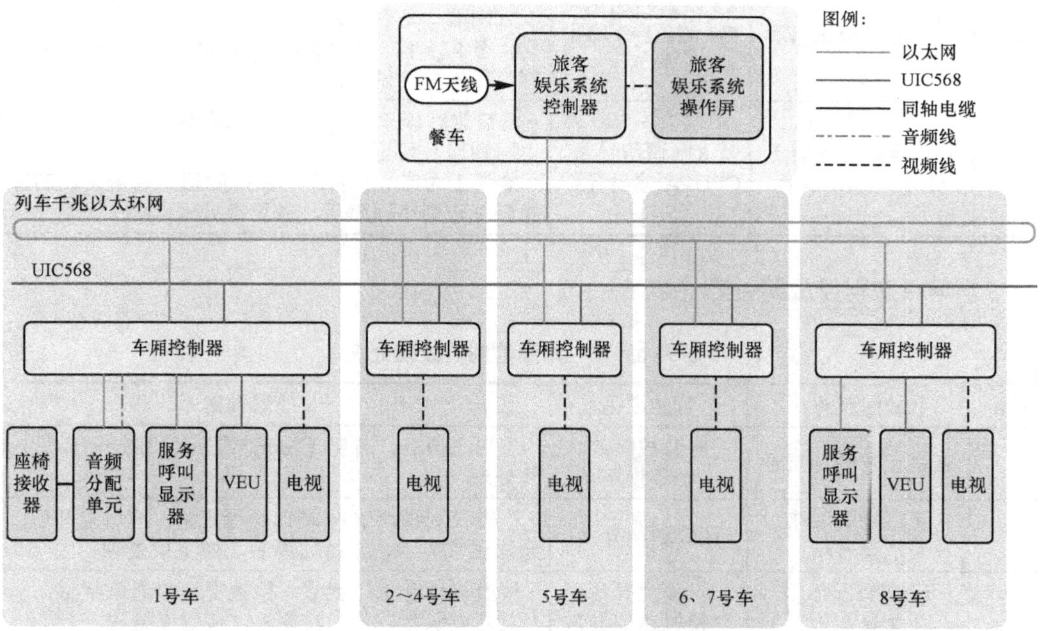

图 6－42　旅客娱乐系统拓扑图

知识拓展

（1）旅客信息系统控制器故障处理见表 6－13。

表 6－13　旅客信息系统控制器故障处理

序号	故障现象	可能原因	处理预案
1	自动报站无效	GPS 信号异常	检查 GPS 模块 X13 口连接器是否正常；如无改善，则待回库，更换 GPS 模块
2	触摸屏黑屏	电源故障或设备损坏	重启电源后，如仍无法正常显示，则待回库后，做更换处理
3	手动设置音/视频无效	UIC 通信异常	检查 UIC 模块 X10 连接是否正常。检查旅客信息操作屏是否显示； 重启电源后，若无法恢复，待回库检修

（2）旅客娱乐系统控制器故障处理见表 6－14。

表 6－14　旅客娱乐系统控制器故障处理

序号	故障现象	可能原因	处理预案
1	旅客娱乐系统操作屏黑屏	电源故障或设备损坏	重启屏幕电源后，如仍无法正常显示，则待回库后，做更换处理。 检查旅客娱乐系统控制 X5 端口是否正常，如连接正常，重启旅客娱乐系统控制器无效，则待回库后，做更换处理
2	整车客室电视黑屏	X2 以太网通信不良，CPU–B 输出异常	重启旅客娱乐系统控制器，若不能恢复，则检查 X2 以太网端口是否正常。 检查 5 号车车厢控制器是否异常，若重启不能恢复，则待回库后，做更换处理
3	一等座车接收器无 MP3 及 FM 信号	以太网通信异常，CPU–A 输出异常	重启旅客娱乐系统控制器，若不能恢复，检查 X2 以太网端口是否正常。 检查 1 号车、5 号车车厢控制器是否异常，若重启不能恢复，则待回库后，做更换处理

（3）车厢控制器故障处理见表 6－15。

表 6－15　车厢控制器故障处理

序号	故障现象	可能原因	处理预案
1	客室无音频及显示	电源故障或设备损坏	重启电源后，若仍无法正常显示，则待回库后，做更换处理
2	无广播及联络电话音频	UIC 通信异常	检查控制模块 X14 端口是否正常；重启电源后，若仍无法正常显示，则待回库后，做更换处理
3	无 LCD 显示及背景音乐	机顶盒异常 交换机通信异常	检查机顶盒工作状态。检查交换机通信状态； 重启电源后，若无法恢复，待回库检修
4	本节车联络电话无法对讲	联络电话异常 交换机通信异常	检查联络电话工作状态，检查交换机通信状态； 重启该联络电话及车厢控制器电源，若无法恢复，待回库检修
5	一等座车座椅接收器无音频	音频分配单元异常交换机通信异常	检查音频分配单元工作状态，检查交换机通信状态； 重启该音频分配单元及车厢控制器电源，若无法恢复，待回库检修

（4）音频分配单元故障处理见表6－16。

表6－16 音频分配单元故障处理

序号	故障现象	可能原因	处理预案
1	座椅接收器无输出（数码管无显示）	电源故障或设备损坏	重启电源后，若仍无法正常显示，则待回库后，做更换处理
2	座椅接收器无输出（数码管有显示）	射频输出模块异常，调制模块异常	检查控制模块X17、18端口是否正常；启动电源后，若仍无法正常显示，则待回库后，做更换处理
3	座椅接收器无视频伴音及广播频道	调制模块异常，X2PA及视频伴音通信异常	检查调试模块工作状态；检查交换机通信状态； 重启电源后，若无法恢复，待回库检修
4	座椅接收器无FM及MP3音频	旅客娱乐系统控制器异常，交换机通信异常	检查旅客娱乐系统控制器工作状态；检查交换机通信状态； 重启该旅客娱乐系统控制器及音频分配单元电源，若无法恢复，待回库检修
5	单个座椅接收器异常	该座椅接收器不良	检查该座椅接收器X1端口的连接是否正常； 重新插拔该座椅接收器X1端口，若无法恢复，待回库检修

（5）VEU控制单元故障处理见表6－17。

表6－17 VEU控制单元故障处理

序号	故障现象	可能原因	处理预案
1	黑屏无背光	电源故障或设备损坏	重启VEU控制盒后，若仍无法正常显示，则待回库后，做更换处理
2	有背光但无画面	信号线脱落或系统启动异常	重启VEU控制盒后，若仍无法正常显示，则待回库后检修线路
3	触摸异常	信号受干扰造成坐标偏移，或信号线脱落、接触不良	待回库后检修线路，或回库后校准屏幕
4	画面不良，有花线或水波纹	屏幕损坏或信号不良	回库后更换屏幕； 若是水波纹、雪花点等异常，则检查线路后确认可能原因，再做交叉验证

（6）客室电视故障处理见表6－18。

表6－18 客室电视故障处理

序号	故障现象	可能原因	处理预案
1	黑屏无显示	电源故障或设备损坏	重启电源后，若仍无法正常显示，则待回库后，做更换处理
2	有背光但无画面	信号线脱落或系统启动异常	重启旅客信息系统主机，若仍无法正常显示，则待回库后检修线路

续表

序号	故障现象	可能原因	处理预案
3	遥控操作时，接收功能不正常	设备损坏	待回库后，做更换处理
4	画面不良，有花线或水波纹	屏幕损坏或信号不良	回库后更换屏幕； 若是水波纹、雪花点等异常，可检查线路后确认可能原因，再做交叉验证

任务6.4　动车组其他辅助设备装调与检修

任务导入

此项目中动车组其他辅助设备主要涉及精密控制器设备，因此在包装、运输、贮存等方面需注意防潮、防止剧烈震动、化学侵蚀、磕碰等现象。在设备安装时应按照接线图完成接线，且注意接线正确、紧固。设备安装后需重点进行调试工作，保障设备安全、稳定运行。

下面以CR400AF型动车组为例，介绍动车组照明系统的装调和旅客信息系统及旅客娱乐系统的检修维护。

知识储备

6.4.1　照明系统的安装及拆卸

车内照明系统各设备只能由具有合格执业资格、接受过培训且具有实际操作经验，了解相关标准、条例和操作标准的工作人员执行安装、操作、检查、故障查找和维护。各设备安装、检查、检修、维护前确保电源断开，灯体处于非带电状态，隔离或远离周边带电设备。非专业人员不得从事与电气安装相关的工作。

1. 客室隐形照明灯条

1）设备基本情况

（1）灯具外壳采用拉伸铝合金，安装方式采用卡口式安装，维修方便，在车内可进行调试、维修。

（2）灯具外观为流线型设计，表面色质均匀，无划伤、杂质等缺陷。

（3）应急照明顶灯。灯具正常安装在车厢中心线处面对主灯条正面，应急灯左端为固定插座，主灯右侧为预留线活动插头结构，插座型号为 721－606/018－000，插头型号为 721－106/037－000。（应急灯进出线套红色热缩管，以便与普通主灯条区分。）

（4）普通照明顶灯。灯具正常安装在车厢中心线处面对主灯条正面，主灯左端为固定插座，主灯右侧为预留线活动插头结构，插座型号为 721－606/018－000，插头型号为 721－106/037－000。

（5）端部应急照明顶灯。灯具正常安装在车厢中心线处面对主灯条正面，应急灯两端为固定插座，插座型号为 721－606/018－000。（应急灯进出线套红色热缩管，以便与普通主灯条区分。）

普通照明顶灯及应急照明顶灯内部接线如图 6－43 所示。

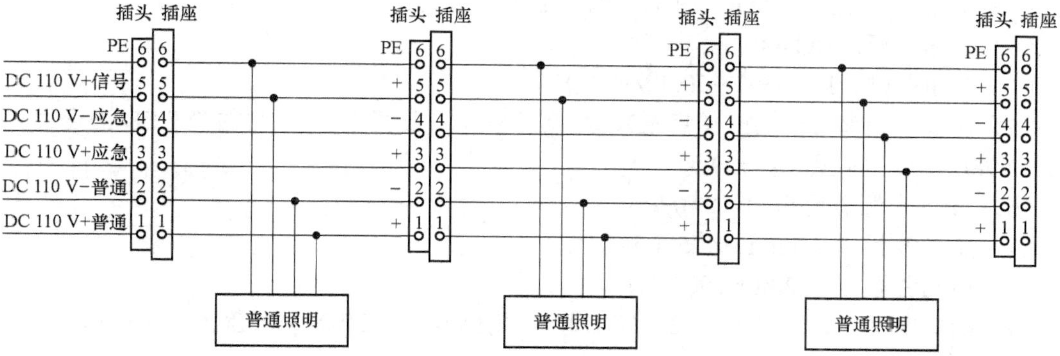

图 6－43　普通照明顶灯及应急照明顶灯内部接线

照明顶灯插头、插座均打上针号，灯具正面放置时，灯体两端插头、插座布置及针号如图 6－44 所示。

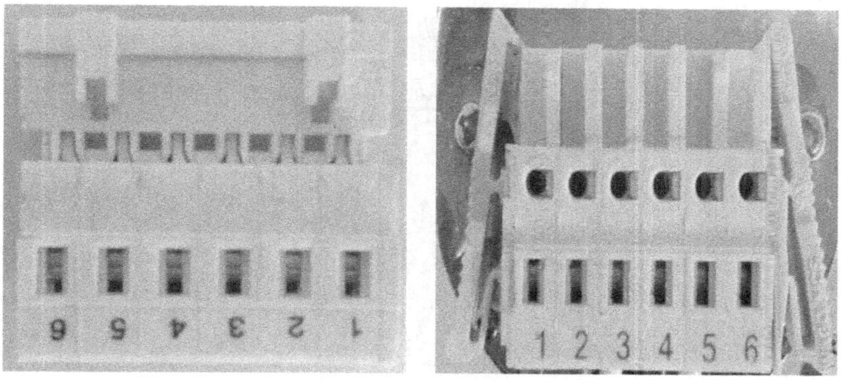

图 6－44　插头、插座的针号

2）设备安装流程

客室隐形照明顶灯用作客室光源，安装在侧顶板 5 与中顶板 1 接口处，机械接口通过 3～4 个锰钢灯卡座 2 卡住，卡座与侧顶板通过 2 个 M4 螺钉 3 紧固，照明顶灯 1 直接卡进灯卡座里；WAGO 连接器用于电气连接，插座 6 型号：721－606/018－000，插头 7 型号：721－106/037－000。拆卸时先断开连接器 6、7，将灯体 1 从灯卡座 2 中拉出，如图 6－45 所示。

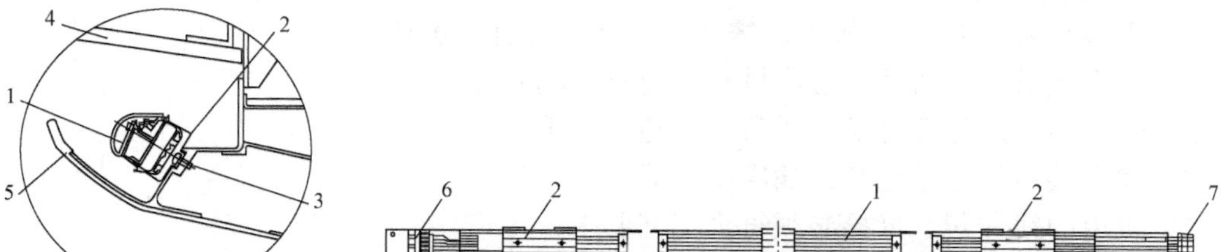

图 6－45　客室隐形照明灯条

2. 客室装饰灯

1）设备基本情况

（1）灯具外壳采用压铸铝合金或者压铸锌合金；

（2）接线端子采用 WAGO 端子，甩线端子型号为：721－104/037－000；

（3）工作电压：DC 48 V；

（4）电压范围：DC 45.6～50.4 V；

（5）功率：功率≤5 W/M（蓝光），灯具发蓝光需要蓝光 LED 与白光 LED 混合发光，比例为 98/2；≤3 W/M（白光）；

（6）LED 光源显色指数：≥0.75；

（7）蓝光波长：460 nm～475 nm；

（8）白光色温：（3 200±200）K；

（9）端口定义：1：LED+，2：LED1－（暖色），3：LED2－（蓝色），4：PE。

2）设备安装流程

客室装饰灯用作客室辅助照明光源，安装在行李架上，机械接口通过 4 个螺钉紧固；WAGO 连接器用于电气连接，型号为：721－604。拆卸时打开行李架下罩板 4，拆下紧固螺母 3，将灯体 1 从行李架上拆下来，最后将过渡螺杆 2 从灯体上拆下，如图 6－46 所示。

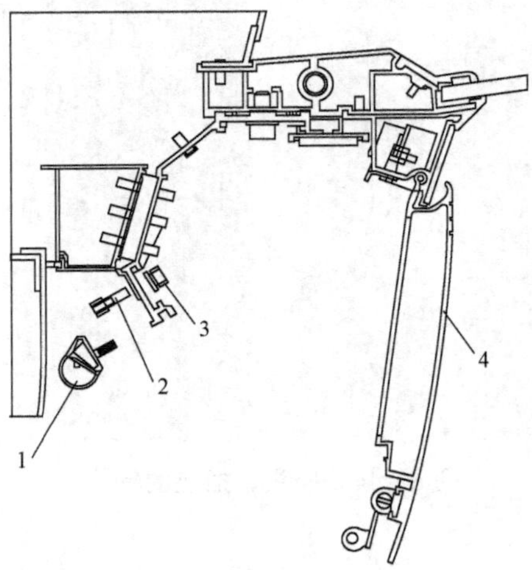

图 6－46 客室装饰灯

6.4.2 旅客信息系统的调试与维护

1. 调试维护注意事项

（1）更换设备内部 PCB 板卡，需在车辆断电时进行操作；

（2）各个螺丝需要紧固到位，抖动时没有松动和异响；

（3）要求显示屏与面框配合紧密，无超标间隙；

（4）输入接口规整无毛刺，插座牢固无松动；

（5）机内的线屏蔽、焊接必须符合工艺要求；

（6）外观应光滑平整，颜色均匀、一致，无明显划痕、无刮伤、无毛刺，表面镀层牢固平整无剥落、锈蚀及裂痕；

（7）机器内部紧固件、散热片及其他零部件等不应有缺损、锈蚀、松动、变形、霉斑、脏污等。

2. 外观检查

（1）外观正常，壳体无变形、破损；

（2）检查表面油漆，无明显划痕、剥落，各端口丝印清楚；

（3）检查电线电缆无刮伤、破损，无毛刺，标识清晰；

（4）检查各连接器，连接器牢固，无变形、断线、松脱等现象；

（5）检查各连接器无脱针、缩针现象，无变色、烧损现象；

（6）检查线缆绑扎可靠，无松脱现象；

（7）检查设备接地情况，使用万用表检测，接地柱与车体金属部分导通良好。

3. 功能调试

（1）在正常通电状态下，通过旅客信息系统操作屏进入测试模式，进行扬声器自检测试，各扬声器应清晰、无杂音，测试完成后关闭测试模式，如图6－47所示。

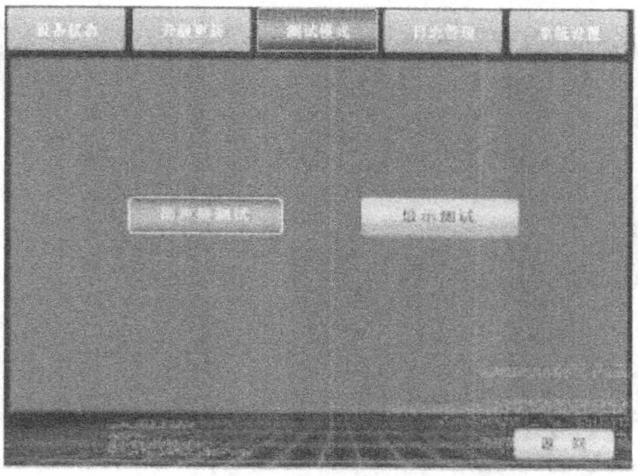

图6－47　旅客信息系统操作屏

（2）在正常通电状态下，通过旅客信息系统操作屏进入测试模式，进行车内外信息显示器自检测试，各车内外信息显示器应显示清晰，无断线、暗点，滚动连续，无拖影、闪烁现象，测试完成后关闭测试模式，如图6－48所示。

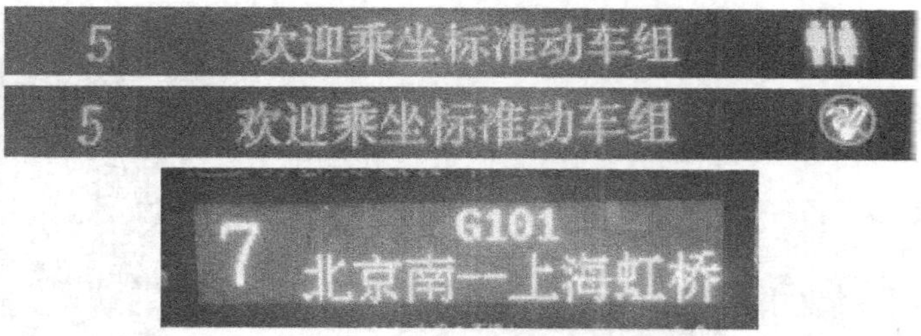

图6－48　车内外信息显示器

（3）在正常通电状态下，检查各LCD电视视频播放功能，要求画面清晰、流畅、无卡顿现象，车厢扬声器播放视频伴音，音/视频保持同步，如图6－49所示。

（4）在正常通电状态下，检查VEU显示器视频点播功能，要求VEU显示器画面清晰、流畅、无卡顿现象，音/视频点播及播放控制、音量调节功能正常，如图6－50所示。

图 6-49　LCD 电视

（5）在正常通电状态下，检查服务呼叫功能，按下 VEU 座椅上的服务呼叫按钮，服务呼叫显示器显示服务呼叫请求，并发出提示音，发起请求的位置信息显示在“详情”栏中；点击“确认”按钮，可以清空服务呼叫；也可在本地清空服务呼叫，如图 6-51 所示。

图 6-50　VEU 显示器

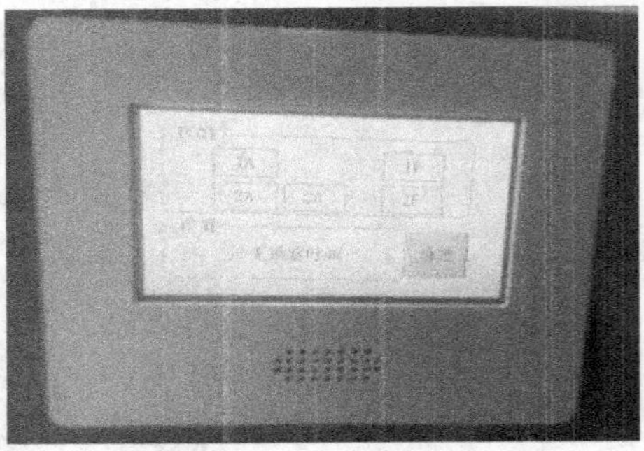

图 6-51　服务呼叫显示器

（6）在正常通电状态下，检查一等座车座椅音频点，要求各频道音频播放正常，声音清晰无失真，如图 6-52 所示。

（7）摘下客室联络电话手柄，按下“广播”按键，进行全列人工广播测试，此时各客室扬声器播放应清晰正确，联络电话对应的监听扬声器应静音，如图 6-53 所示。

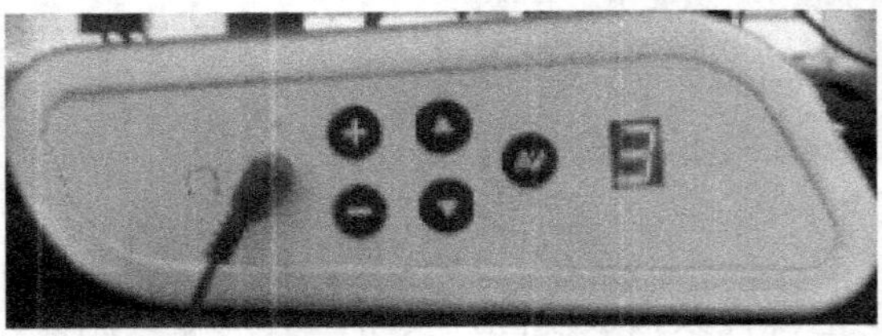

图 6-52　一等座车座椅音频点

图 6-53　客室联络电话

（8）拉下紧急制动手柄，触发紧急报警，激活端司机室联络电话振铃响起，摘下司机室联络电话手柄，按下“对讲”按键进行对讲，对讲声音清晰响亮，无杂音、无啸叫。

任务 6.5　其他辅助设备应急故障处理项目训练

操作运用案例

旅客信息系统应急故障处理

1. 实训项目教师工作活页

实训项目教师工作活页　　　　No.: ______

实训项目	旅客信息系统应急故障处理		
学　　时		班　　级	
实训场所	理实一体化教室		
实训设备	动车组单节车体或旅客信息系统总成		
教学目标	知识目标	（1）掌握旅客信息系统的布置； （2）掌握旅客信息系统的结构及功能	
	技能目标	（1）能综合运用专业知识，通过利用专业书籍、多媒体课件和图片资料获得帮助信息； （2）能按照旅客信息系统随车应急故障处理的内容和要求进行检查操作	
	素质目标	（1）能在实训活动中保持积极向上的学习态度； （2）能与小组成员和教师就学习中的问题进行交流和沟通； （3）能与他人共享学习资源，具有较好的合作能力和团队协作精神	
教学活动			
教学评价	学生活动：以 8～10 人小组为单位开展实训活动，根据本组同学在实训过程中的能力表现及结果进行自评，组内互评；根据其他小组同学在成果展示活动中的表现及结果进行互评； 教师活动：教师组织学生开展评价活动和总结，对学生本实训项目单元成绩做出综合评价		
教学资料	（1）教材； （2）学生自查资料； （3）实训项目学生学习活页		
指导教师		教学时间	年　　月　　日

2. 实训项目学生学习活页

实训项目学生学习活页　　　　No.: ______

实训项目　旅客信息系统应急故障处理

班级：　　　　姓名：　　　　学号：　　　　时间：

一、实训目标

1. 知识目标

（1）掌握旅客信息系统的布置。

续表

（2）掌握旅客信息系统的结构及功能。

2. 技能目标

（1）能综合运用专业知识，通过利用专业书籍、多媒体课件和图片资料获得帮助信息。

（2）能按照旅客信息系统随车应急故障处理的内容和要求进行检查操作。

3. 素质目标

（1）能在实训活动中保持积极向上的学习态度。

（2）能与小组成员和教师就学习中的问题进行交流和沟通。

（3）能与他人共享学习资源，具有较好的合作能力和团队协作精神。

二、知识总结（理论题）

1. 叙述动车组旅客信息系统的组成及作用。

2. 叙述动车组旅客信息系统的组成及作用。

3. 叙述动车组公共播音系统的组成及作用。

4. 叙述动车组列车内部对讲通信系统的组成及作用。

5. 叙述动车组音频、视频娱乐节目播放系统的组成及作用。

三、操作运用

1. 旅客信息系统故障应急处理。

2. 公共播音系统故障应急处理。

四、实训小结

续表

五、成绩评定

1. 学生评价

评价等级	A—优	B—良	C—中	D—及格	E—不及格
学生自评					
组内互评					
他组互评					

2. 教师评价

评价等级	A—优	B—良	C—中	D—及格	E—不及格
专业能力					
方法能力					
社会能力					
评价结果					

3. 综合评价

评价等级	A—优	B—良	C—中	D—及格	E—不及格
评价结果					

注：按照学生自评占 10%、组内互评占 10%、他组互评占 20%、教师评价占 60%的比例计分。其中 A—100 分，B—85 分，C—75 分，D—60 分，E—50 分。

4. 评价量规

等级	行为表现描述
A	能圆满高效地完成任务的全部内容
B	能顺利完成实训任务的全部内容
C	能完成实训任务的全部内容，但需要一些帮助和指导
D	自己只能完成实训任务的部分内容，但在现场的指导下，已经能完成全部内容
E	不能完成实训任务的全部内容

操作运用案例

车辆火灾报警的应急处理

1. 实训项目教师工作活页

实训项目教师工作活页　　No.: ____

实训项目	车辆火灾报警的应急处理		
学　　时		班　　级	
实训场所	理实一体化教室		

续表

实训设备	动车组车体或多媒体教学软件			
教学目标	知识目标	（1）掌握火灾报警器的布置； （2）掌握火灾报警器功能； （3）随车机械师处理车辆火灾的流程及内容		
	技能目标	（1）能综合运用专业知识，通过利用专业书籍、多媒体课件和图片资料获得帮助信息； （2）能按照运行中车辆火灾应急处理的要求进行火灾应急处理		
	素质目标	（1）能在实训活动中保持积极向上的学习态度； （2）能与小组成员和教师就学习中的问题进行交流和沟通； （3）能与他人共享学习资源，具有较好的合作能力和团队协作精神		
教学活动				
教学评价	学生活动：以 8～10 人小组为单位开展实训活动，根据本组同学在实训过程中的能力表现及结果进行自评组内互评；根据其他小组同学在成果展示活动中的表现及结果进行互评； 教师活动：教师组织学生开展评价活动和总结；对学生本实训项目单元成绩做出综合评价			
教学资料	（1）教材； （2）学生自查资料； （3）实训项目学生学习活页			
指导教师			教学时间	年　月　日

2. 实训项目学生学习活页

实训项目学生学习活页　　**No.:** ______

实训项目　车辆火灾报警的应急处理

班级：　　　　姓名：　　　　学号：　　　　时间：

一、实训目标

1. 知识目标

（1）掌握火灾报警器的布置。

（2）掌握火灾报警器功能。

（3）随车机械师处理车辆火灾的流程及内容。

2. 技能目标

（1）能综合运用专业知识，通过利用专业书籍、多媒体课件和图片资料获得帮助信息。

（2）能按照运行中车辆火灾应急处理的要求进行火灾应急处理。

3. 素质目标

（1）能在实训活动中保持积极向上的学习态度。

（2）能与小组成员和教师就学习中的问题进行交流和沟通。

续表

（3）能与他人共享学习资源，具有较好的合作能力和团队协作精神。

二、知识总结（理论题）

1. 叙述全车火灾报警器的布置情况。

2. 描述火灾报警器的功能。

3. 叙述随车机械师在车辆火灾报警后的应急处理流程及内容。

三、操作运用

车辆火灾报警的应急处理。

四、实训小结

五、成绩评定

1. 学生评价

评价等级	A—优	B—良	C—中	D—及格	E—不及格
学生自评					
组内互评					
他组互评					

2. 教师评价

评价等级	A—优	B—良	C—中	D—及格	E—不及格
专业能力					
方法能力					
社会能力					
评价结果					

续表

3. 综合评价

评价等级	A—优	B—良	C—中	D—及格	E—不及格
评价结果					

注：按照学生自评占10%、组内互评占10%、他组互评占20%、教师评价占60%的比例计分。其中A—100分，B—85分，C—75分，D—60分，E—50分。

4. 评价量规

等级	行为表现描述
A	能圆满高效地完成任务的全部内容
B	能顺利完成实训任务的全部内容
C	能完成实训任务的全部内容，但需要一些帮助和指导
D	自己只能完成实训任务的部分内容，但在现场的指导下，已经能完成全部内容
E	不能完成实训任务的全部内容

思考与练习

一、填空题

1. CRH380B型动车组PIS系统由系统控制器________、信息系统操作面板________和音/视频娱乐系统________等组成。

2. CRH380B型动车组PIS系统由车厢控制器________、内部通信站________、扬声器________等组成。

3. PIS系统的三种通告广播方式为________、________、________。

二、判断题

1. CRH380A型动车组照明系统全部采用LED灯具。 (　　)

2. CRH380B型动车组照明系统采用380 V交流电作为电源。 (　　)

3. CR400AF型动车组各车厢环形灯模块功率相同。 (　　)

4. 客室装饰灯一般安装在客室行李架部位。 (　　)

5. 按响应火灾参数的不同，烟雾探测器可分为5种基本类型。 (　　)

6. 烟雾探测器是在烟火报警系统中，用以接收、显示和传递火灾报警信号，发出控制信号和具有其他辅助功能的控制指示设备。 (　　)

7. CRH380A型动车组每节车厢均有一个报警主机。 (　　)

8. CR400AF型动车组全列共有68个烟雾探测器。 (　　)

三、选择题

1. 以下（　　）不是CR400AF型动车组“灯不亮”故障产生的原因。

A. LED光源板损坏　　B. 连线或连接器松开

C. 线槽理线混乱　　D. 转换电源损坏

2. 下列关于 CR400AF 型动车组旅客信息系统故障原因分析错误的是（　　）。
A. 旅客娱乐系统屏黑屏——电源故障或设备损坏
B. 客室无音频及显示——电源故障或设备损坏
C. 单个座椅接收器异常——该座椅接收器不良
D. VEU 触摸异常——电源故障或设备损坏

四、简答题

1. CRH380B 型动车组 PIS 系统包括哪些设备？
2. CRH380B 型动车组 PIS－MMI 是什么部件的英文简称？其作用是什么？
3. 简述 CRH400AF 型动车组旅客信息系统应急故障处理流程，举例说明。
4. 简述 CRH400AF 型动车组烟火报警系统应急故障处理流程，举例说明。
5. 简述不同类型动车组照明系统的布置情况。

参 考 文 献

［1］孙帮成. CRH380BL 型动车组［M］. 北京：中国铁道出版社，2014.

［2］中国铁路总公司. CRH 系列动车组典型故障案例［M］. 北京：中国铁道出版社，2015.

［3］刘志明. 动车组设备［M］. 北京：中国铁道出版社，2014.

［4］顿小红，何成才，奚进编. 动车组空调系统检修与维护［M］. 成都：西南交通大学出版社，2011.

［5］中国铁路总公司. CRH380B（L）型动车组途中应急故障处理手册［M］. 北京：中国铁道出版社，2015.

［6］刘怀平. 动车组辅助设备［M］. 北京：航空工业出版社，2019.

［7］邱成. 动车组辅助电气系统与设备［M］. 北京：北京交通大学出版社，2012.

［8］中国铁路总公司. 高速动车组技术（上）［M］. 北京：中国铁道出版社，2016.

［9］中国铁路总公司. 高速动车组技术（下）［M］. 北京：中国铁道出版社，2016.

［10］梁炜昭，罗利锦. 动车组检修［M］. 北京：北京交通大学出版社，2016.